La vierge Marie dans l'histoire de France

André Lesage
Marquis de La Franquerie

Combattant de la Foi catholique
(1901-1992†)

24 août 1939, au cours d'une Extase de Marie-Julie Jahenny – Notre Seigneur et la très Sainte Vierge nous annoncèrent que la deuxième conflagration allait éclater et notre Seigneur parlant de moi, Marquis de La Franquerie ajouta :

« Il faut que mon petit serviteur emporte chez lui tous les documents concernant Marie-Julie, afin que les Allemands ne puissent pas s'en saisir. »

Monsieur de La Franquerie a toujours conservé soigneusement ces documents que le Ciel, lui avait confié. Et c'est en 1958 qu'il a créé une association, qu'il a présidé jusqu'à sa mort en 1992.

En 1939 Monsieur de La Franquerie devint Camérier secret et ami de sa Sainteté le Pape Pie XII, qui était venu rendre visite à Marie-Julie à l'occasion d'un passage en France, et alors qu'il était encore le Cardinal Pacelli, mais également du Bienheureux Pape Jean XXIII et du Pape Paul VI.

Monsieur le Marquis avait rencontré Marie-Julie sur les conseils de Mgr Jouin.

La petite fille du Marquis de La Franquerie, accueille les pèlerins à La Fraudais.

Marquis de la Franquerie

La vierge Marie dans l'histoire de France

Préface de S. E. le Cardinal Baudrillard
de l'Académie Française

2021

DU MÊME AUTEUR

- La mission divine de la France – 5ᵉ édition.
- Mémoire pour la consécration de la France à saint Michel préfacé de S. Exc. Mgr de la Villerabel, archevêque d'Aix – 3ᵉ édition.
- L'infaillibilité pontificale, le syllabus, la condamnation du modernisme & du sillon, la crise actuelle de l'église – 2ᵉ édition.
- Le caractère sacré & divin de la royauté en France.
- Le sacré-cœur & la France.
- Saint JOSEPH – illustré.
- Saint RÉMI, thaumaturge & apôtre des francs.
- Jeanne d'ARC la pucelle, sa mission royale, spirituelle & temporelle.
- LOUIS XVI, roi & martyr – 5ᵉ édition.
- Madame ELISABETH DE FRANCE – 3ᵉ édition.
- Saint PIE X, sauveur de l'église & de la France – 2ᵉ édition.
- Charles MAURRAS, défenseur des vérités éternelles.
- La consécration du genre humain par PIE XII et celle de la France par le Maréchal PÉTAIN au cœur immaculé de MARIE. Documents et Souvenirs.
- Marie-Julie Jahenny : Sa vie – Ses révélations (illustré.)

Nihil Obstat
Auxis die II Martii 1939
L. SOUBIRAN
Censor Deputatus

Imprimatur
Auxis die II Martii 1939
CLERGEAC
v. g.

Déclaration de l'Auteur :

S'il nous est arrivé de nous servir de l'épithète de Saint ou de martyr et si nous avons rapporté certains faits d'ordre surnaturel, conformément aux Saints Canons nous déclarons n'entendre en rien préjuger du jugement de l'église auquel nous nous soumettons d'avance entièrement.

PRÉFACE

L'année 1938, qui vit le troisième centenaire du vœu de Louis XIII et de la consécration officielle de la France à Marie, vit aussi éclore à ce propos toute une littérature mariale, d'ordre historique et mystique. On rapprochait, on assimilait les circonstances politiques et sociales des deux époques. On représentait la paix extérieure et civile également menacées à trois siècles de distance et les prières exaucées de 1638 donnaient force et confiance à celles de 1938. La bibliographie de ces écrits serait trop longue à détailler. Qu'on me permette cependant de mentionner deux ouvrages auxquels, avec un empressement particulier, j'ai consacré quelques pages de préface.

L'un, livre posthume du grand écrivain catholique, Edmond Joly, que la compagne de sa vie, si dévouée à sa mémoire et au règne de Marie, a voulu faire paraître à l'aube de cette année jubilaire. Il porte un titre tout frémissant, en ces temps affligés qui sont les nôtres, du désir et de la soif des hommes : Notre Dame de Bonheur. *Et déjà, autour de cette appellation, de cette invocation, se groupent des âmes avides de demander au Ciel ce que la terre, de plus en plus, leur refuse.*

Le second de ces ouvrages : Notre Dame des Victoires et le vœu de Louis XIII *a pour auteur M. l'Abbé Louis Blond qui, d'après des documents originaux, a étudié en historien, en prêtre, en « chapelain » le rôle de l'illustre basilique et du couvent des Augustins déchaussés, dits Petits-Pères, dans les origines de ce vœu.*

Et voici qu'on me demande, — au risque que je me répète, — une troisième introduction. Voici que s'ajoute une dernière gemme, — et non des moins brillantes, — à celles dont la France catholique vient à nouveau de couronner Marie.

Cet ouvrage s'intitule : La Vierge Marie dans l'Histoire de France, *et a pour auteur M. André de la Franquerie, le même historien mystique à qui nous devons déjà :* La Mission divine de la France.

Historien mystique, je dis bien, soit que l'on prenne ce mot de mysticisme dans son sens proprement théologique, ou dans ce sens vague que lui donnent aujourd'hui certains écrivains et penseurs ; n'entend-on pas, par exemple, parler à tout propos de mystique communiste *? Au fond, la seule distinction qui compte, c'est celle qui se fait entre matérialisme et spiritualisme. Toute science peut être envisagée, enseignée sous ces deux aspects. La mystique communiste, toute mystique qu'elle se dise, comporte une conception de l'histoire uniquement matérialiste, limitée au seul point de vue économique, bassement économique, aux seuls besoins charnels, commandant toute la marche des événements. Non, l'histoire de l'humanité n'est pas exclusivement celle de ses entrailles, celle de sa faim, celle de sa soif, l'histoire de ses instincts matériels, plus ou moins intempérants ou déchaînés.*

En face d'une telle doctrine, M. de la Franquerie représente celle du spiritualisme, non pas seulement du spiritualisme rationnel qui a certes droit de cité, mais d'un spiritualisme complet, intégral qui aboutit au surnaturel.

Au milieu du siècle dernier, dans son ouvrage intitulé : M. le Prince Albert de Broglie, historien de l'Église, *l'illustre Dom Guéranger, après avoir fait justice des tendances naturalistes de l'époque, s'élève aussi contre une certaine école déiste, contre ceux qui, croyant à une cause première, croyant en Dieu, se refusent cependant à reconnaître, dans le cours des événements, les miracles de sa main.*

Et il en vient à l'explication chrétienne qui, assurément, ne crie pas sans cesse et à tout propos au miracle, mais affirme que, dans le gouvernement ordinaire du monde, Dieu procède presque uniquement par le moyen des causes secondes, se laissant deviner plutôt qu'apercevoir et faisant parfois irruption, selon la magnifique expression de l'auteur, par un de ces divins coups d'état qui manifestent ses volontés, non seulement à la génération témoin de la crise, mais à celles qui doivent suivre.

Si quelqu'un, animé d'une foi ardente, sait reconnaître dans l'histoire ces divins coups d'état, c'est assurément M. de la Franquerie. Il faut même dire davantage. Ce livre, La Vierge Marie dans l'histoire de France, ce n'est en somme que l'histoire de ces coups d'état per Mariam, dans notre pays. Ce sont, répondant à la piété, à l'amour du peuple français et de ses rois, les interventions multipliées de la Vierge pour notre salut. Tel est l'unique sujet du livre, dépouillé de toutes contingences environnantes, de tous événements intercalaires. Il s'ensuit une atmosphère qui peut paraître sursaturée de surnaturel et comme un peu difficile à respirer pour certains chrétiens, lesquels, bon gré mal gré, appartiennent à une époque qui a inventé, — qu'on me permette ce symbole, — le poumon d'acier.

Mais les interprétations de l'auteur n'ont-elles pas trop souvent recours au miracle ? Ne nous donne-t-il pas dans ces pages quelque légende dorée de Notre Dame en France ?

Assurément, M. de la Franquerie est un grand croyant, un croyant fervent, l'esprit toujours tourné vers l'explication la plus surnaturelle. C'est une de ces âmes essentiellement reconnaissantes qui reçoivent tous bienfaits et tous bonheurs de la main de Dieu. Il n'est point de ceux dont on peut dire : oculos habent et non videbunt ; aures habent et non audient. On tourne les pages, on s'étonne, on se demande : est-ce possible ? Et puis le regard descend au bas de ces pages, vers d'abondantes références, vers des lectures innombrables, vers les sources, vers une érudition de première main. Tout est appuyé, étayé. Versé dans la connaissance des sciences juridiques, des sciences politiques, de ces sciences auxiliaires de l'histoire, art, archéologie, épigraphie qu'enseigne l'École du Louvre, héritier au surplus d'une tradition savante et littéraire, — son grand-père ne fut-il pas l'un des fondateurs de la Société de l'Histoire du Vieux Paris et de l'Île de France ? — M. de la Franquerie est d'abord un historien soumis aux documents. Pouvons-nous, sans trop de fantaisie de langage, affirmer que ses envolées comportent vraiment ce qu'on appelle en style aéronautique, une base aérienne ?

À côté des faveurs célestes prodiguées à notre pays et dont la somme ainsi présentée ne laisse pas que de nous éblouir, quelque chose encore surprend dans ce récit.

Faut-il le dire, quitte à être désavoués par certains contempteurs excessifs de la nature et du Cœur humain, lesquels veulent qu'il ne soit jamais parlé à l'homme que de ses fautes, que de ses insuffisances pour l'enfoncer dans toujours plus d'humilité ou même de honte ? L'homme, chargé de tant d'hérédités dès sa naissance, a besoin aussi d'être relevé, soutenu, par les bras qui se tendent ; il a besoin de réconfort, d'approbation, — sans qu'il soit porté atteinte pour cela à la doctrine catholique du « mérite » humain. On peut, en tout cas, se permettre vis-à-vis de la collectivité une louange, voire une admiration qui, s'adressant à tous, ne comporte pour chacun, que le bienfait de l'encouragement, sans risque d'infatuation personnelle. Exaltez les vertus communes d'un peuple, vous avez toutes chances de faire monter jusqu'à elles celles de l'individu.

Cela pour en arriver à dire que nous devons aussi à M. de la Franquerie un étonnant tableau, à travers les âges, un éclatant et merveilleux bouquet des vertus religieuses et de la piété mariale en France. Admirable foi que celle de notre peuple et non moins admirable la façon dont il la sut traduire ! C'est le flux et le reflux incessant, un mouvement entraînant l'autre, de la nation qui invoque et du Ciel qui exauce. Vision d'espérance pour le présent et pour l'avenir, celle d'une telle piété imprégnant à ce point la vie publique et privée de nos ancêtres ! Nous nous sentons avec ce passé d'indestructibles attaches ; nous devinons partout dans notre sol, en dépit de tant de ravages, comme un réseau serré et continu de profondes racines, toujours prêtes à reverdir. Plus encore ; malgré tant de divergences individuelles, nous nous sentons toujours unis, toujours communiquant entre nous par ces racines. Voulut-il nous montrer autre chose l'Éminentissime Cardinal Pacelli lorsque, le 13 Juillet, prononçant à Notre Dame de Paris son sublime discours sur la Vocation chrétienne de la France, il désigne comme des astres à notre ciel, comme une relève ininterrompue à travers notre histoire, quelques uns de nos plus grands saints : Rémi, Martin de Tours, Césaire d'Arles, Saint Louis, Bernard de Clairvaux, François de Sales, Benoît-Joseph Labre, et ce groupe de vierges, formé de Geneviève, de Jeanne d'Arc, de Thérèse de Lisieux et de Bernadette ? En deux mots, Gallia sacra, le Légat du Pape, — Pape lui-même aujourd'hui, — fit tenir toute cette sainteté Française.

Moi-même, pour ma modeste part, quand j'ai dit : la Vocation catholique de la France *et ses manifestations à travers les âges, c'est par le rappel de nos fidélités, plus que par celui de nos fautes, que j'ai essayé d'exhorter les âmes.*

Qu'on ne reproche donc pas à M. de la Franquerie de nous dépeindre, ou peu s'en faut, une seule face de l'histoire. Pas plus que nous, il n'ignore l'ombre des contre-parties. Seulement elle est hors du point de vue lumineux et vivifiant qu'il a choisi. À lire ces pages, on pense malgré soi, sans chercher d'assimilation stricte, à ces dix justes réclamés par Dieu pour le salut d'un peuple et que, toujours, aux heures critiques de notre histoire, il a trouvés chez nous avec une surabondance qu'indique celle des grâces concédées.

Ah ! qu'il avait donc raison le Pape Pie XI lorsque, proclamant, en 1922, Notre Dame de l'Assomption, patronne principale de la France, il rapprocha ces deux termes : royaume de France, royaume de Marie, faisant un émouvant historique du culte de la Vierge dans notre pays, rappelant, entre autres faits, que, dès le XIIe siècle, notre Sorbonne proclamait Marie conçue sans péché, mentionnant nos trente-cinq églises cathédrales placées sous le vocables de Notre Dame, évoquant, comme une réponse du Ciel à la piété française, les apparitions et les miracles de Marie sur notre sol, saluant enfin les chefs de notre nation, à commencer par Clovis, tous défenseurs et promoteurs de cette dévotion envers la Mère de Dieu.

De fait, une telle dévotion resta toujours éclatante et pure dans l'âme de nos rois, malgré tout ce que leur vie put compter de vicissitudes et de défaillances. Leurs supplications, leurs craintes, leurs espoirs, leurs douleurs, leurs joies, leurs actions de grâces, leurs repentirs passent par le cœur maternel de Marie pour s'élever jusqu'à Dieu. Le signe sensible en sera les innombrables sanctuaires élevés à sa gloire qui couvrent notre pays et qui n'ont point d'égal ailleurs, tout au moins par la quantité. Lisez M. de la Franquerie et vous apprendrez l'origine royale ou princière de tant de fondations, pèlerinages, usages et dévotions locales, encore en vigueur aujourd'hui, et qui ont pour objet le culte de Marie.

En vérité, existe-t-il un peuple au monde qui ait tant mêlé Marie à sa vie nationale, politique et morale ? La géographie et l'archéologie sont là pour en témoigner.

Et ne serait-ce là que de l'histoire ancienne ? Pas plus tard qu'avant hier, je recevais un livre de M. l'abbé Alphonse David, intitulé : Les litanies de Notre Dame de la Banlieue, litanies faites des noms de quarante-trois paroisses récemment construites autour de Paris. Oui, quarante-trois nouvelles Notre Dame érigées par la foi, les angoisses et les aspirations contemporaines : Notre Dame du Calvaire, Notre Dame de Consolation, Notre Dame de Pitié, Notre Dame de l'Espérance, Notre Dame de la Paix, Notre Dame de la Reconnaissance, Notre Dame de Toutes Grâces, Notre Dame, Protectrice des Enfants, etc. ; ou bien portant de symboliques et poétiques appellations : Sainte-Marie aux Fleurs, Sainte-Marie des Vallées, Sainte-Marie des Fontenelles, etc.

Oui, Marie est toujours patronne principale de notre pays. Même dans la France la plus moderne, elle a gardé sa couronne et son sceptre. Que ce soit pour nous motif d'invincible confiance ! Si notre amour ne déchoit pas, s'il sait rester fidèle, celui de Marie y répondra comme par le passé.

Le but de ces pages est de nous le démontrer. L'auteur, au prix d'un considérable travail, a voulu, selon qu'il l'exprime dans son avant-propos, retremper dans les leçons de l'histoire nos courages et nos espoirs ébranlés.

Remercions-le, félicitons-le, comme nous remercions et félicitons tous ceux qui, aux heures graves que nous vivons, savent tourner vers la foi et le retour aux traditions chrétiennes, seul salut de l'humanité, les regards, les esprits et les Cœurs de leurs contemporains.

† ALFRED CARD. BAUDRILLART
de l'Académie française.

Lettre de S. Exc. Monseigneur Harscouët
Évêque de Chartres
Président des Congrès Marials Nationaux

Évêché
de
Chartres
―――

Chartres, le 17 Mars 1939

Monsieur,

Vous désirez que le Président du Comité National des Congrès Marials français paraisse en tête d'un ouvrage destiné à glorifier la Très Sainte Vierge Marie Reine de France. Il s'en trouve tout spécialement honoré et il est heureux d'avoir cette occasion de prendre part au concert de louanges que vous faites entendre en l'honneur de Notre Dame et de vous féliciter d'une œuvre aussi importante et aussi opportune.

Vous voulez, dites-vous, continuer le rayonnement du Jubilé Marial et en assurer les bienfaits. Pour cela vous avez fait une somme des souvenirs précieux et glorieux pour notre Pays de France. On ne peut qu'être frappé, en vous lisant, du nombre incalculable des bienfaits de Marie pour nous, ses fils privilégiés. Mon rôle n'est pas d'examiner en détail cette histoire que vous exposez dès les origines parfois légendaires, mais il ressort de tant de traditions amassées par la piété de nos ancêtres un grand désir de reconnaissance, ce qui fait de nous des âmes biens nées, et partant, une grande résolution de répondre coûte que coûte à tant de prévenances de la part de notre Mère du Ciel.

Travail considérable que le vôtre, piété communicative qui entraîne la confiance. Confiance en Marie. Confiance dans les destinées de la France.

Que tous en vous lisant, Monsieur, aient le ferme propos de se montrer dignes d'un tel passé. Ce sera votre meilleure récompense. En nous montrant mieux que jamais Notre Dame comme notre Patronne vous aurez bien travaillé vous-même pour le salut de notre cher Pays. Soyez-en remercié et béni.

† R<small>AOUL</small>,
Évêque de Chartres

Lettre de S. Exc. Monseigneur de la Villerabel Évêque d'Annecy

Annecy, le 19 Mars 1939

Cher Monsieur,

Je suis très touché de l'aimable pensée que vous avez eue de me soumettre les bonnes feuilles du nouvel et important ouvrage que votre piété mariale a voulu consacrer à l'honneur de la Très Sainte Vierge, à l'occasion du troisième centenaire du Vœu de Louis XIII.

J'ai lu ces pages avec autant d'édification que d'intérêt. J'ajoute qu'elles m'ont laissé une profonde impression de réconfort, qui sera partagé par tous vos lecteurs !

Certes la Vierge Marie, Mère de Dieu, Reine de l'Univers, étend sa protection sur le monde entier. Il n'est pas un pays où Elle n'ait, au cours des siècles, manifesté sa puissance et sa bonté. Voilà pourquoi tous les peuples de la terre peuvent à bon droit faire monter vers Elle l'hymne de louange et de gratitude qui Lui est dû.

Mais nous sommes, nous, Français, des privilégiés sous ce rapport. La Vierge s'est tant de fois, et de tant de manières si touchantes, montrée « notre Mère, » toujours attentive à écarter de nous les dangers menaçants, à guérir nos maux, à nous prodiguer les conseils opportuns, à nous procurer les secours nécessaires ! Sans forfanterie et sans faux orgueil, nous pouvons, en toute vérité, reprendre dans ce sens, pour nous, la parole que le Roi-Prophète disait des merveilleuses protections dont le Seigneur avait comblé son peuple d'Israël : « Non fecit taliter omni nationi ! » Non, vraiment, la Très Sainte Vierge n'a fait pour aucun peuple ce qu'Elle a fait pour nous… La France est bien son Royaume et, Elle, Elle en est bien la Souveraine !

C'est ce qu'avec preuves à l'appui et un luxe d'érudition — qui montre d'ailleurs que l'Histoire de notre Pays n'a pour vous aucun secret — vous établissez dans ce nouvel ouvrage. Siècle par siècle, vous déroulez la longue suite de notre Histoire nationale et cette Histoire est remplie des maternelles interventions de la Vierge tutélaire ! Dès les plus lointaines origines, vous en montrez l'interminable série. Quelle consolante évocation ! Marie veille donc sur son Royaume de France avec un zèle que rien ne rebute ! Elle nous protège maintenant, comme Elle protégea sans cesse nos aïeux. Soyez remercié mille fois de nous le rappeler, aux heures graves que nous vivons !

Puissent ces pages — catholiques et françaises — développer encore cette ardente dévotion envers Marie qui caractérisa la piété des générations qui nous ont précédés dans « son Royaume de France » ! En les écrivant vous aurez largement contribué à cet heureux résultat. — Je vous en félicite de grand Cœur, cher Monsieur, en vous priant d'agréer l'expression de mes sentiments tout dévoués en Notre-Seigneur et Notre Dame.

† Florent du Bois de la Villebarel
Évêque d'Annecy.

Lettre de S. Exc. Monseigneur Grumel
Évêque de Maurienne

Évêché
de
Maurienne

———

25 Mars 1939, En la fête de l'Annonciation.

L'Évêque de Maurienne

remercie vivement Monsieur de la Franquerie, du témoignage de confiance qu'il veut bien lui donner. Il a parcouru ce travail considérable et l'a fait examiner de plus près à son Grand Séminaire, sans, évidemment, qu'on ait pu l'éplucher et voir dans les détails, suffisamment cependant pour que, sans authentifier tous les faits rapportés et les légendes qui, pour être respectables, peuvent prêter à critique, pour que dis-je, on voie dans ce travail considérable, un vrai et noble et très beau monument élevé à la gloire de Marie et de son Royaume, la France ! On reste stupéfait devant l'accumulation de faits, citations, références que l'on y peut trouver.

Le Cardinal Baudrillart parlera avec l'autorité du grand Historien qu'il est, l'humble et petit évêque des montagnes ne peut vous envoyer que ce qu'il a, c'est un merci ému de piété mariale à qui a fait si bon travail sur notre Mère du Ciel, la Reine de France.

Auguste Grumel,
Évêque de Maurienne

AVANT-PROPOS

L'extrême gravité de l'heure présente, les terribles menaces qui pèsent sur notre Pays — tant à l'intérieur qu'à l'extérieur — font penser à beaucoup que la situation est sans remède, désespérée, que notre France court à l'abîme et ne se relèvera plus ; la lassitude, le découragement, l'écœurement s'emparent même des meilleurs.

Aussi — à l'occasion de cette Année Jubilaire Mariale qui a attiré l'attention de tous sur les maternelles bontés de la Reine du Ciel à l'égard de notre Patrie et leur a rappelé que notre Pays demeure à jamais — en dépit de tout — le Royaume par excellence de Marie, grâce à la consécration du Roi Louis XIII, — avons-nous pensé que rien ne serait plus capable d'affermir la foi chancelante des uns, de redonner courage et confiance aux autres, que de retracer l'Histoire Mariale de la France. Cette Histoire prouve que rien de grand ne s'est fait sans Marie, qu'Elle a été l'Inspiratrice des plus nobles actions et des plus sublimes inspirations, que nous Lui devons nos plus beaux triomphes, que durant l'épreuve Elle a soutenu notre Pays, qu'aux heures des catastrophes — alors que tout humainement était irrémédiablement perdu, — Médiatrice Toute Puissante, Elle a arraché le salut miraculeux de Son Royaume à la justice de Dieu ; qu'enfin, la grande leçon qui se dégage des faits est que notre amour et notre reconnaissance doivent être sans borne et notre confiance totale, en un mot que l'indicible amour du Cœur Immaculé de Marie pour la France et pour ses Rois doit nous inspirer la CERTITUDE des très prochaines résurrections.

15 Août 1938.

Tricentenaire de la consécration
de la France à Marie.

D'après une gravure d'Abraham Bosse. — *Œuvres du Bienheureux François de Sales.* Paris Sébastien Huré, 1652.

CHAPITRE I

Le culte de « la Vierge qui doit enfanter » prépare les âmes de nos pères à la vérité religieuse

« Ecce Virgo concipiet, et pariet Filium »
(*Isaïe* — VII, 14.)

Une Vierge concevra et enfantera un Fils, l'Emmanuel… Cette prophétie d'Isaïe était connue un peu partout dans le monde païen[1]. Cela s'explique facilement par le fait que tous les peuples ont conservé, et se sont transmis verbalement, des échos de la tradition primitive, reçue de Dieu par nos Premiers Parents et par les Patriarches, et jamais complètement effacée par l'idolâtrie, et aussi parce qu'après la dispersion des Juifs, leurs livres saints furent connus peu à peu, partout où ils allèrent. Mais, alors que la plupart du temps, les peuples méprisaient ces prophéties ou les traitaient de fictions poétiques, le Peuple Gaulois, lui, conservait cette antique tradition avec une foi et une piété profondes.

---

1. — Voir : Suétone, *Vita Vespasiani,* chap. II.
   Tacite, *Hist. Lib.,* V.
   Virgile, *Eglogue* IV, prédiction attribuée à la Sibylle de Cumes.
   Consulter sur ce point : Aug. Nicolas, *La Vierge Marie vivant dans l'Église.*
   Hamon, *Notre Dame de France,* tome I, p. 185.

La Providence permit en effet que les druides lui inculquassent ce culte ainsi que quelques autres croyances et rites qui devaient favoriser l'établissement du Christianisme en Gaule, tels que : l'immortalité de l'âme ; son châtiment ou sa récompense dans l'autre vie suivant ses fautes ou ses mérites. Ils croyaient que le sacrifice humain était nécessaire pour racheter les crimes des hommes et apaiser la juste colère divine, et il y avait bien une part de vérité puisque l'humanité n'a été rachetée que par le Sang du Juste.

La polygamie était interdite et la fidélité conjugale était de règle. Enfin, leur rite obligeait les druides à cueillir le « *selago,* » la plante sacrée, pieds nus, les mains lavées et après avoir sacrifié avec du pain et du vin — espèce de préfiguration du Sacrifice Eucharistique. Alors que, chez les Romains, le polythéisme dégradait les individus et que les divinités elles-mêmes protégeaient tous les vices et y incitaient parfois, le culte druidique — à côté d'erreurs grossières et cruelles — inspirait aux Gaulois de nobles passions et forgeait en eux un caractère ardent, généreux, et fidèle.

Le grand centre religieux de la Gaule était la forêt de Chartres.

> « Or, précisément, la colline où a été depuis bâtie la cathédrale était alors un bois sacré : et au milieu de ce bois se trouvait une vaste grotte qu'éclairait à peine un jour sombre… Là, dit la tradition, en présence de toutes les notabilités de la nation convoquées, la centième année avant la naissance de Jésus-Christ, les druides élevèrent un autel à la Vierge qui devait lui donner le jour, gravèrent sur cet autel l'inscription devenue depuis si célèbre : VIRGINI PARITURÆ, (à la Vierge qui doit enfanter) ; et Priscus, roi de Chartres, touché du discours prononcé en cette occasion par leur grand pontife, plein de confiance en ses promesses, consacra solennellement, devant toute l'assemblée, son royaume à cette Reine future qui devait enfanter le Désiré des Nations. Les assistants, émus de telles paroles, se consacrèrent eux-mêmes à cette Vierge privilégiée ; dès lors, ils conçurent les sentiments de la plus tendre vénération [1]… »

---

1. — Hamon : *op. cit.,* Tome I, pp. 190-191.

On a trouvé également des vestiges de ce culte de la Vierge qui devait enfanter le Sauveur du monde à Nogent-sous-Coucy[1], à Longpont et jusqu'à Lyon[2].

Il est en notre France une terre sacrée, « bénie par une prédestination qui se perd dans les secrets de l'éternité, » où, bien avant Longpont, bien avant Chartres, la Vierge qui devait enfanter aurait fait éclater sa puissance : Paray-le-Monial, la terre d'élection du Sacré-Cœur.

> « Six cents ans après le déluge — si l'on en croit la Tradition un formidable incendie, relaté d'ailleurs par Diodore de Sicile, ravagea l'Ibérie et la Celtique. Épouvantés, les populations du Val d'Or implorèrent, dit-on, la Vierge qui devait enfanter et promirent de lui élever « une pierre de témoignage. » Le Val d'Or fut épargné et ce serait dans cette pierre de témoignage que, bien des siècles plus tard, l'image de Notre Dame de Romay aurait été taillée[3]. »

> « Toujours est-il que le culte de la Vierge Marie est né à Paray depuis des siècles et qu'autour de l'antique Madone les miracles se sont multipliés : guérisons, résurrections des corps et des âmes. Les générations chrétiennes devaient... être conduites au Fils par la Mère : *ad Jesum per Mariam*[4]. »

Ainsi, bien avant la naissance de Marie, notre terre de France était le centre d'un culte en son honneur et, par avance, lui était consacrée, comme si Dieu avait voulu choisir et préparer un Royaume privilégié ici-bas pour la Reine du Ciel.

Après la conquête romaine, l'Empereur Claude voulut supprimer le druidisme et imposer aux Gaulois les dieux romains. Ce fut une autre permission de la Providence afin de « favoriser sur

---

1. — Guibert, Abbé de Nogent, *Vita sua*, lib. II, c. I.
2. — I. Hirchenbach : *Die heiligen catholischen gnaden und Wallfahrtsorte* 1883. Il semble que ce culte était en honneur à Longpont avant qu'il ne le fût à Chartres.
3. — Bulletin de l'Archiconfrérie de Notre Dame de Pellevoisin : *Terre Mariale*, par A.-M., n° mai-juin 1938.
4. — *Vie de la Mère Marie de Jésus, fondatrice et Prieure du Carmel de Paray-le-Monial*, par une Carmélite, Monastère de Paray, 1921, pages 234 et 235.

leur territoire l'établissement d'une religion nouvelle qui, tout en s'harmonisant mieux sous certains rapports avec la leur, proscrivait absolument le polythéisme hybride de leurs maîtres[1].

Aussi, quand les premiers disciples du Christ arrivèrent en Gaule pour y porter la « bonne nouvelle, » trouvèrent-ils les âmes toutes préparées pour recevoir la bonne semence. Il s'appuyèrent sur le culte de la VIRGINIS PARITURÆ et annoncèrent qu'Elle vivait et avait mis au monde le Sauveur Christ qu'ils venaient prêcher.

> « C'est Marie qui a présidé à l'éclosion de notre nationalité, disait le Cardinal Donnet. De même que par Elle le Christ avait fait son entrée dans le monde, de même la religion du Christ pénétra par Elle dans notre pays. »

---

1. — Hénault — *Recherches historiques sur la fondation de l'Église de Chartres*, p. 26.

L'Église triomphante. D'après une gravure d'Abraham Bosse,
dans les *Œuvres du Bienheureux François de Sales*, Paris Sébastien Huré, 1652.

CHAPITRE II

Marie envoie les Amis de dilection de son Fils évangéliser la Gaule

« Les premiers témoignages de la munificence de Marie envers notre pays … sont antérieurs à la Royauté française puisqu'ils remontent à l'ère évangélique. Ne pouvant venir Elle-même, Elle se hâta d'envoyer des apôtres à nos aïeux pour leur annoncer l'arrivée de l'heure de la Rédemption, si ardemment attendue, et les initier à son amour en même temps qu'à celui de Jésus, leur députait les plus éminents et les plus chers disciples du Sauveur, tous les membres de la famille privilégiée de Béthanie, où elle avait, ainsi que son divin Fils, reçu la plus aimable et la plus respectueuse hospitalité : Lazare, sur la tombe duquel il avait pleuré au moment même où, pour l'arracher des bras de la mort, il allait trahir sa divinité en opérant le plus saisissant de tous ses miracles [1]. »

Lazare, préfiguration de la résurrection de la France, Marthe et Madeleine ; Madeleine, la grande pécheresse, mais l'âme au grand repentir et au grand amour, qui est à l'avance l'image de notre France pécheresse d'aujourd'hui, repentante et amoureuse de demain.

---

1. — Abbé Duhaut, *Marie protectrice de la France*, p. 24.

À ses plus tendres amis, elle adjoint sa propre famille : Marie Jacobé, mère de Saint Jacques le Majeur et de Saint Jean l'Évangéliste, le bien-aimé, qui reposa sur le Cœur de Jésus ; et Marie Salomé ; deux fervents disciples : Maximin et Sidoine, l'aveugle guéri par Notre Seigneur, lui aussi préfiguration de l'aveuglement de notre pays et de son retour miraculeux à la lumière de la foi ; enfin Sara et Marcelle, les fidèles servantes des Saintes Femmes.

À ce moment, la haine du peuple déicide, voulant faire disparaître les témoins les plus gênants de la vie et des miracles de Jésus, servit les desseins de Dieu et de Marie :

> « Les mettre à mort eut été trop compromettant. On se contenta de les embarquer sur un petit navire sans voile, sans rame, sans pilote, sans provisions de bouche, et de les exposer ainsi, soit à un naufrage certain, soit à la mort angoissante de la faim [1]. »

Mais les Juifs comptaient sans la Vierge :

> « Marie, la douce étoile des mers les guida, les fit aborder sur les rives de la France, où ils élevèrent de suite un autel à Jésus-Christ, sous le nom et l'invocation de Sa sainte Mère, de la Vierge encore vivante, VIRGINI VIVENTI [2]. »

> « C'est là [3] que va être plantée la première croix, là que va être célébrée la première messe sur la terre des Gaules. C'est de là que va partir l'étincelle qui portera la lumière de l'Évangile à la Provence (les deux Narbonnaises) d'abord, ensuite au reste de la France... »

> « En même temps, jaillit miraculeusement une source d'eau douce, comme pour inviter les Saintes Maries à fixer leur demeure en ce lieu. »

> « Les saintes proscrites se séparèrent bientôt, après avoir construit et dédié à la Mère de Dieu un modeste oratoire, qui fut probablement le premier temple chrétien élevé sur la terre des Gaules. Sainte Marthe va évangéliser la région de Tarascon et Avignon. Lazare, Marie-Madeleine, Maximin et Sidoine prennent la route de Marseille... »

---

1. — Chanoine Chapelle, *Les Saintes Maries de la Mer*, p. 29.
2. — Abbé Duhaut, *op. cit.*, p. 25. Un morceau de cet autel est conservé à Arles.
3. — Aux Saintes Maries de la Mer, dans la Camargue, en Provence.

> « De Marseille, Maximin et Sidoine montent à Aix, où ils établissent le siège épiscopal qu'ils occupent l'un après l'autre. Madeleine reste quelques temps à Marseille avec son frère Lazare, qui devient le premier Évêque de cette ville et qui y meurt martyr. Elle va ensuite rejoindre Maximin et Sidoine, dont elle partage l'apostolat, puis elle se retire au désert où elle vit les trente dernières années de sa vie dans une grotte connue depuis sous le nom de Sainte Baume. »
>
> « Quant à Marie Jacobé et Marie Salomé, elles fixèrent leur résidence, avec Sara leur servante à côté du petit oratoire [1] et convertirent les pêcheurs des bords de la mer, les bergers et les cultivateurs de la Camargue. C'est là qu'elles moururent et furent enterrées. »

Il y a lieu de souligner que l'arrivée en Gaule des plus tendres amis et de la propre Famille de Marie et de Son Divin Fils eut lieu le 2 Févier de l'an 43, au début même de cette année qui allait voir le Prince et le Chef des Apôtres, Saint Pierre, s'installer à Rome ; comme si Dieu avait voulu marquer nettement, dès l'origine, le lien indissoluble qui unit la France à l'Église et montrer ainsi qu'elles doivent, dans la suite des Ages, être toujours unies dans la douleur comme dans les triomphes et jouir toute deux de la pérennité promise par le Christ à l'Église et qu'un Pape assura à la France parce qu'elle était le Royaume de Marie.

Là ne s'arrêtèrent pas les tendresses de Marie pour notre Patrie.

Une tradition de l'Église de Rennes, confirmée par Saint Épiphane au Ve siècle, (*Haer*-51), assure que Saint Luc, si bien nommé l'évangéliste de la Sainte Vierge, traversa toute la Gaule méridionale et prêcha aux environs de Rennes.

> « Après l'Assomption dans les demeures célestes de la très Sainte Mère du Sauveur, *écrit Robert de Torigny, abbé du Mont Saint-Michel,* Amadour averti par Elle passa dans les Gaules [2] avec son épouse Véronique. Tous deux avaient été au service de Marie et de Jésus, service tout d'amour et de désintéressement.

---

1. — Chanoine Chapelle, *op. cit.,* pp. 30 à 33.
2. — Chanoine Albe, *Notre Dame de Rocamadour*, p. 32.

> « Véronique n'est autre à la fois que l'hémorroïsse, qui fut guérie par l'attouchement de la robe de Jésus, et la femme généreuse de la VIᵉ station du chemin de la Croix, qui fut récompensée de son courage et de sa charité par l'impression sur son voile de l'auguste Face du Seigneur [1]. »

Après avoir aidé Saint Martial dans son apostolat, Véronique [2] mourut à Soulac, auprès d'une chapelle dédiée à Notre Dame. Après sa mort, Amadour vient en Quercy où il éleva un oratoire consacré par Saint Martial à la Mère de Dieu. Il y fut enterré et donna son nom à l'un des plus célèbres pèlerinages français de la Vierge : Rocamadour.

Marie trouva qu'Elle n'avait pas encore assez fait : À son lit de mort, se trouvait Saint Denys de l'Aréopage, à ce moment Évêque d'Athènes ; Elle l'envoya en Gaule et lui donna sa suprême bénédiction pour le pays qu'il allait évangéliser.

Il vint à Rome.

> « Quel spectacle, *écrit le chanoine Vidieu*, l'illustre Denys se prosterne lui-même devant le « docteur des docteurs. »

Saint Clément qui vient d'envoyer Julien à Evreux et Clair à Nantes, donne pleins pouvoirs à Denys pour toute la Gaule. L'Aréopagite visite les églises qu'il traverse et arrive à Lutèce. Il s'y installe et y érige un oratoire sous le vocable de Notre Dame des Champs. Il inculque à ses disciples l'amour de Jésus et de Marie et les envoie évangéliser tout le nord de la Loire [3], fonde le premier monastère près d'Evreux, va encourager les efforts de tous, passe en Espagne, puis revient à Paris recevoir la couronne du martyre,

---

1. — Chanoine Albe, p. 34. Voir également les *Acta Sanctorum* des Bollandistes. — Véronique était gauloise, originaire de Bazas ; quant à Amadour une Bulle de Martin V en 1427 et la tradition disent qu'il n'était autre que le publicain Zachée, le converti de Jéricho.
2. — La Primatiale de Bordeaux conserve des reliques de la Sainte Vierge apportées, dit la tradition, par Saint-Martial et Sainte-Véronique. Voir chanoine Lopez : *L'Église Métropolitaine Saint-André de Bordeaux*. Hamon : *op. cit.*, IV, p. 6.
3. — Lucien à Beauvais, Sanctin à Meaux puis à Verdun, Yon à Montlhéry, Chiron à Chartres, Taurin à Evreux, Nicaise à Rouen, etc.

à Montmartre (le mont des Martyrs), sur cette colline où a été élevée la basilique du Sacré-Cœur.

Son sang baptise la future capitale de la France [1].

Enfin, pour mettre le comble à ses tendresses, Marie voulut confier à notre sol le corps de sainte Anne, sa Mère bien-aimée et le remit aux Saintes Maries lors de leur départ de Palestine. À leur arrivée en Gaule, Saint Auspice en devint le gardien et emmena l'insigne relique — précieuse entre toutes — à Apt, où, avant son martyre, il la cacha dans un souterrain, découvert par Charlemagne à Pâques 792 [2].

---

1. — Le chanoine Vidieu, dans son important ouvrage sur *Saint Denys l'Aréopagite, patron de la France*, a victorieusement réfuté tous les détracteurs de nos origines religieuses et prouve que l'Aréopagite fut bien le premier évêque de Paris, (pp. 30 à 67.) L'apostolicité des Églises des Gaules est certaine : « Saint Paul, après avoir échappé aux fers de Néron, était allé jeter les bases de l'organisation de nos Églises, établissant Trophime à Arles, Paul à Narbonne, Crescent à Vienne ; Pierre avait envoyé Austremoine chez les Arvernes, Ursin chez les Bituriges, Savinien et Potentien à Sens, Memmius à Châlons, Sinice à Soissons, Sixte à Reims, Clément à Metz, Euchaire et Valère à Trèves. À cette mission se rattachent entre autres les prédications de Saint Front à Périgueux, de Saint Georges au Velay, de Saint Eutrope à Orange et de Saint Altin à Orléans » (*id.* p. 188) sans oublier Saint Martial à Limoges et Saint Saturnin à Toulouse, auxquels il y a lieu d'ajouter Maximius à Rennes, un disciple de Saint Philippe et de Saint Luc, qui dédia le temple de Thétis à la Sainte Vierge, et un disciple de Joseph d'Arimathie qui ensevelit Notre-Seigneur, Drennulus, près de Lannion, qui fonda sous le vocable de Marie, la première église de la contrée qui devint le pèlerinage de Notre Dame de Kozgeodek (*Descriptio utriusque Britanniæ*, Lib. IX, cap. LVI.)

Un auteur ancien Papirius Masso dans sa *Notitia episcopatum Galliæ*, compte dix-neuf églises fondées en France par les envoyés immédiats des Apôtres.

Il est peu d'événements de notre Histoire auxquels le souvenir de Saint Denys ne soit mêlé. Rappelons notamment que sainte Geneviève fit construire une église en son honneur ; que Dagobert fonda la célèbre abbaye où sont enterrés tous nos Rois et où ont été sacré Pépin et, couronnées plusieurs Reines de France ; que « les reliques de Saint Denys attachent la victoire au drapeau de la France et sont pour l'État un gage de prospérité et de grandeur » ; et que notre Jeanne d'Arc tint à y déposer son armure.

2. — L'authenticité du corps de sainte Anne est reconnue et affirmée par

Ainsi, non seulement le Christ et Marie envoyèrent à notre pays les membres de leur famille et leurs amis les plus chers pour l'évangéliser et lui porter le meilleur de leur Cœur, mais, pour consacrer le culte dû aux morts, ils voulurent que le corps de Sainte Anne y reposât, confiant ainsi à notre terre de France — comme étant la plus digne de le recevoir — ce qu'Ils avaient de plus cher au monde dans leurs affections intimes, le corps de la Mère de la Très Sainte Vierge, afin que ces restes sacrés fussent entourés du respect et de la vénération du peuple qui était le plus capable de Les remplacer dans l'accomplissement de ce devoir, et qu'ils avaient élu pour être leur Royaume de prédilection.

Quel pays compta à lui seul tant de faveurs divines et mariales à l'origine de son évangélisation ? Aucun.

> « O miséricordieuses délicatesses de la Providence, *s'écrie Monseigneur Rumeau*. C'est ainsi que le Ciel préludait à la mission de la France et posait les bases de sa prédestination [1]. »

---

plusieurs Bulles Pontificales, notamment par celles d'Adrien, de Benoît XII et de Clément VII. Ce dernier recommanda par Lettre du 30 octobre 1533 la restauration de l'Église Sainte Anne d'Apt « où reposent les corps de plusieurs saints et notamment celui de sainte Anne, Mère de la glorieuse Vierge Marie. » Les saints dont il s'agit sont : Saint Auspice, Saint Castor, Sainte Marguerite, Saint Elzéar de Sabran et sainte Dauphine de Signe son épouse. Le souterrain, qui conserva pendant plus de sept siècles le corps de sainte Anne, est la seconde crypte de la basilique actuelle.

La Reine Anne d'Autriche envoya à Apt une solennelle députation en pèlerinage pour obtenir un héritier pour la Couronne. Elle y vint elle-même avec une suite nombreuse, donna huit mille livres pour construire une chapelle plus digne des précieuses reliques, une statue de sainte Anne en or et différents objets ornés de pierres précieuses. Ajoutons que les actes pontificaux relatent de très nombreux miracles.

Le culte de sainte Anne est très répandu en France, notamment en Bretagne où le pèlerinage de sainte Anne d'Auray est célèbre. Il complète très logiquement celui de la Vierge Immaculée.

1. — Le livre d'or de Notre Dame des Miracles – Rennes – 1925 – *Discours de Monseigneur Rumeau, Évêque d'Angers*, le 25 mars 1908, lors du couronnement de Notre Dame des Miracles, p. 41.

Clovis reçoit de la Religion la couronne et l'épée.
La Religion remet à Clovis les insignes de la royauté et lui dit : « *Défends-moi, je te protégerai.* »
Gravure de P. Le Pautre, dans l'*Histoire de France* du P. Adrien Jourdan. Paris, 1679.

CHAPITRE III

L'Action de Marie dans la Conversion de Clovis et l'établissement de la Royauté chrétienne

En un tableau magnifique, M. Lecoy de la Marche résume les cinq premiers siècles de notre évangélisation :

> « On peut distinguer, dans cette nombreuse tribu (des évangélisateurs de notre pays), trois lignées ou trois générations différentes qui ont eu chacune sa tâche, qui ont chacune son titre de gloire. La première, c'est celle des disciples, des Apôtres et des envoyés de Rome qui, du premier au troisième siècle, ont prêché dans les cités, converti les patriciens, les magistrats, les ouvriers, les esclaves, et fondé, au prix de mille sacrifices, souvent au prix de leur vie, nos Églises diocésaines ... Honneur à ces ouvriers de la première heure, qui ont frayé le chemin à la civilisation chrétienne ! Sans eux, la cité allait à la barbarie par la corruption, et la cité, nous venons de le voir, était presque tout le monde romain.

» Mais elle ne pouvait rester tout le monde : un tel privilège eût été par trop contraire à la morale de l'Évangile. En dehors de ses remparts protecteurs, attendait la foule des abandonnés, le long cortège des victimes du fisc et des invasions, toute cette classe agricole, qui n'était rien encore, mais qui allait précisément surgir à la vie, à la prospérité morale et matérielle, sous le souffle fécond de l'égalité chrétienne ; cette opération, cet enfantement laborieux, dont je viens de démontrer l'urgence, sera l'œuvre de notre seconde lignée apostolique et ce sera le grand événement social du IVe siècle. Son principal agent sera l'homme dont nous allons étudier l'histoire. Saint Martin donnera à la France ces générations actives, solides, travailleuses, qui, après quinze siècles de labeurs, de décimation, de fléaux de toute espèce, formeront encore la réserve suprême de la grande armée catholique et nationale. Avec un groupe d'évêques, Hilaire de Poitiers, Maximin de Trêves, Simplice d'Autun. etc. avec ses disciples et ses moines, Brice, Maurille, Victorius, Florent, Patrice et toute la milice religieuse formée à l'école de Marmoutier, il peuplera d'églises, de monastères, de villages, les vastes espaces couverts naguère par l'ombre des forêts sauvages et par l'ombre plus épaisse encore des superstitions druidiques. Il établira des paroisses rurales, indice significatif de l'avènement d'une classe nouvelle ; et son apostolat fera descendre la sève du Christianisme jusqu'aux plus profondes racines de la nation. Enfin, la troisième lignée, c'est celle qui a conquis à la vérité les races barbares (des envahisseurs) de la Gaule : c'est celle des Saint Rémi, des Saint Avit, des Saint Colomban et de leurs courageux émules. On peut dire aussi d'eux qu'ils ont empêché la revanche du paganisme. Ils ont opposé leurs corps à l'ennemi et ils l'ont refoulé. Ils sont venus les derniers : mais ils ont eu l'honneur d'achever et de consolider l'ouvrage de leurs devanciers. Ils ont couronné l'édifice, planté le drapeau sur le faîte : ils n'ont rien à envier aux autres. Telle a été la part de labeur assignée à chacune de ces légions d'ouvriers évangéliques. Il n'a pas fallu moins pour fonder la nation très chrétienne [1]. »

---

1. — Lecoy de la Marche : *Saint Martin*, livre I, chap. III, pp. 52 à 54, chez Marne, 1895. La tradition rapporte que Saint Martin étant à Marmoutier, Satan

Or, ce travail gigantesque de conversion de notre Patrie, c'est par Marie qu'il s'accomplit. Évêques, moines convertissent les cités, les défendent contre les barbares, évangélisent les campagnes et les défrichent sous la protection de Marie. C'est d'Elle qu'ils parlent pour prêcher le Christ, c'est à Elle qu'ils élèvent partout des statues, des chapelles, des églises, des cathédrales.

Satan était sorti vaincu des grandes persécutions : *sanguis martyrum, semen christianorum*. Ayant échoué par la violence, il devait user de la ruse : les hérésies furent le moyen qu'employa le père du mensonge.

Si les populations étaient devenues chrétiennes, sur tous les trônes d'Orient et d'Occident, les Rois et les grands étaient tombés dans l'arianisme. L'hérésie faisait de tels ravages qu'elle menaçait de submerger complètement l'Église et que l'intervention providentielle devenait nécessaire, indispensable pour assurer la pérennité de l'Église et la réalisation de la promesse de Jésus à Saint Pierre. Lucifer escomptait déjà son triomphe prochain. Il comptait sans Marie. Déjà, Elle avait arrêté par le bras victorieux de Mérovée — bien qu'il fût païen — les invasions païennes et barbares d'Attila aux Champs Catalauniques. Elle allait utiliser de nouveau la race de Mérovée contre les hérésies et la consacrer définitivement pour régner jusqu'à la fin des temps sur notre Pays par l'institution de la Royauté très Chrétienne.

Saint Savinien ayant évangélisé le Sénonais, éleva un petit oratoire en l'honneur de Marie à Ferrières et convoqua à cette occasion tous les néophytes.

> « Un prodige insigne vint confirmer dans la foi ces nouveaux chrétiens. C'était la nuit de Noël, et on allait commencer le Saint Sacrifice lorsque tout à coup une vive lumière remplit le sanctuaire : la Sainte Vierge apparaît, portant l'Enfant Jésus dans ses bras, accompagnée de Saint Joseph ; et les anges, s'associant à cette glorieuse apparition, entonnent comme autrefois le « *Gloria in excelsis.* » Saisi d'un Saint enthousiasme, Savinien s'écrie :

---

le fit glisser dans l'escalier lui faisant faire une terrible chute, mais que le Saint vit Marie lui apparaître et le retenir. Telle serait l'origine de Notre Dame du Secours de Marmoutier (Hamon, IV. 179.)

> « *C'est vraiment ici Bethléem.* » Et depuis lors jusqu'à nos jours, ce nom est toujours resté au sanctuaire (1). »

Lors de l'invasion d'Attila, la chapelle fut incendiée. On la releva peu à peu ; elle n'était pas encore achevée quand Clovis y vint en 481, attiré — quoiqu'encore païen — par l'histoire merveilleuse de ce sanctuaire.

> « Les ermites qui en étaient les gardiens le reçurent avec le plus grand honneur ; et le prince, touché de ce bon accueil, se montra bienveillant envers eux jusqu'à contribuer de sa royale munificence à la reconstruction et à l'embellissement du religieux édifice. D'un autre côté, Clotilde (2) jeune encore, y venait chaque année en pèlerinage et les ermites admirant sa foi et sa piété, osèrent parler à Clovis de la vertueuse et belle chrétienne ; il lui en firent un si grand éloge que le Roi païen voulut la connaître ; le regard du fier Sicambre eut bientôt découvert sous le voile de sa modestie, le trésor des douces vertus qui la distinguaient. Il résolut de l'épouser et bientôt la sainteté de Clotilde vint embellir le trône de France (3). »

Ainsi, sous l'inspiration et le regard de Marie, s'ébaucha et fut conclu le mariage de Clovis et de sainte Clotilde, auquel Saint Rémi, de son côté, avait travaillé dans toute la mesure où il l'avait pu, parce que, divinement inspiré, ce nouveau Samuel, au nom de Dieu, avait pour mission de choisir délibérément la Race Royale destinée, ainsi qu'il le dit dans son testament, à régner jusqu'à la fin des temps, et à personnifier la Royauté temporelle de Jésus-Christ. Or son choix s'était porté sur la Race issue de Mérovée.

Grâce à ce mariage, la conversion de Clovis et des Francs devenait possible et la mission divine de la France également ; la fondation de la Royauté très Chrétienne n'était plus un rêve et l'Église pouvait entrevoir sa future victoire sur les hérésies qui menaçaient de la faire disparaître.

---

1. — Hamon : *Notre Dame de France*, t. I, p. 352 – voir Dom Morin : *Histoire du Gâtinais* – Dom Ranessant, prieur de Ferrières – *Gallia Christiana* – *le bréviaire de Ferrières*, fête de Noël, 6ᵉ leçon – la bulle de Grégoire XV et la Charte de Clovis.
2. — Dom Morin, p. 765.
3. — Hamon : *id.* p. 353.

Depuis longtemps déjà, Clovis aimait à s'entretenir avec l'Évêque de Reims et aussi avec sainte Geneviève, dont la foi, la grande vertu et les miracles l'impressionnaient favorablement. Clotilde, dès lors, joignit ses plus ferventes prières et ses instances à celles du Saint Pontife et de la vierge parisienne et n'allait pas cesser de supplier Marie — à qui elle devait son mariage — de lui accorder la conversion de son royal époux.

À Tolbiac, la Reine est enfin exaucée : accablé sous le nombre de ses ennemis, Clovis invoque le Dieu de Clotilde et promet de se convertir s'il est vainqueur. À peine a-t-il fait ce vœu que les Allemands sont en pleine déroute et qu'il obtient une victoire éclatante.

Fidèle à sa promesse, le Roi s'instruit des vérités de la Foi auprès de Saint Rémi. La cérémonie est fixée au 25 Décembre suivant. Mais, à la veille du grand acte, le Roi, tourmenté par des craintes et troublé, hésite encore ; alors, raconte Hincmar, Saint Rémi passe la nuit au pied de l'autel de Marie, et la Reine, au pied de celui de Saint Pierre ; ils arrachent au Ciel par leurs prières et leurs larmes le salut du Roi et de son peuple [1].

Saint Rémi, dans la nuit de Noël 496, à Reims, baptise le Roi, ainsi que trois mille Francs et lui confère l'investiture divine du Sacre, consacrant ainsi au nom de Dieu le mariage de notre Pays avec la Royauté, avec la Race de Clovis. Le Roi donne le nom de sa Race à la Gaule qui devient le Royaume des Francs, puis la France, et la France, à son tour donnera son nouveau nom à la Famille Royale dont tous les membres, depuis lors, sont de la « Maison de France. »

Au cours de la cérémonie — tout comme au baptême du Christ — la voix de Dieu se fait entendre et le Saint-Esprit, sous la forme de la colombe, apporte la Sainte Ampoule contenant le Chrême destiné au Sacre de tous nos Rois. Le pontife inspiré tient au Roi un langage prophétique, identique, quant au sens, à celui de Moïse au peuple élu de l'Ancien Testament :

---

1. — Hincmar, *Vita Sti Remigii – Recueil des Historiens des Gaules et de la France*, 1869, Tome III, p. 376-A.

> « Apprenez, mon Fils, que le Royaume de France est prédestiné par Dieu à la défense de l'Église Romaine qui est la seule véritable Église du Christ.
>
> » Ce Royaume sera un jour grand entre tous les Royaumes. Et il embrassera toutes les limites de l'Empire Romain ! Il durera jusqu'à la fin des temps !
>
> » Il sera victorieux et prospère tant qu'il sera fidèle à la Foi Romaine. Mais il sera justement châtié toutes les fois qu'il sera infidèle à sa vocation [1] … »

Clovis devient alors le bras de Marie contre l'hérésie. Enflammé du zèle du néophyte, « il m'ennuie, dira-t-il, après son baptême, de voir les hérétiques posséder les plus belles provinces des Gaules [2]. »

Il part en guerre contre eux et, en moins de sept ans, ses victoires de Dijon sur Gondebaut (500) et de Vouillé sur Alaric qu'il tue de sa main (507) détruisent l'hérésie en Gaule, sauvent l'Église et lui permettent en même temps de donner à la France ses frontières naturelles : Océan, Manche, Rhin, Alpes, Méditerranée et Pyrénées. Il a combattu, non en conquérant mais en apôtre qui veut gagner des âmes à Jésus-Christ et Jésus constitue « le Saint Royaume de France. »

> « Et c'est Dieu qui a fait cela, conclut Baronius, pour qu'il fût évident aux yeux de tous que Dieu ne favorisait ainsi la nation des Francs, parmi toutes les autres, que parce que cette nation l'emportait, en effet, sur toutes les autres par sa piété et sa foi catholique et combattait plus ardemment pour la défense de l'Église que pour la protection de ses frontières [3]. »

---

1. — Migne : *Patr. Lat.*, tome CXXXV, p. 51 et suiv.
   Flodoard : *Hist. Eccl. Rem.*, livre I, chap. XIII – Bibl. Nat. : A. 112 à 329.
2. — Migne : *id.*, tome LXXII, p. 706.
3. — Baronius : *Annales Ecclesiast*, tome VI, édition de 1601.

La vierge Marie dans l'histoire de France

Clovis avait eu raison d'écrire en tête de la Loi Salique :

« La Nation des Francs, illustre,
AYANT DIEU POUR FONDATEUR...
Vive le Christ QUI AIME LES FRANCS !
QU'IL GARDE LEUR ROYAUME
ET REMPLISSE LEURS CHEFS DES LUMIÈRES DE SA GRÂCE[1] !... »

Marie avait été une fois de plus la Porte par laquelle Clovis et les Francs avaient dû passer pour arriver à Jésus-Christ.

La mission de la France commençait[2].

LA COLOMBE, SYMBOLE DE L'ÂME PURE ET FIDÈLE
Portant le rameau d'olivier, elle sort triomphante du combat pour la foi ;
sous l'autre forme, elle plane déjà vers le Christ. – Fresques des Catacombes.

---

1. — Traduction de l'Abbé Lemann d'après les *Leges Salicae illustratae* de Godefroid Wandelin (Anvers 1649.)
2. — Pour tous les documents cités dans ce chapitre et pour avoir une idée suffisante des multiples miracles accordés par Dieu en faveur de Clovis et de nos Rois : guérison miraculeuse des écrouelles, armes de France, etc. voir notre étude : *La Mission Divine de la France*.

S. MARTIN PARTAGEANT SON MANTEAU AVEC UN PAUVRE

Tableau de Rubens, conservé dans la collection royale d'Angleterre.

Un jour (au milieu d'un très rude hiver), Martin, n'ayant sur lui que ses armes et son simple habit de chasse, rencontre aux portes d'Amiens un pauvre tout nu, qui implore la pitié des passants. Le saint, d'un coup d'épée, partage en deux sa chlamyde, en jette une moitié sur les épaules du mendiant et se revêt de l'autre moitié. — Le manteau, ou la chape de saint Martin, fut la première bannière de France; c'est celle qui se dressait derrière nos rois dans les champs de bataille où la monarchie commença par leurs mains la conquête de la patrie française.

LE PACTE DE TOLBIAC

Composition de Le Brun. Gravure tirée de la revue *Le Règne de Jésus-Christ*, année 1887 ; d'après l'estampe conservée au musée eucharistique de Paray-le-Monial.

Dans une bataille livrée aux Allemands près de Tolbiac, l'armée des Francs allait être taillée en pièces lorsque Clovis, se souvenant des enseignements de Clotilde, s'écrie : « *Jésus-Christ, que Clotilde annonce, être le Fils du Dieu vivant, si tu m'accordes la victoire sur ces ennemis, je croirai en toi et je me ferai baptiser en ton nom.* »

LE BAPTÊME DE CLOVIS
Peinture murale de Laugée, en l'église Sainte-Clotilde, à Paris.

Le vainqueur de Tolbiac, fidèle à son vœu, demanda et reçut le baptême des mains de saint Remi. L'élite de ses soldats embrassa comme lui le christianisme. C'était la nuit même de Noël : aux saintes solennités de la naissance d'un Dieu s'unissaient les joies de la naissance d'un peuple.

La Sainte Ampoule a servi au Sacre de nos Rois.

L'abbé de Saint-Rémi, puis le grand prieur, apportait solennellement la Sainte Ampoule dans la cathédrale.

Le Roi seul bénéficiait du baume prélevé par le prélat consécrateur avec une aiguille d'or : ce fragment de la taille d'un grain de blé était alors mélangé au saint chrême sur une patène et lui donnait une couleur rougeâtre.

Avec le pouce, le prélat prélevait le mélange et traçait neuf onctions en forme de croix sur le souverain, tout en prononçant les paroles rituelles : sur le haut de la tête, la poitrine, entre les deux épaules, l'épaule droite, l'épaule gauche, la jointure du bras droit puis du bras gauche ; puis, après s'être revêtu, sur les paumes des mains. Après les onctions, on raclait la patène et on mettait ce qui restait du mélange dans l'ampoule, ce qui confortait la croyance populaire en un inépuisable baume. La reine n'était sacrée qu'avec du saint chrême.

La Cathédrale de Reims

Basilique du Sacre.

Les quatre états de la vie de Jésus-Christ :
Vie cachée, vie agissante, vie souffrante et vie triomphante.
Histoire sainte du P. N. Talon, 1659.

CHAPITRE IV

Le Culte des Mérovingiens pour Marie

Après sa conversion, Clovis ne se contenta pas de lutter contre les hérétiques, il voulut laisser d'impérissables témoignages de son culte fervent à Marie : il aimait à visiter les sanctuaires dédiés à la Reine du Ciel ; près de Nogent-sur-Seine il fonda Notre Dame de Nesles et, sur les bords du Rhin, il construisit la première cathédrale qu'il plaça sous le vocable de la Vierge à laquelle il s'estimait redevable de sa conversion et de ses victoires [1], comme s'il avait voulu par cet acte de foi demander à la Mère de Dieu de veiller elle-même à la garde de Son Royaume. Autour de cette basilique, peu à peu une ville s'édifie : Strasbourg.

Le culte filial du premier de nos Rois envers Marie se perpétua chez ses descendants et successeurs.

---

1. — Hamon, *op. cit.*, tome VI, p. 168. Voir Beatus Rhenanus, *Rer. Germ.*, II, p. 173.

Thierry, son Fils, fonda par charte en 508, Notre Dame des Anges à Pignons, près de Fréjus ; sa fille, sainte Théodechilde, à la suite d'une apparition, construisit Notre Dame des Miracles à Mauriac.

Childebert, autre fils de Clovis, abandonné des médecins, fait venir Saint Germain, Évêque de Paris, qui obtient miraculeusement la guérison du Roi. En reconnaissance, celui-ci, ainsi qu'en fait foi une charte solennelle, fait don à la cathédrale Sainte Marie de Paris d'objets précieux et de plusieurs domaines. De passage à Angers, il l'ait agrandir le sanctuaire de Notre Dame du Rocher.

Au retour de la guerre contre les Wisigoths, le Roi bâtit la basilique de Selles-sur-Cher en l'honneur et sous le vocable de Notre Dame la Blanche.

Saint Cloud, petit-fils de Clovis, fait don à Notre Dame de Paris du monastère qu'il a fondé à Nogent [1].

Sous le règne de Chilpéric, la Reine construit une basilique magnifique, en l'honneur de Marie Immaculée (*Virgini Internerata*) près du Monastère de Saint-Evroult [2].

Après la mort du Roi, Frédégonde se retire avec tous ses trésors à Notre Dame de Paris.

Comment passer sous silence le culte de sainte Radegonde pour Marie puisque la Reine du Ciel voulut Elle-même le reconnaître en associant la sainte Reine à la préservation de Poitiers contre les Anglais par le Miracle des clefs en 1202 [3].

> « En 562, Gontran, Roi d'Orléans et de Bourgogne, fils de Clotaire I, eut un fils affligé d'une maladie cruelle qu'on croyait être une possession du démon. En vain, on avait employé les exorcismes, en vain on avait multiplié les vœux, les prières, les pèlerinages, rien n'avait réussi. En désespoir de cause, il a recours à la Vierge et conduit l'enfant en pèlerinage à Notre Dame de Sales à Bourges.

---

1. — Ce village de Nogent adopta le nom de son fondateur après sa canonisation.
2. — Migne : *Patrologie latine*, t. CLXXXVIII, p. 476. Orderic Vital ; et Hamon, *id.*, t. V, p. 162.
3. — Voir Abbé Brossard, *Le miracle des Clefs* et l'Appendice, *Marie protège les villes de France contre les envahisseurs et les délivre*.

À peine le jeune prince a-t-il mis le pied dans l'Église qu'il se trouve complètement délivré [1]. »

Dagobert, en hommage à Marie, fonde Notre Dame de Cunault, près de Saumur, fait de grandes largesses au monastère de Notre Dame de la Nef à Bourges — fondé par Saint Sulpice — et, en 628, rebâtit la basilique que Clovis avait construite à Strasbourg.

Son petit-fils, Dagobert II, en 675, fait don de domaines et de grandes richesses à la basilique Notre Dame de Strasbourg et se voue à Notre Dame en qualité de « *vassal et de serf* » ; la dévotion du Monarque a pour effet de développer le culte de la Vierge : les deux rives du Rhin se couvrent d'églises et de monastères en l'honneur de la Mère de Dieu.

Sainte Enimie, que son père Clotaire II, voulait marier alors qu'elle avait résolu de se consacrer à Dieu, demanda de perdre la santé pour conserver sa virginité. À trois reprises elle fut exaucée et obtint enfin ce qu'elle voulait. Sur l'indication d'un ange, elle vint s'établir près de Floirac pour y ériger un monastère, elle dédie une des deux chapelles à Marie.

Sans doute, la branche aînée de la Race Royale commit bien des fautes, des crimes même ; mais son culte fervent à la Vierge et sa foi profonde lui valurent la gloire de donner le jour à de nombreux saints.

Sans parler de Clovis [2] que certains auteurs regardaient comme saint, bien que n'ayant pas été canonisé, citons sainte Clotilde, sainte Radegonde et sainte Bathilde, reines de France, Saint Gontran, roi de Bourgogne et d'Orléans, sainte Théodechilde, sainte Enimie, etc.

En parcourant *la Vie des Saints*, de Mgr Guérin ou celle des Bollandistes, on pourrait compter plus de quarante saints descendants de Clovis et de sainte Clotilde, sans compter les Princes dont sont issus les deux autres branches de la Famille Royale,

---

1. — Hamon, *op. cit.*, tome II, pp. 13 et 14.
2. — Sur la sainteté de Clovis Ier voir : R. P. Dominique de Jésus et R. P. Modeste de Saint Amable : *La Monarchie Sainte, Historique, Chronologique et Généalogique de France*, pp. 1 à 28, chez Nicolas Jacquard à Paris, 1672.

alors Maires du Palais : Saint Pépin de Landen, Saint Arnoul ; et de grands ministres comme Saint Éloie et Saint Léger[1], qui tous appartenaient au tronc mérovingien et descendaient de branches ayant donné chacune également de nombreux saints.

Magnifique auréole, couronne la plus glorieuse de toutes assurément ! Toute la gloire en revient à Marie qui est à l'origine de tant de grâces et de sainteté.

---

1. — Saint Léger appartenait à la Famille des ducs d'Alsace. Cette illustre Maison issue saliquement de Mérovée tout comme les Carolingiens et les Capétiens, donna naissance aux Maisons de Lorraine et de Habsbourg et les Rois des seconde et troisième branches de la Maison de France en descendent par Ermengarde, épouse de Lothaire I, et par Adélaïde, épouse de Robert le Fort. Cette famille compte un nombre extraordinaire de personnages canonisés : sainte Sigrade, mère de Saint Léger et de Saint Warein ; sainte Odile et sainte Roswinde, cousines germaines de Saint Léger ; sainte Attale, sainte Eugénie, sainte Gundelinde, ses cousines issues de germain, sans compter Saint Léon IX, Pape et tous les saints des Maisons de France et de Lorraine, et Lorraine-Habsbourg.
Voir à ce sujet les deux tableaux généalogiques dressés par le savant Cardinal Pitra dans son *Histoire de Saint Léger*, p. 420.

Donation de l'exarchat de Ravenne.
L'an 774, Charlemagne fait don au Saint-Siège de l'exarchat de Ravenne, de la Pentapole, de la Sabine et de quelques autres villes et provinces.
Gravure de l'*Histoire de France*, du Père G. Daniel. Paris, 1720

CHAPITRE V

La Vierge Marie et les Carolingiens

Marie a toujours été victorieuse des hérésies et l'on peut dire — sans crainte d'erreur — que jamais une hérésie quelconque n'a été vaincue sans son intervention.

Une première fois déjà la Vierge avait suscité la France et son Roi, Clovis, pour briser l'hérésie arienne à Vouillé et sauver l'Église.

Deux siècles et demi plus tard, les hordes de l'Islam s'avancent de toutes parts comme un torrent dévastateur et semblent devoir submerger l'Europe. Elles campent déjà dans les plaines de Poitiers.

Elles comptent sans Marie : pour sauver la civilisation chrétienne menacée de fond en comble, la Reine du Ciel fait de nouveau appel à la Race Royale des Francs ; elle suscite Charles Martel qui continue les « Gestes de Dieu. »

Les soldats chrétiens, à l'exemple de leur chef, se préparent noblement au combat. Bouniol trace de leur camp la description suivante :

> « Là, point de chants folâtres, point de musique voluptueuse, point de banquets ni de fêtes ; mais le silence austère et un calme qui avait quelque chose de formidable. Les soldats échangeaient des paroles rares, en hommes préoccupés de graves pensées ; on en voyait d'autres, en plus grand nombre, se presser autour des tentes surmontées de la croix, indiquant que là se trouvaient les prêtres. En maints endroits aussi, les guerriers s'empressaient pour élever et décorer des autels.
>
> » Bien que avant le soleil lançât ses premiers rayons, à ces autels, les évêques et les prêtres disaient la messe et les soldats en foule s'agenouillaient pour recevoir le Pain des forts, la Sainte-Eucharistie.
>
> » Charles Martel et ses leudes donnaient l'exemple : on les vit tour à tour communier avec ferveur. Le fils de Pépin, devant l'immensité du péril, grandissait avec sa mission ... Aussi, quand après la communion il fut certain qu'il n'était plus seul, qu'il portait le Dieu vivant dans son Cœur, il se leva sentant en lui-même une force nouvelle, inouïe, surhumaine ; et sa sublime confiance, son indomptable énergie se trahit dans l'éclair de son regard.
>
> » À la vue de cette flamme qui sortait de ses yeux et de son visage rayonnant d'une sainte audace, il y eut comme un frémissement parmi les leudes, et tous, par un élan involontaire, battant des mains, l'acclamèrent par ce cri :
>
> » Vive le bon Charles ! Honneur et victoire au chef des Francs !
>
> » Vive le Seigneur ! Vive son Christ ! dit le héros, par Lui seul on est victorieux[1] ! »
>
> Alors, « Charles Martel fond sur les Sarrazins avec toute la *furia francese*, les bat, les broie, les écrase, comme avec un marteau, dans les champs de Poitiers[2]. »

---

1. — Bathild Bouniol, *La France Héroïque*. Cité par l'abbé Périgaud, *Le Baptême de la France*, pp. 361 et 362.
2. — P. Ubald, *Les trois Frances*, pp. 477 et 478.

Une fois encore, Marie avait triomphé de l'hérésie et la Race Royale des Francs de nouveau avait été son instrument pour écraser le serpent.

Le triomphe avait été obtenu un samedi, jour de la Vierge [1].

Charles Martel attribua sa victoire de Poitiers à Marie. Un an auparavant, la Vierge déjà lui avait donné la victoire lors du siège d'Avignon : dès l'aube du jour, Charles avait fait célébrer le Saint Sacrifice dans sa tente et reçu la Sainte Communion. Puis à la tête de ses troupes, il avait mis en pleine déroute l'armée ennemie et s'était emparé de cette ville. Pour en remercier Dieu et Marie, il fit célébrer de nouveau les saints Mystères à l'endroit même où la bataille avait pris fin [2].

Marie bénit spécialement les descendants de Charles Martel : son fils Pépin le Bref monte sur le trône. Il tient à mettre sa couronne sous la protection de la Reine du Ciel et ne veut être sacré que dans une église dédiée à la Vierge. Le Pape vient le sacrer comme étant le Prince le plus digne de régner. En reconnaissance, il vole au secours du Pontife ; avec son armée il sert de rempart à l'Église quand elle est attaquée. Il constitue le Domaine Temporel du Saint-Siège, seul gage réel et certain de son indépendance.

---

1. — Recueil des *Hist. des Gaules et de la France* : t. III, p. 316 E. (*Annales du Moine de St-Gal*), p. 318, C. (*Chronique* de St Benigne), p. 701 (*Annales des Francs de l'abbé du Four*) etc. Hamon (t. IV, p. 188) assure que cette bataille eut lieu le 8 septembre, ce qui aurait développé encore la célébrité de la fête de la Nativité, mais les autres auteurs parlent d'octobre.

2. — C'est en souvenir de cette victoire d'Avignon que son petit-fils, Charlemagne, fit construire le sanctuaire de Notre Dame de Rochefort et restaura la basilique de Notre Dame des Doms que la tradition dit avoir été consacrée par Notre-Seigneur lui-même au cours d'une apparition. Cette consécration miraculeuse est confirmée par deux bulles pontificales, celle de Jean XXII en 1316 et celle de Sixte IV en date du 21 Novembre 1475. (Voir Hamon, *op. cit.*, t. VII, p. 5 et 6.) Feron-Vrau, *Dieu et la France*, p. 71.

Consécration miraculeuse de Notre Dame des Doms, curieux mémoire publié à Marseille en 1862, chez Marius Olive, 5e édition.

Bories, *La Royale couronne des Rois d'Arles* – Dom Mège, *La Sainte Montagne de Notre Dame de Grâce de Rochefort* – Hamon, *op. cit.*, t. VII, p. 101.

La protection mariale ne tarde pas à se manifester : un jour que le Roi s'est égaré à la chasse — dans les forêts profondes de la Tarentaise, aux pieds des glaciers — et désespère de trouver un chemin, tout à coup, le son argentin d'une petite cloche se fait entendre. C'est le salut. Le tintement dirige ses pas ; il arrive à un petit ermitage. Le modeste oratoire est dédié à Marie. Avec ferveur et reconnaissance, il prie aux pieds de la Madone rustiquement sculptée et y dépose sa toque brodée d'or et ornée de pierreries. Rentré dans son palais, il fait reconstruire la petite chapelle qui, depuis lors, devint le pèlerinage de Notre Dame des Vernettes à Peisey[1].

Il avait fondé Notre Dame de la Chaussée en 756 à Valenciennes.

C'est à lui également qu'on doit la fondation de l'abbaye de Sainte-Marie de Sorèze qui devint célèbre au XVIIe siècle quand Louis XIV y installa l'École Militaire des Officiers.

À Pépin, Marie accorda un fils qui devait être si grand que la « grandeur a pénétré jusqu'à son nom : Charlemagne. »

Dès sa plus tendre enfance, Charles a une dévotion profonde à la Sainte Vierge. Aussi ne cesse-t-il, au cours de son très long règne de développer dans ses États le culte de la Reine du Ciel. Il ne se contente pas de fréquenter les principaux pèlerinages de la Vierge : Chartres, Rocamadour où il va avec Roland, le Puy dont il fait l'un des trois points du Royaume où les fidèles peuvent acquitter le Denier de Saint-Pierre.

Il fait des dons importants à Notre Dame de Moutiers, accorde à Notre Dame de Condat à Libourne une épine de la Sainte Couronne ; il restaure Notre Dame des Doms construite par Sainte Marthe et où Saint Denis et Saint Rémi sont venus en pèlerinage ; les Sarrazins ayant détruit Notre Dame des Alyscamps à Arles, fondée par Saint Trophime et dédiée « à la Vierge encore vivante, » il la reconstruit. Le nombre d'églises et d'abbayes qu'il fonde sous le vocable de Marie est si grand que toutes nos provinces en possèdent plusieurs ; citons notamment Notre Dame de Ligueux entre Périgueux et Brantôme, Notre Dame de Montuzet, près de Blaye ; l'Abbaye de Notre Dame la Fleurie à Figeac ; celle de Notre Dame

---

1. — M. Guillier Turgis, *Marie Reine de France*, p. 150.

de Camon près de Mirepoix ; Notre Dame de Piétat à Saint-Savin de Lavedan près d'Argelès, etc.

Ses armées n'ayant d'autre but que d'étendre la foi et de vaincre les païens, il les met sous la protection de Marie dont il place l'image sur ses étendards, fonde, en partant combattre les Sarrazins, le Monastère de Notre Dame de Trémolat, auquel il fait don de la « Sainte Chemise de l'Enfant Jésus » faite par la Sainte Vierge. Au cours de cette guerre, campant près de Foix, et « ayant vu dans la nuit une clarté éblouissante et une Dame rayonnante de beauté, » il érige la chapelle de Notre Dame de Sabart.

Victorieux des Sarrazins, il construit sur le lieu même de ses victoires Notre Dame de Montgauzy, près de Foix et Notre Dame de Grâce, près de Nîmes, où depuis lors on prie pour les soldats tombés pour l'Église et la France [1].

C'est à ce moment que se place un fait capital, tant pour l'éclosion des tendresses de Marie pour la France et, par la France, pour le monde entier, que pour l'avenir du culte marial dans notre pays :

En 778, Charlemagne se trouve arrêté le long des Pyrénées devant un château-fort occupé par un prince sarrazin nommé Mirat. Plusieurs mois Mirat résiste à tous les assauts ; et, à toutes les sommations de se rendre, à toutes les propositions d'être fait comte et chevalier de Charlemagne et de conserver toutes ses possessions s'il reçoit le baptême, il répond fièrement :

> « Je ne connais aucun mortel au-dessus de moi et je préférerai la mort à la honte d'une capitulation. »

Découragé, Charlemagne allait lever le siège quand son aumônier, l'Évêque du Puy, implore avec ferveur Notre Dame du Puy. La Vierge intervient enfin, mais « de telle façon qu'Elle seule a l'honneur et les avantages de la victoire : « un grand aigle ayant déposé devant le fort un énorme poisson, Mirat émerveillé du prodige, envoie le poisson à Charlemagne à qui le messager déclare : « Mon maître fait dire qu'il ne saurait craindre la famine ; son vivier lui fournit de trop beaux poissons ; il te fait présent de celui-là. »

---

1. — Pour tous ces détails, voir Hamon, *Histoire du culte de la Sainte Vierge en France* et M. Guinier Turgis, *Marie Reine de France*.

L'évêque du Puy obtient alors de monter à la citadelle en parlementaire. Arrivé près de Mirat, il lui dit :

> « Puisque vous ne voulez pas vous rendre à Charlemagne, le plus grand des princes, puisqu'il ne vous plaît pas de l'avoir pour suzerain, reconnaissez au moins pour maîtresse la plus noble Dame qui fut jamais, Sainte-Marie du Puy, Mère de Dieu. Je suis son serviteur, soyez son chevalier.
>
> » Sans hésiter, Mirat déclara qu'il était prêt à rendre les armes au serviteur de Notre Dame, à recevoir le baptême, à condition que son comté ne relève jamais, soit pour lui, soit pour ses descendants, que d'Elle seule [1]. »

Charlemagne confirma l'accord.

Mirat reçut le baptême des mains de l'Évêque du Puy et prit dès lors le nom de Lorda qui s'est transformé en Lorde et en LOURDES [2]. Plus de mille ans avant les apparitions de la Vierge, prenait possession de la terre privilégiée de Lourdes, en faisait son bien, sa principauté, puisque le comté de Lourdes devenait ainsi, par la volonté de son propriétaire et l'accord du Roi des Francs, fief de Notre Dame du Puy. C'est ainsi que Charlemagne se trouve jouer un rôle à l'origine de l'histoire de Lourdes. Quoi de surprenant dès lors que Marie ait choisi son propre domaine pour descendre ici-bas et de là inonder la France et le monde de ses grâces et de ses bénédictions !

Charlemagne avait placé sa gloire et son salut sous la protection de Notre Dame dont il portait toujours l'image attachée à son cou par une chaîne d'or, et c'est à sa puissante intercession qu'il attribuait le succès de toutes ses entreprises. Aussi voulut-il laisser un témoignage éclatant de sa piété et de sa reconnaissance à Marie : la basilique d'Aix-la-Chapelle.

> « Rien ne fut épargné pour rendre cet édifice l'un des plus beaux de l'univers. L'or, le marbre, le porphyre y furent prodigués ; les plus

---

1. — P. Barrau de Lorde, *Un miracle avant la lettre au pays des miracles* ; article publié d'après les archives de la Maison de Lorde (*Express du Midi*, 3 Juillet 1933.)
2. — Louis Guérin, *Lourdes. Les Apparitions de 1853*, page 8, Paris 1930.

précieuses reliques venues de Palestine y furent renfermées et afin que rien ne manquât à la gloire de ce monument, l'Empereur invita le Pape Léon III à venir le consacrer. Le Pape se rendit volontiers au désir de Charlemagne et fit lui-même la cérémonie de la consécration, avec une magnificence extraordinaire, en présence de plus de trois cents évêques, archevêques, cardinaux et grands de l'Empire[1]. »

C'est dans cette basilique qu'il avait voulu consacrée à Marie qu'il tint à « être couronné Roi des Romains pour faire entendre que c'était en quelque sorte des mains de Marie qu'il tenait son sceptre et sa couronne ... On croit communément que c'était d'après l'exemple donné par Charlemagne, qu'était venue la coutume qui s'observait autrefois de couronner les Rois Romains dans la chapelle et devant l'autel de la Sainte Vierge[2]. »

Eginhard, le grand historien contemporain de l'Empereur et son ministre, ajoute :

« Il se rendait exactement à cette basilique pour les prières publiques le matin et le soir, et y allait même aux offices de la nuit et à l'heure du Saint Sacrifice, tant que sa santé le lui permettait ; il veillait à ce que les cérémonies s'y fissent avec une grande décence ; il recommandait sans cesse aux gardiens de ne pas souffrir qu'on y apportât ou qu'on y laissât rien de malpropre ou d'indigne de la Sainte Vierge[3]. »

---

1. — R.P. Huguet, mariste, *Trésor historique des Enfants de Marie*, t. II, p. 55.

2. — Eginhard, *Vie de Charlemagne*, chap. XXVI ; cité par Dom Bouquet, *Recueil des Historiens des Gaules et de la France*, tome V, p. 99 C. Voir également le même recueil, *Les grandes chroniques de saint-Denis*, Livre III, chap. I et Livre IV, chap. II, Tome V, pp. 264-285.

Le Pape Léon III fit remettre à Charlemagne « les clés du Tombeau de Saint Pierre et l'Étendard de la Ville de Rome avec d'autres dons et le fit prier d'envoyer quelques-uns de ses grands pour recevoir le serment de fidélité et d'obéissance du peuple Romain » (*Les Chroniqueurs de l'Histoire de France* par Mme de Witt-Guizot, tome I p. 244) et au Calife de Bagdad, Haroun al Raschid les clés du Saint Sépulcre. Charlemagne fut ainsi une préfiguration de son futur descendant, le Grand Monarque, qui doit régner en Occident et en Orient.

3. — Voir note 3, page 54.

Le culte qu'il rendait à la Sainte Vierge lui inspira également celui du Saint-Esprit et il composa en l'honneur de la Troisième Personne de la Trinité cet admirable appel à la lumière divine qu'est le « *VENI CREATOR SPIRITUS* [1]. » Son appel fut entendu, les magnifiques Capitulaires de l'Empereur, où il décide que toutes les lois de l'Église seront lois de son Empire, en sont la preuve éclatante.

Sentant sa fin prochaine, l'Empereur, qui avait été si grand pendant sa vie, fut aussi grand devant la mort ; confiant dans la Reine du Ciel, qu'il avait si bien servie, il voulut être enterré, une statue de Marie sur la poitrine, dans la basilique d'Aix-la-Chapelle qu'il avait édifiée en l'honneur de sa divine Protectrice.

Son fils, Louis le Débonnaire, auquel l'Empereur avait — ainsi qu'à tous ses enfants — inculqué l'amour de Marie, demeura toujours fidèle à cette dévotion. Il portait sans cesse sur lui l'image de la Vierge et souvent — même au cours de ses chasses — on le voyait se retirer à l'écart et prier à genoux devant cette image.

> « En 816, il publia une Ordonnance autorisant le Comte Beggon à restaurer le monastère de Saint-Maur des Fossés, contenant la Chapelle de Notre Dame des Miracles. La tradition veut que ce sanctuaire marial ait été, comme celui de Notre Dame des Ermites, à Einsiedeln, consacré par Notre Seigneur lui-même. Louis accorda à Notre Dame de Cambrai, et aux territoires qui en dépendaient, l'immunité et donna pour le luminaire tout ce que le fisc en retirait comme impôt [2]. »

Charles le Chauve continua cette tradition : il fit don à Notre Dame de Chartres du voile de la Sainte Vierge, que l'Impératrice Irène de Constantinople avait envoyé à Charlemagne.

> « Il aimait venir prier dans le sanctuaire de Notre Dame du Marillais, au diocèse d'Angers. Il donna des privilèges et des richesses à l'Église Notre Dame de la Daurade, à Toulouse. On lui attribue la construction du clocher octogonal du sanctuaire de Notre Dame de Bethléem, à Ferrières,

---

1. — Abbé Dessailly, *Le grand Testament de Saint-Rémi*, p. 109.
2. — Abbé Buron, *Marie et la Maison de France*. Revue des Prêtres de Marie, *Reine des Cœurs*, décembre 1938 ; à Saint-Laurent-sur-Sèvre (Vendée.)

clocher qui s'écroula en 1739. Le 6 Mai 877, il dédia une abbaye (depuis l'abbaye de Saint Corneille), à Notre Dame de Karlopole : Notre Dame de Compiègne ... Par ses dons abondants et la restitution des biens confisqués auparavant à la mense archiépiscopale, il contribua à la construction de la cathédrale de Reims. En sa présence, l'archevêque Hincmar consacra la nouvelle église le 19 octobre 852, et les noms de ces deux bienfaiteurs furent gravés sur l'autel majeur détruit en 1746. Hincmar était grand dévot de Marie, au point qu'on écrivit dans son épitaphe : *Sis pia, cultori, sancta Maria, tuo.* « Sois, ô sainte Marie, douce à ton dévôt. »

Louis le Bègue se fera enterrer dans l'église construite par son père à Compiègne[1].

Après la déposition de Charles le Gros, son épouse, sainte Richarde, parente de sainte Odile, se réfugia en Alsace et fonda le monastère des bénédictines d'Andlau-au-Val et une église en l'honneur de Marie.

> « À son tombeau, dit un ancien bréviaire de Strasbourg, les aveugles voient, les boiteux marchent, les paralytiques sont guéris ; les possédés sont délivrés, les malades de toutes sortes reçoivent du soulagement. »

Depuis la mort de Charlemagne, les incursions des Normands devenaient de plus en plus fréquentes, et ces nouveaux barbares détruisaient tout sur leur passage, pillant, incendiant, violant, égorgeant, etc. Nulle part les populations n'étaient en sûreté. Une fois de plus Marie allait porter secours à son peuple.

En 885, lors du siège de Paris, l'Évêque Gauzelin, étant sur les remparts et assistant impuissant aux cruautés inouïes des barbares pirates, leva les mains vers Marie, secours des chrétiens, et récita en larmes, la prière suivante :

> « Auguste Mère du Rédempteur et du salut du monde,
> Étoile radieuse de la mer qui effacez tous les astres par votre éclat,
> écoutez favorablement la prière du serviteur qui vous implore ! »

---

1. — Pour tous ces faits consulter Dom Bouquet, *Recueil des Historiens des Gaules et de la France* ; tome VII, p. 80 A et 274 B ; tome VIII, p. 80 A.

Ayant achevé sa prière, il prit un arc, tira une flèche sur le chef Normand qui roula dans la poussière. Les Normands, épouvantés par la mort de leur chef, s'enfuirent. Paris était sauvé [1]. À cette époque, la ville tout entière était consacrée à Marie.

Quelques années plus tard, en 911, Rollon, chef de ces pirates met le siège devant Chartres. L'évêque fait appel à Robert, duc de France dont le père s'est immortalisé contre ces nouveaux envahisseurs, à Richard, duc de Bourgogne et à Elbe, comte de Poitiers, qui répondent à son appel. Un samedi, jour de la Sainte Vierge, le 20 juillet, le pieux évêque, ayant prié avec plus de ferveur et de confiance que jamais Notre Dame, sort du trésor de sa cathédrale le voile de la Sainte Vierge, le porte lui-même en tête des troupes qui foncent sur les assiégeants. À la vue de cet étendard, les Normands pris de panique perdent six-mille-huit-cents des leurs et sont mis en pleine déroute. Marie avait sauvé la ville ; Elle allait faire mieux encore : Rollon, très impressionné par la cause de sa défaite, se retire à Rouen. Le Roi Charles le Simple prescrit à l'Archevêque de Rouen de proposer à Rollon de se convertir, moyennant quoi il lui donnerait la province allant de l'Océan au cours de l'Andelle et la main de sa fille. Rollon accepte et reçoit le baptême. Par Marie, Rollon et les Normands avaient trouvé le chemin de Jésus : un nouveau peuple entrait dans le giron de l'Église, les incursions des pirates cessèrent et la France recouvra la paix et la sécurité [2].

---

1. — Voir le poète contemporain Abbon, chant I vers 328.
   Hamon, *op. cit.*, I, pp. 14 à 16.
2. — Toutes les références indiquées ci-après sont celles du *Recueil des Historiens des Gaules et de la France*. Le miracle de Chartres est relaté par les historiens suivants :
   - *Historia Normannorum*, ex *Willemi Gemeticensis Monachi* VIII, 256 D.
   - *Ex alio fragmento historiæ franciæ*, id., p. 302 C.
   - *Brevi chronico S. Martini Turonensi*, id., 316 D.
   - *Chronique de Hugue, moine de Fleury, sur les Rois modernes des Francs*, id., pp. 318 A et 322 A.
   - *Histoire d'Orderic Vital, Moine de Saint Evroul*, tome IX, p. 10 B.
   - *Ex chronic. Rotomag*, id., p. 87 D.
   - *Ex chron. S. Florentii in Prob. novæ Hist. Britanniæ*, id., 87 D.

La vierge Marie dans l'histoire de France

Une fois convertis, les Normands vont reconnaître Marie pour leur Reine et lui manifester une fidélité et une dévotion touchantes. Rollon, en l'honneur de Celle qu'il appelle Madame Sainte Marie, rebâtit Notre Dame de Rouen où il voudra être enterré, enrichit Notre Dame de Bayeux et dote Notre Dame d'Evreux. Dans leurs courses aventureuses, les Normands se comportent en chevaliers de Marie et lui font une large part de leur butin. Après avoir triomphé des Sarrazins, Tancrède et Robert Guiscard envoient à l'Évêque de Coutances, Geoffroy de Maubray, assez d'argent pour construire cette cathédrale Sainte Marie, dont Vauban disait : « quel est le fou sublime qui a jeté cette merveille dans les airs [1] ? »

Au cours de ces luttes héroïques, Marie avait suscité une nouvelle branche de la Race Royale des Francs, celle de Robert le Fort et des ducs de France, la préparant à monter sur le trône. Les Capétiens allaient dès lors donner au culte de Marie son plein épanouissement en France.

La branche carolingienne qui s'éteignait, n'avait pas été inférieure à celle des mérovingiens quant à la sainteté [2].

Les historiens suivants relatent seulement le baptême de Rollon et son mariage avec Gisle, fille de Charles le Simple :
- *Ex chron. Roberti Abbatis S. Michaelis,* edito ab Acherio ad Calcem Operum Guibert Abbatis Novigenti, *id.,* p. 87 E.
- *Ex chronico Fiscanensi,* d'après Labbe, *id.,* 87 E. etc.

1. — Voir Mgr Ricard, *La Mission de la France,* p. 150.
2. — La *Vie des Saints* de Mgr Paul Guérin et les Bollandistes mentionnent une quarantaine de Saints appartenant à la famille de Charlemagne.

Sceau de la Congrégation des Eudistes.

« Mes très chers et aimés frères, écrivait le P. Eudes, le 29 juillet 1672, aux six maisons de son Ordre, nous n'avons jamais eu l'intention de séparer deux choses que Dieu a unies si étroitement ensemble, comme sont les Cœurs très augustes du Fils de Dieu et de sa bonne Mère. Au contraire, notre dessein a toujours été, dès le commencement de notre *Congrégation*, de regarder et honorer ces deux aimables Cœurs comme un même Cœur. »

CHAPITRE VI

Marie et les premiers Capétiens

Déjà, au temps des Mérovingiens, Hildebrand, frère de Charles Martel et chef de la lignée des Capétiens, avait mis sa confiance dans la Vierge, lors d'une bataille contre les Barbares, et sa foi ayant été récompensée par la victoire, avait tenu à laisser un témoignage de sa reconnaissance par la fondation de Notre Dame d'Aubune non loin d'Avignon.

Un siècle et demi après, en 888, Eudes, venant à Reims au-devant des envoyés du Roi Arnoul, fils de Carloman, recevoir la couronne qu'ils lui apportent de la part de leur maître, ne veut la mettre sur sa tête que dans l'Église de Notre Dame de Reims, pour bien manifester qu'il ne tient son pouvoir que de Marie[1]. Un peu plus tard un autre Roi de cette branche, Raoul accorde de précieuses immunités à l'Église de Notre Dame du Puy[2].

---

1. — Dom Bouquet, *Recueil des Historiens des Gaules et de la France*, t. VIII, p. 88 A et 215 D.
2. — *Id.*, t. IX, p. 564 D.

Enfin, Marie associe Hugues le Grand, père de Hugues Capet, à la guérison miraculeuse du Mal des Ardents qui ravage l'Île-de-France. En effet, seuls, furent sauvés les malades qui vinrent se réfugier dans l'insigne basilique Notre Dame de Paris, et y restèrent un temps suffisant à l'abri de la contagion. Marie rendait la santé, et le prince franc voulut prendre à sa charge non seulement la nourriture de tous ces malheureux, mais encore pourvoir à tous leurs autres besoins pendant tout le temps que dura la terrible épidémie [1].

C'est ainsi que Marie préparait la troisième branche royale à régner en l'associant à son œuvre de pitié et de miséricorde. Aussi en 987, quand les Carolingiens s'étant montrés inférieurs à leur tâche, le choix divin se porta sur Hugues Capet, la Reine du Ciel tint-elle à ce que cette élection eut lieu chez Elle, dans un cloître qui lui était consacré : à Mont Notre Dame [2]. — Quel admirable symbolisme dans ce nom ! — Marie pouvait-elle mieux faire pour son Peuple de prédilection et pour la Race Royale Elle-même que de placer sur le trône la branche dont Saint-Louis devait sortir.

Dès lors, les Capétiens aimèrent à appeler Marie : l'Étoile de leur Royaume !

« L'Église Notre Dame (de Paris) était l'objet de la prédilection de ces Princes, et la première dans leur estime entre toutes les églises du Royaume. Son cloître était l'école première où ils aimaient à placer les Enfants de France, comme sous l'œil et dans le sein de Marie, qu'ils estimaient une mère meilleure que toutes les mères selon la nature. Là, les Héritiers du Trône étaient formés aux vertus chrétiennes, initiés aux lettres humaines et aux connaissances qui convenaient à leur position, et les charmes de cette première éducation leur demeuraient dans l'âme toute la vie comme un doux souvenir [3]. C'est ce que nous apprend

---

1. — Dom Bouquet, *op. cit.*, t. VIII, p. 199 D, Flodoard.
2. — Non loin de Soissons.
3. — « Ce qu'il y avait de plus intéressant dans ce cloître, c'était la célèbre école qui s'y tenait sous la direction du Chapitre au Moyen Age, qui éleva plus

> Louis VII dans une Ordonnance de l'année 1155 par laquelle il accorde l'exemption de redevances à l'Église Notre Dame de Paris « dans le sein de laquelle, comme dans une sorte de giron maternel, Nous avons passé des moments de notre enfance et de notre première jeunesse, pour cette église spécialement chère à nos prédécesseurs (1) ... »
>
> » C'est dans les spacieuses enceintes de cette grande basilique qu'ont eu lieu, dans tous les siècles, les baptêmes, les mariages et les funérailles des souverains. C'est là qu'au retour de leurs exploits guerriers, nos Rois sont toujours venus remercier Dieu et Marie du succès de leurs armes, et se sont plu, en cent autres circonstances, à Lui offrir un des plus grands hommages qui puissent Lui être faits sur cette terre : l'hommage DU PLUS BEAU ROYAUME APRÈS CELUI DU CIEL (2). »

À la mort d'Hugues Capet, certains seigneurs voulant refuser la Couronne à son fils, Robert, il fut décidé qu'un combat en champ clos trancherait le débat. Marie intervint encore pour assurer l'application du CHOIX DIVIN et de la Loi Salique. Au Comte d'Anjou, qui devait combattre pour la défense des droits du Roi légitime, la Reine confia une relique précieuse entre toutes que conservaient pieusement les Rois de France depuis qu'elle était entrée en leur possession : la ceinture de la Vierge, donnée par l'Impératrice de Constantinople, Irène, à l'Empereur Charlemagne ; le champion du sang Royal s'en ceignit, comme d'une cuirasse protectrice ; sa confiance ne fut pas trompée : la ceinture de Marie lui assura la victoire en même temps que le maintien des Capétiens sur le trône où Marie les avait placés (3).

---

d'une fois les Enfants de nos Rois, et donna à l'Église six Papes, vingt-neuf cardinaux, une multitude d'évêques et une foule d'hommes illustres par leur science profonde, leurs connaissances littéraires et leur sainteté. » (Hamon, *Histoire du Culte de la Sainte Vierge en France*, t. I, p. 32.)

1. — Extrait du *Grand Pastoral*, inséré par Gérard Dubois dans son *Histoire de l'Église de Paris*, t. II, p. 17 – Hamon, *op. cit.*, t. 1, p. 17 et 18. – Helgand, *Histoire de Robert le Pieux*.
2. — Hamon, *op. cit.*, t. I, p. 35.
3. — Hamon, *op. cit.*, t. IV, p. 178.

Robert le Pieux n'eut plus de compétiteurs et put ainsi monter sur le Trône. Pendant les trente-cinq ans de son règne, il fit tout ce qui était en son pouvoir pour manifester sa reconnaissance à Marie : pose de la première pierre de Notre Dame de Longpont, fondation de la collégiale de Notre Dame de Melun ; reconstruction de Notre Dame de Bonne Nouvelle d'Orléans ; construction par la Reine Berthe de Notre Dame de Fresnay et de Notre Dame de Ségrie ; reconstruction par la reine Ermengarde, seconde femme du Roi, de Notre Dame de Talloires [1], etc. Enfin, voulant par une manifestation éclatante de son amour pour la Reine du Ciel contribuer à Lui rendre hommage, le 8 septembre 1022, sous le nom d'Ordre de Notre Dame de l'Étoile, il relève l'Ordre fondé par Charles Martel après la bataille de Poitiers, imposant à tous les Chevaliers qui en seraient membres la récitation quotidienne de cinquante *Ave Maria*. Cet ordre devint le prototype de tous les ordres qui furent fondés dans la suite [2].

Tant de piété ne devait pas rester sans témoignage de bienveillance de la part de Marie. Alors que les Rois de France guérissaient miraculeusement les écrouelles après leur sacre [3], Robert le Pieux eut le privilège exceptionnel de guérir miraculeusement d'autres maladies : pendant le carême qui précéda sa mort (1031), le Roi visita les malades, et notamment les lépreux, il leur baisa la main, les toucha et les guérit en faisant le signe de la croix. C'est ce qu'affirme le moine Helgand, historien de Robert le Pieux [4].

Le Roi aimait à composer des hymnes ; certaines ont eu l'honneur d'être adoptées par l'Église, entre autres « *l'Ave Maris Stella.* »

Son fils, Henri Ier, fait acte de royale bienfaisance en faveur de Notre Dame d'Étampes en 1046 et deux ans plus tard en faveur de Notre Dame de Chartres dont la nouvelle basilique vient d'être consacrée.

---

1. — Voir Hamon, t. I, p. 331 – Dom Bouquet, t. X, *ind. Chron.* CXLVII – *Rerum Gallic. Scrip*, p. 270.
2. — Saint Victor, *Tableau de Paris*, tome I, p. 3. – Hamon, t. IV, p. 188.
3. — Voir notre étude, *La Mission Divine de la France*, pp. 84 à 90.
4. — Helgand, *op. cit.*, p. 30. – Dom Bouquet, t. X, *Ind. Chron.* CLIII et p. 115 A et B.

La vierge Marie dans l'histoire de France

Il s'en déclare l'avoué et le protecteur (1).

Philippe I, le jour de son sacre, 22 Mai 1059, fête de la Pentecôte, signe une ordonnance en faveur de l'Église Notre Dame de Reims et des églises et abbayes de ce comté. Il voulut être enterré dans un monastère dédié à Marie : Notre Dame la Fleury à Saint-Benoît sur Loire (2). C'est sous son règne que le Pape français Urbain II vint en France pour prêcher la Croisade. De Notre Dame du Puy, le 15 Août, il convoqua le Concile de Clermont. C'est là, sous l'œil de Notre Dame du Port, qu'il enflamme les Cœurs français et les entraîne à la délivrance du Saint Sépulcre (3). Le Roi favorise la croisade dont son frère, Hugues de Vermandois, devient l'un des chefs. Marie ne pouvait pas être étrangère à ce grand mouvement de foi et d'enthousiasme qui, parti de France, entraîna le reste du monde chrétien.

Louis VI le Gros voulant châtier l'insolence de Thibaut IV, Comte de Chartres, par respect et dévotion pour Notre Dame ne veut pas entrer dans la ville en guerrier, mais en pèlerin ; en souvenir de son beau-frère, Charles le Bon, Comte de Flandre, assassiné à Bruges, il fonde l'abbaye de Notre Dame de Chaalis qui, grâce à ses libéralités et à celles de ses successeurs, devient l'une des plus importantes du Royaume ; il donne à l'abbaye de Saint-Benoît-sur-Loire la chapelle de Notre Dame de Lépinay en 1130 et la même année, de concert avec la reine, Adelaïde de Savoie, achète le monastère et l'église Sainte Marie de Montmartre, y installe les bénédictins et veut que cette chapelle soit consacrée à Marie (4).

---

1. — Dom Bouquet, t. XI, p. 217 A, 579 et 580, 583 et 584.
2. — Dom Bouquet, *op. cit.*, t. XI, Index, p. 62.
3. — Le Pape et Pierre l'Ermite ne voulurent pas séparer la Mère du Fils et sur la croix des pèlerins armés, ils marièrent la couleur blanche de Marie à la pourpre du Crucifix. (Mgr Ricard, *Mission de la France*, p. 151.)
4. — C'est dans cette chapelle que fut décidée la fondation de deux grands ordres religieux : le 15 août 1534 Saint Ignace et ses premiers compagnons y prononcent leurs premiers vœux, au pied de l'autel de la Vierge. Le 2 Mai 1645, M. Olier, avec ses deux principaux auxiliaires renouvelle celui de se dévouer à la formation du clergé dans les séminaires.

C'est l'époque des grandes fondations monastiques : Cluny, fondé par Guillaume le Pieux duc d'Aquitaine en 910, est en pleine gloire. Saint Bruno donne naissance à la Chartreuse ; Robert d'Abrissel à Fontevrault ; Norbert aux Prémontrés ; Saint Étienne à Grandmont ; Saint Robert et Saint Jean Gualbert à plusieurs autres congrégations ; enfin va surgir une nouvelle branche bénédictine qui va restaurer le véritable esprit de la règle primitive qui s'était relâchée à Cluny : Citeaux avec Robert de Molesmes en 1098[1].

Au bout de quelques années, la nouvelle fondation, ravagée par une épidémie allait disparaître — tant le nombre des victimes avait été grand — lorsque parut celui que la Providence destinait non seulement à donner à Citeaux gloire et prospérité, mais encore à illuminer le monde de ses lumières et de ses vertus : Saint Bernard, qui se présenta au monastère avec les trente compagnons qu'il avait convertis et amenés à la vie religieuse. Trois ans après, il était nommé Abbé d'une nouvelle fondation : Clairvaux. Le développement qu'il allait donner à son Ordre fut tel que, de son vivant même, son abbaye, à elle seule, compta 68 filiales réparties en France, en Angleterre, en Allemagne, en Italie et en Espagne et que très rapidement l'Ordre devait peupler le monde de ses couvents.

L'influence du Saint Abbé s'étend sur les autres branches bénédictines : il obtient la réforme de Saint Denis avec Suger et de Cluny avec Pierre le Vénérable. Il rappelle le clergé à sa mission dans son sermon « *De conversione ad clericos* » ; les évêques son morigénés dans son traité « *De moribus et officio episcoporum* » ; intervient auprès de Louis VI le Gros et de Louis VII le Jeune, Roi de France. Il termine le schisme des antipapes Anaclet II et Victor IV en faisant rentrer ce dernier sous la juridiction d'Innocent II. Son disciple, Bernard de Pise, montant sur le Trône Pontifical sous le nom d'Eugène III, lui donne l'occasion d'écrire son admirable traité « *De consideratione* » sur les devoirs de la Papauté, ouvrage qui deviendra le livre de chevet des Papes. Son action s'exerça

---

1. — Certains fondateurs sans doute ne sont pas français mais ont fondé en France.

jusqu'en Orient : Hugues de Payns, fondateur de Templiers, ayant demandé son appui à Saint Bernard, celui-ci lui adresse le « *De novæ militiæ laude* » ; puis, à la mort de Foulques, Roi de Jérusalem, en 1143, il donne d'éminents conseils à la Reine Mélisande pendant la minorité du jeune Baudouin II. Enfin, après la prise d'Edesse qui menaçait le Royaume Chrétien de Jérusalem, convoqué à Vézelay, il y lut la Bulle Pontificale prescrivant la Croisade, et, par son discours enflammé et sa prédication, non seulement en France mais en Allemagne, il entraîna à la Croisade le Roi Louis VII et l'Empereur Conrad III. Il obtint même des concours jusqu'en Pologne et en Danemark. Contre l'hérésie, son action ne fut pas moins efficace, notamment contre Pierre Abélard, Arnold de Brescia, les henriciens d'Albi et les néo-manichéens de Cologne et Chalons. « Il avait ce tact prompt et sûr, ce sens mystérieux de la piété et de la vérité qui découvre au premier abord les plus légères déviations de l'enseignement catholique, » écrit le Père Ratisbonne.

Mais, par-dessus tout, Saint Bernard fut le grand chantre et le grand théologien tout à la fois de l'amour de Dieu et des prérogatives de la Vierge. Il démontra que, parce qu'Elle est Mère de Dieu, Marie a reçu « la plénitude de tout bien » ; que cette plénitude fait notre richesse, car « pleine de grâce pour Elle-même, Elle est pour nous surpleine et surabondante, » la médiatrice et la dispensatrice de toute grâce : « la volonté de Dieu est que nous ayons tout par Marie … Le Fils exaucera sa Mère, et le Père exaucera son Fils ; mes petits enfants, voilà l'échelle des pécheurs ; c'est là ma suprême confiance, c'est la raison de toute mon espérance » et, dans un transport d'amour confiant, il composa son touchant et sublime « *Memorare.* »

Saint Bernard mérita le titre de « Docteur aux lèvres de miel. » Il lui était réservé de clore la glorieuse liste des Pères de l'Église et d'être « aussi grand que les plus grands d'entre eux. » Pie VIII, en 1830, lui conféra le titre officiel de Docteur de l'Église[1]. »

---

1. —— Consulter, *Vie de Saint Bernard*, par le R. P. Ratisbonne. – *Le Dictionnaire pratique des connaissances religieuses*, t. I, p. 774, l'article de Vacandard – *Marie Médiatrice*, par Saint Bernard, traduction et notes du *De Aquæductu*, par le

Louis VII ne le cède point à ses ancêtres quant à la dévotion à Marie : il vient en pèlerinage à Longpont en 1140 ; accorde à l'évêque de Senlis des Lettres Patentes lui permettant de faire appel aux fidèles du royaume pour la reconstruction de l'Église Notre Dame incendiée, ce qui permit d'y rétablir le culte en 1170 ; il y ajoute une lampe et la rente nécessaire pour qu'elle brûle perpétuellement devant l'autel de Marie. La même année avec la Reine, Adèle de Champagne, il fonde l'abbaye de Notre Dame de Montétis près de Brie-Comte-Robert. Dans le château de Fontainebleau se trouve la chapelle érigée par lui et consacrée par Saint-Thomas de Cantorbery [1]. Enfin, son amour pour Notre Dame devient bien plus tendre encore quand il obtient — dans un âge avancé — un fils si longtemps espéré, et que Marie le sauve quelques années plus tard d'une maladie qui avait failli l'emporter. Il construit en reconnaissance l'abbaye de Notre Dame de Barbeaux où il voulut être enterré [2]. Avant de partir pour la Croisade, il avait placé sa personne et son Royaume sous la protection de Marie et avait dans ce but fait le pèlerinage de Liesse et celui du Puy.

Philippe-Auguste, qui devait sa naissance à Marie, aime à fréquenter ses pèlerinages : Chartres, Le Puy, Notre Dame de Boulogne, Notre Dame la Fleury, etc. Il comble de ses dons l'abbaye de Notre Dame de Preuilly près de Provins, reconstruit Notre Dame de Nanteuil en reconnaissance de la prise de Montrichard, et parce que Marie lui avait accordé une pluie abondante pour désaltérer son armée, qui se mourait de soif alors qu'il combattait les Anglais [3]. Enfin, Philippe-Auguste pose la première pierre de l'actuelle cathédrale Notre Dame de Paris, à la construction de laquelle il consacre des sommes très importantes et c'est en partie grâce à sa munificence royale que la cathédrale de Chartres, après l'incendie de 1194, put être reconstruite.

R. P. Geoffroy O. P. 1932. Édition de la *Revue du Rosaire* à St-Maximin.
1. — Hauron, t. I, p. 18.
2. — Hamon, *id.*, t. I, p. 317. Le Roi envoya également un *ex-voto* de reconnaissance à Notre Dame du Bon Conseil, sur la colline de Fourvières.
3. — Hamon, *id.*, t. I, p. 150.

N'ayant pas d'enfant qui puisse hériter de la Couronne, il met sa confiance en Marie à qui il doit la vie et la Reine Isabelle vient en pèlerinage à Chartres ; ils obtiennent en 1187 la naissance de celui qui sera le père de Saint-Louis.

Cette grande grâce accordée, Marie va multiplier les preuves éclatantes de sa prédilection pour le Roi de France, dans trois circonstances mémorables qui assurent la victoire et le salut du Royaume :

Alors que Philippe-Auguste et le Roi d'Angleterre sont aux prises pour la possession du duché d'Aquitaine, le 24 Juin 1187, Notre Dame des Miracles de Déols intervient. Depuis plusieurs jours le Roi de France, ayant vainement cherché à engager des négociations de paix, prend :

> « Le parti de livrer bataille pour terminer enfin une si longue guerre par une action décisive. Les habitants de Déols, effrayés de la lutte acharnée qui était au moment de s'engager, vont se prosterner devant l'image de Marie et la supplient d'empêcher l'effusion du sang. Pendant qu'ils priaient les deux armées étaient en présence et en bel ordre de bataille ; le signal du combat allait sonner, lorsque tout à coup le roi d'Angleterre, converti à des dispositions pacifiques, s'avance avec son fils, demande à parler à Philippe-Auguste. Celui-ci se présente ; le roi lui déclare qu'il accepte les conditions proposées dans les négociations précédentes, et la paix est signée. Une nouvelle si inattendue produit un saisissement général ; rois et seigneurs, peuple et soldats, tous reconnaissent un miracle dans ce changement subit de dispositions au moment même où les colères étaient plus exaltées et le combat près de se livrer. Un même sentiment d'admiration les rassemble autour de l'image de Marie pour la bénir ; il n'y a plus d'ennemis ; Français et Anglais, tous ne font qu'une famille de frères devant la Mère commune qui les a protégés et sauvés de la mort[1]. »

> « En l'année MCXCVIII, Philippe-Auguste, ayant résolu de secourir Gisors que menaçait Richard Cœur de Lion, et fidèle au serment qu'il avait fait de ne pas fuir devant son vassal, venait de s'ouvrir un passage à travers l'armée ennemie, lorsque le pont qui donnait

---

1. — Labbe, *Bibliotheca nova* – Chronique de Déols. Hamon, *op. cit.*, t. II, p. 43 et 44.

entrée dans la ville se rompit sous lui. Précipité dans l'Epte, il invoqua la Vierge Mère de Dieu, dont une statue ornait le pont, et, échappé au péril, il fut reçu dans la ville. En témoignage de sa reconnaissance, Philippe fit dorer le pont et la statue de Marie, à la protection de laquelle il avait eu recours au moment du danger[1]. »

En 1214, la situation est tragique pour la France ; elle est encerclée, en Poitou par les Anglais menaçants, au nord par l'Empereur Othon IV qui l'envahit avec deux-cent-mille hommes pour ravir sa couronne à Philippe-Auguste. Sachant que son ennemi — excommunié depuis peu — compte écraser la France pour pouvoir se retourner ensuite contre le Pape et l'Église, le Roi met sa confiance en Dieu et fait appel à toutes les paroisses de France : 60.000 hommes répondent. Il va à Saint Denis, communie, prend la « Sainte Oriflamme » et marche à l'ennemi. Le matin de Bouvines, sentant toute la gravité de l'heure, « notre Philippe-Auguste, après s'être voué à la Sainte Vierge[2]..., » fait déployer l'Oriflamme et met en déroute un ennemi plus de trois fois supérieur en nombre.

L'Église et la France sont sauvées.

Le Roi envoie immédiatement un message à son fils, Louis au Cœur de Lion, qui commande l'armée contre les Anglais en Poitou. De son côté, l'héritier du Trône, victorieux, envoie un messager à son père : les deux envoyés se rencontrent aux portes de Senlis.

À l'endroit même de cette mémorable rencontre, le Roi fonde l'abbaye de la Victoire consacrée à Marie et fait faire une statue de Notre Dame de la Victoire de Bouvines[3]. Lors de sa rentrée triomphale à Paris, Philippe-Auguste vient à Notre Dame

---

1. — Inscription du socle de la Vierge dorée du pont de Gisors. En outre un vitrail de l'église de Gisors représente Philippe-Auguste sur le point de se noyer dans l'Epte, poursuivi par les Anglais et sauvé miraculeusement après avoir imploré la Sainte Vierge, dont la statue se trouvait au dessus du pont rompu.
2. — Sébastien Rouillard, *Parthénie*, chap. VI, p.1609.
3. — Lettres Patentes Royales du 12 mars 1222. Voir dans le chapitre XVIII le passage relatif à la dévotion du Maréchal Foch pendant la guerre, à Notre Dame de Bouvines, à Senlis.

se prosterner devant la Mère de Dieu pour lui faire hommage du succès de ses armes et lui témoigner sa reconnaissance.

Après tant de bienfaits, le Roi veut que son Cœur soit déposé dans un sanctuaire de Marie. Il choisit Notre Dame de Mantes dont l'un de ses oncles paternels avait été l'Abbé.

C'est sous ce règne, particulièrement glorieux pour l'Église et pour la France que Marie inspire — en France — la fondation de deux grands ordres religieux. En 1197, dans le sanctuaire de Notre Dame de Limon, Jean de Matha se sent appelé à fonder les Trinitaires destinés à racheter les chrétiens réduits en esclavage par les Maures qui ravagent les côtes de la Méditerranée. Pour réaliser cette œuvre grandiose, il fait appel à un Prince de la Maison de France, Félix de Valois ; tous deux furent canonisés.

Un peu plus tard, en 1206, étant à Notre Dame de Prouille, Saint Dominique voit par trois fois un globe de feu descendre du ciel et comprend que Marie veut qu'il établisse là le berceau de son ordre. Quelques années après, alors que Simon de Montfort luttait par les armes contre l'hérésie des Albigeois, sans parvenir à vaincre leur chef, le comte de Toulouse, pendant la bataille décisive qui se livrait, Marie apparut dans la chapelle Notre Dame de Saint-Jacques de Muret à Saint Dominique « qui était en prière avec les sept évêques et les deux abbés composant le conseil du légat, et lui remit un rosaire... Le premier de ces fruits fut la fin de la guerre des Albigeois, leur défaite commença à l'instant même et ils durent aussitôt désespérer de leur cause. Saint Dominique, frappé du merveilleux effet de cette prière, établit la confrérie du Rosaire dans une des chapelles de l'Église de Muret[1]. »

Marie n'avait pas voulu que cette couronne d'Ave qu'est le Rosaire surgît ailleurs que sur notre terre de France parce que « nulle main plus filiale que celle de la France ne pouvait la poser sur le front de Sa Reine[2]. » Blanche de Castille s'y associa avec empressement et dut à cette nouvelle dévotion la naissance de son fils : Saint Louis.

---

1. — Hamon, *op. cit.*, t. III, p. 276.
2. — R. P. Lépicier, *Marie Reine de France*, dans le *Messager de la Très Sainte Vierge*, Nov. Déc. 1936. *Notre Dame de Beauregard*, par Orgon. (B.-du-R.)

Une fois de plus Marie avait triomphé de l'hérésie et la France avait été son auxiliaire.

Louis VIII continue tous les bienfaits de son père aux églises et monastères dédiés à Marie, notamment à Notre Dame de Plaisance près de Montmorillon et met sous les auspices de Notre Dame de Rocamadour la paix des grands pour obtenir leur concours dans la croisade contre les Albigeois au cours de laquelle il contracte une maladie qui l'emporte après un règne de trois ans. Par testament, il ordonne que tous ses joyaux, bijoux et objets personnels soient vendus pour fonder un monastère en l'honneur de la Reine du Ciel. Ce vœu fut pieusement exécuté par Blanche de Castille et par son fils Saint Louis qui élevèrent l'Abbaye Royale de Royaumont une des merveilles du genre[1].

---

1. — Duclos, *Histoire de Royaumont, sa fondation par Saint-Louis*, Paris. Douniol, 1867, tome I, p. 30, et *Charte de fondation en 1228*, pp. 37 à 42.

SAINT MICHEL ET SES ANGES LUTTANT CONTRE LE DRAGON.
Miniature d'une *Apocalypse* du XIVe s., ayant appartenu à M. Ambr. Firmin-Didot.

CHAPITRE VII

L'amour de Marie inspire et illumine tout le Moyen Age

Depuis des siècles, les Rois de France et les Princes de leur Maison manifestent avec une telle foi et un tel éclat leur culte pour la Reine du Ciel et Marie les protège si visiblement que tout naturellement l'influence royale, jointe aux traditions de notre race et aux prédications de l'Église, fait rayonner ce culte marial non seulement à la Cour, auprès des Seigneurs, mais dans le peuple lui-même et jusque dans les cours étrangères et chez les peuples voisins.

Un aperçu général sur l'intensité de ce culte dans notre pays montrera que très réellement le Royaume de France est essentiellement le Royaume de Marie.

Les Grands Seigneurs aiment à prendre pour cri de guerre le nom de Notre Dame ; tels les ducs de Bourbon : Bourbon Notre Dame ! ; les ducs de Bourgogne : Notre Dame Bourgogne ! ; les seigneurs de Sancerre : Notre Dame Sancerre !

En Île-de-France et en Champagne, cette « terre classique de la féodalité, » la haute noblesse : les Garlande, les Melun, les Barres, les Montmirail favorisent de leur zèle tout ce qui touche au culte de Marie ; les comtes de Châtillon-sur-Marne construisent l'église Notre Dame à Villeneuve-le-Comte et l'abbaye de Notre Dame du Pont-aux-Dames ; les comtes de Champagne surtout, avec les princes de Déols en Berry, surpassent tous les autres Seigneurs par leur zèle pour élever des sanctuaires à la Reine du Ciel : à Provins notamment, ils fondent une collégiale et une église paroissiale en son honneur, dotent amplement plusieurs chapelles, deux abbayes de femmes et plusieurs monastères d'hommes qui sont sous son vocable, si bien que peu de villes en France sont aussi riches en monuments dédiés à Marie[1].

Si les comtes de Champagne rivalisent de zèle avec les princes de Déols pour couvrir leurs terres de sanctuaires ou de monastères dédiés à la Reine du Ciel, il en est de même des ducs de Lorraine et de leurs cadets, les comtes de Vaudémont-Lorraine[2].

En Flandre et en Picardie, la Maison de Bouillon et celle de Valois donnent l'exemple, la première en fondant Notre Dame de Boulogne, la seconde en accordant à Notre Dame d'Amiens les droits et la juridiction que les vicomtes exerçaient sur ses terres[3].

---

1. — Hamon, *op. cit.*, t. I, p. 244 et 245.
2. — Voir la note spéciale concernant le culte de la maison de Lorraine, au chapitre XVI, note 11, ainsi que ce qui en est dit aux chapitres XI et XII.
3. — Dom Bouquet, *Recueil des Historiens des Gaules et de la France*, t. XI, p. 433 D.
Antoine Le Roy, chanoine et archidiacre de Boulogne, écrit dans *La Vierge Miraculeuse de Boulogne* (1682) :

 « L'an 633 ou 636, sous le règne du roi Dagobert, est arrivé au port de Boulogne un vaisseau sans matelots et sans rames, que la mer par un calme extraordinaire semblait vouloir respecter. Une lumière qui brillait sur ce vaisseau fut comme le signal qui fit accourir plusieurs personnes pour voir ce qu'il contenait. On y vit l'image de la Sainte Vierge faite en bois en relief, d'une excellente sculpture d'environ trois pieds et demi de hauteur, tenant Jésus Enfant sur son bras gauche. L'image avait sur le visage je ne sais quoi de majestueux et de divin qui semblait, d'un côté réprimer l'insolence des vagues et, d'un autre solliciter sensiblement les hommes à lui rendre leur vénération.

» Les fidèles étaient dans une chapelle de la ville haute à faire les prières accoutumées, et y virent la Sainte Vierge qui les avertit que les anges, par un ordre secret de la Providence, avaient conduit un vaisseau sur leur rade où l'on trouverait son Image.

» Elle leur ordonna de l'aller prendre et de la placer ensuite dans cette chapelle comme étant le lieu qu'Elle s'était choisi et destiné pour y recevoir à perpétuité les effets et les témoignages d'un culte particulier.

» Le bruit s'en répandit aussitôt et le peuple descendit en foule sur le rivage pour y recevoir ce sacré dépôt et ce riche monument de la libéralité divine qui fut solennellement porté dans l'église.

» Cette statue a dû être faite par Saint Luc comme celle de Lorette, semblable en sa grandeur et en sa nature qui est d'une espèce de bois incorruptible. Il avait une grâce particulière pour pouvoir représenter au naturel la figure de la Sainte Vierge à laquelle il était très affectionné. Il en a fait diverses images, tant en relief qu'en peinture, que Dieu a rendues recommandables par un grand nombre de miracles.

» Cette statue peut venir de l'Orient, d'Antioche, de Jérusalem par l'invasion des Sarrasins comme si Dieu, dans ces temps où les barbares s'emparaient de la Terre Sainte, aurait voulu que l'image de sa Sainte Mère, chassée de Palestine, trouvât son asile justement dans une ville qui devait un jour donner la naissance à l'invincible Godefroy de Bouillon, ce grand restaurateur de son Saint Nom dans les Pays du Levant.

» Outre les anciennes généalogies des comtes de Boulogne qui nous parlent de l'arrivée et de la réception de notre Sainte Image, toute l'histoire en était autrefois décrite dans les vieilles tapisseries qui servaient à l'Église avec certaines rimes du temps, au bas de chaque pièce d'où l'on a tiré entre autres ces quatre vers qui ont longtemps servi de frontispice à la principale porte de l'église cathédrale :

> » Comme la Vierge à Boulogne arriva
> Dans un bateau que la mer apporta
> En l'an de grâce ainsi que l'on comptât
> Pour lors, au vray six cens et trente trois. »

La gravure de la première page de ce livre représente une barque avec un ange à chacune des deux extrémités, regardant la Sainte Vierge de grandeur naturelle, assise au milieu, face au public. Son bras gauche porte l'Enfant Jésus ayant Lui aussi une couronne sur la tête ; sa main droite tient un « Cœur » : celui offert par Louis XI. Au bas est écrit :

En Normandie, Guillaume le Conquérant et ses descendants fondent Sainte-Marie-de-Bonne-Nouvelle, Sainte-Marie-sur-Dives, Sainte-Marie de Jumièges, l'abbaye de Sainte-Marie-du-Pré à Rouen, Notre Dame de Honfleur, etc. Les Paynel favorisent celle de Hambye et de Sainte-Marie de Tombelaine[1].

Dans le Perche, Rotrou II fonde Notre Dame de la Trappe ; en Anjou, Foulques Néra, Notre Dame de Marchais ; en Guyenne, la Maison d'Aquitaine, Notre Dame de Talence et Notre Dame de Lorette ; la Famille de Bordeaux, Notre Dame de Verdelais ; en Gascogne, les Comtes d'Armagnac se déclarent hommes-liges de la Vierge et font d'importantes donations à Notre Dame d'Auch, pendant que la noblesse favorise les nombreux pèlerinages marials de cette contrée[2]. Plus au nord les comtes et dauphins d'Auvergne, les comtes de Forez, les ducs de Bourbon tiennent à gloire de se considérer comme les vassaux de Notre Dame de Clermont, etc. Enfin, au Berry, parmi la haute noblesse, les seigneurs de Sully — branche aînée des comtes de Champagne, —

> « Voyez-vous ce vaisseau qui cingle en mer
> Jamais celui d'Argos en scaurait approcher
> Aussy le Sainct Esprit Luy servait de nocher
> Les anges de ramer et la Vierge d'estoiler. »

Un historien ancien ajoute à propos de la fondation de Notre Dame de Boulogne :

> « Une belle église fut construite par Sainte Ide, comtesse de Boulogne, pour remplacer l'ancienne. Son fils, Godefroy de Bouillon, proclamé Roi de Jérusalem, refusa de porter une couronne d'or là où Notre Seigneur avait été couronné d'épines, et envoya au Sanctuaire de Boulogne celle qui lui avait été offerte. »

Les pèlerinages se succédaient à Boulogne, venant de tous pays. De nombreux souverains, des saints y vinrent prier aux pieds de la Vierge miraculeuse. Charles VII, avant son Sacre fit don à Notre Dame de Boulogne d'une grande statue de vermeil avec une couronne de pierres précieuses. Louis XI lui fit don du comté de Boulogne. (Voir p. 144.)

1. — Dom Bouquet, *id.*, Index, t. XI, p. 70 – t. XI, p. 360 D – t. XI, p. 52 B, 168 E, 209 D, 238 D – t. XIII, p. 253 D.
2. — J. L., *Vierges Gasconnes, Les sanctuaires en renom du Diocèse d'Auch*, 1909. On en compte actuellement plus de vingt.

les de Lignières, de Graçay, de Mehun, de Culant, de Naillac, de la Trémouille, de Buzançais, de Palluau, de la Châtre, de la Prugne et de Pot se distinguent, mais surtout les princes de Déols, barons de Châteauroux, dont le nom est symbolique puisque Déols veut dire Bourg de Dieu. Ils fondent non seulement les abbayes de Notre Dame de Déols et de Notre Dame d'Issoudun, mais une multitude d'autres, tellement qu'un vieil auteur a pu dire :

> « Il ne se trouve point de Maison en France qui ait tant fondé, construit, doté d'églises, d'abbayes, et de monastères que celle de Châteauroux[1] »
>
> » En 917, Ebbon, prince de Déols et digne neveu de l'Archevêque (de Bourges, Saint Géronce), éleva dans ces lieux le culte de la Sainte Vierge au plus haut degré d'honneur par ses actes et ses exemples ... Il fonda l'Abbaye de Notre Dame de Déols, en statuant, porte l'acte de fondation, que ce monastère était établi en l'honneur de la Bienheureuse Marie toujours Vierge ; que les moines y vivraient selon la règle de Saint Benoît et que Bernon en serait Abbé. Ebbon fit plus encore : en même temps qu'il fondait l'abbaye dans la capitale de son fief, il donna par acte solennel à la bienheureuse Mère de Dieu toute la principauté déoloise :
>
>> « Je donne, *dit-il*, à Marie et aux apôtres Saint Pierre et Saint Paul toutes les choses qui m'appartiennent dans le Berry. »
>
> » Et l'auteur de la translation des reliques de Saint Gildas nous fait connaître que sa principauté s'étendait des rives du Cher jusqu'à la rivière de l'Anglin, et de la Gartempe en Poitou : c'est-à-dire comprenait tout le Bas Berry qui fut ainsi consacré par ce prince à la Sainte Vierge.
>
> » Notre Dame de Déols acquit une grande célébrité : on venait la prier de toutes parts, et elle répondait à ces prières par des miracles.

Malheureusement, en 935 et en 941, les Normands envahirent la contrée, firent du monastère une grande ruine et tuèrent Ebbon lui-même. Mais Raoul Ier, son fils, répara tant de désastres ; et non content de relever l'édifice renversé, il céda aux religieux son

---

1. — Hamon, *op. cit.*, t. II, p. 6.

château de Déols, avec ses dépendances⁽¹⁾. Le monastère reprit donc son ancienne splendeur ; et il continuait à embaumer tout le pays de l'amour de la Sainte Vierge, lorsqu'en 991, Raoul II, jaloux de continuer la bonne œuvre de son père et de son aïeul, trouvant les bâtiments de l'abbaye peu dignes de sa haute réputation et de l'affluence des pèlerins, fit tout rebâtir par les fondements, et en fit vraiment, selon l'exergue de son blason, le premier et le plus beau monastère du Berry, « *primum et nobilissimum monasterium.* »

Trois choses grandissaient la réputation de Notre Dame de Déols, et en faisaient pour le Bas Berry ce qu'est Notre Dame de Chartres pour la Beauce : les miracles qu'opérait la Sainte Vierge, les vertus de ses religieux et leur science vraiment digne des enfants de Saint Benoît. Les miracles qui s'opéraient à Notre Dame de Déols étaient si fréquents qu'un des religieux les plus éclairés du XIIe siècle, Hervé de Déols, ayant entrepris d'écrire ceux qui arrivaient de son temps, en a composé un notable volume, que nous avons encore et qu'on peut lire au CLXXXIe tome de la *Patrologie* ... Aussi Notre Dame de Déols ne tarda-t-elle pas à n'être plus connue que sous le vocable de Notre Dame des Miracles de Déols.

> « C'était aux cloîtres de Déols que de grandes églises, et surtout l'église primatiale de Bourges, allaient souvent demander des évêques ... Aussi, les Souverains Pontifes honorèrent-ils à l'envie Notre Dame de Déols. En 1106, Pascal II vint en consacrer l'Église ... En 1161, Alexandre II, forcé de quitter l'Italie où le pourchassait l'Empereur Frédéric Barberousse, se réfugia à Déols et y séjourna depuis le mois de septembre de cette année jusqu'au 1er août de l'année suivante ... Pendant ce temps, Déols eut la gloire d'être comme une autre Rome, le centre du gouvernement de l'Église⁽²⁾. »

Ainsi le Roi et la noblesse faisaient tout ce qui était en leur pouvoir pour étendre le règne de Marie, et le peuple répondait à leurs espoirs en multipliant les pèlerinages en l'honneur de la Vierge et celle-ci récompensait la foi de tous par des miracles toujours plus nombreux.

---

1. — Dom Bouquet, *op. cit.*, t. X, p. 570.
2. — Hamon, *op. cit.*, t. II, p. 35 à 40.

« Si le Saint-Sépulcre attirait en Syrie, la confession de Saint Pierre à Rome, Saint Jacques en Galice, l'attraction spirituelle de la Vieille France alla toujours vers un temple riche ou humble de Marie. *France la douce*, sortie toute blanche du baptistère de Reims, est née à la Foi chez une Notre Dame [1]. »

En France, c'est Marie qu'on vient prier de tous les points du monde chrétien, si bien que nos routes se couvrent de pèlerins de tous pays qui viennent aux grands sanctuaires de Chartres, de Reims, du Puy, de Rocamadour et de Liesse, en attendant que vienne l'heure de Lourdes, de La Salette, de Pontmain, etc. sans oublier le Mont-Saint-Michel où Marie aimait également faire des miracles.

Chartres demeure incontestablement le premier de nos pèlerinages, tant par l'ancienneté de son origine — relatée au chapitre premier — que par la très grande dévotion de nos Rois et par les fréquents pèlerinages que les Reines de France allaient y faire afin d'obtenir un héritier pour le trône et une heureuse délivrance [2].

Reims est la basilique royale par excellence puisqu'elle est la basilique du Sacre et que c'est là, aux pieds de Marie, qu'a été baptisé le premier de nos Rois et que la France est devenue chrétienne. En venant se faire sacrer, le Roi de France venait acquérir, par l'onction de l'huile apportée spécialement du Ciel par le Saint-Esprit lui-même, les lumières et les forces nécessaires

---

1. — M. Vloberg, *Vers les Notre Dame* (*Messager de la Très Sainte Vierge*, numéro mai juin 1936, p. 114.)
2. — Sur l'Histoire et les origines du pèlerinage de Notre Dame de Chartres, voir Mgr Harscouët, Évêque de Chartres, *Chartres*. Collection les Pèlerinages. Abbé Hénault, *Origines Chrétiennes de la Gaule Celtique*.
La dévotion des Princes de France à Notre Dame de Chartres était intense, témoin celle de Louis de Bourbon, comte de Vendôme qui, délivré de la captivité dont il était l'objet de la part de son frère Jacques, y vint accompagné de cent chevaliers, tous ayant un cierge à la main, pieds nus et déclara devant l'image de Notre Dame qu'il voulait être l'homme de Marie et de la cathédrale de Chartres et il fit construire dans la cathédrale la chapelle dite aujourd'hui des martyrs parce qu'on y a déposé les reliques soustraites aux profanations de 1793. (Hamon, t. I, p. 223 et 224.)

à l'accomplissement de sa mission providentielle dont le but, en fin de compte, est de vaincre Satan dans l'ordre temporel. C'est là qu'à chaque Sacre la France vient recevoir, de Jésus par Marie, son Roi et que le Roi reçoit la plénitude des bénédictions et des grâces divines, là qu'il devient le Fils aîné de l'Église et que le pontife le revêt de l'épée qui doit lui permettre de protéger l'Église et le peuple ; là qu'il acquiert le pouvoir, non seulement de gouverner légitimement, mais encore celui de guérir miraculeusement certaines maladies telles que les scrofules et les écrouelles [1]. Aussi « quel chef-d'œuvre a germé de son sol sous l'influence des idées du sacre ! Vous avez vu l'admirable Basilique de Sainte Marie de Reims. C'est une épopée de pierre. Elle a pour elle la majesté, la grâce, l'harmonie et la force de résistance. La poussée vers le ciel de ses voûtes en fait un monument plus qu'humain… Force est d'y reconnaître le Sanctuaire Royal, la Basilique de la Monarchie Chrétienne… L'acte de foi en la Royauté de Jésus-Christ sur la France s'y affirme mieux qu'ailleurs » et aussi celui de la Royauté de Marie sur son royaume de prédilection. Dans cette magnifique dentelle de pierre, la scène la plus émouvante et la plus symbolique n'est-elle pas celle du porche central : Marie s'élève vers les cieux ; à sa rencontre, anges, saints, rois de Jessé viennent lui rendre hommage. Son Divin Fils la couronne Reine du Ciel et de la terre, et c'est la longue suite des rois de France qui forme sa Cour… À Reims, Marie aimait, dans cette magnifique basilique, à multiplier les miracles : protection des régions voisines contre la grêle, guérisons de boiteux, paralytiques, etc. Ces miracles sont mentionnés par Flodoard et par les bénédictins dans leur *Recueil des Historiens des Gaules et de la France* [2].

Depuis des siècles, le Puy était un des grands pèlerinages à Marie. Charlemagne y était venu, Eudes et Robert, Louis VII et Philippe-Auguste aussi ; tous avaient laissé des témoignages de

---

1. — De la Franquerie, *La Mission divine de la France*, Chapitre sur le Sacre des Rois de France, pp. 64 à 80 et celui sur les miracles des Rois de France, la guérison des écrouelles, pp. 85 à 90.

2. — Dom Bouquet, *op. cit.*, et notamment t. VIII, p. 189 C et 213 A et B.

leur munificence. À chaque règne de nouveaux privilèges étaient octroyés par le Roi, par égard et dévotion pour Notre Dame, si bien qu'ayant bientôt accordé tout ce qui était en leur pouvoir et voulant manifester sans cesse leur confiance en Marie, nos Rois firent alors de riches donations : en 1134 Louis le Gros octroie toute l'enceinte et les remparts de la ville ; en 1146, pour supprimer les obstacles que pouvaient rencontrer les pèlerins, Louis VII défend de construire aucun fort depuis Aleth jusqu'à Montbrison, depuis l'Allier jusqu'au Rhône, depuis Saint Alban jusqu'au Puy et accorde à l'évêque la pleine autorité sur toute la ville. En 1211 et 1215, Philippe-Auguste donne le château Arson et d'autres domaines. Aussi conçoit-on qu'avant de partir à la Croisade, Louis VII et Philippe-Auguste viennent mettre leur personne et leur Royaume sous la tutelle de Marie au Puy [1]. Les Souverains Pontifes octroient de précieuses indulgences à la célébration du Grand Pardon de Notre Dame du Puy. Ajoutons que l'un des grands évêques du Puy, Adhémar de Monteil fut l'âme de la première croisade et serait l'auteur de l'admirable « *Salve Regina.* »

Rocamadour, dont l'origine remonte au temps où Marie vivait encore, fut le grand centre de ralliement pour ceux qui allaient à Saint Jacques de Compostelle. Les peuples de France, d'Italie, de Germanie, de Flandre et d'Angleterre s'arrêtaient toujours à Rocamadour pour se mettre sous la protection de la Reine du Ciel et Lui demander de leur venir en aide pendant leur voyage et de leur accorder toutes les grâces spirituelles qu'ils étaient à même de gagner. C'est grâce au pèlerinage de Rocamadour qu'à l'exemple de la Trêve de Dieu fut instituée la trêve de Marie : tous les pèlerins s'y rendant pouvaient traverser les armées ennemies sans crainte, tant le culte de Marie était répandu au Moyen-Age et pendant la Guerre de Cent ans. Ce privilège fut peu à peu étendu à tous les pèlerinages de la Vierge.

---

1. — Hamon, *id.*, t. II. p. 233 et 252. – Pour les pèlerinages de Chartres, du Puy, de Rocamadour, Liesse, etc., consulter Hamon, *op. cit.*, et la collection des Grands Pèlerinages, chez Letouzey à Paris, etc.

Grâce aux vicomtes de Turenne et à la noblesse du Quercy qui se croisèrent en Espagne contre les Maures, Notre Dame de Rocamadour étendit son rayonnement de l'autre côté des Pyrénées avec d'autant plus d'éclat que les Rois d'Aragon lui durent leur victoire contre l'Islam. On comprend dès lors les liens qui unissaient les pèlerinages de Rocamadour et de Saint Jacques de Compostelle et les fondations de reconnaissance faites en Espagne par les Rois d'Aragon en l'honneur et au profit de la Vierge du Quercy[1].

La France avait été la grande inspiratrice des Croisades. Marie lui en témoigna sa gratitude par le pèlerinage de Notre Dame de Liesse. En 1134, trois frères, Seigneurs dans le Laonois, se croisèrent. Le Sultan d'Égypte, les ayant faits prisonniers, voulut à tout prix les faire apostasier ; il alla jusqu'à leur envoyer sa fille, remarquablement belle, pour les séduire. « En discutant avec les prisonniers sur l'Évangile, Isménie, qui croyait vaincre, fut vaincue. » Elle demanda aux chevaliers de lui sculpter l'image de Marie. Les chevaliers firent appel à la Sainte Vierge afin qu'Elle dirigeât leurs mains. Pensant la nuit, la Vierge envoya des anges porter « son image rayonnante de piété. » Le lendemain, quand Isménie revint, le cachot était éblouissant de lumière et un parfum délicieux s'échappait de la statue ; la princesse crut aussitôt, emporta la statue dans ses appartements et ne cessa de la regarder pendant que les chevaliers s'écriaient « Notre Dame de Liesse. » La nuit suivante, Isménie entendit la statue lui dire :

> « Aie confiance, Isménie ! J'ai prié mon Fils pour toi. Tu seras sa fidèle servante. Tu délivreras les trois chevaliers que j'aime. Tu seras baptisée et par toi la France sera enrichie d'innombrables grâces ; par toi mon nom deviendra célèbre et plus tard je te recevrai pour toujours dans mon paradis. »

Isménie fit s'évader les prisonniers et s'enfuit avec eux. Pris tous les quatre d'un sommeil profond, ils s'endormirent et pendant

---

1. — *Documents nouveaux sur Rocamadour* par Ludovic de Valon, 1928.
— *Du nouveau dans la Chanson de Roland* par p. Boissonade.
— *Espana Sagrada* par Florez, Risco et l'Académie d'Histoire de Madrid, vol. 50, page 358, etc. – Les ouvrages du Chanoine Albe sur Rocamadour.

leur sommeil les anges les transportèrent en France. Quand ils se réveillèrent, les trois chevaliers étaient dans leur pays, à côté de leur château, à Marchais. Isménie fut baptisée et tous résolurent de construire une chapelle à l'endroit où ils s'étaient réveillés, en l'honneur de « Notre Dame de Liesse. » Depuis lors les miracles y furent innombrables. Louis VII y vint en pèlerin en 1146 et Notre Dame de Liesse devint l'un des pèlerinages préférés des Rois de France.

Quant au Mont-Saint-Michel, sans doute ce pèlerinage est spécialement consacré au Grand Archange, qui est le protecteur attitré de la France et de nos Rois et en quelque sorte leur ange gardien[1], mais le Prince des Milices Célestes — lors de l'épreuve imposée par Dieu aux Anges — ayant été le premier à reconnaître et à proclamer la Royauté et s'étant constitué son premier Chevalier, il est normal et juste que Marie se plaise à rehausser la gloire de Saint Michel, notamment au sanctuaire de l'Archange au Mont Tombe. La tradition rapporte en effet que souvent les anges apparaissaient dans la basilique, à tel point que le Monastère fut appelé « le palais des Anges, » et que Marie aimait à se joindre à eux pour y chanter les louanges du Très-Haut et quand, en 1118, la foudre incendia l'église, seule l'image de Marie demeura intacte. Ajoutons que la célèbre abbaye possédait d'insignes reliques de la Vierge que les foules venaient vénérer : des cheveux et quelques fragments de sa tunique et de son voile[2].

Le culte de Marie avait pénétré les institutions et la vie même de la société : le Cardinal Thomas, archevêque de Rouen, disait avec raison :

> « Le chaste culte de Marie inspira toujours la chevalerie française et créa parmi nous des traditions de loyauté, de courtoisie et d'honneur qui ont survécu à toutes les défaillances, et sont encore à l'heure présente la plus belle parure de notre civilisation. »

---

1. — De la Franquerie, *Mémoire pour servir au renouvellement de la consécration de la France à Saint Michel* – Préface de Mgr de la Villerabel, Évêque d'Annecy.
2. — *Chronique du Mont-Saint-Michel*, écrite au XIe siècle – Archives d'Avranches.

C'est devant l'autel de la Vierge que les futurs chevaliers passaient la veillée des armes, parce que Marie était la plus pure et la plus noble expression de leur idéal.

Quant aux classes laborieuses, réunies dans leurs corporations, elles avaient à Cœur de les consacrer à Marie ou tout au moins de constituer des confréries en son honneur [1].

Ce tableau serait incomplet si on ne parlait pas de l'une des preuves les plus éclatantes de l'intensité de l'amour de la France tout entière pour Marie et de sa confiance en Elle : de toutes parts, églises, abbayes, monastères, chapelles surgissent sous le vocable de la Reine du Ciel, à tel point qu'au dire de quelques historiens, c'est à un édifice dédié à la Vierge que plusieurs milliers de villes ou de communes de notre pays doivent leur existence. Aucun sacrifice, aucune privation, aucune peine n'étaient considérés comme trop grands pour élever à Marie des temples dignes de la Reine du Ciel, de la Mère de Dieu, de celle que dès ce moment on considérait comme la Souveraine de notre Patrie. Les scènes suivantes décrites par les contemporains en sont la preuve combien éloquente et émouvante. L'archevêque de Rouen, Hugues, écrit à Théodoric, évêque d'Amiens :

> « Les œuvres de Dieu sont grandes et toujours proportionnées à ses volontés ! C'est à Chartres que des hommes commencèrent à traîner des chariots et des voitures pour élever une église, et que leur humilité fit jaillir des miracles. Le bruit de ces merveilles s'est répandu de toutes parts, et enfin a réveillé notre Normandie de

---

1. — Voir Hamon, *op. cit.*, t. V, p. 213, sur les diverses corporations intellectuelles et ouvrières consacrées à Marie dans le Diocèse de Bayeux.

Cette tradition demeura jusqu'à la Révolution, on en trouve un exemple frappant dans la charte de la Corporation des « compagnons menuisiers de la Ville et Faubourg de Dijon, » datée du 25 août 1667, dont les deux premiers mots sont « Jésus-Maria. » Ils voulaient ainsi placer sous la protection et sous l'inspiration de Jésus et de Marie leur famille, leur profession, leurs convictions, leur travail, etc. Émouvante confiance, génératrice de la plus belle valeur morale et professionnelle et des plus beaux chefs-d'œuvre, car à l'âme noble la grandeur de l'inspiration est naturelle. (Voir Henri Crépin, *La liberté de travail dans l'Ancienne France*, p. 121, 1937, à Vézelay (Yonne.)

son engourdissement. Nos fidèles, après avoir demandé notre bénédiction, ont voulu se rendre en ces lieux (Chartres) et accomplir leurs vœux ; puis sont revenus, à travers notre diocèse et dans le même ordre, retrouver l'église de notre évêché, leur mère ; bien résolus à n'admettre dans leur société personne qui n'eût auparavant confessé ses péchés et fait pénitence, qui n'eût déposé toute haine et tout mauvais vouloir, qui ne fût rentré en paix et en sincère concorde avec ses ennemis. Avec de semblables résolutions, l'un deux est nommé chef ; et, sous son commandement, tous humblement et en silence s'attellent à des chariots, offrent des aumônes, s'imposent des privations et versent des larmes... Ainsi disposés, ils sont témoins en tous temps, mais surtout dans nos églises, de nombreux miracles opérés sur les malades qu'ils conduisent avec eux, et ils ramènent guéris ceux qu'ils avaient amenés infirmes [1]. »

Robert du Mont, autre contemporain, parle de même :

« Ce fut à Chartres que l'on vit pour la première fois des hommes traîner, à force de bras, des chariots chargés de pierre, de bois, de vivres et de toutes les provisions nécessaires aux travaux de l'église dont on élevait les tours. Qui n'a pas vu ces merveilles n'en verra jamais de semblables, non seulement ici, mais dans la Normandie, dans toute la France et dans beaucoup d'autres pays. Partout l'humilité et la douleur, partout le repentir de ses fautes et l'oubli des injures, partout les gémissements et les larmes. On peut voir des hommes, des femmes même, se traîner sur les genoux à travers les marais fangeux et se frapper durement la poitrine en demandant grâce au ciel, tout cela en présence de nombreux miracles qui suscitent des chants et des cris de joie. »

Dans son *Histoire des Miracles qui se sont faits par l'entremise de la Sainte Vierge en 1140*, l'abbé Haymon, témoin des faits, les raconte ainsi avec une couleur et une vérité qui les font, en quelque sorte, revivre à nos yeux :

« Qui n'a jamais vu des princes, des seigneurs puissants de ce siècle, des hommes d'armes et des femmes délicates, plier leur cou sous le joug auquel ils se laissent attacher comme des bêtes de somme,

---

1. — Hamon, *id.*, t. I, p. 196.

pour charrier de lourds fardeaux ? On les rencontre par milliers traînant parfois une seule machine, tellement elle est pesante, et transportant à une grande distance du froment, du vin, de l'huile, de la chaux, des pierres et autres matériaux pour les ouvriers. Rien ne les arrête, ni monts, ni vaux, ni même rivières ; ils les traversent comme autrefois le peuple de Dieu. Mais la merveille est que ces troupes innombrables marchent sans désordre et sans bruit... leurs voix ne se font entendre qu'au signal donné : alors ils chantent des cantiques ou implorent Marie pour leurs péchés... Arrivés à leurs destinations, les confrères environnent l'église ; il se tiennent autour de leurs chars comme des soldats dans leur camp. À la nuit tombante, on allume des cierges, on entonne la prière, on porte l'offrande sur les reliques sacrées ; puis les prêtres, les clercs, et le peuple fidèle s'en retournent avec grande édification, chacun dans son foyer, marchant avec ordre, en psalmodiant et priant pour les malades et les affligés [1]. »

Oui, vraiment, la construction de nos magnifiques cathédrales [2] a été le plus éclatant témoignage de filiale tendresse de notre peuple pour Marie et comme le plébiscite par lequel il L'a reconnue comme sa Reine, comme la Dame de ses amours.

---

1. — Mabillon, *Annales de Saint Benoît*, tome VI.
2. — Nul peuple n'a sculpté plus beau poème de pierre à la gloire de Marie, non seulement dans l'art architectural, mais aussi dans celui de la statuaire, car chacune de nos basiliques, chacune de nos cathédrales et combien de nos modestes églises ou chapelles de villages sont peuplées de multiples statues qui enseignent au peuple de chez nous les scènes principales de la Vie de la Vierge : sa naissance, sa présentation au Temple, son mariage, et la touchante nativité de Bethléem, et les douleurs de Marie au pied de la Croix, et sa « dormition, » et son Assomption et son couronnement au Ciel, où Elle trône en majesté.

Si la peinture française est moins développée qu'en Italie et en Allemagne — encore que sur ce point notre Pays ait, depuis le XVe siècle, pris une place de tout premier plan — c'est qu'en France les artistes se consacraient à des chefs-d'œuvre inégalés : les admirables verrières de nos cathédrales et les magnifiques vitraux de tant de nos églises ; les innombrables livres d'heures et manuscrits du Moyen-Age et de la Renaissance où nos miniaturistes ont enluminé tant d'admirables scènes à la gloire de Marie. Dans ce domaine, la France ne le cède à aucun pays.

Si les Grecs l'appellent Panagia, ou la Toute Sainte, et les Italiens la Madone, ... la France lui a donné le beau et expressif nom de Notre Dame, c'est-à-dire « Souveraine [1]. »

> « Notre Dame, nom évocateur du plus beau Moyen-Age, de la Chevalerie, des Croisades. Notre Dame ! nom touchant plein de piété, d'amour et de respect, le plus beau dont on ait désigné la Vierge ! C'est la France qui l'a trouvé [2]. »

On comprend, dès lors, que le Pape Urbain II, venant prêcher la première Croisade et traversant la France, y ait admiré la multitude extraordinaire des églises et des chapelles, des abbayes et monastères consacrés à Marie et plein d'émotion se soit écrié, sans crainte de se tromper :

« REGNUM GALLIÆ, REGNUM MARIÆ, NUMQUAM PERIBIT ! »

Le Royaume de France est le Royaume de Marie, IL NE PÉRIRA JAMAIS !

On conçoit que, devant de pareils actes de confiance et de foi, Marie ait accordé d'innombrables miracles. Mais la société tout entière ayant manifesté sa foi d'une manière aussi édifiante, la Vierge se devait de récompenser ces témoignages d'amour non seulement par des grâces individuelles mais encore par une royale bénédiction pour la Société tout entière. Cette royale récompense, ce sourire radieux de Marie, fut le règne de Saint Louis.

---

1. —— Abbé Duhaut, *Marie Protectrice de la France*, p. 81.
2. —— Jeanne Durand, *Les Vierges noires*. (*Almanach Catholique français*, 1923, p. 269.)

Sacre de Charlemagne par le Pape

Fresque de Levy au Panthéon.

Charlemagne, empereur de France
Statue de M. Rochet, sur la place Notre-Dame, à Paris.

Charles est conduit par Olivier et Roland. — Ce grand roi se qualifiait lui-même ainsi : « *Moi, Charles, par la grâce de Dieu et le don de sa miséricorde, roi et chef des Francs, dévot défenseur de la sainte Église, et en toutes Choses humble auxiliaire du Siège apostolique.* »

(*Concil.*, Labbe, t. VII, col. 967.)

Saint Louis, le « sergent de N. S. Jésus-Christ »

Avant son départ pour la croisade
saint Louis reçoit la bénédiction de l'évêque de Paris

La France croisée partant pour la Terre-Sainte.
La France chrétienne, obéissant à l'appel du pape Urbain II, dans le concile de Clermont, se lève au cri de « Dieu le veut ! »
Dessin de Boucher, dans l'*Histoire de France* du P. G. Daniel. Paris, 1729.

CHAPITRE VIII

Saint-Louis, sourire de Marie à la France et au Monde

On l'a dit avec raison, le Cœur d'une mère — s'il répond à la mission que Dieu lui confie — reçoit toutes les grâces pour qu'elle dépose dans l'âme de ses enfants les vertus susceptibles d'en faire des saints.

Blanche de Castille fut la digne mère d'un fils tel que Saint Louis ; sans ses admirables qualités d'énergie, de Cœur et d'intelligence, éclairées par une foi profonde et une confiance admirable en Marie, le monde n'eut peut-être jamais connu ni admiré le type idéal du Roi et du Gouvernement Chrétiens.

Blanche de Castille, qui avait appris par Saint Dominique les admirables effets de la dévotion au Rosaire, — notamment la victoire de Simon de Montfort sur les hérétiques albigeois —, s'empressa de s'associer à la Confrérie naissante établie par le fondateur des Frères Prêcheurs, et, voulant donner à la France un Monarque digne du plus beau royaume après celui du Ciel, confia son désir à Marie ; elle récita et fit réciter aux personnes pieuses de son entourage le Rosaire et, ainsi, « obtint un Fils qui mit la sainteté sur le Trône, qui fut à la fois un grand Saint et un héros incomparable, qui consacra sa couronne par toutes les vertus chrétiennes et illustra son règne par les plus beaux exploits[1]. »

Régente très jeune, alors que son Fils n'avait que douze ans, Blanche de Castille fut immédiatement en butte aux attaques des grands seigneurs. Elle comprit alors que le secours de Celle qui lui avait accordé ce Fils était nécessaire et que, d'autre part, pour rendre efficace cette protection et lui permettre de se manifester avec plus d'éclat, il fallait que ce Fils bien-aimé reçût l'Onction Sainte du Sacre. Louis VIII étant mort le 8 Novembre 1226, dès le 29 Novembre suivant le jeune prince est sacré à Reims. Dès lors ses ennemis ne pouvaient plus, sous peine de sacrilège, s'attaquer à l'Enfant Roi, mais seulement à la Reine Régente. Blanche avait vu juste. Peu à peu, ceux — tel le comte de Champagne — qui avaient défendu les droits du Roi, voient leur domaine s'agrandir tandis que les autres, vaincus et humiliés, perdirent une partie de leurs biens.

Pendant qu'elle défendait les droits de son Fils, la Reine avait recours à la Vierge. Elle fonda l'abbaye de Notre Dame des Hiverneaux et emmena souvent son fils aux pieds de Notre Dame de Longpont, « alors que Thibaut de Champagne, pour le soustraire au complot des seigneurs, révoltés contre la Régence de Blanche de Castille, vint abriter derrière les murs épais du château de Montlhéry la minorité du jeune prince[2]. » La Reine n'avait pas seulement inculqué à Louis IX le culte de Marie, elle avait choisi pour sa formation religieuse et intellectuelle les meilleurs théologiens et

---

1. — Hamon, *op. cit.,* t. I, p. 112.
2. — Auguste Nicolas, *Notre Dame de Longpont*, p. 30.

les plus hautes sommités afin que son âme et sa piété, ainsi que toutes ses facultés et toutes ses connaissances, prissent leur source dans une foi profonde, éclairée par une solide doctrine. Dans cette œuvre d'éducation, la Régente trouva l'appui le plus efficace dans le Successeur de Pierre. Le Souverain Pontife maintint, pendant toute la jeunesse du Roi, un Légat choisi parmi les plus grands du Sacré Collège, le cardinal de Saint Ange.

Louis IX se montra digne fils d'une telle mère et digne élève de tels maîtres.

Saint Louis, baptisé à Notre Dame de Poissy, aimait tellement cette église où il était devenu enfant de Dieu qu'il signait souvent Louis de Poissy. C'est donc sous la protection et sous l'œil de Marie, non seulement qu'il vint au monde puisqu'il Lui doit d'être né, mais aussi qu'il obtint sa naissance à la grâce. Aussi se montra-t-il toute sa vie dévoué à la Sainte Vierge.

> « Il soutint par ses largesses beaucoup de fondations en l'honneur de Marie, et un grand nombre de communautés vouées à son culte… Chaque samedi, jour qui est consacré à la Mère de Dieu, il rassemblait les pauvres dans son palais, leur lavait les pieds qu'il baisait avec respect, après les avoir essuyés de ses mains royales ; les servait lui-même à table et leur distribuait une riche aumône[1]. »

Chaque jour le Roi récitait l'office de la Sainte Vierge.

Il est une fondation qui, dès son enfance, tint plus particulièrement au Cœur de Saint Louis : l'Abbaye de Notre Dame de Royaumont, construite en exécution du désir testamentaire de son père. Non seulement il en fut le fondateur, mais encore il voulut personnellement, manuellement, à la sueur de son front, « participer » à la construction. Du manoir d'Asnières (sur Oise), nous dit le Confesseur de la Reine Marguerite :

> « Il venait ouïr la messe à Royaumont, puis servait les maçons, portant la civière chargée de pierres, avec un moine ; il faisait travailler de même ses frères Robert, Alphonse et Charles, ainsi que les chevaliers de sa compagnie. Et un jour que, durant

---

1. — Hamon, *op. cit.*, t. I, p. 113.

le travail, ses frères voulaient causer, s'ébattre et reposer un peu, il leur dit que, cela étant interdit aux moines, ils devaient s'en abstenir. Le Roi y fit de fréquents séjours, vivant de la vie des moines et assistant aux offices de nuit et de jour. »

« Il assistait volontiers au chapitre quotidien, mais se considérant indigne d'être traité en religieux, il s'asseyait sur de la paille, au pied d'un pilier, alors que les moines occupaient les hauts sièges. Il prenait ordinairement ses repas au réfectoire ; quand il n'y mangeait pas, il se joignait aux moines servants pour faire leur office ... Il visitait souvent les malades à l'infirmerie. Dans une cellule à l'écart languissait un moine lépreux. Le Roi, tout seul, ou bien avec un dignitaire de l'abbaye allait le voir et l'entretenir. Un dimanche, accompagné de l'Abbé, il voulut faire manger le malheureux, à qui ses mains rongées et mutilées refusaient leur usage. Il lui coupa ses viandes, commandées excellentes à la cuisine, et il les lui mettait dans la bouche par morceaux, avec grande précaution, ayant soin d'essuyer le sel qui aurait pu brûler ses lèvres à vif ; et il se tenait à genoux devant le malade pour honorer le membre souffrant du Christ, ce que dut faire aussi l'Abbé par déférence pour le Roi [1]. »

Dans son *Histoire de Royaumont*, l'Abbé Duclos fait un tableau attachant du parallélisme entre la croissance du jeune Roi et celle de l'abbaye. Alors que le Roi grandissait en âge et en sainteté, les bâtiments de l'abbaye s'élevaient de plus en plus importants et magnifiques et « le développement temporel et territorial de Royaumont » se poursuivait parallèlement.

Il fut donné à l'abbaye de Royaumont, créée par Louis IX, de recréer sans cesse l'âme de son fondateur. Le jeune Prince et l'abbaye avaient grandi ensemble ; comme leur adolescence s'était mêlée, leur maturité respective s'entraida.

« Un grand désir d'améliorer la France sous le rapport matériel et moral, le ferme dessein d'imprimer à son gouvernement un caractère d'équité, de respect des droits, d'amour de la justice et

---

1. — René Brécy, *Saint-Louis à Palerme et à Royaumont*. D'après le confesseur de la Reine Marguerite (pp. 344 à 351), d'après Lenain de Tillemont (t. I, p. 493 et 495) et *Essai de l'Histoire de l'Ordre de Citeaux*, tome IX.

> du bien public, le besoin d'illustrer la nation, de la moraliser et de réaliser un idéal de royauté qui fût le triomphe des principes d'intérêt public, voilà le but que Saint Louis se traça lui-même, et vers lequel il marcha avec une volonté imperturbable et sage, avec une rigidité de conscience que rien ne put altérer[1]. »

La campagne de 1242 par laquelle Saint Louis mit à la raison l'Angleterre et les grands féodaux, grâce aux victoires éclatantes de Taillebourg et de Saintes, révéla en lui un homme de guerre chez qui le courage personnel doublait la sûreté de coup d'œil du stratège. Le peuple de Paris — bien que le Roi ait prescrit d'éviter toutes dépenses inutiles — le reçut en triomphateur.

Après avoir laissé son peuple lui manifester son ardent amour, il se dérobe aux ovations et loin de s'enorgueillir, accourt à Royaumont ; et c'est dans le silence du cloître qu'il vient se reposer de ses victoires, déposer ses lauriers et par la prière remercier Dieu de son triomphe.

> « Il est à la fois guerrier et moine et l'on se demande si ce n'est pas Royaumont qui s'imprima dans cette belle âme pour en faire jaillir ce que le monde a vu. Il y eut dans cette nature, tout à la fois la fierté du monarque et l'humilité du cénobite, le courage martial du soldat et la douce tendresse de la femme ; il y avait de la gaîté et de l'austérité[2]. »

Dans sa prédilection pour Royaumont, Saint-Louis n'oubliait pas cependant les autres sanctuaires de Marie. Il aimait à aller prier à Notre Dame de Mantes en compagnie de sa mère et de la jeune Reine[3], ainsi qu'à Notre Dame de Montmélian. À Senlis, il construisit une église en l'honneur de Marie et prescrivit que chaque jour une messe y serait célébrée, pour le Roi, à l'autel de la Vierge. En 1244, il alla, accompagné de sa Cour et du futur roi de Portugal, à Rocamadour et s'arrêta, au retour, à Notre Dame de Livron, près de Caylus.

---

1. — Duclos, *Histoire de Royaumont*, t. I, p. 186.
2. — *Id.*, t. I, p. 191 et 192.
3. — Hamon, t. I, p. 370.

La même année, il fonda, de concert avec sa mère, l'abbaye Royale de Notre Dame-du-Lys à Dammarie [1], fit de larges libéralités au prieuré de Fontaine des Nones près de Meaux, ainsi qu'à la collégiale royale de Notre Dame de Melun dont tous nos rois portaient le titre d'abbé.

À Paris, le Roi allait souvent prier Marie dans la basilique métropolitaine, et quand il eut construit la Sainte Chapelle, attenante à son palais, pour y recevoir les précieuses reliques de la Passion du Sauveur, sa piété ne séparant pas la Mère du Fils, il tint à ce que la crypte de la chapelle soit dédiée à la Vierge. La dédicace eut lieu en 1248. Le peuple de Paris s'unissait au Roi dans un même culte pour Marie ; à cette époque, en effet, dans l'Île Notre Dame où s'élevait la merveilleuse basilique, la Mère de Dieu était spécialement honorée dans l'église Saint-Denis de la Châtre sous le vocable de Notre Dame des Voûtes ; dans celle de Sainte Croix où était le siège de la confrérie des plaies de Notre Dame [2] et deux églises lui étaient encore dédiées : Notre Dame de l'Étoile (à l'emplacement de la Sainte Chapelle) et Notre Dame de l'Isle, sans compter les innombrables corporations placées sous le patronage de la Reine du Ciel.

Le Roi aimait à aller à Pontoise, au sanctuaire dédié à Marie et, comme les pèlerins trouvaient la chapelle trop exiguë, il fit de tels dons qu'on put bientôt élever une magnifique église, sur le portail de laquelle on plaça la statue miraculeuse, apportée là par Saint Guillaume, chapelain de Philippe-Auguste, sans qu'on en connût l'origine. Il était une autre fondation à laquelle Saint-Louis s'attacha beaucoup également : Notre Dame de Maubuisson, tout près de Pontoise. Cette abbaye avait été fondée par Blanche

---

1. — Le trésor de l'Abbaye eut le Cœur de Blanche de Castille, le cilice de Saint Louis et quelques ossements du Saint Roi.

« On aimait si tendrement Marie dans le diocèse de Meaux, à cette époque, que pour avoir le loisir de la prier davantage, on s'abstenait du travail l'après-midi du samedi aussi rigoureusement que le dimanche ; et l'on venait dans cette moitié du jour, se serrer autour de son autel, comme des enfants autour de leur mère. » (Hamon, t. I, p. 247..)

2. — Hamon, *op. cit.*, t. I, p. 38.

de Castille qui habitait la région de Pontoise. Les travaux commencés en Mai 1236, la basilique abbatiale put être consacrée le 26 juin 1244 par Guillaume d'Auvergne, Évêque de Paris, en présence de Louis IX et des deux Reines, sous le vocable choisi par Blanche de Castille « Notre Dame la Royale. » Le Roi et le Pape accordèrent à l'abbaye de très importants privilèges auxquels vinrent s'ajouter les magnifiques revenus octroyés par la Reine Mère.

« La prédilection de la Reine Blanche pour Maubuisson y attirait souvent le bon Roi Saint Louis. Au mois d'août 1244, peu de temps après la dédicace de l'abbaye, Louis se trouvait à Notre Dame la Royale, lorsqu'il fut pris tout à coup d'une très cruelle maladie. »

« Très venimeuse et très amère
que l'on appelle dissentère
es livres des physiciens [1] »

« Cette dysenterie le plongea dans un abattement tel que, pendant plusieurs heures, il resta privé de sentiment. Après avoir tenté d'inutiles efforts pour le ranimer, les médecins « s'empartirent » déclarant qu'il était mort ; alors tous les huis furent ouverts « et y allaient tous ceux de l'hostel à qui il plaisait, et furent mandés prélats pour faire la commendasse de l'âme [2]. » Chacun venait en pleurant prier près du lit funèbre. »

« Le peuple entour lui amassé
l'ot une heure pour trespassé.

Seule une des dames qui le gardait espérait encore, ne voulant pas consentir à ce qu'on lui rejetât le drap sur le visage comme aux défunts [3]. » En cet état, on entendit tout à coup un faible gémissement s'échapper de la poitrine du Roi. La foule poussa de grands cris ; les « physiciens » accoururent ; ils entrouvrirent, à grand-peine, les lèvres du moribond, et lui firent avaler quelques gouttes de « caudiel [4]. »

« Peu à peu, le Roi reprit ses sens ; mais à peine eut-il recouvré

---

1. — Gui ! Guiart, *la branche aux royaux lignages* ; Hist. de France, t. XXI, 185.
2. — Baudouin d'Avesnes, id., t XXI, p 164.
3. — Joinville, édition Ducange, p. 22.
4. — Bouillon chaud.

connaissance, qu'il demanda l'évêque de Paris et le requit de lui donner la croix d'outre-mer. L'évêque, au comble de la surprise, hésitait, mais les instances du Roi furent telles, qu'il ne put résister. Le royal malade expliqua depuis que, pendant sa léthargie, il avait reçu dans une vision l'ordre d'aller en terre sainte relever l'étendard Chrétien abattu par les Musulmans. »

« En apprenant cette résurrection, les deux Reines passèrent d'une extrême douleur à une extrême joie ; mais quand elle vit son fils croisé, Blanche « fut aussi transie que si elle l'eût vu mort [1]. »

« Saint Louis employa trois ans à préparer l'accomplissement de son projet. Dans ce laps de temps, il fit à Maubuisson des séjours assez prolongés ... Ce fut seulement le 25 août 1248 qu'il put s'embarquer à Aigues-Mortes [2], » sous l'œil protecteur de la Vierge aux Saintes Marie de la Mer ; mais avant son départ, le Roi avait tenu à venir s'agenouiller à Notre Dame de Pontoise devant l'image miraculeuse pour lui consacrer le sort de la France, de son armée et de sa personne [3].

Au cours de la croisade, même aux moments les plus douloureux et au milieu des pires dangers, le calme du Roi ne l'abandonna jamais, ni la sereine possession de lui-même. « Ce qui est admirable, observe l'abbé Duclos [4], c'est qu'à côté de l'Arabe frémissant de rage, Louis s'occupait de la France, de grandes mesures administratives et financières à y introduire » et même de sa chère

---

1. — Joinville, *id.*
2. — *Historiens de France*, t. XXI, p. 506 — Pendant que son Fils était en Orient, Blanche de Castille mourut le 26 novembre 1252. Elle se fit enterrer à Maubuisson (*Hist. de France*, t. XXI, p. 83. – Chronique anonyme.) À son retour de la croisade, St-Louis Vint fréquemment à Maubuisson, y fit d'importantes donations et en 1270 avant de partir pour sa 2e croisade se recommanda aux Dames du Monastère. (*Id.*, t. XXI, p. 506 – et Félibien, *Preuves*, t. III, p. 604 – Pour les *Lettres de St-Louis en 1270*, voir : Bibliothèque de l'École des Chartes, t. XVIII, p. 265.) Blanche de Castille avait donné à Maubuisson une statue de Marie ouvrante, formant tryptique en bois sculpté, magnifique travail espagnol du XIIIe siècle. Cette statue est actuellement dans l'église de Saint-Ouen l'Aumône. La Reine Marguerite dota la chapelle Saint-Michel.
3. — L. Lefèvre, *Notre Dame de Pontoise*, tome II.
4. — Duclos, *Histoire de Royaumont*, t. I, p. 209.

abbaye de Royaumont ; la charte de Septembre 1249, donnée au camp de Damiette en est la preuve [1]. La croisade fut un désastre ; l'armée et la flotte furent en grande partie détruites, le Roi fait prisonnier... Durant sa captivité, il se montra si grand qu'il en imposa à ses vainqueurs eux-mêmes.

Rentré en France, « dès que Louis IX pouvait se dérober aux affaires et aux réceptions, il s'échappait de sa capitale pour voler vers sa fondation favorite (Royaumont), déposant alors tout insigne royal sur le seuil du cloître, il exigeait qu'on l'y traitât comme un simple moine, mangeant au réfectoire, dormant au dortoir, travaillant au jardin, suivant enfin tous les exercices de la communauté [2]. »

Puis il va, à nouveau, parcourir les principaux pèlerinages de la Vierge. En 1254, il porte au Puy la statue miraculeuse de Notre Dame que le Sultan lui a donnée et que la tradition dit avoir été sculptée par le prophète Jérémie, lorsque poursuivi par la haine des siens, il se serait retiré en Égypte annonçant la destruction des idoles par un Dieu qui naîtrait d'une Vierge [3]. Le 3 mai, la statue est portée processionnellement pour remercier Marie du retour du Roi de la Terre Sainte. Louis exempte Notre Dame du Puy du droit de régale, fait don au trésor de l'insigne basilique d'une sainte Épine et la Reine dépose aux pieds de la statue le diadème de perles qu'elle porte.

À Murat, il donne à Notre Dame des Oliviers une autre statue rapportée de Palestine ; fait en 1255 le pèlerinage de Notre Dame de la Treille à Lille et va la même année à Notre Dame de Chartres pour recevoir le Roi Henri III d'Angleterre. Il y retourne en 1260 pour la dédicace de la nouvelle cathédrale à Marie, et obtient du Pape Alexandre IV de précieuses indulgences pour les pèlerins qui

---

1. — Cartulaire de Royaumont, t. II, p. 1189.
2. — Duclos *op. cit.*, t. I, p. 213, et Villeneuve-Trans, *Histoire de St-Louis*, tome III.
3. — R. P. Aug. Lépicier, *Rapport au Congrès marial servite de Portland – Messager de la Très Sainte Vierge*, mai-juin 1936, p. 106 ; note. – Voir aussi Hamon, *op. cit.*, t. II, p. 225.

visitent la basilique mariale [1]. En 1262, étant à Clermont pour le mariage de son fils Philippe avec Isabelle d'Aragon, il donne à Notre Dame une somme égale à la dot qu'il constituait à chacune de ses filles, soit 12.000 livres [2]. Enfin en 1264, il accompagne à Notre Dame de Boulogne le Légat Pontifical pour assister au Concile des Évêques d'Angleterre ... etc.

Il ne faudrait pas croire que la piété du Roi et son culte profond pour Marie, aient nui à son gouvernement. Bien au contraire, jamais le Roi ne fut plus actif qu'après son retour d'Orient.

« Il y a un fait d'où sort un problème et une question ; c'est le grand ascendant exercé par Louis IX après son retour de sa première croisade en 1254. » Quoique vaincu et ayant subi un désastre, la France le vit agir comme nul conquérant n'avait osé, s'entourant d'hommes nouveaux, organisant son royaume sur des bases nouvelles, et achevant par des dispositions législatives savamment combinées la soumission des remuants barons ... en substituant à la justice seigneuriale le droit romain et la monarchie judiciaire à la monarchie tumultueuse et fragmentée des barons. On ne peut contester que Saint Louis ait été un homme d'une grande activité non seulement guerrière, chevaleresque, mais politique, intellectuelle même ; il pensait à beaucoup de choses, était fortement préoccupé de l'état de son pays, du sort des hommes ; il avait besoin de régler, de réformer, s'inquiétant du mal partout où il l'apercevait et voulant partout porter remède [3]...

Le Roi ne voulait « vivre que pour travailler sérieusement aux améliorations et au bonheur de la France ; il avait fait dresser des listes exactes de tous les laboureurs dans le besoin, des artisans sans ouvrage, des veuves et des orphelins sans secours, et des filles sages pauvres qui étaient à marier. Chaque jour sur l'épargne royale accrue, non par des impôts qu'il abhorrait, mais par l'économie

---

1. — Dans la basilique mariale de Chartres « au portail septentrional s'épanouit la Rose de France. Saint-Louis et Blanche de Castille en furent les donateurs, et leurs armes figurent dans les médaillons. Le sujet est : la Glorification de Notre Dame, refuge des pécheurs. » (Mgr Harscoue, *op. cit.*, p. 71.)
2. — Hamon, t. II, p. 92.
3. — Duclos, t. I, p. 216 et 217.

administrative, il mettait des sommes à part, tant pour donner aux uns les instruments aratoires et les animaux de labour, que pour assurer aux autres des dots et des aliments. Il fonda des hôpitaux pour les lépreux et pour les aveugles, et ouvrait des manufactures où il employait à une industrie nationale de laborieux ouvriers[1]. »

Cette remarquable activité du Saint Roi, toujours dirigée en vue du bien temporel de ses sujets, avait pour but suprême leur fin dernière, le bien de leur âme et l'accomplissement de leur devoir envers Dieu. Dieu premier servi toujours ! Il est un trait qui peint bien la pensée du grand Roi sur ce point ; il n'aimait pas la poésie de son temps, trop licencieuse à son gré, et répugnait aux chansons mondaines pour la même raison, allant jusqu'à recommander « fort naïvement à l'un de ses écuyers qui les chantait d'apprendre plutôt « *l'Ave Maris Stella*[2]. »

C'est au prestige de la sainteté et à la popularité de sa piété que Saint Louis dut l'universelle influence qu'il exerça sur ses contemporains et put mener à bien les réformes fondamentales qu'il imposa. La rigidité de sa conscience et « la suavité de sa piété » donnent la clé de son règne et, remarque très justement l'historien de la célèbre abbaye, « l'honneur de Royaumont c'est d'avoir fourni à la poitrine de Saint Louis l'air respirable dont il avait besoin ; c'est d'être l'explication suprême et finale de cette haute personnalité[3]. » Or, c'était Marie qui régnait à Royaumont.

Une telle vie — si intensément chrétienne et surnaturelle — devait finir dans une apothéose de martyre. En la fête de l'Annonciation, en 1267, il proclama devant le Parlement la nécessité de la huitième croisade.

Il la prépara, comme la première, avec toute son âme et tous ses soins ; avant de s'embarquer, il vint en pèlerinage à Notre Dame de

---

1. — *Id.*, t. I, p. 206 et 207 – D'après Joinville, le confesseur de la Reine Marguerite, Tillemont (manuscrit 55 sur St Louis.)
2. — Wallon, *Saint-Louis*, p. 55.
3. — Duclos, t. I, p. 215. Ajoutons que Saint Louis aimait tellement Royaumont que pour donner un témoignage de tendresse à la Reine Marguerite, il lui assigna en douaire Asnières-sur-Oise avec son château, son parc et ses dépendances, parce qu'à Asnières, ils vivaient heureux et près de Royaumont.

Vauvert, qui avait sauvé de la tempête la flotte de Jacques d'Aragon, peu auparavant, puis débarqua à Tunis.

Là, il contracta la peste et en mourut. Pour couronner par son dernier soupir les hommages rendus à la Mère de Dieu chaque samedi, il avait désiré mourir ce jour-là, et cette grâce lui fut accordée par Marie qui, le samedi 25 août, le reçut et le couronna en paradis.

LES LARMES DU CHRIST
Reliquaire de la sainte Larme de Vendôme, XIe s.; aujourd'hui détruit.
(*Mélanges d'archéologie* des PP. Cahier et Martin, t. III.)

« Marie étant arrivée au lieu où était Jésus, et le voyant, tomba à ses pieds et lui dit : « Seigneur si vous aviez été ici, mon frère ne serait pas mort. » Jésus la voyant pleurer et voyant fleurer aussi les Juifs qui étaient venus avec elle, frémit en son esprit et se troubla lui-même. Et il dit : « Où l'avez-vous placé ? » Ils lui dirent : « Seigneur, venez et voyez. » Et Jésus pleura. Les Juifs se dirent entre eux : « Voyez combien il l'aimait ! » (*S. Jean*, XI, 33.) — Le dessin figure une des faces du reliquaire : on y voit les quatre grands prophètes Isaïe, Jérémie, Ézéchiel et Daniel, avec l'Agneau de Dieu au centre. L'inscription : « Heureuse Frisingue, contemple avec joie tes patrons ! » nous apprend que cette châsse a été faite à Frisingue ; mais on voit que l'inscription n'est pas à sa place, puisqu'elle l'appelle les patrons de la ville, qui sont représentés sur la face opposée.

Le Christ sous la figure de l'Agneau.
Victime et triomphant entouré de la milice céleste.
Mosaïque de l'église S.-Côme et S.-Damien, à Rome. VIᵉ siècle.

CHAPITRE IX

De Saint-Louis à Jeanne d'Arc

Ou des châtiments engendrés par les fautes de Philippe Le Bel
et de la protection miraculeuse de Marie
en faveur de son royaume de prédilection

Auprès du lit de mort de Saint Louis, emporté par la peste qui ravage l'armée à Tunis, son fils, Philippe III le Hardi a recours à la Vierge et promet d'aller en pèlerinage au Puy s'il retourne en France sain et sauf. Exaucé, le roi accomplit son vœu, et offre à l'insigne basilique une parcelle de la vraie Croix et une partie de l'éponge que les bourreaux du Christ Lui présentèrent imbibée de fiel et de vinaigre[1] ; il fait de royales libéralités à Notre Dame de Pontoise[2], à l'abbaye de Notre Dame du Lys, à la Collégiale Royale de Notre Dame de Melun et construit Notre Dame de Taur à Réalmont. Il meurt en 1285.

---

1. — Hamon, *op. cit.*, t. II, p. 233.
2. — Lefèvre, *Histoire de Notre Dame de Pontoise*, pp. 1, 9.

Avec son fils Philippe IV Le Bel, monte sur le Trône un prince dont la piété incontestable et profonde est presque annihilée par un caractère d'une violence rare. Le Roi — à l'aurore de son règne, et comme pour le placer sous la protection de Marie — offre à Notre Dame du Puy un magnifique calice d'or[1] ; en compagnie de ses fils, il vient souvent à Notre Dame de Maubuisson et y fait de larges libéralités ainsi qu'à Notre Dame de Plaisance près de Montmorillon et à Notre Dame du Lys ; enfin, près de Bar-sur-Aube, il fonde le prieuré de Notre Dame du Beauray[2].

De son côté, la Reine Jeanne de Navarre, manifeste sa piété envers Marie dans les constitutions qu'elle donne à l'Hôtel-Dieu de Château-Thierry en prescrivant de servir aux infirmes un meilleur repas les jours de fête de la Sainte Vierge, en signe de réjouissance. Elle fonde une rente de cent livres à Notre Dame de l'Isle près de Troyes, à la condition d'un service anniversaire le jour de sa mort.

La dévotion du Monarque est récompensée par une protection spéciale de Marie : à la bataille de Mons-en-Puelle, contre les Flamands, en 1304, le Roi est sauvé de la mort par une invocation à la Reine du ciel qui lui accorde la victoire. « Pour rendre grâces condignes à la Vierge, célébrer les honneurs justement par Elle mérités, » il fait des dons royaux à Notre Dame de Boulogne, offre à Notre Dame de Chartres l'armure qu'il portait à la bataille et établit à Notre Dame de Paris une fête qui se faisait tous les ans le 18 août, sous le titre de Commémoration de Notre Dame de la Victoire[3]. » Enfin, une statue de la Vierge ayant été découverte en terre en 1280, dans le domaine de Cléry appartenant à son aïeule Marguerite de Provence, et de très nombreux miracles y ayant été obtenus, il décide — pour témoigner sa reconnaissance à Marie de la reprise des Flandres et de la Gascogne — d'y ériger une magnifique église dédiée à la Vierge ; la mort seule l'empêche de réaliser son projet[4].

Malheureusement, au sujet des impôts à percevoir sur le Clergé, le Roi entra en conflit avec le Pape Boniface VIII ; les caractères

---

1. — Hamon, *id.*, t. II, p. 233.
2. — *Id.*, t. V. p. 575.
3. — *Annales de l'Archiconfrérie de Notre Dame des Victoires*, Déc. 1936, p. 367.
4. — Hamon, *id.*, t. I, p. 337.

du Souverain Pontife et du Roi étant aussi violents qu'autoritaires, rapidement le conflit dégénéra en une lutte ouverte, publique et implacable. Le Pape, au lieu de s'en tenir à la question qui le mettait aux prises avec le Roi, émit des prétentions inadmissibles sur les droits inaliénables et imprescriptibles de la Couronne de France. De son côté, l'envoyé du Roi dépassa les instructions de son Maître à Anagni. Le retentissement de cette lutte fut immense et eut des conséquences incalculables ; l'indépendance temporelle de la Papauté, seule capable de servir de frein à l'ambition et à la violence » était brisée. « C'était la fin du beau Moyen-Age chrétien[1]. » Quels qu'aient été les torts réels de Boniface VIII, ce n'était pas au Fils Aîné de l'Église, au propre petit-fils de Saint-Louis, de rendre impossible pour l'avenir cette œuvre magnifique réalisée par l'Église et d'arracher ainsi au Pontife Romain l'influence admirable qu'en dépit de quelques abus il avait exercée depuis plusieurs siècles sur les Princes et sur les États chrétiens.

Pour consacrer cette œuvre malfaisante, il convoqua à cet effet les États Généraux et pour la première fois fit appel au Tiers État qui, cinq siècles plus tard, devait renverser la Monarchie. Les trois ordres ratifièrent sa conduite.

Le crime ayant été royal et national devait encourir un châtiment royal et national :

Le Roi bourrelé de remords, alla souvent depuis lors à Notre Dame de Longpont « implorer sans doute de la Madone le pardon de sa cruauté vis-à-vis du Pape Boniface[2] » et mourut en faisant à son Fils les magnifiques recommandations suivantes :

« Premièrement, aimez Dieu, craignez-Le, respectez l'Église, soyez-en le protecteur, le défenseur, soutenez votre foi ; soyez un champion invincible du ciel... »

C'était le désaveu implicite de sa faute. Ses trois fils vont lui succéder sur le Trône sans laisser d'héritier. La couronne passe à la branche des Valois.

---

1. — *Histoire de France*. (Collection de Classiques Saint-Gabriel), Éditions de l'Ouest, 40, Rue du Comet à Angers.
2. — Nicolas, *Notre Dame de Longpont*, p. 31.

Voilà le châtiment royal.

> « *Que ses jours soient abrégés,
> et qu'un autre reçoive sa royauté* (1) *!* »

La guerre de Cent Ans, voilà le châtiment national !

Louis X le Hutin ne règne que deux ans : il construit en l'honneur de Marie le chœur, le transept et les chapelles absidiales de l'Église Saint-Taurin à Évreux. Philippe V, son frère, ne règne que six ans ; pour manifester sa dévotion à Marie, il favorise la fondation aux portes de Paris de Notre Dame de Boulogne la petite, les Parisiens ne pouvant plus se rendre, comme ils en avaient l'habitude, à Notre Dame de Boulogne-sur-Mer (2). Enfin Charles le Bel, lui aussi, ne règne que six ans ; il confirme la dispense de dîmes accordée par son frère à la collégiale Notre Dame d'Orcival, vient à Rocamadour avec la Reine et ne fait grâce à certaines villes révoltées des Flandres : Bruges, Courtrai, etc. qu'à la condition que chacune envoie cent pèlerins soit à Notre Dame de Rocamadour, soit à Notre Dame de Vauvert près de Nîmes, prier pour le Roi et le Royaume (3).

Le trône passe aux Valois afin que les descendants de Philippe le Bel expient sa faute. Mais le peuple n'a pas encore expié la sienne ; la mort du dernier fils de Philippe sans héritier mâle fait surgir le prétexte de la guerre de Cent ans. Le Roi d'Angleterre se refuse à reconnaître la Loi Salique qui régit l'ordre de succession au Trône de

---

1. — Passage du *Testament de Saint Rémi*. Testament dont Pie X recommandait aux Français de faire leur trésor.

Pour les Rois de France, comme pour les Rois de Juda sous l'Ancien Testament, quand une branche a prévariqué, elle s'éteint par trois frères Rois sans postérité dynastique. Les trois fils de Philippe le Bel lui succèdent sur le Trône sans laisser de descendance mâle, et la Couronne passe aux Valois. Quand cette branche aura démérité, à son tour, elle s'éteindra de la même manière avec François II, Charles IX et Henri III et les Bourbons monteront sur le Trône. Ceux-ci, à leur tour seront écartés du pouvoir après le règne de trois frères …

La répétition de ce fait est si impressionnante qu'on peut se demander si elle n'est pas la manifestation de la loi du châtiment divin à l'égard de la Race Royale.

2. — Jacques du Breuil, *Théâtre des Antiquités de Paris*, pp. 1040 et 1041.
3. — Ménard, *Histoire de Nîmes*, t. II, p. 40.

France et, contre Philippe VI de Valois, seul héritier légitime de la Couronne, il revendique les droits inexistants d'Isabelle, sa femme, fille de Philippe le Bel. Pendant cent ans, la lutte va être acharnée entre la France et l'Angleterre. Pendant toute cette période, les Valois règnent, connaissent le plus souvent la défaite malgré leur incontestable courage, et ne cessent d'invoquer le secours de Marie jusqu'au jour où, les fautes enfin expiées, la Reine du Ciel interviendra et, par un miracle éclatant, maintiendra inviolée cette Loi Salique établie en France de par la volonté divine pour que la Race Élue règne toujours sur notre Pays ; en même temps Elle sauvera la France du joug de l'étranger et l'Église — un siècle à l'avance — de l'hérésie protestante.

À peine monté sur le trône, Philippe VI de Valois, neveu de Philippe le Bel et petit-fils de Philippe le Hardi, doit intervenir en Flandre ; le 23 Août 1336, à la bataille de Cassel, « ayant été surpris au dépourvu... et s'étant voué à la Vierge en ce danger extrême, » il fut vainqueur ; en reconnaissance, « il alla visiter, de plaine arrivée, la grande église de Paris sacrée à cette sainte Dame et offrit ses armures à sa *dicte patrone* en lui attribuant l'honneur de sa victoire... et lui assigna cent livres de rente à prendre sur son domaine du Gastinois pour en célébrer à jamais la mémoire [1]. »

Puis en 1339, il réalisa entièrement à ses frais le désir de Philippe le Bel et construisit à Cléry un temple en l'honneur de Marie [2]. Cette magnifique église fut malheureusement détruite en 1428 et ses trésors, accumulés pendant un siècle par les Rois de France et la multitude des fidèles, pillés par les Anglais commandés par le comte de Salisbury.

La piété du Monarque avait été récompensée ; il fallait que le châtiment populaire commençât. En 1338, la statue de Notre Dame d'Aubervilliers en se couvrant de sueur pendant des heures entières (le Roi et la Reine auront le temps d'y aller et d'y constater le fait miraculeux) semble présager que Marie à l'avance endure affreusement toutes les souffrances que son peuple

---

1. — *Parthenie* – publiée en 1609 ; chapitre VI.
2. — Charte de 1339.

de prédilection va éprouver en expiation[1]. En effet en 1346 commencent les châtiments : 30.000 Anglais mettent en pleine déroute 100.000 Français, à Crécy.

Avec Jean II le Bon les désastres vont s'amplifiant. Pourtant la dévotion royale à Marie est profonde. Monté sur le trône en 1350, dès 1351, dans le dessein de faire revivre les vertus de la chevalerie, le Roi fonde l'Ordre militaire de Notre Dame de la Noble Maison[2] et par dévotion à la Reine du Ciel, le met sous son spécial patronage :

> « Grâce, dit-il, à l'intercession de la très glorieuse Vierge Marie auprès de Dieu, tant pour nous que pour nos vassaux, nous avons le ferme espoir que N. S. J.-C. versera dans sa miséricorde de l'abondance de ses grâces sur la dite société, de telle manière que les chevaliers avides d'honneur et de renommée montreront à l'avenir, dans tous leurs faits d'armes, assez d'humanité et de valeur pour que cette fleur si vantée de la chevalerie française qui, depuis quelques temps et sous l'action de certaines causes, commençait à se décolorer et à se flétrir, reprenne tout à coup sa fraîcheur et son éclat pour l'honneur du Royaume et de nos fidèles vassaux... »

La même année, le Roi fonde une messe solennelle pour la prospérité de la Maison Royale à la chapelle, alors célèbre, de Caillouville près d'Yvetot[3]. Pendant ce règne, il va trois fois en pèlerinage à Chartres.

Malgré ces témoignages de dévotion et bien que le Roi ait réussi quelques stratagèmes contre les Anglais — dont il attribuait le succès à la Vierge, lui construisant en reconnaissance la chapelle de Notre Dame des Mèches entre Saint Maur et Créteil[4], — l'heure inéluctable des grandes défaites était arrivée, entraînant l'invasion

---

1. — Du Breuil, *op. cit.*, pp. 1042 et suivantes. Il s'agit de la statue miraculeuse de Notre Dame des Vertus.
2. — Dom Luc d'Achery, *Spicilegium*, t. III, p. 731. Malheureusement sous le règne de Charles VI, cet ordre fut tellement prodigué qu'il en fut déconsidéré et que Louis XI, voulant le reconstituer dans toute sa pureté originaire, créera l'ordre de Saint Michel.
3. — Hamon, *id.*, t. V, p. 59.
4. — Abbé Lebeuf, *Histoire de Paris*, et Hamon, *op. cit.*, t. I, p. 109.

et l'anarchie. En 1356, c'est la déroute de Poitiers où le Roi, malgré son courage et sa résistance opiniâtre, est blessé, tombe entre les mains des Anglais et est emmené en captivité à Londres.

Le pays tout entier se jette alors aux pieds de Marie pour implorer sa miséricorde et obtenir son secours. Dans un geste touchant d'amour pour leur Souverain, les Parisiens se distinguent particulièrement par leur ferveur et « affligés comme s'ils eussent perdu un père, vinrent en foule à Blanc-Mesnil (pèlerinage des environs de Paris alors très fréquenté) prier Marie pour le Roi et pour la France si malheureuse [1]. » N'ayant pas été exaucés, les Parisiens redoublent leurs prières avec d'autant plus de ferveur que « la captivité du Roi Jean … avait livré Paris à l'anarchie la plus violente et à tous les maux qui en sont la suite. Pour toucher le Ciel en leur faveur les bourgeois firent vœu d'offrir tous les ans à Notre Dame une bougie de la longueur du tour de la ville. Cette offrande se fit régulièrement pendant deux-cent-cinquante ans, jusqu'en 1605 que Paris prenant chaque jour de nouveaux accroissements, elle devint d'année en année plus difficile à remplir [2]. » Alors il fut décidé que la Ville offrirait une fois pour toutes une magnifique lampe d'argent en forme de navire.

Le Dauphin, le futur Charles V, qui avait dès 1352 fondé la collégiale de la Sainte Chapelle de Notre Dame du Vivier [3], en son nom et comme régent du Royaume pendant la captivité de son père, vint en 1360 en pèlerinage à Notre Dame de Boulogne-sur-Mer pour implorer Marie et obtenir d'Elle la délivrance du Roi, car, dit-il :

> « Dieu opère de nombreux miracles à sa louange dans toutes les parties du monde, mais principalement dans le Royaume de France [4] … »

Il y fait don d'un magnifique autel, assiste à sa consécration, fonde

---

1. — Hamon, t. I, p. 405.
2. — J.-B. de Saint Victor, *Tableau historique et pittoresque de Paris depuis les Gaulois jusqu'à nos jours*, t. I, p. 316.
3. — Hamon, *id.*, t. I, p. 246. Notre Dame du Vivier est située en Seine-et-Marne.
4. — *Id.*, t. II, p. 513 et 514.

une messe chantée pour tous les jours de l'année, plus solennelle le samedi, et fait don en outre d'une rente de cent livres parisis.

Marie ne pouvait pas rester sourde aux appels des Princes des Lys et de son peuple de prédilection. L'heure était grave ; humainement la France était perdue : en 1360 en effet, elle était presque réduite à l'état de province anglaise.

> « Edouard III revenu en France voulait en finir et se disposait à mettre le siège devant Chartres demeurée fidèle. La vue de tant de périls, l'invasion anglaise, les ravages des grandes compagnies, la trahison du Roi de Navarre, la captivité du Roi Jean, consternaient les plus mâles courages. « La Paix ! la Paix, » tel était le cri universel, le vœu de tous les Cœurs. Des négociations au nom du Dauphin Charles, régent du Royaume, furent ouvertes à cet effet au château de Brétigny avec le Roi d'Angleterre d'autant plus intolérable dans ses prétentions que ses armées étaient incontestablement et toujours victorieuses. Edouard oubliait, en se montrant ainsi sourd à l'équité et aux supplications des vaincus, que l'orgueil effréné d'un souverain peut être anéanti par le Tout-Puissant, que la Mère de Dieu invoquée par un peuple opprimé peut accorder la miséricorde et le pardon et manifester sa puissance par des secours tout providentiels et, au besoin, par des miracles. La situation était désespérée, Marie y pourvut.
> » Il s'avançait vers Chartres avec assurance le Monarque d'Angleterre. Les champs fertiles de la Beauce étaient foulés aux pieds de ses chevaux, les fermes dévastées et pillées. Pourquoi s'imaginer que l'on ne continuerait pas d'aller de succès en succès ? Les éléments furent pourtant les plus forts : une grêle épouvantable accompagnée de phénomènes électriques, de la foudre et des éclairs, jeta par sa violence l'épouvante dans l'âme du chef qui vit ses soldats terrassés comme par une invisible armée. Le nombre des morts faisait de cette marche, voulue triomphale, une véritable déroute. Le Souverain reconnut dans ce fléau la vengeance de Dieu. Les flèches de la cathédrale aperçues de loin indiquèrent de se tourner vers Notre Dame. À son tour, il l'implora pour les siens et fit le vœu solennel de donner la paix à la France si la Vierge lui obtenait de faire cesser la

> calamité qui décimait ses soldats et pouvait l'atteindre lui-même.
> La Vierge l'exauça : c'était protéger deux peuples, et le traité de
> Brétigny rendit la paix et son Roi à la France. Edouard III vint à
> la cathédrale en pèlerin et vénéra le Saint Voile [1]. »

Comme l'ange du Seigneur avait exterminé l'armée de Sennachérib sous les murs de Jérusalem, ainsi Marie extermina les ennemis de son Royaume et de son Lieutenant.

> « Le Roi Jean, délivré par la protection de Marie, qu'on avait tant
> invoquée, n'eut rien de plus pressé que de venir en pèlerinage,
> à Boulogne, remercier sa libératrice ; et en vrai pèlerin, il fit à
> pied tout le voyage de Calais à Boulogne, lui et les Princes qui
> l'accompagnaient. Là il acquitte ses vœux, ratifie tout ce qu'avait
> fait son fils et y ajoute plusieurs dons et privilèges [2]. »

À peine revenu à Paris, avant même de rentrer au palais royal, Jean II va à Notre Dame pour témoigner sa reconnaissance à la mère de Dieu [3]. L'année suivante, il retourna à Chartres dans la même intention. Trois ans après, il devait donner un grand exemple de droiture et de loyauté : son fils cadet, Louis duc d'Anjou, otage du Roi d'Angleterre jusqu'à ce que la rançon du Roi fût entièrement payée, s'évada. Alors Jean II, pour le remplacer, reprit le chemin de l'exil, disant :

> « Si la justice et la bonne foi étaient bannies du reste du monde, elles
> devraient se retrouver dans la bouche et le Cœur des Rois. »

Il mourut deux mois après (1364).

À Jean II succède un Prince instruit par le malheur, réfléchi, prudent et d'une foi profonde : Charles V le Sage. La victoire va sourire à nos armes. Charles met à la tête de ses troupes deux grands hommes de guerre aussi dévots à Marie que le Roi leur Maître : Bertrand du Guesclin et Olivier de Clisson.

C'est à leur collaboration qu'est due la réorganisation de l'Armée

---

1. — S. Exc. Mgr Harscouët, Évêque de Chartres, *Chartres*, pp. 99 et 100 – Les principaux historiens relatent tous le miracle : Froissart, Mezerai, Daniel, Polydore, Virgile, Hamon, etc.
2. — Froissart, t. I, 2ᵉ partie et Hamon, t. II, p. 514.
3. — Hamon, *id.*, t. I, p. 36.

et qu'en dix ans la presque totalité du territoire sera libérée du joug anglais[1].

Le culte du Roi pour la Vierge est profond. C'est en Elle qu'il met toute son espérance, lors de la captivité de son père. Exaucé, dès qu'il monte sur le Trône, il veut placer son règne sous la protection de la Reine du Ciel et, en juillet 1367 (ainsi qu'en font foi ses *Lettres Patentes*), il va pieds nus en pèlerinage à Chartres :

> « Nous, Charles, étant venu en l'église de Chartres, prosterné dévotement devant l'image de Notre Dame, considérant les beaux, grands et notables miracles que Notre-Seigneur Dieu fait de jour en jour en la dicte Église à l'honneur de la glorieuse Vierge Marie, et aussi pour la très grande et spéciale dévotion que nous avons en icelle et à la dicte église, nous avons ferme espérance que par ses prières et intercession, l'état de Nous et de Notre Royaume soit et demeure en paix et en prospérité[2]. »

Les affaires du Royaume ne l'empêchent pas de faire de nombreux pèlerinages à la Vierge, notamment à la Collégiale Notre Dame de Melun et surtout en 1369 à Notre Dame de Pontoise où, accompagné de son fils, il consacre sa personne et ses États à Notre Dame et « demande à faire partie de la confrérie déjà célèbre. En sa faveur, on élargit le cadre ; on y admet le Roi, les Princes et Princesses[3], etc. » À cette occasion, il fait de riches présents au célèbre sanctuaire, qui malheureusement fut détruit par les Anglais sous le règne de Charles VI et dont le trésor fut par eux pillé.

Le Roi fait en outre des donations à Notre Dame de Plaisance

---

1. — « Le 23 juillet 1373, du Guesclin, qui venait de s'emparer de Rennes, donna l'ordre aux receveurs diocésains de continuer à payer les sommes promises par le duc Jean IV pour la construction de l'Église dominicaine de Notre Dame de Bonne Nouvelle. » (*Notice sur le sanctuaire de Bonne Nouvelle à Rennes*, par p. Philouze, 1896, p. 57.)

2. — Hamon, *op. cit.*, t. I, p. 223. – Son frère, le duc de Berry fait don de douze-cents écus d'or à la basilique.

3. — Abbé Marchand, *Le pèlerinage de Notre Dame de Pontoise et sa Vierge miraculeuse*, p. 16.

près de Montmorillon en Poitou, et fonde, durant sa vie, deux messes dites du Roi Charles, dans la cathédrale de Rouen, l'une en l'honneur du Saint-Esprit, l'autre de la Vierge.

En 1372, Marie se sert du Roi pour faire établir la Fête de la Présentation. Philippe de Maizières, chancelier de France, envoyé par Charles V auprès du Pape Grégoire XI en Avignon, lui expose avec quel éclat et quelle solennité on célébrait en Orient cette Fête de la Sainte Vierge. Le Pape, frappé, en examine mûrement l'office et le fait célébrer à Avignon dès le 21 Novembre suivant. De France, cet office est adopté à Metz en Lorraine et à la fin du XVIe siècle, Sixte V étend la Fête de la Présentation de la Sainte Vierge à l'Église Universelle [1].

Peu de temps après, Marie devait manifester sa protection au Roi. En effet, si nous croyons la tradition locale du village de Saint-Martin la Garenne :

> « Chassant un jour en sa forêt d'Arthies, Charles V, Roi de France, s'égara. Après avoir erré à l'aventure durant de longues heures, accablé par la fatigue et la désespérance, le Souverain éleva son âme au Ciel et supplia la Mère du Sauveur de lui tendre une main secourable. Réconforté par l'ardeur de sa prière, il se remit résolument en marche et dès les premiers pas, ses yeux pénétrant l'épaisseur du fourré, aperçurent la flèche élancée du blanc clocher de Saint-Martin la Garenne. Convaincu que la Vierge l'avait entendu et exaucé, le Prince, obéissant à un sentiment de pieuse reconnaissance, jura d'édifier une chapelle là où avait fini sa peine et de la dédier à Notre Dame la Désirée [2]. »

Un acte, conservé dans le chartrier du château de la Roche-Guyon et daté du vendredi 2 janvier 1376, désigne formellement le Roi Charles V comme l'un des fondateurs :

> « À tous ceux qui ces Lettres verront, salut, sachent tous que... Massiot de Ver, écuyer, pannetier de M. d'Anjou, de sa bonne volonté reconnut et confessa avoir donné pour Dieu en pure et perpétuelle aumône à Henri de Villemorin une place assise entre

---

1. — Hamon, *id.*, t. VI, p. 139.
2. — Gatin, *Un village – Saint Martin de la Garenne*.

Saint-Martin la Garenne et Vétheuil au lieu appelé Moregny… et auquel lieu le Roi, Notre Sire, a fondé et édifié une chapelle et chapellenie en l'honneur de Dieu et de la Sainte Vierge et son Annonciation appelée Notre Dame la Désirée… »

Le Roi et son fils y ajoutèrent de nombreuses libéralités[1].

Durant sa vie, le Roi s'était fixé comme modèle — c'est lui-même qui l'affirme — son « très Saint aïeul, prédécesseur, patron et spécial défenseur, le bienheureux Louis, fleur d'honneur, bannière et miroir, non seulement de Notre Race Royale, mais de tous les Français, dont la mémoire sera bénie jusqu'à la fin des siècles ; de cet homme que n'a touché, grâce à la faveur divine, la contagion d'aucun péché mortel… Chaque jour il lui récitait une prière pour obtenir un peu de cette lumière divine nécessaire pour gouverner un peuple[2]. »

Malheureusement, de très bonne foi, le Roi va être l'une des causes du Grand Schisme d'Occident. Les cardinaux, ayant élu tout d'abord Urbain VI, alléguèrent, devant son manque de prudence et de modération, que leur choix n'avait pas été libre et proclamèrent Clément VII, qui s'installa à Avignon.

« Charles V, roi de France, avait hésité à se détacher d'Urbain VI ; il ne céda, en faveur de Clément VII, que devant les affirmations des cardinaux français. Avant sa mort, le pieux monarque fit dresser un acte dans lequel il protestait, au cas où il se fût trompé en reconnaissant Clément VII, vouloir s'en tenir à la décision de l'Église universelle, et mourir en bon catholique[3]. »

L'Église ne s'est pas prononcée. Quoi qu'il en soit le Grand Schisme eut des conséquences désastreuses, le trouble des consciences était à son comble : quel était le vrai Pape, auquel obéir ? L'unité de l'Église était brisée… Ce n'est certes pas à Charles V qu'incombe la responsabilité d'une telle situation, mais à Philippe le Bel qui avait installé les Papes à Avignon, à la mort de Boniface VIII. Les conséquences même indirectes de

---

1. — Arch. Nat. Monuments historiques –*Cartons des Rois Charles V et Charles VI* ; K, 51.
2. — Pierre Champion, *La galerie des Rois*, pp. 130 et 131.
3. — *Histoire de l'Église*, publiée chez Marne à Tours en 1919, p. 166.

cette politique devaient également être expiées et cette expiation s'arrêtera au moment précis où cessera le Grand Schisme, en 1429, à la mort de Clément VIII et de Benoît XIV.

C'est le règne interminable de Charles VI (38 ans) devenu fou très jeune, l'invasion anglaise, la trahison de la Reine Isabeau de Bavière, et celle du duc de Bourgogne, la guerre civile, la famine, etc.
Sans doute, au début du règne, la protection de Marie vaut quelques succès ; et tout d'abord la victoire de Rosbecq en 1382 :

> « La chronique de Juvénal des Ursins rapporte que Charles VI estant prest de donner la bataille à Philippe d'Arteville au pont de Commines, survindrent tant de corbeaux à l'entour des deux camps, qu'ils sembloient vouloir aussi donner quelque sanglante bataille, et le temps s'obscurcit si fort durant cinq jours qu'on ne pouvoit se reconnaître que de bien près. Mais aussitôt que l'Oriflamme (celle de Saint-Denis) fut déployée, tous ces brouillards se dissipèrent avec les corbeaux. Ce qui n'est pas moins remarquable, Arteville et les Flamans ayant pris beaucoup d'avantage sur l'armée du Roy, un soldat françait n'eust pas plutôt crié « Notre Dame ! Mont-Joye, Saint-Denys ! » à eux, que l'armée royale redoubla ses forces et fit un tel carnage de l'ennemy qu'il en demeura sur la place 40.000 avec leur Arteville [1] ... »

Le 19 septembre 1383, le Roi entre à Bourbourg, au moment où les Bretons pillent le sanctuaire de Marie ; il fait alors un don important en réparation de l'outrage fait à la Mère de Dieu, à laquelle l'un des pillards vient de tenter d'arracher sa couronne, sans y parvenir, étant tombé raide mort en accomplissant son sacrilège [2].

En 1375, Louis II, duc de Bourbon, vainqueur des Anglais à La Roche-Sanadoire voue son étendard à Notre Dame d'Orcival et vient lui-même le suspendre devant la statue miraculeuse, en reconnaissance de ses victoires [3].

---

1. — R. P. Rousselet, S. J., *Le Lys Sacré*, Lyon, 1631 – *Parangon*, t. III, Chap. II, sec. V, page 504.
2. — Hamon, *id.*, t. II, p. 482, d'après Froissart qui a été témoin du miracle.
3. — *Notre Dame d'Orcival*, p. 57.

> « En 1390, Robert de Béthune, vicomte de Meaux, chargé par le Roi d'arrêter les redoutables bandes de brigands qui pillaient la France, rassembla ses troupes autour de la Vierge d'Orcival, lui recommanda le succès de ses armes, partit de là avec 400 lanciers et 100 archers génois pour aller à quatre lieues assiéger la Roche Vandais où ils étaient enfermés et, après un siège de neuf semaines il entra victorieux dans la place [1]. »

De son côté, le Connétable Louis de Sancerre, compagnon de du Guesclin et de Clisson, commandant l'armée de Charles VI en Languedoc et Guyenne, fait vœu, au moment de livrer la bataille aux routiers entre Castelzarrazin et Moissac, d'élever une chapelle à Marie s'il est vainqueur. Exaucé il accomplit son vœu [2].

Mais ce ne sont que des victoires locales et partielles qui ne mettent fin ni à la guerre civile, ni à la guerre étrangère et à l'invasion. En 1392, la folie du Roi met le comble au désarroi général. Non seulement Marie reste sourde aux prières et aux pèlerinages, mais la vie du Roi est miraculeusement protégée, comme pour prolonger l'expiation :

> Pour obtenir sa guérison, le Roi et la Reine viennent souvent à Notre Dame la Bonne à Saint-Quentin, à Notre Dame du Puy ; ils fondent à perpétuité une messe basse quotidienne devant l'autel de Notre Dame de la Pierre à la Cathédrale de Senlis et une messe solennelle aux cinq fêtes de la Vierge avec procession à matines.

Charles fait des dons considérables pour la construction de Notre Dame de l'Épine, près de Châlons ; le frère du Roi, le duc

---

1. — *Notre Dame d'Orcival*, édition du pèlerinage, pp. 87 et 88.
2. — Hamon, *id.*, t. III, p. 332.

Jusqu'à la Révolution, les descendants du Connétable de Sancerre entretinrent un chapelain à Notre Dame d'Alem, chapelle construite par leur ancêtre en exécution de son vœu. La chapelle fut détruite en 1793 ; Marie y guérissait les aveugles et les sourds.

d'Orléans, construit une chapelle à Jouy-en-Josas en l'honneur de Notre Dame de la Diège[1]...

Rien n'y fait, la folie de Charles VI ne se guérit pas et le Ciel — sourd aux insistances de la terre — sauve la vie du Souverain :

> « On raconte que le Roi Charles VI, pendant son séjour à Toulouse, étant allé chasser à la forêt de Bouconne avec plusieurs seigneurs de sa cour, fut surpris de la nuit très obscure et s'égara. On ajoute que, s'enfonçant de plus en plus dans le bois, sans pouvoir reconnaître où il était, il fit le vœu, s'il pouvait échapper au péril où il se trouvait, d'offrir le prix de son cheval à la chapelle de Notre Dame de Bonne Espérance, dans l'église des Carmes ; qu'aussitôt la nuit s'étant éclaircie, il sortit heureusement du bois ; que le lendemain il s'acquitta de son vœu, et fonda un ordre de chevalerie sous le nom de Notre Dame d'Espérance[2]. »

C'est bien le cas de redire avec Bossuet : Celui qui règne dans les cieux et de qui relèvent tous les empires, à qui seul appartient la gloire, la majesté et l'indépendance, est aussi le seul qui se glorifie de faire la loi aux rois et de leur donner, quand il lui plaît, de grandes et de terribles leçons...

> « *Et Nunc, reges, intelligite ; erudimini qui judicatis terram* (*Psal.* 2). Maintenant, O Rois, apprenez ; instruisez-vous, juges de la terre ! »

La reine signe le honteux traité de Troyes, par lequel elle trahit la France et la livre à l'Angleterre, si bien que la mort du Roi, survenue en 1422, qui eût été une délivrance avant ce traité, devient alors la source des pires désordres et des plus grands désastres. La France n'est plus « qu'un immense brigandage, une caverne de brigands. » Les bandes de pillards, de voleurs, d'assassins mettent le comble aux horreurs de l'invasion et de la guerre civile.

Le trouble est si grand que le Dauphin lui-même doute de sa propre légitimité.

---

1. — *Bulletin de la Commission des Antiquités et des Arts de Seine-et-Oise,* vol. XXI, p. 77, année 1901.
2. — Dom Vaissette, *Histoire générale du Languedoc* – Livre XXXIII, chap. XL. – La Faille, *Annales de Toulouse,* t. I, p. 143 et Hamon, id., t. III, pp. 241 à 243.

Humainement, c'en est fait de la France ! L'Église elle-même risque de sombrer dans la tourmente, car, si l'Anglais est vainqueur, au siècle suivant c'est le triomphe du Protestantisme et la fin du Catholicisme.

Mais Dieu veille et Marie implore en notre faveur.

Il fallait que tout fût humainement désespéré pour qu'apparût plus éclatante et incontestable l'intervention divine.

NOTRE DAME DE LA VOÛTE
Crypte chapelle.

Jeanne paraît alors. À Vaucouleurs où il lui faut convaincre Baudricourt de sa mission, elle se recommande à Notre Dame de la Voûte, qui a sauvé la cité d'une incursion lorraine.

Carte postale 45, Vaucouleurs

L'Étendard de Jeanne d'Arc.

Sur les instructions qu'Elle reçoit du Ciel, on va chercher à Sainte-Catherine de Fierbois une épée enterrée derrière le maître-autel dédié à Marie ; on lui brode un étendard sur lequel deux noms sont écrits : Jhésus Maria !

Cet étendard est béni à Blois dans l'église collégiale de Saint-Sauveur qui possédait quatre chapelles sous le vocable de Marie

JEANNE D'ARC MARCHANT VERS ORLÉANS

La vocation céleste de Jeanne d'Arc. – Les Anglais étaient maîtres des trois quarts de notre territoire. Leur roi Henri V avait été couronné roi de France à Paris même. C'en était fait, ce semble, de la France, lorsque Jeanne reçoit du ciel mission d'aller secourir le roi Charles VII et lui rendre son royaume : « Nul au monde, disait Jeanne, si ce n'est moi, ne peut recouvrer le royaume de France, et il n'y a de secours qu'en moi … C'est pour cela que je suis née. »

Portrait de Louis XIII, roi de France
Acte de consécration de la France à la sainte Vierge.

« Nous avons cru être obligé, nous prosternant aux pieds de Sa Majesté divine …, de nous consacrer à sa Grandeur par son Fils rabaissé jusques à nous, et à ce Fils par sa Mère élevée jusqu'à lui, en la protection de laquelle nous mettons particulièrement notre personne, notre État, notre couronne et tous nos sujets, pour obtenir par ce moyen celle de la sainte Trinité par son intercession, et celle de toute la cour céleste par son autorité et son exemple. »

Gravure de Morin, dix-septième siècle

Louis XIII et Anne d'Autriche.
Consacre à la sainte Vierge le royaume de France.
Gravure de Le Pautre, dans la *Véritable dévotion envers la sainte Vierge*, par P. Crasset.
Paris, François Muguet, 1679.

CHAPITRE X

Marie envoie Jeanne d'Arc

Sauver l'Église du Protestantisme – la France de l'invasion anglaise – maintenir et déclarer inviolable le principe de la Royauté salique et proclamer la Royauté universelle du Christ.

Le peuple priait ; le Dauphin Charles, lui aussi, n'espérait plus qu'en Dieu et en Marie ; pour se concilier la Mère de Dieu, dès avant la mort de son père, il avait fait don à Notre Dame de Boulogne d'une grande statue de vermeil surmontée d'une couronne enrichie de perles et de pierres précieuses, posée sur un piédestal d'argent. De leur côté, les ducs de Berry, Bourgogne et Bourbon, tous membres de la Famille Royale, firent à ce sanctuaire de somptueuses donations[1]. Charles VII alla plusieurs fois à Notre Dame de Liesse demander la délivrance du Royaume ;

« Pressé par ses ennemis, (il) vint recommander à la Vierge du Mont-Anis (Notre Dame du Puy) sa cause (humainement)

---

1. — *Histoire de Notre Dame de Boulogne*, par le chanoine Antoine Le Roy, Paris, pp. 60, 61. 1681.

désespérée. Comme Charles VI, il assista à l'office du soir, en surplis et en aumusse dans une stalle de chanoine, et communia le lendemain. Au mois de Janvier 1424, en Décembre 1425, il y revint encore avec la Reine sa femme ; et pendant le mois qu'ils résidèrent au château d'Espally, presque tous les jours il brava les rigueurs de la saison, si rude dans ces contrées, pour gravir la montagne sainte [1]. »

Il fit une fondation à Notre Dame du Mathuret à Riom, donna de larges aumônes à Notre Dame d'Embrun où il prescrivit de célébrer deux services solennels à sa mort pour le repos de son âme. Le ciel semblant rester sourd à ses supplications, et bouleversé par tous les maux qui ne cessaient d'accabler son royaume et sa propre personne, une nuit, secrètement :

> « Estant couché seul en son lit et ne pouvant dormir à cause du piteux estat auquel ses affaires estoient réduites ; considérant que sa mère avait assigné pour dot à Madame Catherine, sa sœur, reine d'Angleterre, le royaume de France ; et flottant en plusieurs irrésolutions, comme doutant s'il estoit le légitime héritier du royaume, il se leva en sursaut de son lit, se mit à deux genoux prosterné en terre, les larmes aux yeux, et comme pauvre pécheur se réputant indigne d'adresser son oraison à Dieu, les mains jointes, fit une prière mentale, suppliant la Vierge, Mère de consolation et refuge des affligés, vouloir intercéder pour lui envers Nostre Seigneur Jésus-Christ son fils, à ce qu'il lui pleust lui donner secours et consolation au cas qu'il l'eust choisi pour héritier du royaume ; que si, au contraire, il n'estoit celui qu'il avait ordonné pour succéder à la couronne, il lui fist ouverture de sa volonté, à laquelle il se résignoit entièrement, et mesme de le vouloir retirer du monde, si besoin estoit pour sa gloire [2]. »

---

1. — Hamon, *op. cit.*, t. II, p. 234.
2. — Edmond Richer, *Histoire de la Pucelle d'Orléans* (Manuscrit de la Bibliothèque Nationale, Fonds Français, cote 10448 ; publié par p. H. Dunand en 1911, chez Desclée, t. I, p. 80.

Voir également Quicherat, *Procès*, t. IV, pp. 258, 259, 271, 272, 280.
Vallet de Viriville, *Chronique de la Pucelle*, p. 274.
De la Franquerie, *Mission divine de la France*, p. 114.

Jeanne d'Arc ! Telle fut la réponse de Marie et de Son Divin Fils.

En l'année même où roi et peuple témoignent toute leur confiance à Marie, où Charles VI et Isabeau de Bavière fondent à Paris la confrérie de Notre Dame de Liesse, dans l'Hôpital du Saint-Esprit [1] et où les pèlerinages affluent de toutes parts à Liesse, à tel point qu'on frappe une médaille commémorative, les peuples et la nature elle-même entrent en liesse, sans raison apparente :

> « Le 6 Janvier 1412, *écrit Mgr Debout*, les habitants de Domrémy sont rentrés chez eux après avoir assisté aux offices de la belle fête de l'Épiphanie. Soudain, à chaque foyer, sans qu'aucun motif extérieur ait pu y donner lieu, un souffle d'allégresse pénètre dans les Cœurs ; étonnés, les bons villageois s'interrogent, ouvrent les portes, se mettent sur le seuil de leurs chaumières, examinent le firmament. C'est en vain : rien ne révèle la cause du sentiment de bonheur qu'ils éprouvent. Et voici que des êtres sans raison eux-mêmes partagent cette exubérance, les coqs battent des ailes et pendant deux heures font entendre leurs chants sonores et prolongés [2]... »

Que se passe-t-il donc ? Pourquoi cette joie subite, inexplicable et générale ?

Pourquoi ? Parce qu'elle est née notre Jeanne d'Arc ! C'est la divine réponse aux supplications que ne cessent de faire rois et peuples depuis un siècle.

« Je suis venue au Roi de France de par la Bienheureuse Vierge Marie » dira-t-elle à ses juges. De fait, il n'est point de grand événement dans la vie de la Pucelle auquel Marie ne soit mêlée.

Le lieu de délices de Jeanne est un sanctuaire rustique de Marie : Notre Dame de Bermont. Chaque samedi, elle y entraîne sa sœur et ses compagnes pour y chanter les louanges de la Reine du Ciel et faire brûler des cierges en son honneur.

---

1. — Hamon, *op. cit.*, V, pp. 453 à 460 – *Notre Dame de Liesse*, par un p. de la Cie de Jésus, pp. 35, 48.
2. — Mgr Debout, *Jeanne d'Arc* ; Voir la *Lettre de Perceval de Boulainvilliers au duc de Milan*, dont il était le chambellan, en date du 21 juin 1429, citée par Monseigneur Delassus, *op. cit.*, pp. 257-258.

Pendant plusieurs années ses Voix la préparent à sa Mission. Quand va-t-elle partir ? Seulement quand la somme des supplications et des réparations publiques sera suffisante. De grands jubilés en l'honneur de Marie vont permettre au peuple de France de satisfaire à la justice divine et à Jeanne de remplir sa mission : à Rocamadour d'abord ; à Notre Dame du Puy ensuite.

> « En 1427, le Pape Martin V octroya des indulgences considérables pour l'année suivante : les fidèles qui souffraient tant de la guerre et de ses conséquences s'y portèrent en nombre : « Il y eut des fois, dit un vieux registre de Cahors, jusqu'à vingt et trente mille personnes. » Or, fait observer le même registre, c'est précisément alors que vint à Chinon « une pucelle qui se disait envoyée au Roi par le Dieu du Ciel pour chasser les Anglais du royaume de France. »

Jeanne paraît alors. À Vaucouleurs où il lui faut convaincre Baudricourt de sa mission, elle se recommande à Notre Dame de la Voûte, qui a sauvé la cité d'une incursion lorraine.

Arrivée à Chinon, sans avoir jamais vu le Roi, qui s'est déguisé en simple chevalier et a fait arborer les insignes royaux au comte de Clermont, Jeanne va droit au vrai Roi, se jette à ses pieds, raconte la Chronique de Jean Chartier :

> « En nom Dieu, dit-elle, je sais bien que c'est Vous et non un autre qui êtes le Roi, Gentil Dauphin [1] ... »

Puis immédiatement elle proclame sa mission :

> « J'ai nom Jehanne la Pucelle et Vous mande par moi le Roi des Cieux que vous serez sacré et couronné dans la ville de Reims et serez Lieutenant du roi des Cieux qui est roi de France ! »

Ayant ainsi proclamé sa mission devant la France, affirmé la légitimité du Roi, la volonté de Dieu que la Loi Salique soit respectée, la nécessité du Sacre pour l'accomplissement de

---

1. — Mgr Delassus fait très justement observer (*op. cit.*, p. 307 en note) : « Le mot *gentil* n'avait point alors et surtout sur les lèvres de Jeanne d'Arc la signification qu'il a reçu aujourd'hui : « *gracieux.* » Son sens était : l'homme de la race, celui qui est de la race royale, le descendant légitime de nos rois ; par conséquent le vrai Dauphin, l'héritier légitime du trône. » Du mot latin « *Gens.* »

la mission royale dont le but est de faire triompher la Royauté du Christ sur le monde, la France étant « le Saint ROYAUME » spécialement choisi par Dieu à cet effet, Jeanne doit donner au Roi un « *signe* » qui prouve la réalité de sa mission. Elle l'attire donc seul dans un coin de la pièce et lui apporte la réponse de Marie à la prière qu'il Lui a faite secrètement, et pour marquer au Roi que c'est Dieu qui parle par sa bouche, elle le tutoie :

> « Moi, je te le dis, de la part de Messire, TU ES LE VRAI HÉRITIER DE FRANCE ET FILS DU ROI, et Il m'envoie pour te conduire à Reims y recevoir ton sacre et ta couronne, si tu le veux[1]. »

Puis à la face du monde, Jeanne va affirmer la totalité de sa mission ; par lettre, en date du « mardi de la grande semaine » (Semaine Sainte), elle somme, au nom de Dieu, les Anglais de quitter le Royaume qu'ils ont envahi, en réparant les dommages qu'ils ont faits ; et pour bien marquer qu'elle est la messagère divine, en tête de sa lettre — ainsi qu'elle ne cessera jamais de le faire — elle met ces deux mots : Jhésus-Maria ! Elle proclame hautement, que Dieu veut maintenir inviolable la Loi Salique pour la transmission de la Couronne de France ; elle est on ne peut plus catégorique sur ce point — « Faites raison au Roi du Ciel de SON sang royal » —

---

1. — Quicherat, *Procès*, t. III, p. 102.

Voir le commentaire de ces paroles qu'en font Mgr Delassus et le R. P. Ayroles dont nous ne saurions trop recommander les deux ouvrages suivants : Mgr Delassus, *La mission posthume de la bienheureuse Jeanne d'Arc*. Ayroles, *Jeanne d'Arc sur les autels et la régénération de la France*.

Voir également notre chapitre « la mission de Jeanne d'Arc » dans la *Mission divine de la France*, p. 114 à p. 122 ; et notre étude : *Jeanne d'Arc la Pucelle et sa double mission spirituelle et temporelle*.

Charles VII voulut qu'un monument public soit le témoignage éclatant de sa reconnaissance à Notre Dame.

« Sa Majesté, en mémoire des prières mentales qu'il avait adressées à la Vierge et que cette fille lui avait révélées incontinent, après la révision du procez et que sentence eust esté donnée pour la justification de la Pucelle, l'an 1456, fit construire sur le pont d'Orléans une belle croix de bronze, avec une Nostre Dame de Pitié et au costé dextre sa propre représentation, et à main gauche celle de la Pucelle, l'un et l'autre à genoux, armés de toutes pièces excepté du heaume, qui est devant eux à leurs genoux. » (E. Richer, *op. cit.*, p. 81.)

et affirme qu'elle est « VENUE DE PAR DIEU RÉCLAMER LE SANG ROYAL. » Et elle continue par cette déclaration — éclair fulgurant pour la compréhension de l'histoire de notre Pays :

> « Vous ne tiendrez point le Royaume de France, de Dieu le Roi du Ciel… mais le tiendra le Roi Charles, vrai héritier, car DIEU LE ROI DU CIEL LE VEUT [1]… »

Un peu plus tard, la Pucelle reviendra sur le même sujet dans sa lettre au duc de Bourgogne.

> « Vous fais assavoir, de par le Roy du Ciel, mon droicturier et souverain Seigneur… QUE TOUS CEUX QUI GUERROÏENT AUDIT SAINT ROYAUME DE FRANCE GUERROÏENT CONTRE LE ROY JÉSUS, ROY DU CIEL ET DE TOUT LE MONDE… »

Affirmation formelle que le Roi Charles VII — et cette affirmation joue également pour tous ses successeurs SALIQUES — est en vertu de la Loi Salique le seul héritier légitime et aussi que la mission du Roi de France est de tenir son Royaume en commende du Roi du Ciel, mais surtout — car c'est là le point capital de sa mission — que le Christ est Roi de l'Univers et que, pour l'accomplissement de ses desseins sur le monde, Il s'est spécialement réservé un Royaume qui est celui de France. C'est là notre seule constitution, et la raison d'être de notre Pays. Il n'est personne de bonne foi qui, admettant la mission divine de Jeanne d'Arc, puisse mettre en doute cette conclusion. Il faut être logique, en effet, et admettre TOUTES les conséquences qui en découlent. C'est pourquoi — on ne le redira jamais assez — nos Rois et notre Peuple devraient sans cesse avoir présentes à l'esprit les déclarations de Jeanne pour les méditer et en faire leur trésor — le plus beau qui ait été donné par Dieu à un Peuple — afin d'accomplir, en tout, toute la volonté divine ; et les peuples étrangers eux-mêmes y trouveraient le salut s'ils mettaient leur politique en harmonie avec elles.

---

1. — *Lettre aux Anglais* – citée par E. Richer, *op. cit.*, pp. 97 et 98 – Quicherat *op. cit.*, t. I, p. 240-241, etc. R. P. Ayroles, *La vraie Jeanne d'Arc*, t. III, p. 74. Elle affirme que la Race Royale de France est celle de Notre-Seigneur Jésus-Christ, du Roi David, ainsi que l'affirment aussi des mystiques contemporaines.

Charles VII, bien que convaincu personnellement de la réalité de la mission de la Pucelle, grâce à la révélation qu'Elle lui a faite, doit en conscience la faire examiner par une commission de théologiens. Cette commission est réunie à Poitiers. Elle tient ses séances pendant le Grand Pardon de Notre Dame du Puy en Velay.

> « Notre Dame était l'espérance des foules qui ne voulaient pas devenir anglaises. Elles attendaient de sa miséricordieuse intervention le miracle qui devait mettre fin à leurs maux et ressusciter la France. Elles se portaient au plus national de ses sanctuaires, à Notre Dame du Puy. Elles espéraient le secours d'en haut à la suite du grand jubilé qui s'y célèbre toutes les fois que la solennité de l'Incarnation coïncide avec celle de la Rédemption, c'est-à-dire lorsque le 25 Mars tombe le Vendredi saint. Or, la coïncidence devait avoir lieu en 1429. Charles VII, dans les jubilés précédents, avait obtenu du pape Martin V que le Grand Pardon aurait une durée qu'il n'avait pas eue encore. Ouvert le 25 Mars, il ne devait se clore que le 3 Avril.
>
> » Jeanne, alors aux prises avec les docteurs de Poitiers qui lui demandaient les preuves de sa mission, ne put s'y rendre en personne, mais elle y fut présente par ceux qui la touchaient de plus près.
>
> » Sa mère Isabelle Romée franchit la distance qui sépare les bords de la Meuse du Mont-Anis — 150 lieues — pour venir se mêler aux foules patriotiques, et recommander à Notre Dame de France la fille si aimée, cette pauvre Jeannette qui venait de partir avec des hommes d'armes, roulant dans sa tête le plus délirant des desseins, s'il n'était pas divin.
>
> » Jeanne était présentée par les Chevaliers qui l'avaient amenée de Lorraine. Ils étaient au jubilé du Puy. Tout porte à croire que la jeune fille les avait priés de l'y représenter, et qu'avant de quitter Vancouleurs elle avait adressé la même demande à sa mère, qui venait de lui pardonner d'avoir fui, sans la prévenir, le foyer paternel.
>
> » Ce qui est certain, c'est que Notre Dame du Puy envoya à l'héroïne celui qui devait recevoir ses confidences intimes durant sa vie guerrière, son confesseur et aumônier, F. Paquerel. Le digne Augustin nous a fait connaître dans sa déposition juridique les particularités que l'on vient de lire [1]. »

---

1. — Ayroles, *op. cit.*, p. 80 et 81.

La justice divine étant alors satisfaite et l'expiation achevée, Marie peut enfin accueillir favorablement la prière du peuple de France :

La commission de Poitiers fait au Roi un rapport entièrement favorable à la Pucelle ; le Roi la met à la tête de son Armée. Sur les instructions qu'Elle reçoit du Ciel, on va chercher à Sainte-Catherine de Fierbois une épée enterrée derrière le maître-autel dédié à Marie ; on lui brode un étendard sur lequel deux noms sont écrits : Jhésus Maria ! Cet étendard est béni à Blois dans l'église collégiale de Saint-Sauveur qui possédait quatre chapelles sous le vocable de Marie [1].

Quelques jours après, Jeanne arrive à Orléans. Les Anglais n'ayant pas répondu à sa sommation, elle se prépare au combat, sur la rive gauche de la Loire, près du Couvent des Augustins où est la chapelle de Notre Dame des Aides :

« C'est près de cette chapelle, voisine du fort des Tourelles que Jeanne d'Arc remporta sur les Anglais la grande victoire qui sauva la France. Pendant l'action, l'immortelle héroïne, apercevant ce sanctuaire, descend de cheval, vient s'agenouiller à l'écart en face de la chapelle, prie quelques instants de toute son âme, puis se relève pleine de confiance en Dieu et en Marie, s'élance sur son coursier, se précipite vers les Tourelles en agitant son étendard, montrant le fort où étaient les Anglais et criant aux soldats :

---

1. — Hamon, *op. cit.*, t. I, p. 135.

« C'est vers la fin du règne de Charles VI, en 1421, qu'on vit apparaître en France les célèbres monnaies connues sous le nom de *Salut d'Or*, sur lesquelles on trouvait gravés la scène de l'Annonciation et le mot « *Ave.* »

« Ainsi, en ces temps de grande misère pour la France, ces monnaies circulant de main en main, rappelaient à tous qu'un jour un ange du ciel fut envoyé pour annoncer à Marie que par son moyen le Seigneur allait sauver le monde, et voilà qu'un autre ange, Saint Michel, le protecteur en titre de la France, apparaît à une autre bergère du village de Domrémy pour lui dire que Dieu a résolu de se servir d'elle pour sauver la France. Jeanne fait alors broder sur ses bannières l'image de l'Annonciation, l'ange venant dire à Marie, *Ave* ! C'était la reproduction de nos « *salut d'Or.* » (R. P. A .M. Lépicier O.S.M. : *Marie Reine de France*, rapport pour le congrès marial servite de Portland. *Messager de la Très Sainte Vierge*, Nov.-Déc. 1936.

« *Entrez ! Entrez ! Ils sont à vous...* » Jeanne triomphe et la France est sauvée (1). »

C'était le 8 Mai — soit cinq semaines après le Jubilé de Notre Dame du Puy — et en la seconde fête de Saint-Michel qui avait dirigé la Pucelle dans la préparation et l'accomplissement de sa mission et dont « nos ancêtres du quinzième siècle attendaient un merveilleux secours. »

Immédiatement après sa victoire, Jeanne — au lieu d'aller à la Cathédrale — entraîne l'armée et le peuple chanter le « *Te Deum* » de la délivrance dans une église dédiée à Marie, à Notre Dame des Miracles. Depuis lors, chaque année, le 8 Mai, a lieu la procession commémorative.

Après l'immortelle campagne de la Loire, Jeanne s'arrête le 15 Juin à Notre Dame de Cléry — dont les Anglais ont détruit la basilique et pillé le trésor —. Elle y inspire à Dunois une tendre dévotion à la Sainte Vierge. Puis elle va rejoindre le Roi.

C'est alors que va être conclu un PACTE unique dans les annales du monde. Sur l'ordre exprès de Dieu, par un acte officiel, solennel, public, authentique et ainsi revêtu de toutes les formes légales d'un contrat, pour lui donner toute sa signification et sa portée aux yeux du peuple, Jeanne va renouveler le pacte conclu à Tolbiac et aux fonts baptismaux de Reims, l'alliance du Christ et du Roi de France, la subordination du Roi de France au Christ pour permettre la réalisation des desseins divins sur le Monde, par la France et son Roi :

> « Gentil Roi, il me plairait avant de descendre dans le cercueil, d'avoir votre palais et votre Royaume. — Oh ! Jeanne, répond Charles VII, mon palais et mon Royaume sont à toi. — Notaire, écrivez, dit la Pucelle inspirée : Le 21 juin à quatre heures du soir, l'an de Jésus-Christ 1429, le Roi Charles VII donne son royaume à Jeanne. — Écrivez encore : Jeanne donne à son tour la France à Jésus-Christ. — Nos Seigneurs, dit-Elle d'une voix forte, à présent c'est Jésus-Christ qui parle : « MOI, SEIGNEUR ÉTERNEL, JE LA DONNE AU ROI CHARLES (2). »

---

1. — Quicherat *op. cit.* ; cité par Hamon, t. I, p. 330.
2. — R. P. Théotime de Saint Just, *La Royauté sociale de N.-S. J.-C.*, d'après le Cardinal Pie, p. 17.

Qu'elle est donc émouvante cette triple donation passée en bonne et due forme, par-devant notaires ! Elle est l'éclair fulgurant qui illumine toute notre Histoire. Elle est l'acte CAPITAL qui consacre la raison d'être de notre Pays. À la face de l'Univers, elle proclame non seulement la royauté universelle du Christ sur le monde et plus particulièrement sur notre Patrie, mais aussi la mission divine de la France et de la Maison de France. Car cet acte a une portée générale ; ce n'est pas seulement à Charles VII que Dieu confie le Royaume ; en sa personne, c'est à toute la Race Royale, pour bien montrer que la Race Royale est aussi inséparable de la France que la France est inséparable de l'Église et du Christ[1].

Elle peut dès lors conduire le Dauphin à Reims.

> « C'est à Reims maintenant qu'il me faut Vous conduire... Venez donc au plus vite prendre la Couronne à laquelle vous avez droit. Mon conseil me tourmente on ne peut plus là-dessus. »

Malgré ses Conseillers, la Pucelle entraîne Charles VII à Reims. La vue de son étendard, sur lequel brillent les noms de Jésus et de Marie, suffit pour faire ouvrir les portes des villes qui, sur le parcours du Roi, sont encore aux mains de l'ennemi. En passant à Châlons, le Roi manifeste sa dévotion et sa reconnaissance à Marie en faisant don d'une somme considérable pour construire la basilique de Notre Dame de l'Épine[2]. C'est enfin l'entrée

---

Voir 1° La déposition du duc d'Alençon en 1456, au Procès de réhabilitation de la Pucelle. – 2° Le *Breviarium Historiale*. – 3° La communication de Léopold Delisle, Conservateur de la Bibliothèque Nationale, en 1885 dans *Bibliothèque de l'École des Chartes,* tome XLVI, pp. 649 et suiv. Année 1885.

1. —— Les traditions rapportent que Jeanne d'Arc aurait demandé au Roi de faire construire quelques chapelles dans son royaume pour remercier Dieu de la délivrance du territoire et pour y faire prier pour les soldats tués à la guerre. En plusieurs provinces, on rencontre des chapelles sous le vocable de Notre Dame des Bonnes Nouvelles construites en reconnaissances des bonnes nouvelles de la prise d'Orléans par la Pucelle, notamment dans l'ancienne cathédrale Saint Nazaire de Carcassonne et à Château l'Évêque, au nord de Périgueux. Est-ce l'accomplissement du désir de Jeanne ou l'éclosion de la reconnaissance populaire ? Il est impossible de le savoir avec certitude.

2. —— Hamon, *op. cit.*, t. V, p. 403.

triomphale à Reims où Jeanne, au nom de Dieu, fait sacrer le Roi dans la basilique de Notre Dame.

Le 17 juillet 1429, quand le prélat consécrateur eut prononcé la formule rituelle :

« JE TE SACRE ROI DE FRANCE AU NOM DU PÈRE ET DU FILS ET DU SAINT ESPRIT ! » aux cris enthousiastes de tous les assistants : « Noël ! Noël ! Vive le Roi ! Noël ! Noël !, » Jeanne en larmes — larmes de joie — se jette aux pieds du Roi :

> « Gentil Prince, maintenant est exécuté le plaisir de Dieu, qui voulait que vous vinssiez à Reims pour y recevoir votre digne Sacre, montrant que vous êtes le vrai Roi et celui auquel le Royaume doit appartenir ! »

Monseigneur Delassus écrit très justement :

« EN DEHORS DE LA RACE DE DAVID, JAMAIS DYNASTIE N'A REÇU UNE PAREILLE CONSÉCRATION [1] ! »

Ce que Jeanne devait accomplir elle-même est réalisé : elle a maintenu inviolée la Loi Salique, sauvé l'Église du péril protestant un siècle à l'avance, reforgé l'âme de la France, replacé notre Pays dans les conditions voulues par la Providence pour accomplir la mission qui lui est assignée, et proclamé la Royauté universelle du Christ. Dès lors, Elle va s'acheminer vers le couronnement de sa mission. Et ce couronnement — comme celui de toute grande œuvre chrétienne — ne peut être que le sacrifice, la souffrance et le martyre.

C'est d'abord l'échec devant Paris, dû à la mauvaise volonté des Conseillers de Charles VII. Cette épreuve est cependant l'occasion d'un grand miracle : en Septembre 1429, Jeanne d'Arc passant à Lagny, entre dans l'Église Notre Dame, elle y trouve des jeunes filles devant l'image de la Vierge, en prières pour obtenir la résurrection d'un enfant mort depuis trois jours sans baptême. Elle se joint à elles et presque immédiatement, grâce à ses prières, l'enfant qui était complètement noir, reprend des couleurs, soupire et baille. On le baptise aussitôt [2].

---

1. — Mgr Delassus, *op. cit.*, p. 247.
2. — Quicherat, *Procès* et Hamon, t. I, pp. 272 et 273.

C'est ensuite la longue inactivité à laquelle l'obligent les tergiversations des Ministres du Roi, puis la malheureuse sortie de Compiègne.

> « Lorsque Jeanne fut faite prisonnière à Compiègne, des prières, non seulement publiques, mais liturgiques furent faites en France pour sa délivrance afin qu'elle pût accomplir le reste de sa mission. Le clergé, composa, pour être dites à la messe, des oraisons dans le genre de celles que les évêques commandent de dire dans les grandes nécessités publiques. La collecte se terminait ainsi : « *Nous Vous en supplions par l'intercession de la Bienheureuse Vierge Marie et de tous les saints, accordez-nous de la voir, sans aucun mal, libre de leur puissance, accomplir totalement tout ce que vous lui avez prescrit par une seule et même mission.* »

La secrète demandait :

> « Également que la Pucelle pût exécuter le reste de la mission qui lui avait été donnée : que votre sacro-sainte bénédiction descende sur cette oblation, qu'elle excite votre miraculeuse puissance ; qu'à l'intercession de la Bienheureuse Vierge Marie elle délivre la Pucelle et lui donne d'exécuter effectivement l'œuvre que vous lui avez commandée par un seul et même acte. »

Enfin à la post-communion, le prêtre disait :

> « *Écoutez, Dieu tout-puissant, les prières de vos peuples. Brisez les fers de la Pucelle ; que votre miséricorde lui donne d'accomplir le reste de sa mission*[1]. »

Mais l'achèvement de la délivrance de la France et l'établissement du règne total de Jésus-Christ Roi sur le monde entier, ne se pouvaient accomplir que par son martyre. C'est ce que Monseigneur Delassus appelle très justement sa « *mission posthume.* » C'est alors la prison de Rouen, le procès inique au cours duquel Jeanne souffre un martyre moral pire peut-être que l'autre, enfin le bûcher.

> « Quand elle expira, une blanche colombe s'échappa de ses lèvres et prit son vol vers la France[2]... »

---

1. — *Évangéliaire de la bibliothèque de Grenoble* ; cité par Monseigneur Delassus, *op. cit.*, p. 368.
2. — Frère Isembard de la Pierre, *Procès de Jeanne*, t. II et Dunand, *Histoire complète de Jeanne d'Arc*, t. III, pp. 440-441 et note 1 de la page 441.

Le Saint-Esprit manifesta ainsi avec éclat qu'Il habitait cette âme, l'inspirait et la guidait.

La première partie de la mission posthume de la Pucelle ne devait pas tarder à se réaliser. Dès 1430, Louis de Bourbon, comte de Vendôme et de Chartres, fait vœu, s'il chasse l'Anglais et les Bourguignons qui assiègent Compiègne, de fonder à perpétuité une messe qui devra être dite devant Notre Dame de la Pierre, le jour où Dieu et sa Sainte Mère feraient lever le siège. Exaucé, il tient parole. Puis, l'un des plus fidèles compagnons d'armes de la Pucelle va se révéler l'héritier de sa pensée et achever son œuvre de délivrance en « boutant » l'Anglais hors du Royaume : le Bâtard d'Orléans, comte de Dunois. Très dévot à la Sainte Vierge depuis qu'un jour chevauchant avec Jeanne, Elle lui avait inculqué cette dévotion en passant à Notre Dame de Cléry, Dunois, devenu dans la suite Seigneur de Cléry, en 1439 par son mariage avec Marie d'Harcourt, consacra une partie de ses biens à restaurer la basilique de Notre Dame et à promouvoir son culte. C'est alors que sa gloire va atteindre son apogée : diplomate, il obtient du pape Félix V une abdication qui met fin au schisme d'Occident ; grand capitaine, le Roi lui décerne le titre de Libérateur et de Père de la Patrie. En effet, en 1443, Dieppe étant assiégée par les Anglais et sur le point de succomber, Charles VII lui confie, en même temps que la personne du Dauphin pour l'initier à la guerre, le commandement de l'armée de secours. Il donne l'ordre d'attaque le 14 août, mais ses troupes reculent.

> « À donc le dit Dauphin se trouvant en grande consternation d'esprit et destitué de forces humaines, eut recours aux célestes, demanda au dict Seigneur Jean, comte de Dunois : Mon cousin, de quel côté est Notre Dame de Cléry ? Et lui ayant été montré se prosterna à deux genoux et fit vœu à la Saincte Vierge, si Elle lui faisait grâce de repousser les ennemis, il ferait bâtir l'église sur le dessein de Philippe le Bel, son prédécesseur, l'amplifierait de grands honneurs en faveur et contemplation de la Saincte Vierge qui y estait réclamée.
>
> » Sa prière faite, donna l'assaut à la citadelle et l'emporta, avec une déroute toute miraculeuse et expulsion des ennemis, sans faire

> perte des siens, ce qui n'était pas à proprement parler imaginable, veu la situation du lieu et la force des ennemis ; occasion que ledit seigneur d'Orléans, comte de Dunois, dit que c'était l'œuvre de Dieu et non des hommes et que Sa Majesté avait grand sujet de rendre grâces à Dieu et à la Saincte Vierge ; pourquoi il dépescha ung hérault à Cléry pour lui en rendre grâces, et peu après y envoya son pesant d'argent pour commencer des nouveaux fondements de la grande église. Ensuite y vint en personne où après ses humbles prières et supplications à la Sainte Vierge, fit construire l'église en très belle architecture [1]. »

Charles VII se souvenant de la reconnaissance de Jeanne d'Arc envers Notre Dame des Miracles à Orléans, et voulant achever de chasser les Anglais qui tenaient encore la Normandie, prescrivît au clergé et aux habitants de commencer de faire plusieurs processions les 1er Août, 12 Octobre, 6 Décembre 1449 et le 12 Février 1450 pour obtenir de Marie l'heureuse issue de la campagne. Exaucé par la victoire de Formigny en avril 1450, il fit faire en reconnaissance une grande procession en Octobre ; cette procession fut faite chaque année jusqu'à la révolution, sauf pendant les guerres de religion.

Le 20 Août 1451, l'armée française commandée par le comte de Foix et par Dunois était devant Bayonne, encore aux mains des Anglais. Un miracle se produisit, que relate ainsi la plaque commémorative apposée sur les murs de la Cathédrale, dans la Chapelle des Saints Anges gardiens :

> « Le vendredi XXe d'août MCCCCLI, vers 7 heures du matin, au moment où les Français victorieux entraient dans le chastel de Bayonne par moult beau temps, au-dessus et à la droite de la ville du côté de l'Espagne apparut dans le ciel une grande croix blanche, en forme de crucifix, la couronne sur la tête, laquelle

---

1. — Chanoine Medon, *Historique sur Cléry* ; Voir, Millet, *Notre Dame de Cléry*, p. 29.
Le Dauphin fait vœu alors de donner à Marie une statue de pur argent à l'église de Dieppe, y fonde une procession générale de reconnaissance le 14 août de chaque année et accorde 200 livres à prendre sur les revenus de la ville pour y subvenir. (Hamon, t. V, p. 30.)

couronne se tourna puis en fleurs de lys. Assiégeants et assiégés purent contempler la croix l'espace d'une heure environ. Les habitants émerveillés firent le signe de la croix, ôtèrent leurs bannières et pennons à croix rouge disant qu'il plaisait à Dieu qu'ils fussent Français et portassent la croix blanche. Les comtes Gaston de Foix-Béarn et Dunois annoncèrent l'événement au roi Charles VII qui en fit part à la France entière, ordonnant partout des processions d'actions de grâces et faisant frapper la médaille du miracle de Bayonne. Dieu confirmait ainsi la mission céleste de Jeanne d'Arc. »

À la suite de sa miraculeuse victoire, « le comte de Foix offrit en hommage à Notre Dame la couverture de son cheval tout en drap or et estimée 400 écus d'or, pour en faire des chapes[1]. »

Après ses victoires, Charles VII ne put pas aider autant qu'il l'aurait voulu à la restauration des églises détruites par les Anglais, le trésor étant vide ; mais il employa toute son influence pour favoriser ces restaurations. Citons notamment ce qu'il fit en faveur de Notre Dame de Pontoise, qui avait été détruite au cours de la guerre et que la Reine Marie d'Anjou avait visitée avec ses enfants : le Roi sollicita du Pape des indulgences, un pardon et un jubilé en 1446 pour y attirer les foules et aussi leurs aumônes. Dès que les finances du Royaume furent rétablies, il eut à Cœur d'en faire bénéficier immédiatement les sanctuaires de la Sainte Vierge tels que Notre Dame de Pontoise, Notre Dame de Cléry et Notre Dame de Montfort, ainsi qu'en témoignent ses Lettres Patentes données au Montilz les Tours en date du 30 décembre 1450[2].

Enfin, après la délivrance du territoire, il tint à aller faire hommage de ses victoires à Notre Dame du Puy, au pied de laquelle il était venu si souvent au temps de ses malheurs, et il Lui fit don de deux étendards pris sur l'ennemi[3].

---

1. — Duclercq, *Mémoires*, chapitre X, et Hamon, t. III, p. 421.
2. — *Mémoires de la Société du Vexin*, tome XXIX, p. 49 et suiv.
3. — Hamon, t. II, p. 234.

Le Royaume, par la prise de Bayonne, était délivré. La première partie de la mission posthume de Jeanne d'Arc était réalisée. La seconde, l'établissement du règne du Christ sur le monde et par le Roi de France, il ne dépend que de nous de l'accomplir ; pour ce faire, la Pucelle nous a indiqué le moyen : conduire l'héritier légitime du Royaume, l'héritier Salique, à Reims recevoir l'onction du Sacre. C'est la condition inéluctable de notre salut ; c'est seulement ainsi, en effet, que la France rentrera dans la voie voulue par Dieu pour l'accomplissement de sa mission divine. Si notre peuple refuse de son plein gré de renouer ses glorieuses traditions, la Providence l'y forcera par les châtiments de toutes sortes : guerre civile, guerre étrangère, épidémies, intempéries jusqu'à ce que les yeux s'ouvrent et reconnaissent le doigt de Dieu. Alors, rentrée de force dans sa voie, la France accueillera triomphalement son Roi et ensemble ils réaliseront la célèbre prophétie de Jeanne d'Arc :

> « Si vous lui faictes raison, encore pourrez venir EN SA COMPAGNIE, où que les Français feront LE PLUS BEL EFFECT QUE ONCQUES FUT FAIT POUR LA CHRÉTIENTÉ[1]. »

C'est-à-dire l'établissement du règne universel du Sacré-Cœur et du Cœur Immaculé de Marie.

Marie avait envoyé notre Jeanne d'Arc pour sauver la France et le Roi. Peut-être, au jour prochain où notre Pays aura recouvré son Roi par Marie, comprendra-t-il le devoir de reconnaissance qui s'imposera à lui de demander au Souverain Pontife d'ajouter aux litanies de la Sainte Vierge ce cri de confiant amour :

---

1. — Richer — *op. cit.*, p. 98 — Quicherat, *Procès*, t. I, pp. 240 et 241.

Cette prophétie de Jeanne d'Arc est sur le point de se réaliser, peut-être beaucoup plus à la lettre qu'on ne le suppose. L'avenir nous éclairera sur ce point. Elle a catégoriquement affirmé que « nonobstant » sa mort, tout ce pourquoi elle était venue s'accomplirait. » (Delassus, p. 372.) Or tout ce qu'elle a prédit s'est réalisé, il n'y a pas de raison pour que cette prophétie — l'une des plus importantes — ne se réalise pas à son tour.

« *Notre Dame des Lys, Mère de puissance, Mère des prodiges, Mère des miracles, Priez pour nous* (1) *!* »

Médaille trouvée dans les fondations de l'église des Oiseaux

Cette médaille, trouvée le 26 mai 1837, en creusant les fondations de la chapelle des Oiseaux, fut jugée, après examen, remonter à 1650-1660.

Elle est ici reproduite au double de ses dimensions.

---

1. — Au cours des extases de Marie-Julie Jahenny en date des 23 juin 1936, 2 février et 4 février 1937, la Sainte Vierge a demandé qu'on l'invoque sous ce titre. Dès maintenant, chacun d'entre nous peut — à titre privé — chaque jour répondre au désir de la Reine du Ciel.

LAMENTATION.

On remarque, autour de la Mère des Douleurs, les saintes Femmes, et parmi elles sainte Marthe et sainte Madeleine. Saint Jean y apparaît aussi tout en pleurs, entre quatre personnages, dont les noms inscrits dans leurs nimbes désignent Joseph d'Arimathie, Nicodème, saint Lazare et saint Maximin.

Peinture d'Ambrogio Lorenzetti, au musée de Sienne. XIVe siècle.

CHAPITRE XI

La dévotion de Louis XI à Marie

Assure le rapide relèvement de la France après la Guerre de Cent Ans.

Dès sa jeunesse, Louis XI avait un culte profond pour Marie. Nous venons de voir comment, encore Dauphin, en 1443, il obtint la victoire de Dieppe par un vœu à Notre Dame de Cléry. Tel est le point de départ de sa dévotion toute spéciale pour Cléry et de ses bienfaits pour ce sanctuaire de Marie [1].

Quelques années après, un jour que, près de Ruffec, il était en barque sur la Charente, avec son père, son oncle le comte du Maine et Louis de Valory, ils furent tous précipités à l'eau par la violence du courant. Le jeune Prince se souvenant alors qu'en pareil danger il fallait invoquer Marie sous le vocable de Notre Dame de Béhuard, protectrice des naufragés — près d'Angers — lui fit vœu s'ils étaient tous sauvés de lui construire un nouveau sanctuaire. Exaucé, il accomplit son vœu [2].

---

1. — Hamon, *op. cit.*, t. V, p. 29 et 30 et voir le chapitre précédent.
2. — *Lettres Patentes de Fondation*, datées du Plessis les Tours, en Avril 1483. Hamon, t. IV, p. 228.

Ces deux manifestations éclatantes de la protection mariale contribuèrent puissamment à développer l'amour de Louis XI pour la Reine du Ciel, dont il portait toujours une médaille à son chapeau.

À peine monté sur le trône, il demande au Souverain Pontife que, dans le Royaume, on puisse célébrer l'octave de toutes les fêtes de la Sainte Vierge ; le 7 mars 1463, Pie II répond favorablement au pieux désir du Monarque ; et Paul II, son successeur, décide qu'à l'avenir, les Rois de France auront le titre glorieux de « Rois Très Chrétiens [1]. »

Peu de temps après, étant en lutte contre les grands feudataires de la couronne, réunis en « Ligue du Bien Public, » et les troupes royales ayant été débandées à Montlhéry, le Roi en danger d'être pris et se souvenant alors de son vœu de Dieppe, le renouvelle ; aussitôt, contre toute espérance, il obtient la victoire et peut rentrer à Paris. Il va immédiatement en pèlerinage d'action de grâces à Cléry. Depuis lors, Notre Dame de Cléry est son pèlerinage de prédilection [2], il comble de ses bienfaits le sanctuaire, et

---

1. — Documents inédits sur l'Histoire de France publiés par les soins du Ministère de l'Instruction Publique et des Cultes – 1er série, *Histoire Politique : Privilèges accordés à la Couronne de France par le Saint-Siège*, p. 353, Paris, Imprimerie Impériale, 1855.

2. — On ne compte pas le nombre des pèlerinages faits par Louis XI aux multiples sanctuaires dédiés à la Sainte Vierge dans le Royaume et, parfois même en dehors — comme à Notre Dame de Sarrance en Béarn — mais Cléry était son pèlerinage favori. Quelques faits le montrent surabondamment : venu en 1468 assister aux funérailles de son Grand Chambellan Dunois, il fait don au chapitre d'une somme d'or considérable. En 1472, il achète à Dunois-Longueville la seigneurie de Cléry, l'érige en baronnie, y installe des chanoines ; fait des dons tels au chapitre que la restauration de la collégiale est activement poursuivie et qu'elle devient l'un des plus beaux sanctuaires flamboyants du Royaume ; il fait construire un cloître où il se réserve un appartement ; fait don d'une épine de la Sainte Couronne et d'autres précieuses reliques ; enfin, en 1480, il donne à perpétuité, les baronnie, chatellenie, terres et seigneuries de Cléry au chapitre avec haute, moyenne et basse justice. Il voulut y être enterré et son tombeau le représente, à genoux, implorant la Vierge.

Le Roi alla trois fois en pèlerinage à Notre Dame du Puy ; au second, le 8 mai 1475, il voulut faire à pied le chemin depuis Fix, soit douze kilomètres.

Il donna au célèbre sanctuaire deux mille écus d'or avec cent marcs en lingots pour élever à la Vierge une niche plus belle, et un vase en cristal orné de pierreries pour donner la Communion aux fidèles les jours de grande solennité. Enfin il confirma tous les privilèges anciens et l'exempta de tous impôts et tributs (Voir p. Odo de Gissey, *Discours sur la dévotion à Notre Dame du Puy*, en plusieurs volumes, t. I, chapitre 23.) Il y fit faire deux processions en 1468 et 1469. (Hamon, t. II, p. 228.)

En 1463, il alla à Notre Dame de Rocamadour, à l'occasion du voyage qu'il fit à Bayonne pour négocier la paix entre les rois de Castille et d'Aragon, puis à Notre Dame la Fleurie à Figeac où il communia. (*Annales de Figeac* par l'Abbé Debons – Hamon, t. III, p. 36.)

En Anjou, il continue les traditions des anciens comtes qui avaient fondé Notre Dame de Loches, de Cunault, du Marillais, du Ronceray, de Saintes et de Fontevrault, et fonde à son tour une collégiale de douze chanoines et de vingt-quatre prébendés. Il n'allait jamais dans cette Province sans aller au Puy Notre Dame pour y vénérer la précieuse ceinture de la Vierge, rapportée de la croisade par Guillaume IV d'Aquitaine. Il y alla notamment à deux reprises, apportant une statue d'argent du poids du Dauphin, son fils ; donna un magnifique reliquaire en vermeil pour renfermer la précieuse relique ; établit un corps de chapelains en 1472, puis un chapitre royal et y fit construire plusieurs chapelles, et comme tout lui était bon pour promouvoir le culte de Marie, il fonda au Puy Notre Dame un collège Royal, un marché tous les jeudis et une foire le jour de la Saint Louis pour que nombreux fussent les visiteurs du sanctuaire de la Vierge. (Hamon, t. IV, p. 261.) Il ajouta une chapelle à Notre Dame de Nantilly où se produisaient de nombreux miracles. (Hamon, t. IV, p. 272.)

Il renouvela en 1459, 1478, 1481, les privilèges accordés par son père en faveur de Notre Dame de Pontoise et de Notre Dame de Montfort considérant que les édifices et « *repparacions encommencées es dictes églises ne sont pas encore parachevées.* »

Louis XI va également quatre fois en pèlerinage à Notre Dame de Liesse et y établit en 1482 une fondation perpétuelle de messe chaque samedi ; il va à Notre Dame des Ardents à Arras — dont il allume le Saint Flambeau en 1477, lors du siège, — à Notre Dame de Foi à Canchy, à Notre Dame de l'Heure près d'Abbeville ; à Notre Dame de la Halle à Valenciennes ; il donne douze cent écus d'or pour faire à la Vierge — dite de Saint Luc — apportée de Rome en 1440, une couronne digne d'Elle. Près de la Chapelle, le curé de Notre Dame d'Etréaupont ayant donné la première nouvelle des victoires remportées par les troupes royales dans le Hainaut, le Roi fait au pèlerinage des présents considérables.

Il va plusieurs fois en pèlerinage à Notre Dame de Boiscommun, près de Pithiviers et la Reine Charlotte de Savoie fait construire à Orléans, Notre Dame de Conception (Hamon, t. I, p. 332.) Il fait de nombreuses donations à la collégiale Notre Dame de Melun ; en 1472, pour accomplir un vœu fait pendant sa captivité à Péronne, il va à pied depuis Chalons jusqu'à Notre Dame de l'Épine pour déposer sur l'autel de Marie douze-cents écus d'or, « afin que le service divin soit mieux et plus solennellement célébré et continue toujours à la louange de la glorieuse Mère de Dieu. » (Arrêt du Parlement de Paris en date du 26 Janvier 1474.) À Paris, il céda, près de Saint Paul, une maison qu'avait fondée Saint Louis pour les béguines de Flandre, à des religieuses du tiers-ordre de Saint François, à condition que le nouveau monastère prendrait le nom de Couvent de l'*Ave Maria*. (Hamon, t. I, p. 82.)

En Normandie, il alla à Notre Dame de la Délivrande le 15 août 1473, accompagné d'une suite nombreuse et y fit dresser un magnifique contre-autel, détruit depuis lors par les Protestants. Il alla également à la chapelle de Notre Dame de Caillouville et fonda une messe tous les samedis pour la Famille Royale et une messe solennelle annuelle pour la Maison de France (en 1474.) L'année précédente, il avait octroyé au chapitre de Seez, le droit d'acquérir les héritages sans payer les droits d'amortissement, à la condition d'entretenir six enfants de chœur qui, chaque jour après la Messe de Notre Dame devaient réciter à haute voix pour le Roi un *Ave Maria*. Cette coutume fut respectée jusqu'à la révolution.

La cathédrale de Beauvais possède un autel élevé par Louis XI pour obtenir la paix. Ce qu'ayant obtenu, le Roi fait de royales largesses en 1475. Non loin de là, était la chapelle de Notre Dame de Salvation, élevée par Louis XI à l'endroit même où un courrier lui apporta la nouvelle de la reddition de Coutances et de Bayeux.

Dans le Diocèse de Limoges, le Roi alla deux fois en pèlerinage à Notre Dame du Pont à Saint Junien sur Vienne. Cinq ans après sa seconde visite, ayant trouvé la chapelle trop petite, il envoya 1.200 livres pour l'agrandir (1470.)

À Montferrand, il fonde une collégiale dédiée à Notre Dame de la Nativité à laquelle Louis XII donne le titre d'église royale.

Il fait de généreux dons à Notre Dame de Plaisance près de Montmorillon du Poitou ainsi qu'à Notre Dame de Celles entre Niort et Melle.

Enfin, Louis XI avait un culte profond également pour Notre Dame d'Embrun : « Il l'invoquait fréquemment pendant le jour, et lui attribuait le bonheur qu'il avait eu ou de réussir dans plusieurs entreprises, ou d'échapper à de nombreux périls. Il avait ordonné de faire, tous les mercredis, une offrande

> « n'entreprend rien d'important sans venir à Cléry en demander le succès, sans y revenir aussitôt dire sa reconnaissance, particulièrement au moment de ses conquêtes [1]. »

En 1469, le Roi n'ayant pas encore d'héritier pour le trône, s'adresse à Marie sous le vocable de Notre Dame du Puy [2]. Ayant mis un fils au monde, la Reine va à ce sanctuaire dès 1470, en pèlerinage de reconnaissance, et le Roi demande au Saint-Siège le privilège d'être le Doyen des Chapelains de Cléry, pour y multiplier encore ses largesses. Sixte IV répond par le bref suivant en 1471 :

> « Dans l'ancienne Loi, non seulement les prêtres, mais encore les rois, recevaient l'onction sainte. De même les rois de France, comme défenseurs très chrétiens et très victorieux de la religion, se font sacrer au commencement de leur règne ; et par la même

---

en son nom à cette puissante protectrice, et, de Paris, il veillait à l'exécution de cet ordre. Il fonda une rente de treize mille livres pour y chanter tous les jours une messe solennelle à diacre et sous-diacre, avec une oraison à la fin pour la prospérité et santé de sa personne, de celle de son fils et de ses successeurs, rois et dauphins ; et le chapitre acquittant noblement la royale fondation, prescrivit tout le détail de la messe et l'assistance des ecclésiastiques au nombre de cent. Le Roi ne se contenta pas d'approuver les règlements du chapitre. Pour en assurer l'exécution à perpétuité, parce qu'il avait, dit un historien (Fornier, *Histoire des Alpes-Maritimes*) une passion extraordinaire pour Notre Dame d'Embrun sa bienfaitrice, il les consigna dans des *Lettres Patentes* qu'il fit enregistrer tant au Parlement qu'à la Chambre des Comptes ; et obtint en outre qu'ils fussent confirmés par Sixte IV, lequel, dans sa bulle du 23 janvier 1482 rappelle que le sanctuaire d'Embrun devenait de jour en jour plus célèbre par les étonnants miracles dont il était le théâtre. (Fornier, *id.*, p. 414 et Hamon, t. VII, p. 342 et 343.) C'est à ce moment que le Roi reçut du Saint-Siège, pour lui et tous ses successeurs, le privilège de premier canonicat de Notre Dame d'Embrun et le droit de siéger au chœur en costume canonial. En reconnaissance, il donna des orgues splendides dont les tuyaux étaient en argent.

Ajoutons que le Roi non seulement avait un culte profond pour la Sainte Vierge, mais encore une dévotion très particulière à Saint Michel qui fut le grand vainqueur de Satan et le premier chevalier de la Reine du Ciel. Il fonda, en effet l'Ordre Royal de Saint-Michel.

1. — Lucien Millet, *Notre Dame de Cléry*, p. 31.
2. — Hamon, t. II, p. 228.

raison, plusieurs Pontifes Romains, nos Prédécesseurs, les ont nommés chanoines en plusieurs églises de leur royaume, afin que les dépositaires de l'autorité suprême fussent en même temps décorés de dignités ecclésiastiques, comme témoignage de leur attachement au Saint-Siège. À ces causes et suivant la demande que nous a adressée notre très cher Fils en Jésus-Christ. Louis, roi des Français, en vertu de notre autorité apostolique, nous ordonnons que ce Prince et tous ses successeurs, aussitôt après leur avènement, puissent prendre le titre et le rang de premier chanoine de l'église collégiale de Cléry où le dit Roi Louis a élu sa sépulture ; qu'en cette qualité, les Rois des Français aient le droit de porter le surplis, l'aumusse, la chape et les autres ornements sacerdotaux ; qu'ils aient la première place, même avant le doyen et aient voix délibérative au chapitre [1]. »

Prévoyant une nouvelle Ligue des Seigneurs en 1471, le roi, inquiet, « accourt à Cléry, et là, en présence de toute la Cour, le doyen se lève et pour la première fois en France récite l'Angélus de midi au son des cloches [2]. » Le 27 Juin suivant, afin d'obtenir par Marie une bonne paix pour le Royaume, Louis XI, par Ordonnance Royale, établit cette coutume dans toute la France, prescrivant à tous ses sujets de réciter à genoux trois « *Ave Maria,* » complétant ainsi « la dévotion de l'Angélus et l'amenant à la forme qu'elle devait garder dans toute la catholicité, au grand applaudissement du Saint-Siège. »

Le Roi lui-même donnait l'exemple car on lit dans les *annales des premières Annonciades* :

« Le Roi estant sur son cheval, oyant soner la cloche à midi, descendait et se mettait à genoux pour honorer Nostre-Dame. »

Louis XI avait, tour à tour, réuni à la Couronne : le Berry en 1465, la Normandie en 1468, la Guyenne en 1474. Mais un gros nuage restait toujours à l'horizon : depuis plusieurs générations, la branche royale des ducs de Bourgogne était en révolte constante contre le Roi et ne craignait pas — comme au temps de Charles VII —

---

1. — Hamon, t. I, p. 340.
2. — Millet, *op. cit.*, p. 31

de faire alliance avec les ennemis de la France. La puissance de cette Maison lui permettait trop souvent de mettre en échec l'autorité royale et constituait un véritable danger pour le royaume ; Charles le Téméraire, ayant eu l'ambitieux projet de reconstituer à son profit l'ancien royaume de Lothaire, entra en lutte contre le Roi et contre le duc de Lorraine. Ceux-ci eurent alors recours à Marie pour obtenir la victoire :

Le duc René II de Lorraine, qui avait une spéciale dévotion à Marie, en son mystère de l'Annonciation, fit porter son étendard, représentant l'Ange apparaissant à Marie avec ces mots : « *Ave Maria,* » au milieu de ses troupes [1].

Le Roi, se trouvant à Lyon, dicta la charte célèbre par laquelle il établit « Notre Dame de Fourvières, Dame de Charlieu et suzeraine de 24 villages autour de Roanne. » Il ajoutait : « Nous avons eu dès notre bas-âge grande affection pour la glorieuse Vierge Marie en sa chapelle de Fourvières ; nous ne souffrirons pas que si belle Dame loge en si humble demeure. » Et il monta à la chapelle pour y faire donner en si présence lecture de la charte. « Trois semaines après, les Suisses infligeaient une terrible défaite aux troupes de Charles le Téméraire, dont la mort assurait l'unité de la Monarchie française [2]. » et le salut du duché de Lorraine dont la capitale était délivrée.

C'est en souvenir de cette victoire, obtenue par la médiation de la Vierge en qui « le Verbe s'est fait chair, » que, longtemps, le grand étendard des duchés réunis de Lorraine et de Bar fut de damas blanc avec l'image de l'Annonciation ; le champ en était semé d'alérions, de barbeaux, de croix de Lorraine et de Jérusalem et d'initiales majuscules du duc régnant [3]... »

Quant au Roi, il va manifester sa reconnaissance à Marie qui, depuis le début de son règne, l'a fait triompher de tous ses ennemis intérieurs et extérieurs.

---

1. — Pfister, *Histoire de Nancy*, t. I, p. 493 – et E. Martin, *La dévotion à la Sainte Vierge dans le Diocèse de Toul*, p. 31 et 32.
2. — M. Guinier Turgis, *Marie Reine de France*, p. 189 et 190.
3. — E. Martin, *op. cit.*, p. 32.

À Boulogne-sur-Mer, au pied de la statue miraculeuse, il déclare la Vierge suzeraine des Rois de France et se reconnaît son humble vassal ;

> « Il y fonde deux messes par jour, à perpétuité, devant l'autel de la Sainte Vierge ; et à genoux à ses pieds, il lui consacre la ville par un vœu solennel ; il Lui cède la propriété, déclarant que Boulogne n'appartiendra plus désormais qu'à Notre Dame de Boulogne ; qu'Elle en sera comtesse, la souveraine ; qu'il ne reçoit d'Elle cette ville que comme son homme-lige et son vassal ; et qu'enfin, lui et ses successeurs lui feront hommage chaque année, par l'offrande d'un Cœur d'or de treize marcs ; et cela, dit-il, pour la grande et singulière dévotion que nous avons à la glorieuse Vierge Marie et à son église collégiale, fondée en la dite ville de Boulogne, en laquelle, par l'intercession de la dite Dame, se font, chacun jour, de beaux et grands miracles [1]... »

Louis XI réunit alors à la Couronne : la Bourgogne, le Boulonnais, le comté de Pardiac et la Marche en 1477 ; en 1480 l'Anjou ; en 1481, le Maine et la Provence.

Après les désastres de la guerre de Cent ans, la rapidité avec laquelle le Roi assure le redressement de la France ne s'explique que par une cause transcendante ; et cette cause, c'est la bénédiction de Marie, touchée du culte tout spécial du monarque.

Malheureusement, Louis XI va commettre un abus de pouvoir doublé ensuite d'un crime : Louis de Bourbon, élevé à la Cour de son oncle le duc de Bourgogne, avait été nommé, alors qu'il n'avait que dix-sept ans, Prince-Évêque de Liège, sans avoir reçu les Ordres Sacrés, par Calixte III. Il voulut négocier avec le Saint-Siège la sécularisation de cette principauté ecclésiastique à son profit et obtint à cet effet, de Pie II, un délai lui permettant de reculer sa consécration jusqu'à l'âge de 27 ans, afin que les négociations eussent le temps d'aboutir. Pour des raisons politiques, Louis XI mit tout en œuvre pour faire échouer le projet et y réussit. Louis de Bourbon qui, quel que fût le résultat des négociations, était décidé à renoncer à la Principauté plutôt que de ne pas fonder

---

1. — *Ordonnances des Rois de France*, tome XVIII, p. 391 et suiv.
Antoine Le Roy, *Histoire de Notre Dame de Boulogne*, pp. 101 et suiv., Paris, 1681.
Hamon, *id.*, pp. 519 et 520.

un foyer, épousa secrètement, mais légitimement, en janvier ou février 1464, Catherine d'Egmont, fille naturelle d'Arnold, duc de Gueldre, dont il eut trois fils. Mais, au début de 1466, le projet de sécularisation ayant échoué, et les circonstances politiques (intrusion de Marc de Bade dans la Principauté) et religieuses (Bulle de Paul II donnée en Décembre 1465) étant changées, le Prince-Évêque décida, peut-être en commun accord avec Catherine d'Egmont, de se séparer d'Elle et d'entrer dans les Ordres[1]. La Principauté étant enclavée dans les États du duc de Bourgogne, Louis de Bourbon fut entraîné dans une politique opposée à celle de Louis XI. Aussi, quand le Roi de France apprit en 1480 le mariage secret du Prince-Évêque, il refusa de reconnaître les trois princes issus du mariage, non seulement comme princes du Sang, mais encore comme enfants légitimes, commettant ainsi un abus de pouvoir incontestable[2].

Puis il finit par s'aboucher avec une bande de révolutionnaires et d'émeutiers commandés par « le Sanglier des Ardennes, » Guillaume de la Marck, et le Prince-Évêque fut assassiné le 30 Août 1482. Au moment même où le crime fut perpétré, Louis XI se trouvait en compagnie de Saint François de Paule. Le Saint entra en extase, vit la participation du Roi au meurtre du Prince-Évêque de Liège et, de la part de Dieu, annonça au Monarque qu'il aurait un an, jour pour jour, pour expier son crime.

---

1. — Catherine d'Egmont entra à l'Abbaye Cistercienne de Onze Lievevroon ter Daele où elle mourut le 26 octobre 1483, ainsi qu'en fait foi le nécrologe latin de cette Abbaye, publié au milieu du siècle dernier, par le Docteur Van den Aa.

Louis de Bourbon reçut les Ordres mineurs le 28 février 1466, le sous-diaconat le 1er mars, le diaconat le 2 juillet, la prêtrise le 6 juillet et l'épiscopat le 20 juillet de la même année.

2. — François Ier répara dans la mesure où il le put l'abus de pouvoir de Louis XI et, dès 1518, déclara que les descendants du Prince-Évêque de Liège seraient dorénavant reconnus comme enfants légitimes de la Maison de Bourbon, mais sans qu'ils puissent prétendre à aucun partage des biens. L'un des Chefs de cette branche, le Colonel de Bourbon-Busset, fut chargé, en novembre 1918, par le Maréchal-Foch d'aller recevoir les plénipotentiaires allemands pour la signature de l'armistice.

Pendant cette année, le Roi fit toutes sortes de pénitences et fit construire une chapelle réparatrice dans la basilique Saint Servais à Maestricht, église-mère du Diocèse de Liège.

« Le Roi mourut un samedi, comme il l'espérait et le jour qu'avait prédit le saint, » écrit Commines. C'était le 30 Août 1483.

Son crime ayant été pardonné, l'expiation devait suivre : sa descendance fut rejetée ; son fils, Charles VIII monta bien sur le trône, mais n'eut pas d'héritier salique et le trône passa à son cousin Louis XII.

« QUE SES JOURS SOIENT ABRÉGÉS, ET QU'UN AUTRE REÇOIVE LA ROYAUTÉ !, » avait écrit Saint Rémi, inspiré, dans son Testament ; ce testament dont Pie X, de sainte mémoire, disait aux Français de « faire leur trésor. »

Saint Flonorat et l'Île de Lérins.

Longtemps inculte et infestée de serpents, cette île ,fut transformée par saint Honorat et ses disciples, au point de devenir un foyer de vie et de civilisation chrétienne.

Tiré de la *Chronologie des Saints de l'île de Lérins*, par dom Vincent Barrai. – Lyon, Pierre Rigaud, 1613.

CHAPITRE XII

La Dévotion Mariale des Derniers Valois

Marie suscite la Ligue pour briser l'hérésie protestante et sauver l'Église et la France.

Louis XI ayant participé au meurtre de son cousin, l'Évêque de Liège, la Providence le châtia dans sa descendance. Des sept enfants qu'il avait eus, trois seulement survécurent : Anne de Beaujeu, régente de son jeune frère Charles VIII, Jeanne qui, répudiée par son cousin Louis XII, Roi de France, fonda, en l'honneur des dix vertus de Notre Dame l'Ordre des Annonciades et mourut en odeur de sainteté [1] ; enfin le Roi Charles VIII.

---

1. — Cet Ordre Religieux possède pour chacune de ses chapelles un privilège insigne : tout fidèle peut y gagner les mêmes indulgences que celle qu'on gagne en allant en pèlerinage au Saint-Sépulcre à Jérusalem, chaque jour, du dimanche de la Passion au dimanche des Rameaux inclus ; aux conditions ordinaires, pour gagner une indulgence plénière, les fidèles doivent ajouter la visite de la chapelle de l'Ordre et y réciter un Pater et dix Ave en l'honneur des dix principales vertus de la Sainte Vierge et faire une aumône, proportionnée à leurs possibilités, pour la chapelle du monastère. (Indulgences accordées par Alexandre VI, Jules II, Léon X, Paul III et confirmées par Rescrit du 9 mai 1920.)

Sans doute celui-ci souffrit-il de ne pas laisser de postérité — juste expiation du crime paternel — mais du moins son règne fut-il relativement heureux. C'est incontestablement à son culte envers Marie qu'il le dut[1].

Avant son aventureuse expédition d'Italie, Charles VIII alla en pèlerinage à Notre Dame d'Embrun pour lui en confier la réussite. Marie ne se montra pas sourde à l'appel royal et, en mère qui prévoit les dangers et les périls à venir, Elle ne lui permit pas de réaliser la conquête du Royaume de Naples, car cette conquête, excentrique quant à l'axe politique du Royaume, eut pu devenir pour la France une cause de faiblesse par son éloignement ; mais Elle manifesta au Roi sa protection d'une façon plus tangible encore à la bataille de Fornoue. Sur le point d'être pris, Charles VIII invoqua Notre Dame d'Embrun et « à l'instant son cheval, prenant l'élan, l'emporta du milieu de la mêlée et l'arracha à ses ennemis[2]. » Puis quelques mois après, voyant, malgré ses victoires, qu'il ne pourrait rentrer en France sans essuyer un désastre, il se confia à Notre Dame du Puy, qui l'exauça et reçut au retour de l'expédition la visite royale faite en accomplissement du vœu. Du moins, si cette expédition ne rapporta au Roi que de la gloire, lui permit-elle de proclamer bien haut à l'étranger l'amour du Roi de France pour le Christ et pour Marie ; ayant, sur leur demande, délivré les Pisans de la domination florentine, il fit frapper une médaille commémorative en argent portant « d'un côté la Vierge tenant l'Enfant-Jésus, et pour légende : *Protege Virgo Pisas* ; et au revers les armes de France

---

À notre connaissance il y a actuellement dans notre Pays deux monastères d'Annonciades de France : Thiais et Villeneuve-sur-Lot.

1. — Le Roi fait le pèlerinage de Notre Dame sur l'Eau près de Domfront ; en 1485, il confirme les privilèges de ses deux prédécesseurs en faveur de la restauration des églises de Notre Dame de Cléry, Notre Dame de Pontoise et Notre Dame de Montfort ; il vient souvent à Notre Dame de Belmont en Anjou, fonde des services au Puy Notre Dame pour les Rois de France et y fait des riches présents.

2. — Il avait une particulière dévotion à Notre Dame d'Embrun. Il y était allé déjà en 1489 pour remercier la Madone de sa guérison et accomplir son vœu. Voir : Hamon, t. VII, p. 344 et *Lettres Patentes du Roi prenant le chapitre sous sa protection*.

avec cette légende, : *Karolus : Rex : Pisanoru lib.* » Quant aux écus d'or frappés à Naples, ils portent d'un côté les armes de France et la devise du Monarque et « de l'autre des croisettes de Jérusalem avec cette devise : *XPS vincit, XPS regnat, XPS impat* [1]. »

Au cours du règne de Charles VIII, l'événement où la protection mariale se manifesta avec le plus d'éclat est le mariage du Roi avec Anne de Bretagne. La jeune Princesse était fiancée à l'Empereur, le mariage avait même été contracté par procuration. Si l'union avec Maximilien avait été consommée, c'en était fait pour des siècles de l'unité française et la situation de la France fut devenue tragique, lors de la prochaine lutte contre la Maison d'Autriche que la France eut à soutenir pour briser le cercle de fer, constitué par les possessions des Habsbourg, qui menaçait de l'étouffer. Prévoyant le péril, le Roi fit faire des ouvertures à la jeune duchesse de Bretagne, mais « Anne ne voulait pas entendre parler d'épouser Charles VIII et, bien qu'elle n'eût que quatorze ans, elle était d'un caractère fort décidé. » Le Roi, connaissant la dévotion de la Princesse envers Notre Dame de Bonne Nouvelle à Rennes, résolut de confier sa cause, qui était en même temps celle de la France, à la Souveraine de ce sanctuaire et y fit un pèlerinage. Marie l'exauça car, « admis ensuite auprès de la duchesse, il trouva son âme changée et se vit bientôt accepté comme époux. On peut donc, dit notre historien breton (M. de la Borderie), attribuer à la Vierge de Bonne Nouvelle, cet événement si grand, si considérable, l'union de la France et de la Bretagne, union si glorieuse et si profitable pour les deux pays [2]. »

---

1. — G. Peignot, *De la Maison Royale de France*, Paris, 1815, p. 149.

2. — Le Sanctuaire de Bonne Nouvelle était particulièrement cher aux Ducs de Bretagne. Jean IV de Montfort, duc de Bretagne, en fut le principal fondateur, en posa la première pierre, le 2 février 1368 et par lettres patentes prescrivit à tous ses sujets de contribuer par leurs aumônes à l'érection du sanctuaire en l'honneur de Marie. Réfugié en Angleterre pendant la révolte de Bretagne, il vint remercier Marie de sa rentrée dans ses États et, sur son lit de mort, recommanda à Jeanne de Navarre, sa femme, et à son fils d'achever le sanctuaire. Jean V fut fidèle au désir paternel. Son fils François Ier, en 1449, avant d'aller batailler contre les Anglais en Normandie, vint se mettre sous la protection de Notre Dame de Bonne Nouvelle. Le Duc Pierre II et sa femme, la bienheureuse Françoise d'Amboise, fréquentèrent assidûment le pèlerinage. Arthur de Richemont,

Le mariage de deux de nos Rois — Charles VIII, puis Louis XII — avec Anne de Bretagne, ne pouvait qu'ajouter, à la traditionnelle dévotion mariale des Rois de France, celle de la Maison de Bretagne, toute dévouée également à Notre Dame depuis les temps les plus reculés [1].

connétable de France, vint rendre grâce à Notre Dame de Bonne Nouvelle de ses victoires et y déposer ses trophées. C'est à ce sanctuaire qu'Anne de Bretagne « donna sa couronne ducale, trois chapelles entières de drap d'or, chapes, chasubles et tuniques, la première desquelles est faite de sa robe de noces et de son grand manteau royal à queue … ; et y donna de beaux privilèges et exemptions, par lettres datées de Blois, en mai 1510. » (Voir P. Philouze, *Notice sur le sanctuaire de Bonne Nouvelle*, Rennes 1896, p. 231, pp. 75 et 76.)

1. — « Sans doute la Bretagne honore Sainte Anne comme sa patronne séculaire, et Sainte Anne d'Auray est son pèlerinage de prédilection ; Auray est comme la terre sainte de Bretagne ; ou plutôt, la Bretagne tout entière est comme le royaume de Sainte Anne ; mais la dévotion à Marie, loin d'en souffrir quelque atteinte, y a gagné. L'amour de la Mère a rendu la Fille plus chère ; les deux dévotions se sont accrues l'une par l'autre comme deux flambeaux qui se rapprochent » ; (Hamon, t. IV, p. 435.) Ses ducs donnèrent l'exemple de la dévotion à Marie : Grallon, second roi de la Bretagne, attaqué par les hommes du nord, se confie à Marie et taille en pièces 25.000 Danois ; en reconnaissance, il fonde alors le monastère de Notre Dame de Landevennec, auquel il donne son ancien château et tout le butin pris sur les envahisseurs.

Hoël I fonde en l'honneur de Marie, l'Ordre de l'Hermine ; le jour de leur réception, les nouveaux membres juraient solennellement de consacrer leur corps et leurs biens à « la défense de son honneur et l'amplification de son service. »

En 502, Rivallon Murmacyon attaque avec une petite armée 50.000 Danois qu'il défait après s'être confié à Marie et, en reconnaissance, élève la chapelle de Notre Dame, en l'Île Callot à Saint-Pol-de-Léon.

Alain II délivre Nantes du joug des Normands grâce à Marie. Il met tant de zèle à relever les sanctuaires de la Mère de Dieu, dévastés par les envahisseurs, que son corps — racontent les traditions — ne put rester enterré que quand on eut déposé ses restes dans la collégiale qu'il avait fait élever en l'honneur de Marie.

Ermengarde d'Anjou, épouse d'Alain IV, fonde le monastère de Notre Dame de Buzay près de Nantes, en reconnaissance des succès des chrétiens en Orient et du retour du duc de la croisade.

La duchesse Constance, veuve de Geoffroy II, fonde le monastère de Notre Dame de Villeneuve en reconnaissance d'avoir pu échapper aux embûches de Jean sans Terre.

Charles VIII et Anne de Bretagne, pour marquer leur dévotion à Marie, tinrent à reconstruire le portail de Notre Dame de Longpont sur lequel sont sculptés leurs écussons et initiales. Ils continuèrent les bienfaits de leurs prédécesseurs à Notre Dame de Cléry et voulurent que leurs corps y fussent déposés après leur mort, qu'on y chantât un service pour le repos de leur âme, avant que leurs restes ne fussent transportés à la nécropole royale de Saint-Denis.

C'est à Cléry également que Louis XII, gravement malade, envoya en pèlerinage, en son nom, le cardinal d'Amboise demander à Marie sa guérison. Exaucé, le Roi y alla en personne témoigner à la Reine du Ciel sa reconnaissance. Allant en Italie pour reprendre le Milanais, il s'arrête à Notre Dame d'Embrun et obtient du Pape Léon X une indulgence plénière pour tous les chrétiens qui y viendraient en pèlerinage et y feraient une aumône, destinée moitié à la reconstruction de la basilique et moitié à la construction de Saint Pierre de Rome.

De passage à Troyes, en 1512, et y apprenant que les Officiers Municipaux s'opposent à la continuation des travaux de reconstruction de la cathédrale, il délivre immédiatement des Lettres Patentes autorisant à continuer les travaux malgré eux, « en considération de la grande dévotion et révérence qui sont en la dite cathédrale, pour la benoîte Vierge Marie, Mère du Sauveur. »

La même année, la Reine Anne de Bretagne fit reconstruire le portail de l'église de Notre Dame des Aides à Blois et, si la mort ne l'en avait empêchée, elle eut reconstruit l'église tout entière. Elle avait inculqué le culte de Marie à sa fille Claude ; elle emmena

---

Blanche de Navarre, épouse de Jean I, fonde près de Vannes le monastère de la Joie de Notre Dame ; Jean II celui de Notre Dame du Carmel, près de Ploërmel et la collégiale de Notre Dame du Mur à Morlaix ; Jean IV de nombreuses églises en l'honneur de la Reine du Ciel et notamment Notre Dame de Bonne Nouvelle à Rennes ; Jean V pourvoit à l'entretien des chapelains de Notre Dame du Folgoët — dont le magnifique sanctuaire avait été fondé par Jean de Montfort — et se met tout armé et caparaçonné dans le plateau d'une balance pour donner à Marie son poids d'or et d'argent. La piété de Pierre II et de Françoise d'Amboise a été rapportée dans la note précédente. François II fit bâtir l'aile nord de la collégiale Notre Dame et la Duchesse Anne l'aile sud.

la jeune Princesse à Cléry, accompagnée de son fiancé, le comte d'Angoulême, le futur François Ier, qui de son côté, aimait à venir souvent en pèlerinage accompagné de sa mère, Louise de Savoie, à Notre Dame de Chartres. C'est ainsi, sous les auspices de Marie, que se préparait le nouveau règne.

Sous François Ier, les pèlerinages préférés de la Famille Royale furent Notre Dame de Liesse et surtout Notre Dame de Cléry, où le Roi tint, en 1539, à conduire en grande pompe l'Empereur Charles-Quint. Ce règne débuta par une éclatante victoire : Marignan. En reconnaissance, le Roi construisit à Milan une église sous le vocable de « Reine des Victoires [1]. » Deux ans après, en Mai 1517, voulant manifester sa piété, le Roi tint à faire à pied et en aube de pénitent le chemin de Vienne à Chambéry pour y vénérer le Saint Suaire. En cours de route il alla en pèlerinage à Notre Dame de l'Aumône, près de Seyssel.

Malheureusement, le Roi ne resta pas longtemps sous la pieuse influence de la Reine Claude de France, il tomba sous celle des libertins et surtout de sa sœur, Marguerite, qui déjà protégeait les hérétiques et, après son mariage avec Henri d'Albret en 1527, allait faire de sa cour de Nérac le refuge de Calvin. Au lieu de se conduire en Roi très chrétien, François Ier, favorisa la Renaissance, qui « étalera la pourriture païenne » et « prêchera l'erreur et le vice » ; il pactisera avec la Réforme, qui érigera en dogme « le droit à l'erreur et au vice, » et fera alliance avec les disciples de Mahomet, alors que, depuis leur récente conquête de Constantinople (1453), ils étaient une menace directe contre la Chrétienté tout entière. Dès lors la protection divine abandonne le Fils Aîné de l'Église ; la jeune et pieuse Reine meurt en 1524. Le Roi est fait prisonnier à Pavie (1525). « Tout est perdu, fors l'honneur ! » écrira-t-il. Ayant demandé à Marie de faire cesser sa captivité, de retour

---

1. — *Bulletin de l'Archiconfrérie du Très Saint et Immaculé Cœur de Marie à Notre Dame des Victoires*, Décembre 1936, p. 367. Ajoutons que la Reine Claude de France fit don à Notre Dame de Boulogne d'un manteau de drap d'or et de deux robes de même étoffe, l'une pour la Sainte Vierge et l'autre pour l'Enfant Jésus. (Hamon, t. II, p. 521.)

en France, il tient à en témoigner sa reconnaissance à sa céleste bienfaitrice : il offre un grand vitrail à la cathédrale de Bayonne, puis accompagné de la nouvelle Reine Elisabeth d'Autriche, et de ses trois fils, va accomplir son vœu à Notre Dame du Puy, et envoie à la basilique deux chandeliers d'argent d'un grand prix prescrivant qu'ils soient placés devant la statue miraculeuse. Mais « ce fut surtout en 1528 que la Providence se plût à faire voir sur le trône un exemple remarquable de dévotion à Marie. Un des premiers actes par lesquels le protestantisme signale sa présence à Paris avait été de mutiler et de décapiter, rue des Rosiers, près de la petite porte Saint-Antoine, une statue de la Vierge qui y était en grande vénération. À la nouvelle de cet attentat, qui blessait profondément le sentiment national, l'émotion fut profonde et générale. François Ier partageant les sentiments de toute la nation, ordonna aussitôt de faire une statue d'argent semblable à celle qui avait été profanée.

Au bout de douze jours, elle est terminée ; il convoque, dans une église voisine du lieu de la profanation, tous les corps ecclésiastiques de Paris, avec huit évêques, le parlement, la chambre des comptes, et le corps de ville, les princes du sang, les ambassadeurs et tous les grands officiers de la Couronne. On y offre le Saint Sacrifice en expiation de l'attentat commis et, de là, on se rend en procession sur le théâtre du crime, le grand aumônier de France portant la nouvelle statue et le Roi suivant, un cierge à la main. Arrivé au lieu désigné, l'évêque dépose la statue sur un autel préparé ; la musique de la chapelle royale chante l'antienne « *Ave regina cælorum* » devant toute l'assemblée à genoux ; après quoi, le Roi se lève, prend la statue, la baise respectueusement, la place lui-même dans la niche, ferme le treillis destiné à prévenir de nouvelles insultes, se remet à genoux, prie quelque temps avec larmes, et fait porter en grande pompe la statue mutilée dans l'église Saint-Gervais, où elle a été depuis honorée pendant des siècles sous le titre de Notre Dame de Tolérance [1]. »

---

1. — Pour le pèlerinage du Roi à Notre Dame du Puy, Hamon t. II, p. 235 et 252. – Pour la restauration de la statue mutilée par les Protestants, Hamon, t. I, p. 119 et 120 et Duhaut, *op. cit.*, p. 66.

Mais hélas, François Ier retombe dans ses erreurs et de nouveau la protection divine va lui faire défaut ; coup sur coup, six sur sept de ses enfants meurent ; le résultat des trentes années de guerres de son règne est nul et il laisse le pays mûr pour les guerres de religion ; en effet, le protestantisme fait des ravages en France, ses adeptes incendient et détruisent les églises et les monastères, pillent tous les trésors que la piété des fidèles y a accumulés depuis tant de siècles et peu à peu organisent un véritable état dans l'état.

Son fils, Henri II, fait beaucoup en faveur de Notre Dame de Boulogne. À la fin du règne de son père, le Roi d'Angleterre Henri VIII, ayant mis le siège devant cette ville, parvint à s'en rendre maître grâce à la trahison d'une bande d'Italiens. La basilique de Notre Dame fut pillée, la statue miraculeuse emportée en Angleterre. Pour punir de tels sacrilèges, la Vierge décima la garnison anglaise par la peste. Et le 15 Mai 1550, Henri II reprit la ville. Le Roi put accomplir le vœu qu'il avait fait deux ans auparavant en donnant une grande statue de Notre Dame en argent massif, pour remplacer la statue miraculeuse volée par les Anglais. La statue, montée sur un bateau, portait l'inscription : « *Henricus secundus, rex Franc. Christianiss., Benonia ab hoste recepta, divae Mariae Virginae Deiparae suos honores restituit ann. 1550*[1]. » Il ajouta quatre grandes lampes d'argent, de somptueux dons, cent chênes de ses forêts du Boulonnais pour réparer le sanctuaire, mille écus sols de douze-cents livres tournois. La reine Catherine de Médicis donna à son tour une chapelle d'or, une lampe d'argent très lourde et de magnifiques ornements, afin de reconstituer ainsi en partie le trésor pillé et volé par les envahisseurs. Henri II fit plus, il réclama la statue miraculeuse au Roi d'Angleterre qui la renvoya. Grâce à la piété du Monarque, les pèlerinages reprirent alors à Notre Dame de Boulogne[2]. Enfin, le Roi demanda au Pape Pie V que Boulogne devînt le siège d'un évêché et que le sanctuaire de Notre Dame de Boulogne soit la cathédrale du nouveau diocèse ; en 1567, le Souverain Pontife accorda la bulle d'érection[3].

---

1. — de Thou, *Historia mei temporis*, p. 219.
2. — Voir Hamon, *op. cit.*, t. II, p. 522, 523.
3. — *Gallia Christiana*, t. X, instrum. col. 420.

Malheureusement, le Roi manifestera surtout sa piété envers Marie par des actes personnels [1] et sa politique continuera celle

---

1. — « Henri II ... professait une grande dévotion envers Notre Dame de Cléry. Le 14 décembre 1551 il partait à pied de Fontainebleau pour Orléans et de là, accompagné de la reine portée en litière, et d'une foule de seigneurs, il se rendait à Cléry pour accomplir un vœu qu'il avait fait, au milieu de graves affaires politiques dont il demandait le succès » ... Le 17 janvier 1552, il y promet une lampe d'argent. « On lui doit les 43 stalles du chœur ainsi que les grandes portes de l'église. » (Abbé Millet, *Notre Dame de Cléry*, p. 55.) Il y fait rétablir les verrières détruites par les protestants. Il établit à Notre Dame du Folgoët une confrérie dont il se réserve pour lui et ses successeurs d'être le premier membre. (*Alm. Cath.* 1923, p. 292, 293.)

Catherine de Médicis qui avait une grande dévotion à Notre Dame des Aydes à Blois voulut que ses entrailles y reposassent et y fit don d'une lampe d'argent, d'un ostensoir magnifique et de superbes ornements, etc. Le 23 janvier 1576, elle fonde à Cléry une messe basse quotidienne pour le repos de l'âme du Roi Henri II. Elle y revient en octobre, puis en janvier 1577.

En 1560, François II alla à Chartres en compagnie de la Reine Marie Stuart et de toute la Cour. La Reine en venant épouser le dauphin avait tenu à s'arrêter à Notre Dame du Mur à Morlaix.

Charles IX alla à Chartres en 1563. Il fit également un pèlerinage près de Domfront à Notre Dame sur l'Eau.

Avec Henri III monte sur le trône un fervent pèlerin de Cléry. Déjà en 1573, il avait fait à pied, de Blois, le pèlerinage dont il fut par la suite « l'un des plus insignes bienfaiteurs. » Dès le début de son règne, en Janvier 1578, il donna sur sa cassette privée mille écus pour la collégiale pillée par les huguenots.

« Sa dévotion non moins avisée que fervente lui suggéra le moyen de se faire, pour cette œuvre de restauration, des auxiliaires puissants et riches. Comme il venait de fonder l'ordre de chevalerie du Saint-Esprit, il imposa aux princes, prélats et seigneurs une contribution qui devait servir à fermer par des verrières de couleurs de hautes fenêtres de l'église de Cléry. » (Millet, *Notre Dame de Cléry*, à Paris, chez Letouzey, pp. 57-58.) Cette coexistence chez le Roi de ces deux dévotions n'est-elle pas logique ? Ces dévotions ne sont-elles pas complémentaires l'une à l'autre, Marie étant l'épouse du Saint-Esprit ? Pourtant, on ne le croirait pas de nos jours où le culte de la troisième personne de la Sainte Trinité est presque totalement négligé. C'est sans doute l'une des causes de l'obscurcissement des âmes, des intelligences et des Cœurs.

« L'onzième jour d'avril 1583, qui était le lendemain de Pâques, » raconte Pierre de l'Étoile, « le roi, la reyne, son épouse, partirent de Paris à pied, allèrent de son père ; sa vie privée ne sera pas meilleure. Aussi son règne aboutira-t-il, en fait, à un désastre au traité de Cateau-Cambrésis par lequel le Roi, pour conserver Calais et les Trois-Évêchés, devra abandonner 189 villes ou châteaux fortifiés au-delà des Alpes ou dans les Pays-Bas et tous ses droits en Italie[1] ! Mais au cours de ces guerres, Marie fera sortir de l'ombre une autre branche de la Maison de France issue de Mérovée, la branche cadette de Lorraine, qui va jouer un rôle prépondérant dans le salut de la France chrétienne. De tous temps, les ducs de Lorraine ont eu le culte de Marie[2] ; mais il semble que Marie ait accueilli avec une

---

à Chartres et de Chartres à Cléry, faire leurs prières et offrandes à la Belle Dame révérée solennellement ès églises des dits lieux, à ce que par son intercession, il plût à Dieu de leur donner la mâle lignée que tant ils désiroient ; d'où ils furent de retour à Paris le vingt quatrième dudit mois, tous deux bien las et ayant les plantes des pieds bien ampoulées d'avoir fait tant de chemin à pied. » En 1584, Henri III renouvela son pèlerinage de Paris à Cléry, à pied, accompagné de 50 princes et seigneurs, tous revêtus de l'habit blanc et de la cagoule des pénitents. Cléry n'était pas sa seule dévotion, il alla jusqu'à dix-huit fois à Chartres et la Reine voulut y aller une fois avec toutes les dames de sa Cour, à pied de Paris (Hamon, t. I, p. 224.) Incontestablement de tels exemples avaient sur le peuple une influence salutaire d'autant plus profonde qu'elle venait de plus haut. Sans aucun doute, si les derniers Valois avaient mis leur conduite politique en harmonie avec leur piété privée, leurs règnes eussent été dignes de ceux de leurs ancêtres.

« Lorsqu'en 1588, les États Généraux se tinrent à Blois, on voulut, avant de les ouvrir, les placer sous le patronage de Notre Dame de Toutes Aydes et en conséquence une procession solennelle, composée du Roi, de la Reine, des députés des trois ordres et des hauts dignitaires de l'État, se rendit du Château à l'église de Vienne, qu'on avait pour cette circonstance toute tendue des plus riches tapisseries de la cour. Là, le splendide cortège entendit la messe du Saint-Esprit célébrée par l'archevêque de Bourges, et, prosterné aux pieds de Marie, implora par elle les lumières du ciel pour traiter dignement les graves questions d'intérêt public qui devaient être proposées à la délibération des États, et sur lesquelles les vues de la sagesse humaine sont toujours trop courtes et sujettes à se tromper. » (Hamon, t. I, p. 141) et *États de France* par Florimond de Rapine, pp. 67 et suiv. ; *Histoire du Château de Blois* par M. de la Saussaye.

1. — Abbé Vial, *Jeanne d'Arc et la Monarchie*, p. 309.
2. — Voir la note sur la dévotion des Ducs de Lorraine envers Marie, au

particulière satisfaction l'offrande que le Duc René II fit, en 1496, à son sanctuaire de Sainte-Marie du Mont, car, remarquent plusieurs auteurs, peu après la duchesse de Lorraine mit au monde Claude de Lorraine, souche de la célèbre Maison de Guise.

Claude est le seul de tous les généraux français de son époque qui n'ait jamais connu la défaite. Son fils, François de Guise s'immortalisa à Metz où, avec 10.000 hommes, il repoussa victorieusement 60.000 impériaux (1552-1553). Peu après, il battit Charles-Quint à Renty (1554), ce qui obligea l'empereur à abdiquer ses deux couronnes, impériale d'Allemagne et royale d'Espagne ; enfin il prit Calais (1558), la dernière ville occupée encore par les Anglais depuis la guerre de Cent Ans. L'attention publique était ainsi attirée par la gloire de cette famille et tout naturellement, au jour du péril, les catholiques se tourneront vers elle pour constituer la Ligue.

À la mort du Roi Henri II (1559), ses trois fils, jeunes encore, vont lui succéder tour à tour. C'est leur mère, Catherine de Médicis qui va diriger les affaires du Royaume.

> « Catherine flattera tour à tour les protestants et les catholiques, en ayant soin de balancer chaque victoire des catholiques par un traité avantageux pour les protestants, si bien que les protestants verront leurs places de sûreté s'augmenter avec leurs défaites et les catholiques leur puissance s'amoindrir avec leurs victoires... La lutte entre les catholiques et les huguenots durera, de la Conjuration d'Amboise (1560) à l'abjuration d'Henri IV (1593), trente trois ans [1] ! »

Les protestants savaient que s'ils triomphaient en France, c'en serait fait de l'Église ; aussi s'acharnèrent-ils à terroriser les populations pour triompher de la résistance catholique : crimes, incendies, viols, pillages, etc. Ils organisèrent un véritable état dans l'État. Mais ils avaient compté sans Marie.

---

chapitre sur Louis XVI, à l'occasion de son mariage avec Marie-Antoinette de Lorraine-Autriche.
1. — Abbé Vial, *id.*, p. 311 et 312.

C'est à la dévotion de la France à Marie que le protestantisme dut sa défaite et que la France fut, une fois de plus, le rempart de la foi et assura le salut de l'Église. *Gesta Dei per Francos (Les Œuvres de Dieu par les Francs.)*

L'un des premiers attentats des huguenots avait été une sacrilège profanation d'une statue de la Vierge ; c'est à l'ombre d'un grand pèlerinage à Marie, Notre Dame de Liesse, au château de Marchais, que les Guise fondent la Ligue avec Jacques d'Humières, marquis d'Ancre, qui, dans son gouvernement de Péronne, va chaque jour invoquer Notre Dame de Brebières. Le traité de Péronne qui organise la Ligue est confié par eux à Celle qui triompha toujours de l'hérésie.

Sous leur influence, l'âme de la France se réveille : la Ligue s'organise militairement pendant que les fidèles, dans toutes les parties du pays, se pressent en foule aux processions dont Évêques et clergé prennent la tête, escortent triomphalement et pieusement le Saint Sacrement, invoquent avec ardeur la Sainte Vierge, lui demandant de se montrer plus que jamais Reine de France ; des associations de pénitents se fondent de tous côtés et les Princes de la Maison Royale sont des premiers à s'y inscrire, unissant ainsi la prière et les sacrifices à l'action, pour fléchir le Ciel et obtenir la victoire.

Chaque Ligueur s'engage par serment :

« À maintenir la double et inséparable unité catholique et monarchique du « Saint Royaume de France, » telle qu'elle fut fondée miraculeusement au baptistère de Reims, par Saint Rémi, telle qu'elle fut restaurée miraculeusement par Jeanne d'Arc, telle qu'elle est inscrite dans la Loi Salique.

« À faire dans ce but le sacrifice de leurs biens et de leur vie, à défendre jusqu'à la mort les ligueurs assermentés, à poursuivre jusqu'à la mort leurs ennemis … »

Après une guerre terrible, meurtrière, acharnée, la Ligue l'emporte et Marie tient à présider Elle-même à cette victoire : c'est aux pieds de Notre Dame que vient échouer l'hérésie, par la conversion du Roi Henri IV et par son Sacre à Notre Dame de Chartres.

MÉDAILLE FRAPPÉE EN SOUVENIR DE LA CONVERSION D'HENRI IV.
Reproduite d'après l'original, mesurant vingt-deux millimètres en diamètre, et conservé au musée eucharistique de Paray-le-Monial.

Henri IV

Au vingt-cinq du mois de Juillet de l'an 1593. – La cérémonie de son Adjuration dans L'Eglise de S^t. Denis à deux lieux de Paris entre les main de l'archevêque de Bourges et 7. ou 8. Evêques assistans et tous les grands de la Cour, Gabriel d'Estrée même qui avait beaucoup contribué à sa conversion.

Estampe : Graveur Anonyme.

L'Archange saint Michel

    Avant la ruine du temple de Jérusalem et la dispersion des Juifs, quand déjà tout présageait l'horrible catastrophe, on entendit, au rapport de l'historien Josèphe, les anges du sanctuaire s'écrier : « Sortons, sortons d'ici ! » Un ancien texte rabbinique ajoute que les régions occidentales furent dès lors confiées au gouvernement de saint Michel ; comme si, justement à cette heure, le glorieux archange s'était envolé vers Rome et vers nos contrées, pour en prendre possession et y établir le siège de son nouvel empire... La France chrétienne, en effet, ne devait pas tarder à naître et à grandir, pour devenir dès son berceau, sous l'égide de saint Michel, le soldat du Christ et de son Église.

Tiré du tableau de l'Assomption de la Vierge, Vannucci Pietro (Le Perugin).
(Académie des Beaux-Arts, à Florence, XVIᵉ siècle.)

Louis XIII, enfant, est debout au milieu de l'estampe ; à gauche, Henri IV, et à droite, Marie de Médicis, sont assis.

Estampe : Gaultier, Léonard (1561?-1635?). Graveur.

CHAPITRE XIII

Le Règne Réparateur d'Henri IV

Celui qui devait être le « bon Roi Henri » naquit au chant d'un cantique en l'honneur de la Sainte Vierge. L'histoire raconte, en effet, que sa mère, la farouche calviniste Jeanne d'Albret, oubliant l'hérésie lors des douleurs de l'enfantement, entonna d'une voix forte le cantique des femmes du Béarn, attirant ainsi sur la naissance de l'Enfant la protection et, en quelque sorte, l'assistance de Marie.

Nouste Dame Deu Cap deu Poun	Notre Dame du Bout du Pont
Adjudat me ad aqueste ore	Aidez-moi à cette heure
Frégats au Diu deu Ceu	Priez le Dieu du Ciel
Qu'em bouilhe bié deliura leii	Qu'il veuille bien me délivrer[1].

De fait, le jeune Prince fut baptisé et élevé dans la Religion Catholique jusqu'à neuf ans. Ce n'est qu'à la mort de son père, Antoine de Bourbon, tué dans les rangs des Catholiques en 1562, en combattant contre les Protestants alliés aux Anglais lors du siège de Rouen, que sa mère éleva son fils dans le Calvinisme.

---

1. — Notre Dame du Bout du Pont était située à l'entrée du pont qui, seul, donnait accès au château de Pau. (Hamon, *op. cit.*, t. III, pp. 426 et 427.)

À la mort d'Henri III, Henri IV faillit perdre le Trône — parce qu'il était protestant — car la Ligue convoqua les États Généraux, sur les instances de Philippe II Roi d'Espagne, à l'effet de désigner le Roi ; les États s'ouvrirent le 10 Février 1593. Le duc de Féria, ambassadeur d'Espagne, y déclara que la Loi Salique exigeant deux choses (1) : que la couronne se transmette de mâle en mâle dans la même famille, par ordre de primogéniture et que cette Famille soit catholique ; il considérait que le second point l'emportait sur le premier. Il proposa alors de donner la Couronne à Isabelle-Claire, Infante d'Espagne, petite-fille d'Henri II Roi de France, qui épouserait Charles de Guise, fils du Balafré. Il prétendit qu'ainsi la nouvelle dynastie serait conforme à l'esprit, sinon à la lettre, de la Loi fondamentale du Royaume.

---

1. — Le duc de Féria commet une erreur trop courante. L'ordre de primogéniture n'est pas rigoureusement imposé par la Loi Salique. Ce n'est qu'un usage institué par les Capétiens pour éviter les compétitions et assurer la tranquillité et la stabilité du Royaume. Un historien de l'Ancienne France, Piganiol de la Force, dans sa *Description de la France,* publiée avec autorisation et privilège de Louis XIV en date du 20 Juin 1714, écrit (t. I, p. 7) :

« Le Royaume de France a commencé l'an de l'ère vulgaire 420 et, depuis ce temps-là, a toujours été successif de mâle en mâle et gouverné par 65 Rois TOUS ISSUS DE LA MÊME MAISON. La loi Salique, qui est la loi fondamentale de cette Monarchie, en exclut les filles et elle a toujours été inviolablement observée à leur égard. Elle l'a été aussi quant aux mâles, mais il y eut de la différence dans la manière. Sous les deux premières races, les Français élisaient pour leur Roi, le prince le plus digne de leur commander, POURVU QU'IL FUT ISSU PAR MÂLE DU SANG ROYAL ; c'est à cette liberté de choix que Pépin et Hugues Capet furent redevables de leur élection, quoiqu'ils ne fussent pas les plus proches héritiers de leurs prédécesseurs. Dans la troisième race au contraire, les Princes issus du sang royal par mâles ont toujours été appelés à la Royauté par l'ordre et la prérogative de leur naissance, le plus proche a toujours exclu celui qui l'était moins. »

Rappelons que la Loi Salique était la même que celle qui régissait sous l'Ancien Testament, les Rois issus de David.

Pour plus de détails, voir dans notre étude *La Mission Divine de la France*, le chapitre : *La Loi Salique et le choix Divin*, pp. 107 et suivantes, et nos études *Le Droit Royal historique en France* et *Le caractère sacré de la Royauté en France*.

Le Président des États Généraux, Jean Lemaître, répliqua que la France voulait être fidèle non seulement à l'esprit, mais à la lettre de la Loi Salique et il montra toutes les raisons qui faisaient espérer que Henri de Bourbon reviendrait à la foi de ses pères. Le 28 Juin 1593, il fit rendre un arrêt défendant le transfert de la Couronne à un prince étranger. Le 25 Juillet 1593, Henri IV frappait à la porte de la Basilique de Saint-Denis pour abjurer le Protestantisme et rentrer dans le giron de l'Église. La ligue était victorieuse. Le 27 Février 1594, Henri IV était sacré à Chartres.

Le sacre fit disparaître les dernières résistances ; vingt-trois jours après le Roi entrait à Paris aux acclamations d'un peuple immense « affamé de voir un Roi. » Sa première visite fut pour Notre Dame, et Marie l'en récompensera immédiatement.

> « Là fut vu de toute l'assistance, étant en indicible nombre près de Sa Majesté, Saint Michel, l'ange gardien de la France... qui, tout au long de la cérémonie, se tint à côté du Roy, et icelle finie, disparut aussitôt [1]. »

L'Archange montrait ainsi au Royaume que le choix du Ciel s'était bien porté sur le Monarque et confirmait avec éclat que la Loi Salique doit être appliquée non seulement dans son esprit, mais aussi dans sa lettre.

Le Roi manifesta en plusieurs circonstances sa dévotion à la Vierge. Il aimait à venir souvent prier aux pieds de la Madone, à Notre Dame. Pendant neuf ans, il prélèvera trois-cents écus pour achever la restauration de Notre Dame de Cléry ; il réparera également les désastres des guerres de Religion à Notre Dame d'Embrun. En 1595, à Rome, dans la cour de Sainte Marie Majeure, il élèvera une grande croix offerte en souvenir de sa conversion.

Enfin, pour mettre l'armée sous la protection de la Reine des batailles, il fondera l'Ordre militaire de Notre Dame du Mont Carmel et obligera tous ses membres à réciter chaque jour une partie du chapelet.

---

1. — André Favyn, *Le théâtre d'honneur et de chevalerie*, p. 612.

Lui-même le récitait en entier tous les samedis[1].

Marie ne reste jamais en retard avec ses fidèles, aussi le règne d'Henri IV fut-il l'un des plus prospères et des plus heureux. Le Roi choisit, comme premier Ministre, l'homme le plus éminent de son temps, Sully :

> « On aime à lire dans les « *Œconomies royales* » ce que Sully rapporte de leurs fréquentes controverses, de ces tête-à-tête prolongés où ces deux hommes, si préoccupés du bonheur et de l'accroissement de l'État, disputaient de tout ce qui tient à la fortune publique, commerce, finances, manufactures, crédit, et arrêtaient les bases de la véritable administration. Des ponts, des places, des travaux de tout genre métamorphosèrent Paris en quelques années ; un ambassadeur d'Espagne, qui avait vu cette ville pendant la Ligue, s'émerveillait du changement.
> » C'est qu'alors le père de famille n'y était pas, répondit le Roi, et aujourd'hui qu'il a soin de ses enfants, ils prospèrent[2]. »

Le Roi disait une grande vérité. En France, il est essentiellement le père, et tous ses sujets sont ses enfants. La Royauté, dans notre Pays, a toujours eu pour base la Famille et l'esprit de famille[3].

Après les guerres de Religion, la France est épuisée, les caisses sont vides — à tel point que le Roi écrira un jour à son ami Sully, pendant le siège de la Fère :

> « Je n'ai quasi un cheval sur lequel je puisse combattre, ni un harnois complet que je puisse endosser ; mes chemises sont toutes

---

1. — Duhaut, *op. cit.*, p. 66 ; ajoutons que le Roi ne dédaignait pas les petits pèlerinages inconnus, puisqu'en 1600 il tint à s'arrêter à Notre Dame des Tourailles en Normandie.
Par droit d'héritage Henri IV était Ier chanoine laï de Sainte-Marie d'Auch. Une tradition voulait en effet, que la cathédrale Sainte-Marie d'Auch eut cinq chanoines laïcs : le Comte d'Armagnac, les barons de Montesquiou, de Pardaillan, de Montaut, de Noë de l'Isle par reconnaissance pour les bienfaits reçus de ces illustres familles (Hamon, t. III, p. 372.)
2. — Amédée Renée, *Les Princes militaires, de la Maison de France*, pp. 98 à 100.
3. — Voir sur ce point : Mgr Delassus, *L'esprit familial dans la famille, dans la cité, dans l'État*, ainsi que dans notre ouvrage *La Mission Divine de la France*, le chapitre : *Le Roi Père de la France et de tous ses sujets.* p. 95.

déchirées, mes pourpoints troués au coude ; ma marmite est souvent renversée, et depuis deux jours, je dîne et soupe chez les uns et chez les autres [1]. »

Avec son Ministre, il restaure complètement le Royaume, fait rendre gorge aux voleurs, et, par de sages économies, parvient non seulement à rembourser les emprunts et à réduire les impôts, mais encore à constituer un trésor de quarante millions — plusieurs milliards de nos jours. Il porte tous ses soins à la restauration de l'agriculture et, par une sage politique de protection du paysan et de dégrèvement d'impôts, il rend confiance à nos campagnes qui se repeuplent et retrouvent leur fertilité. Il relève l'industrie, notamment celle de la soie à Lyon, crée des manufactures diverses. Pour développer le commerce, il multiplie les routes et les ports, creuse le canal de Briare, signe des traités de commerce avec les Puissances Étrangères. Enfin il favorise les entreprises coloniales, et, grâce à son appui, Champlain peut fonder Québec.

À l'extérieur, il est victorieux des Espagnols à Fontaine Française en 1595 et, en 1601, du duc de Savoie. Il annexe la Bresse, le Bugey et le Pays de Gex qui viennent s'ajouter au Béarn et au comté de Foix, réunis à la Couronne en 1589.

« La France si complètement annihilée au-dehors, y retrouve l'autorité morale qu'elle avait perdue depuis Saint-Louis [2]. »

Le 14 mai 1610, plusieurs grands Seigneurs attendaient, dans la salle précédant les appartements royaux au Louvre, la sortie d'Henri IV.

« L'un d'entre eux fit remarquer que le Roi ne manquait jamais de saluer un tableau de la Sainte Vierge qui décorait la muraille, quand il passait devant cette image. Le maréchal de Lavardin intervint dans la conversation, assurant que la dévotion du Roi pour la Vierge Marie précédait son abjuration du protestantisme ; il ajoutait qu'il pourrait donner à cet égard des détails certains et continuait ainsi :

---

1. — Amédée Renée, *Les Princes militaires, de la Maison de France*, pp. 98 à 100.
2. — Amédée Renée, *Les Princes militaires, de la Maison de France*, p. 100.

« Je n'ai pas besoin de vous rappeler que, le prince de Condé languissant sans secours dans la ville de La Rochelle, la reine de Navarre, Jeanne d'Albret, résolut de venir à son aide avec de l'argent et un renfort d'hommes. Le prince de Condé, à l'aide de ce secours puissant reprit confiance et reconnut pour chef le jeune prince de Béarn, fils de son frère aîné. Celui-ci n'avait pu obtenir la permission de prendre part à la bataille de Jarnac, qui fut gagnée par le duc d'Anjou, frère de Charles IX ; mais quand il apprit la mort du prince de Condé, il s'élança au fort de la mêlée et ne s'éloigna du champ de bataille qu'entraîné par les siens et versant des pleurs de rage.

» Quand l'armée protestante put faire halte, le prince de Béarn, tout couvert de sueur et de poussière, déboutonna son pourpoint pour respirer plus à son aise. Grande fut la surprise de ceux qui l'entouraient lorsqu'il virent sous la chemise du jeune soldat un scapulaire catholique avec le monogramme brodé en or de la Vierge Marie. Un gentilhomme, s'étant enquis des motifs qui pouvaient faire porter la livrée du catholicisme au défenseur de la cause protestante. Henri lui dit qu'il ne rendait compte de sa conduite que lorsque bon lui semblait. La reine-mère, de son côté, lorsqu'elle vint au camp, ayant entendu parler avec surprise de cet événement : « C'est par mon ordre, dit-elle, que mon fils porte le scapulaire, et voici comment il m'a été donné :

» J'avais eu la douleur de perdre un fils. Le second, tombé malade, paraissait dans un état désespéré, lorsqu'une fille d'honneur catholique, à mon service, passa furtivement un scapulaire au cou du malade : je l'arrachai. Hélas ! mon enfant mourut le lendemain et, pour la seconde fois, j'eus à pleurer un berceau vide.

» Dieu eut pitié de ma douleur, et bientôt je reconnus que je ne tarderais pas à devenir mère une troisième fois. Au milieu de toutes mes inquiétudes, par une inspiration que je combattis longtemps mais à laquelle je ne pus me défendre de céder, je plaçai sur moi le scapulaire de ma fille d'honneur, et je ne le quittai plus jusqu'à la naissance de mon enfant ; à ce moment, je l'attachai à son cou, et je ne le lui laissai plus quitter depuis.

» Tels sont, ajouta le maréchal de Lavardin, les détails qui m'ont été rapportés par un des plus braves seigneurs du parti protestant, qui les avait ouïs de ses oreilles.

» On raconte que le roi, ayant été un jour attaqué par une patrouille de catholiques, ceux-ci déchirèrent ses vêtements, et qu'ayant reconnu un scapulaire, ils abandonnèrent leur prisonnier à la vue de ce signe.

» Quand il s'agit de son abjuration, Henri voyait dans toutes ces choses une sorte de vocation à entrer dans le giron de la foi catholique et se regardait comme prédestiné et appelé par la voie de la conscience.

» Pendant que les seigneurs écoutaient ce récit, le roi sortit de son appartement et, suivant son habitude, il se découvrit avec respect devant l'image de la Vierge et parut y prier plus longtemps et avec plus de ferveur encore que d'habitude.

» Voici de grandes preuves de dévotion et d'humilité, dit le duc de Guise qui accompagnait Henri IV.

» Le roi laissa échapper un profond soupir.

— Eh ! quoi ! demanda un autre seigneur, quelque chose manquerait-il à Votre Majesté ?

Et il fit l'énumération des genres de bonheur que le prince réunissait.

— Mes amis, interrompit le prince, il faudra, bientôt peut-être, quitter tout cela.

» Le poignard de Ravaillac l'attendait à quelques minutes de là.

» Le procès-verbal dans lequel sont consignées les circonstances de la mort de Henri IV confirme ce récit, car il constate qu'on trouva, sur sa poitrine un scapulaire au chiffre de la Sainte Vierge Immaculée [1]. »

L'assassinat du Roi, par un fanatique, jeta la consternation non seulement dans toute la France, mais dans l'Europe entière. « La douleur dans Paris alla jusqu'au délire ; plusieurs en moururent ou en perdirent la raison [2]. »

À la fin de son règne — pourtant court — la France était redevenue le pays le plus riche, le plus prospère et le plus peuplé.

---

1. — Messager de Notre Dame de Brebières, *Le scapulaire d'Henri IV*, pp. 939-940.
2. — Amédée Renée, *op. cit.*, p. 101.

C'est sous ce règne, particulièrement glorieux et réparateur, que Marie, en Mère prévoyant l'avenir, fit naître le Père Eudes[1], le futur apôtre des Sacrés-Cœurs de Jésus et de Marie, ces grandes dévotions d'amour qui illuminent depuis lors le monde chrétien et embraseront la fin des temps, feront germer les futures moissons apostoliques et assureront les triomphes de la Foi.

---

1. — à Ry (Orne), le 14 Novembre 1601, et son inspiratrice, « la Sainte de Coutances, » Marie des Vallées, née à Saint-Sauveur-Lendelin, le 15 février 1590.

Jésus reposant au sein de son propre Cœur,
avec cette légende : « Je dors et mon Cœur veille. »

Marque de Sébastien Huré, 1646.

CHAPITRE XIV

Louis XIII, le juste

*Modèle du Roi très chrétien, consacre la France à Marie ;
sa foi et sa sainteté obtiennent la naissance miraculeuse
de Louis XIV et le salut de la France.*

L'assassinat du Roi Henri IV, alors que le Dauphin n'est encore qu'un enfant de neuf ans, replonge la France dans la guerre civile. Les Protestants profitent de la minorité du jeune Roi pour reprendre la lutte contre l'Église et le Pouvoir Royal. Les maladresses de la Régente, qui congédie Sully et le remplace par un étranger, Concini, finissent par soulever la grande noblesse dont Condé prend le commandement (1614), ce qui met le comble au désordre.

Pour remédier au mal, le Roi, dès qu'il a seize ans, prend lui-même la direction des affaires par un coup d'autorité, et fait arrêter Concini. Le duc de Luynes, créé connétable, seconde le Roi dans les fonctions de premier Ministre qu'il exerce avec succès. L'opposition continuant de la part de la Reine-Mère et des grands, le Roi, en personne, balaie leurs troupes au Pont-de-Cé, et brise ainsi définitivement leur résistance armée.

Reste le péril protestant : à l'extérieur par le traité d'Ulm (3 juillet 1620), il impose aux princes protestants allemands de l'Union Évangélique l'obligation de ne plus prendre les armes contre les catholiques allemands ; à l'intérieur, — le Béarn étant sous le joug protestant et les catholiques n'y ayant plus la liberté du culte — il annexe par un Édit cette province à la Couronne et ordonne :
1. La réouverture des églises catholiques fermées.
2. La restitution aux catholiques de tous les biens volés par les protestants.

Puis, il marche contre les hérétiques auxquels il impose le traité de Montpellier (1622), par lequel il leur laisse la liberté religieuse et deux places de sûreté — Montauban et La Rochelle — mais leur interdit toute organisation politique. Au cours de la lutte, Luynes meurt. Le Roi donne l'épée de connétable à Lesdiguières, quoique protestant, tant il a confiance en sa valeur et en sa droiture. Il lui adresse à cette occasion la magnifique lettre suivante qui révèle la grandeur d'âme du Monarque et honore autant celui qui l'a écrite que celui qui l'a reçue ; cette lettre est datée de Janvier 1621 :

« ... Ces bienfaits ne seront que pour récompense de vos services et pour vous encourager à les continuer, laissant à votre liberté le choix des autres propositions qui vous ont été faites ; j'ai en cela affectionné votre salut et votre gloire, comme un bon maître ; je veux vous récompenser comme roi qui veut régner en toute douceur et équité ; je vous laisse en votre liberté, sachant que rien ne doit être plus libre que les consciences que Dieu sait mouvoir quand il lui plaît. C'est aussi à sa sainte Providence que je remets le secret de votre vacation (conversion) et celle d'un chacun de mes sujets de la Religion prétendue. Je ne souffrirai que nul d'eux soit oppressé ni violenté dans sa foi. Il est bien vrai que si, sous un voile de Religion, aucuns veulent entreprendre des choses illicites et contraires à nos Édits, que je saurai séparer la vérité du prétexte, punir celui-ci et protéger ceux qui demeureront en leur devoir. À quoi je m'assure que vous ne contribuerez pas seulement de vos bons conseils, mais que vous emploierez votre sang et votre vie à l'exécution d'une justice toute nécessaire au repos de l'État [1] ... »

---
1. — *Lettres de la main* ... publiées par Eugène Griselle tome I, p. 98.

Quelques mois après, l'espoir du Roi se réalisait, le nouveau Connétable abjurait et rentrait dans le giron de l'Église. À peu près au même moment Richelieu était élevé au cardinalat et entrait définitivement au Conseil du Roi, le 19 Avril 1624. Apprenant cette dernière nomination, Sully s'écria :

> « Le Roi a été comme inspiré de Dieu en choisissant l'évêque de Luçon pour Ministre ! » Il disait vrai, sans peut-être se rendre pleinement compte que la foi et les vertus du jeune Souverain lui méritaient et attiraient la protection divine. De fait, Dieu envoyait à son « Lieutenant » le plus grand Ministre qu'ait jamais eu un Prince. Dès lors le règne de Louis XIII va n'être qu'une longue suite de triomphes et de prodiges. »
>
> » Le grand cardinal expose lui-même au Roi son programme digne de celui de Jeanne d'Arc, dont il avait toujours le portrait sur son bureau :
>
> » Je promis à Votre Majesté d'employer toute mon industrie et toute l'autorité qu'il Lui plairait de me donner à :
>
> » miner le parti huguenot ;
>
> » rabaisser l'orgueil des grands ;
>
> » réduire tous les sujets à leur devoir ;
>
> » et relever Son Nom dans les Nations étrangères au point où il devait être. »

Ce magnifique programme fut rigoureusement appliqué.

Fondation de Notre Dame des Victoires

Les protestants avaient organisé un véritable État dans l'État, dont la capitale était La Rochelle, et avaient fait alliance avec l'Angleterre. Le siège de la ville fut décidé ; le Roi sentant que la lutte serait chaude voulut mettre son armée sous la protection divine. Un de ses pèlerinages préférés était Notre Dame des Vertus à Aubervilliers, où il se rendait fréquemment à pied. Il y était allé le 5 octobre 1614 demander à la Reine du Ciel, de prendre sous sa maternelle égide sa majorité. Il y retourne donc, avant de partir, supplier Sa céleste Protectrice de lui assurer la victoire sur les hérétiques [1].

Puis, lors de l'attaque, le Roi fit vœu que :
> « ... si le Ciel le rendait maître de la ville, il y ferait triompher le Très Saint Sacrement de l'autel par une procession plutôt de prians que de conquérans, qui porteraient à la main, non une épée nue, mais des cierges allumés, pour témoigner leurs ardeurs et leurs respects au Très Saint Sacrement, qui avait été si longuement méprisé dans cette ville hérétique [2].
>
> » Le pieux Monarque mit son armée sous la protection de la Sainte Vierge, et écrivit de son camp à la Reine-Mère de faire réciter à Paris des prières publiques pour la prospérité de ses armes.
>
> » Marie de Médicis, ayant reçu les ordres du Roi son fils, fit appeler le R. P. Carré, prieur du Couvent des Dominicains de la Rue Saint-Honoré.. Après lui avoir déclaré qu'elle avait choisi leur église pour y faire, en l'honneur de la Sainte Vierge, les prières que le Roi demandait, elle exprima la volonté qu'on y récitât publiquement le Rosaire, comme elle l'avait vu réciter à Florence, à Pise et dans plusieurs autres villes d'Italie (à deux chœurs). »

En même temps, la Reine députa un de ses aumôniers à Mgr l'Archevêque de Paris, afin qu'il ordonnât aux Curés de la ville d'avertir leurs paroissiens que, le 20 du mois de Mai (1627), on commencerait à réciter à haute voix le Saint Rosaire, dans l'église des Frères-Prêcheurs, pour la conservation du Roi et la prospérité de ses armes.

> « Cet appel fut accueilli avec beaucoup d'empressement et de faveur par une foule incroyable, et cette récitation se continua régulièrement tous les samedis. La Reine-Mère, la Reine régente, le duc d'Orléans, les cardinaux de Bérulle et de la Rochefoucauld y assistaient fidèlement, ainsi que plusieurs autres prélats.

1-2. — *La Très Sainte Vierge à Notre Dame des Victoires*, par Louis Blond –*Annales de l'Archiconfrérie*, Décembre 1936, p. 369, etc. et Maurice Vloberg ; *Notre Dame de Paris et le Vœu de Louis XIII*, p. 34 et suite.

2. — Père Jérôme de Sainte-Paule, *Augustin de Notre Dame des Victoires* ; *Le sacrifice de Jésus*, publié en 1696.

L'archevêque de Paris, Jean-François de Gondi, voulut lui-même lire à haute voix les sujets et les élévations sur chaque Mystère.

» Louis XIII, ayant appris la ferveur avec laquelle on récitait le Rosaire à Paris, fit pratiquer la même dévotion dans son armée.

» Sa Majesté en chargea le P. Louvet et les autres Dominicains qui l'avaient suivi à ce siège fameux pour servir les malades, administrer les sacrements, et exhorter les soldats à combattre généreusement pour la défense de la foi. Ces religieux distribuèrent, en cette occasion, plus de quinze mille chapelets. Ils prêchaient le Rosaire avec un si grand succès, qu'à certaines heures du jour et de la nuit, tout le camp retentissait des louanges de la Sainte Vierge.

» Les prières furent continuées jusqu'à la reddition de la ville. »

Enfin, pendant la nuit du 7 octobre 1628, au nom du Roi, le prieur Brémond, qui servait d'aumônier, promit à « l'Étoile de la mer » de lui bâtir une chapelle sous le titre de Notre Dame de Bon Secours, si, par une bonne « soufflée, » elle délivrait les armées royales des « agraffes » des navires de ligne anglais, qui attaquaient la digue construite par le Roi pour encercler la ville du côté de la mer afin de l'empêcher de recevoir les secours de l'Angleterre. C'est ce vœu que commémore le tableau de Carl Loo à Notre Dame des Victoires, au-dessus du maître autel.

L'armée victorieuse témoigna par des acclamations solennelles que la dévotion du Rosaire avait largement contribué à la prise de la place. Le Roi, attribuant lui aussi le succès de ses armes à la protection de Notre Dame du Rosaire, voulut que les pères Dominicains entrassent les premiers dans la ville. Ils y devancèrent donc l'armée en chantant les litanies de la Sainte Vierge. Au milieu d'eux le Père Louvet portait une bannière de taffetas blanc bordée d'une frange azur. Sur cette bannière étaient peints, d'un côté Jésus crucifié, de l'autre Notre Dame du Rosaire avec cette inscription : *Gaude, Maria Virgo, cunctas hæreses sola interemisti in universo mundo.* (Réjouissez-vous, Vierge Marie, vous seule avez détruit toutes les hérésies dans le monde entier.) »

C'était le 1er Novembre 1628.

> « Ce triomphe fut si éclatant, que l'Université de Paris, par l'organe de la Faculté de la Sorbonne, n'hésita pas à regarder comme un miracle du Rosaire la défaite des Calvinistes, ouvertement soutenus par l'Angleterre :
> » Nous attestons hautement que la plus grande partie de notre France, infectée par la peste de l'hérésie, a été assainie par le Rosaire de Saint Dominique [1]. » (Gravina.)

Exaucé, le Roi exécute son vœu : Il fonde Notre Dame des Victoires. Le 9 Décembre 1629 a lieu la pose de la première pierre sur laquelle est gravée en lettres d'or l'inscription latine dont voici la traduction :

> « Louis XIII, par la grâce de Dieu, Roi Très Chrétien de France et de Navarre, vaincu nulle part, victorieux partout, au souvenir de tant de victoires qui lui sont venues du Ciel, spécialement de Celle qui a terrassé l'hérésie, a érigé ce temple aux Frères Augustins déchaussés du Couvent de Paris, en monument insigne de sa piété, et l'a dédié à la Vierge Marie, Mère de Dieu, sous le titre de Notre Dame des Victoires, l'an du Seigneur 1629, le 9 du mois de décembre, de son règne le XXe. »

L'archevêque de Paris relate la cérémonie en un document officiel, écrit en latin ; nous en donnons la traduction, car il résume la plus grande partie du règne de Louis XIII :

> « Louis XIII, Roi Très Chrétien de France et de Navarre, invincible, victorieux, la terreur des ennemis, l'honneur des princes, l'exemple de la postérité : prince vraiment catholique, vraiment juste et vraiment pieux envers la Bienheureuse Vierge Marie.
> » Après avoir vaincu les Calvinistes, hérétiques et rebelles de son Royaume, auteurs de maux presque innombrables envers les Catholiques fidèles, par la ruine ou l'incendie de leurs églises ; la profanation des choses les plus saintes ; le massacre des prêtres, des religieux et d'un très grand nombre d'autres catholiques ; par cet acte de suprême impiété qui consiste à fouler aux pieds le

---

1. — Voir : *Almanach du Rosaire* 1938, pp. 85 et 86. – Revue *Notre Dame*, Sept.-Oct. 1932, p. 520 : *Le Rosaire à la Cour des Rois de France*, par le p. Constant. – *Exercices spirituels* du p. Mespolier, dominicain, publiés en 1703.

Saint Sacrement de l'Eucharistie ; par la rupture et la souillure de la croix et des images des Saints et l'incendie de leurs reliques ; par la perpétration horrible d'autres cruautés et sacrilèges vraiment inouïs.

» Après avoir soumis de gré ou de force en deux ans, cent-cinquante villes de ces mêmes hérétiques et avoir partout rétabli le vrai culte du vrai Dieu et de la Vierge Marie.

» Après avoir vaincu la Rochelle, ville célèbre dans le monde entier, en enchaînant les flots de l'Océan, malgré les efforts des Rois et des princes conjurés ; la Rochelle, ville inexpugnable autant par l'obstination de ses habitants que par la protection de la nature, fièrement enserrée dans sa triple ceinture de murailles, sans compter celle des flots gonflés de l'Océan ; la Rochelle qui, ayant autrefois sa puissance, avait secoué le joug de tant de rois ; la Rochelle le plus solide boulevard de l'hérésie.

» Après avoir disloqué ses murailles jusque dans leurs fondements, comblé ses fossés, dispersé sur terre et sur mer les Anglais venus à son secours ;

» Après avoir chassé les Espagnols de la Valteline ; pacifié la querelle des Gênois avec le duc de Savoie ; défendu les droits du duc de Mantoue contre les Espagnols et les Savoyards ; ses armes étant partout victorieuses, le Roi très pieusement reconnaissant de tant et de si grandes grâces et victoires reçues de Dieu par la protection de la Vierge, sa Mère, s'est déclaré le fondateur royal de l'Église des Augustins Déchaussés de Paris, dont il a voulu, par une piété insigne, poser la première pierre, de ses mains royales, et à Dieu l'a dédiée en l'honneur de Notre Dame des Victoires. Cette première pierre ayant été bénite par l'illustrissime et révérendissime Seigneur Jean-François de Gondy, Archevêque de Paris, en présence du Prévôt et des Édiles de la Ville, le 9 du mois de Décembre de l'An 1629. »

Voici maintenant quelques extraits des lettres patentes du Roi :

« Louis, par la Grâce de Dieu, Roy de France et de Navarre, à tous présents et à venir, salut.

» Les Roys nos prédécesseurs ont tellement chéry la piété et, avec des soins particuliers, recherché l'augmentation de l'Église catholique, apostolique et romaine, que les fréquents témoignages qu'ils ont rendus de leur insigne dévotion leur ont acquis le titre et l'éminente qualité de fils aînés d'icelle.

» Qualité qui nous est en telle recommandation que nous nous proposons de faire toujours des actions qui en soient dignes, moyennant la grâce et assistance divines, que nous implorons et implorerons toute notre vie, pour n'en point faire qui semble y contrarier…

» Pour marquer à jamais de la piété que Nous avons à la glorieuse Vierge Marie, et pour témoignage de la singulière affection que Nous portons au dit ordre des Religieux Augustins Déchaussés, Nous avons voulu être fondateur de leur Église et couvent de Nostre bonne ville de Paris, laquelle nous avons dédiée à Nostre-Dame-des-Victoires, en actions de grâces de tant de glorieuses victoires que le Ciel Nous a favorablement départies par l'entremise de la Vierge, et assister en personne en l'action de la dite fondation et à toutes les cérémonies et solennités qui y ont été faites par Nostre aimé et féal Conseiller en Nostre Conseil d'État, le sieur Archevêque de Paris, le 9 du présent mois… »

Afin de donner toute leur force à ces Lettres Patentes, le Roi les fit enregistrer au Parlement le 25 Juin 1633, le 13 Juillet à la Chambre des Comptes, le 11 Août à la Cour des Aydes, et le 6 Avril 1636 au Greffe des Requestes ordinaires de l'Hôtel du Roy [1].

Naissance miraculeuse de Louis XIV

Au milieu de tant de réussites, une douleur attriste continuellement le Roi, car toute son œuvre risque d'être sans lendemain : il n'a pas d'héritier et l'héritier présomptif après lui, Gaston d'Orléans, est un cerveau brûlé contre lequel il a dû prendre un décret de déchéance. En vain, depuis vingt-deux ans qu'ils sont mariés, Louis XIII et Anne d'Autriche multiplient-ils prières et pèlerinages pour obtenir un fils ; pourtant ils ne désespèrent pas

---

1. — Blond, *op. cit.*, Mars 1937, p. 77.

de Dieu. Leur confiance est enfin récompensée par un MIRACLE.

La Vierge, tenant un enfant, apparaît à un religieux Augustin de Notre Dame des Victoires, le frère Fiacre [1].

> « Elle est vêtue d'une robe bleue semée d'étoiles, les cheveux flottant sur les épaules et porte trois couronnes sur sa tête :
> » Mon enfant, lui dit-Elle, n'ayez pas peur, Je suis la Mère de Dieu ! et l'enfant que voilà n'est pas mon Fils, mais le gentil petit Dauphin que nous donnons à la France. »

Elle prescrit au religieux de faire, au nom de la Reine, trois neuvaines. Une à Notre Dame de Grâce à Cotignac en Provence, une à Notre Dame de Paris et une à Notre Dame des Victoires. Comme preuve de la réalité de la mission qu'Elle lui confie et afin qu'il pût obtenir les autorisations nécessaires de ses supérieurs, Elle montre au frère Fiacre l'image de Notre Dame de Grâce de Cotignac et l'église qu'il ne connaissait pas. L'autorité religieuse ayant enfin une preuve, le pieux religieux comparaît devant ses supérieurs et devant le cardinal de la Rochefoucauld, Grand aumônier de France. Le caractère surnaturel des faits est reconnu ; la Reine est prévenue et le frère Fiacre va en Provence. Il achève les trois neuvaines le 5 Décembre ; neuf mois après, jour pour jour, le 5 Septembre 1638, naît Louis XIV qui reçoit au baptême le nom de Louis-DIEUDONNÉ.

---

1. — Voir, *Vie du Frère Fiacre*, par le p. Gabriel de Sainte Claire. – Blond : *op. cit.*, – *Revue du Rosaire* : Octobre 1937 – *Revue Notre Dame* : Sept.-Octobre 1925, pp. 467 à 478. – *Le Vœu de Louis XIII et la naissance de Louis XIV, dans la poésie et l'art contemporain*, par M. Vloberg, Bibl. Nat. : Manus. 13., p. 242 – Mgr Ricard, *La mission de la France*, p. 155 – Vial, *Jeanne d'Arc et la Monarchie*, pp. 340 à 383 – Les articles du p. Delattre parus dans *la Croix* sur ce sujet en 1937 (11 au 21 Août) – etc.

Voir également les *révélations de la Vénérable Jeanne de Matel*, de Sœur Germaine de Clermont, de Mère Charlotte, fondatrice du Monastère des Annonciades de France à Meulan et celles de la Vénérable Marguerite du Saint-Sacrement, qui connut par révélation, dès le 15 décembre 1637, la conception de celui qui devait être Louis XIV. L'Abbé Brémond, dans son *Histoire du Sentiment Religieux*, raconte qu'un jour M. Picoté rappela à Louis XIV ce que sa naissance avait coûté de coups de discipline à M. Olier et à lui-même.

La consécration de la France à la Vierge
et
l'institution de la procession annuelle du 15 août

Contrairement à ce que l'on croit trop souvent, la naissance de Louis XIV, n'a pas été la cause première de la consécration de la France à la Vierge, mais seulement la cause déterminante de l'acte officiel du Roi.

> « Avant d'être promulgué sous forme de Lettres Patentes, le vœu de Louis le Juste fut longuement, mûrement étudié, sous l'influence prépondérante de Richelieu[1]... » et du Père Joseph d'une part, sous celle non moins grande de l'angélique Louise de La Fayette de l'autre. Mais le Roi voulait trouver une occasion favorable pour réaliser son dessein.

Le Père Joseph était le fondateur des Bénédictines de Notre Dame du Calvaire. Or, parmi ses religieuses, la Mère Anne-Marie de Jésus Crucifié, née Anne de Goulaine, entrée au Calvaire de Morlaix, le 4 Août 1629, reçut le Vendredi-Saint 1630 « les stigmates de la Passion, dans une extase, aux yeux de toute la Communauté assemblée en prières. » Puis elle fut l'objet de prédilections merveilleuses de la part de Dieu et de Marie, à tel point que le 9 Août 1631, le Père Joseph l'appelait à Paris, « voulant juger et éprouver par lui-même cette âme dont on lui rapportait tant de merveilles. » Vers 1636, commença pour la sainte religieuse « la mission » dont la chargea la Reine du Ciel auprès du Roi de France ; dans l'une de ses fréquentes apparitions, la Très Sainte Vierge lui demanda que la France lui fût consacrée[2]... » Après une étude profonde, le Père Joseph est si convaincu de la source divine des révélations qu'il correspond avec la stigmatisée, demande ses prières pour toutes les affaires du Royaume et la tient au courant de la préparation de la réalisation du désir exprimé par la Vierge.

---

1. — *Semaine Religieuse de Poitiers* des 8 août 37 et 15 août 1937 : *À propos du Jubilé National de 1937-1938* par l'Abbé L.-A., pp. 515 et suite.

Voir également l'ouvrage de G. Fagniez, *le Père Joseph et Richelieu*.

2. — *Ibidem.*

Il existe même, aux Archives du Ministère des Affaires Étrangères, dans les papiers du Père Joseph, une note écrite par son secrétaire, le Père Ange sur ce sujet.

Le 6 Juillet 1636, Richelieu envoie une lampe d'argent aux Calvairiennes du Marais et y ajoute une rente annuelle de six mille livres pour l'entretien de cette lampe et la célébration d'une Messe chaque samedi. Le Roi prescrit que cette lampe, tout comme celle qu'Il offrira trois mois plus tard, le 9 octobre, à Notre Dame de Paris, sera continuellement allumée devant l'autel de la Vierge et ajoute que les Calvairiennes devront « demander à Dieu qu'il Lui plaise de toucher le Cœur des chrétiens et de tous les hommes qu'Il ne met au monde que pour le connaître, l'aimer et le servir, EN SORTE QUE SES SAINTES VOLONTÉS SOIENT À L'AVENIR BEAUCOUP MIEUX ACCOMPLIES QU'ELLES NE L'ONT ÉTÉ JUSQU'A PRÉSENT ET QUE LEUR INGRATITUDE SOIT TELLEMENT VAINCUE par son Saint amour que son nom soit à jamais AUSSI GLORIFIÉ par eux en tout l'univers QU'IL A ÉTÉ JUSQU'A PRÉSENT OUTRAGÉ PAR LEUR MALICE[1]. »

En 1637, le Roi « dans le secret de son Cœur, » consacre Sa personne et son Royaume à Marie. Il n'allait pas attendre bien longtemps l'occasion favorable qu'il recherchait pour rendre officielle cette consécration. Quelques mois après, les révélations du Frère Fiacre se produisaient ; Louis XIII saisissait le Parlement de son projet de consécration et, le 7 février 1638, la Reine avait enfin la certitude de sa grossesse. Le Roi, alors, le jour même, dépêchait le frère Fiacre en pèlerinage d'action de grâce à Notre Dame de Grâce de Cotignac et, sans même attendre la naissance pour savoir si l'enfant serait un garçon ou une fille, mais pleinement

---

1. — Le texte de cette lettre du Roi est à comparer avec celui du Message du Sacré-Cœur à Sainte Marguerite-Marie. Certains termes sont les mêmes. Le Sacré-Cœur ne les a pas repris sans intention. Sans doute a-t-il voulu marquer le lien qui relie la consécration de la France et de sa maison Royale à Marie à la consécration qu'Il désirait obtenir du Roi, de la Famille Royale et du Royaume à Son Divin Cœur, comme si la seconde consécration ne devait être que la conséquence logique de la première, afin de prouver une fois de plus qu'il faut d'abord passer par le Cœur de Marie pour atteindre Celui de Son Divin Fils.

confiant en Marie, le 10 Février 1638, il publiait l'Édit officiel de consécration de la France et de la Famille Royale à la Vierge.

> » Louis, par la grâce de Dieu roi de France et de Navarre, Dieu qui élève les rois au trône de leur grandeur, non content de nous avoir donné l'esprit qu'il départ à tous les princes de la terre pour la conduite de leurs peuples, a voulu prendre un soin si spécial et de notre personne et de notre état, que nous ne pouvons considérer le bonheur du cours de notre règne, sans y voir autant d'effets merveilleux de sa bonté, que d'accidents qui nous pouvaient perdre.
> » Lorsque nous sommes entrés au gouvernement de cette Couronne, la faiblesse de notre âge donna sujet à quelques mauvais esprits d'en troubler la tranquillité ; mais cette main divine soutint avec tant de force la justice de notre cause, que l'on vit en même temps la naissance et la fin de ces pernicieux desseins. En divers autres temps, l'artifice des hommes et la malice du diable ayant suscité et fomenté des divisions non moins dangereuses pour notre couronne que préjudiciables au repos de notre maison, il lui a plu en détourner le mal avec autant de douceur que de justice.
> » La rébellion de l'hérésie ayant aussi formé un parti dans l'État, qui n'avait d'autre but que de partager notre autorité, il s'est servi de nous pour en abattre l'orgueil, et a permis que nous ayons relevé ses saints autels en tous les lieux où la violence de cet injuste parti en avait ôté les marques.
> » Si nous avons entrepris la protection de nos alliés, il a donné des succès si heureux à nos armes, qu'à la vue de toute l'Europe, contre l'espérance de tout le monde, nous les avons rétablis en la possession de leurs états dont ils avaient été dépouillés.
> » Si les plus grandes forces des ennemis de cette Couronne, se sont ralliées pour conspirer sa ruine, il a confondu leurs ambitieux desseins pour faire voir à toutes les nations que, comme sa Providence a fondé cet État, sa bonté le conserve et sa puissance le défend.
> » Tant de grâces si évidentes font que pour n'en différer par la reconnaissance, sans attendre la paix, qui nous viendra de la même main dont nous les avons reçues, et que nous désirons avec ardeur pour en faire sentir les fruits aux peuples qui nous

sont commis, nous avons cru être obligés, nous prosternant aux pieds de sa majesté divine que nous adorons en trois personnes, à ceux de la Sainte Vierge et de la sacrée croix, où nous vénérons l'accomplissement des mystères de notre Rédemption par la vie et la mort du Fils de Dieu en notre chair, de nous consacrer à la grandeur de Dieu par son Fils rabaissé jusqu'à nous et à ce Fils par sa Mère élevée jusqu'à lui ; en la protection de laquelle nous mettons particulièrement notre personne, notre État, notre couronne et tous nos sujets pour obtenir par ce moyen celle de la Sainte-Trinité, par son intercession et de toute la cour céleste par son autorité et exemple, nos mains n'étant pas assez pures pour présenter nos offrandes à la pureté même, nous croyons que celles qui ont été dignes de le porter, les rendront hosties agréables et c'est chose bien raisonnable qu'ayant été médiatrice de ces bienfaits, elle le soit de nos actions de grâces.

» À ces causes, nous avons déclaré et déclarons que, prenant la très sainte et très glorieuse Vierge pour protectrice spéciale de notre royaume, notre État, notre couronne et nos sujets, la suppliant de nous vouloir inspirer une sainte conduite et défendre avec tant de soin ce royaume contre l'effort de tous ses ennemis, que, soit qu'il souffre le fléau de la guerre, ou jouisse de la douceur de la paix que nous demandons à Dieu de tout notre Cœur, il ne sorte point des voies de la grâce qui conduisent à celles de la gloire. Et afin que la postérité ne puisse manquer à suivre nos volontés en ce sujet, pour monument et marque immortelle de la consécration présente que nous faisons, nous ferons construire de nouveau le Grand Autel de l'Église Cathédrale de Paris avec une image de la Vierge qui tienne en ses bras celle de son précieux Fils descendu de la Croix et où nous serons représentés aux pieds du Fils et de la Mère comme leur offrant notre couronne et notre sceptre.

» Nous admonestons le sieur Archevêque de Paris et néanmoins lui enjoignons que tous les ans le jour et fête de l'Assomption, il fasse faire commémoration de notre présente déclaration à la Grand'Messe qui se dira en son Église Cathédrale et qu'après les Vêpres du dit jour, il soit fait une procession en la dite Église à laquelle assisteront toutes les compagnies souveraines et le corps de ville, avec pareille cérémonie que celle qui s'observe aux processions générales les plus solennelles ; ce que nous voulons aussi être fait en toutes les églises tant paroissiales que celles des monastères de la dite ville et faubourgs et en toutes les villes, bourgs et villages du dit diocèse de Paris.

» Exhortons pareillement tous les Archevesques et Evesques de notre royaume et néanmoins leur enjoignons de faire célébrer la même solennité en leurs églises épiscopales et autres églises de leur diocèse ; entendant qu'à la dite cérémonie les Cours de Parlement et autres compagnies souveraines et les principaux officiers de ville y soient présents ; et d'autant qu'il y a plusieurs épiscopales qui ne sont pas dédiées à la Vierge, nous exhortons les dits Archevesques et Evesques en ce cas de lui dédier la principale chapelle des dites Églises pour y être faite la dite cérémonie et d'y élever un autel avec un ornement convenable à une action si célèbre et d'admonester tous nos peuples d'avoir une dévotion particulière à la Vierge, d'implorer en ce jour sa protection afin que sous une si puissante patronne notre royaume soit à couvert de toutes les entreprises de ses ennemis, qu'il jouisse largement d'une bonne paix ; que Dieu y soit servi et révéré si saintement que nous et nos sujets puissions arriver heureusement à la dernière fin pour laquelle nous avons été créés ; car tel est notre plaisir. »

Le 15 Août suivant, étant à Abbeville, le Roi « s'avança dévotement vers le prélat qui officiait au grand autel ; puis, au moment de la consécration, la main gauche sur le Cœur, la droite élevée jusqu'à la hauteur du Saint-Sacrement, il voua son Royaume à la Vierge, La suppliant humblement de prendre ses États et sa Personne Royale sous Sa puissante protection » et il « scella son vœu d'une communion fervente [1]. »

---

1. — Abbé Vial, *Jeanne d'Arc et la Monarchie*, pp. 375 et 376 – Voir également Les petits Bollandistes, *Vie des Saints*, tome IX, p. 569.

Le 29 Octobre précédent, le Roi étant à Abbeville avait manifesté avec éclat sa confiante piété envers Marie. Alors que les généraux voulaient, dans un but stratégique, abattre l'Église Notre Dame de la Chapelle, pèlerinage très fréquenté en l'honneur de l'Assomption de la Vierge, et que le Cardinal de Richelieu s'était déjà incliné devant les nécessités militaires, le Roi s'opposa à la destruction même partielle de l'église, disant, La Sainte Vierge étant la protectrice de cette contrée, il nous viendra plus de secours de ce côté-là que d'ailleurs. »

Et le Père Ignace de Jésus-Maria, Carme déchaussé, Abbevillois de naissance et témoin des faits, ajoute dans son *Histoire chronologique des Mayeurs d'Abbeville* (p. 828) :

> « Sur la fin de la Mairie dudit sieur Sanson, Seigneur de Haut Mesnil, le Roi Louis Treizième, de triomphante mémoire, dédia sa Personne et son Royaume à la Très Sainte, Très Grande, Très Puissante et Très Auguste Vierge Marie Mère de Dieu, le jour de son Assomption, afin qu'au même temps qu'Elle prit possession du Ciel, il la mette en possession de la France, qu'au même jour que la Très Sainte Trinité lui mit le diadème sur la tête, il dépose le sien à ses pieds, et qu'en même jour, Elle soit couronnée à la tête par la main de Dieu, et aux pieds par la main d'un Monarque français. »

Le Roi veilla à ce que le Parlement enregistrât l'Édit, comme un acte solennel de l'autorité souveraine.

Par cet acte, le Roi de France donnait à Marie et la Reine du Ciel acquérait, une propriété réelle, absolue, sur la France et sur nos Rois qui devenaient ainsi les lieutenants, les vassaux de la Mère de Dieu. Non seulement, en effet, le Roi avait agi dans la plénitude de son Pouvoir Royal, mais tous les Corps de l'État, en l'enregistrant et le peuple en s'y associant avec une splendide ardeur, l'avaient consacré au nom de la France tout entière. Cette donation, ayant été faite irrévocablement, il n'est pas au pouvoir de personne de la dénoncer, de l'amoindrir, de la supprimer ; c'est pourquoi la France demeurera, qu'on le veuille ou non, jusqu'à la fin des temps le spécial Royaume de Marie.

> « Comme autrefois, Moïse avait contracté alliance avec Dieu, au nom d'Israël, ainsi Louis XIII consacra la France à la Vierge ; et comme Moïse avait ordonné de renouveler chaque année cet acte, Louis XIII fit de même. »

La réponse de Marie fut digne de la Reine du Ciel :

> « Cet édit fut mis à exécution le 15 Août suivant ; et le 5 Septembre, après une stérilité de vingt-deux ans, la Reine accouchait d'un enfant qui fut le plus grand Roi qu'ait jamais eu la France ; ce fut Louis XIV ; et de ce vœu, éminemment national, jaillit le grand

siècle ; car c'est une chose remarquable que les beaux génies qui
portèrent si haut alors, en tous genres, la gloire de l'esprit humain,
eurent presque tous un cachet religieux. Bossuet et Corneille
qui marchent à leur tête furent l'un et l'autre les plus humbles
serviteurs de Marie. »

Le règne de Louis XIII s'acheva dans la gloire :

« De 1638 à 1643, date de sa mort, Louis XIII ne se borne pas à
repousser l'invasion ; il étend avec un constant bonheur les
frontières de la France, il ajoute au Royaume le Roussillon et
presque toute l'Alsace. »

Dans le même temps, la France connaissait le bienfait d'une autre invasion que conduisait la Sainte Vierge Elle-même, et qu'Henri Brémond a nommée « l'invasion mystique [1]. »

« C'est alors que l'action surnaturelle de Saint François de Sales,
de Sainte Jeanne de Chantal, de Saint Vincent de Paul et de
Sainte Louise de Marillac, de la Vénérable Marguerite de
Veny d'Arbouse, de Saint Jean Eudes, de Bérulle, de M. Olier,
de l'Oratoire, du Carmel, rend fécondes, en leur infusant la
pure sève du Christ, ces institutions stables par lesquelles
l'Église et la Royauté Chrétienne assuraient l'œuvre de la
Contre-Réformation, et sans lesquelles les plus belles flammes
d'apostolat s'éteignent comme des feux de paille [2]. »

Tout le renouveau chrétien du XVIIᵉ siècle, comme le Grand Siècle lui-même, sont issus directement du règne de Louis le Juste et de son acte de Consécration de la France à la Vierge, et en sont comme l'apothéose.

---

1. — Antoine Lestra, *le 15 Août et le Vœu de Louis XIII* – Une page sublime de l'Histoire de France, *Express du Midi*, 19 Août 1936.
2. — Voir note gi-dessus.

Grandeur et sainteté de Louis XIII

On comprendrait mal l'importance capitale que le Roi donnait à l'acte de Consécration de la France à la Vierge si l'on continuait à méconnaître ce Roi qui fut l'un des plus grands que la France ait eus ; Louis XIII fut un saint. Et comme toute âme sur laquelle la Providence a des vues pour lui faire accomplir de grandes choses, Dieu prépara la sienne au creuset de la souffrance.

L'enfance et la jeunesse du Roi furent tristes, entre un père qui élevait ses enfants rudement, préférant les corrections aux remontrances, et une mère altière, vaniteuse et peu aimante ; l'enfant grandit ainsi sans avoir jamais goûté les douceurs de la vie de famille, ni les effusions de tendresse de ses parents. Trop souvent, il était scandalisé par l'inconduite paternelle et assistait aux scènes du ménage royal qui le bouleversaient. L'assassinat de son père, alors qu'il n'avait que dix ans, le jeta dans un désespoir si violent qu'on dut le surveiller étroitement et chaque fois qu'il entendait quelque romance qu'aimait à fredonner son père, il éclatait en sanglots. Marié jeune avec une Espagnole aussi écervelée qu'il était réfléchi, et dont la stérilité fera pendant plus de vingt ans la désolation du Roi et du Royaume ; n'ayant qu'un frère, Gaston, dont les trahisons et les scandales furent tels qu'il dut, malgré toute sa magnanimité et sa patience, prendre contre lui un décret de déchéance, le Roi ne connut jamais aucune des douceurs de l'affection et de la tendresse, dont son Cœur était pourtant assoiffé. Il se tourna vers Dieu qui, seul, pouvait satisfaire son âme en l'enivrant d'idéal, de grandeur, de beauté et d'amour.

Parce que l'âme du Roi était plus belle, que toute son intelligence était tournée vers la réalisation de la volonté divine, les historiens à la solde des loges se sont efforcés avec plus d'acharnement à abaisser le Roi, à le faire passer pour un incapable subissant avec impatience la supériorité de Richelieu. Or rien n'est plus faux. Le récent ouvrage de M. Vaunois[1] réduit à néant ces accusations et prouve que, bien au contraire, Louis XIII fut un très grand Roi, qui

---

1. — *Vie de Louis XIII*, par L. Vaunois, chez Grasset.

ne maintint au pouvoir le grand Cardinal que parce qu'il considérait que nul ne réalisait mieux les réformes nécessaires au salut de l'État. On oublie trop souvent les multiples intrigues qu'il dut déjouer, la ténacité qu'il dut déployer pour conserver son Ministre envers et contre tous. La lettre suivante, de la main du Roi, adressée à Richelieu, en est la preuve péremptoire :

> « Mon cousin, j'ai vu toutes les raisons qui vous font désirer votre repos, que je désire avec votre santé plus que vous, pourvu que vous la trouviez dans le soin et la conduite principale de mes affaires. Tout, grâce à Dieu, y a bien succédé depuis que vous y êtes ; j'ai toute confiance en vous ; et il est vrai que je n'ai jamais trouvé personne qui me servit à mon gré comme vous. C'est ce qui me fait désirer et vous prier de ne point vous retirer, car mes affaires iraient mal. Je veux bien vous soulager en tout ce qui se pourra et vous décharger de toutes visites, et je vous permets d'aller prendre du relâche de fois à autre, vous aimant autant absent que présent. Je sais bien que vous ne laissez pas de songer à mes affaires Je vous prie de n'appréhender point les calomnies ; l'on n'en saurait garantir à ma cour. Je connais bien les esprits, et je vous ai toujours averti de ceux qui vous portaient envie, et je ne connaîtrais jamais qu'aucun ait quelque pensée contre vous, que je ne vous le dise. Je vois bien que vous méprisez tout pour mon service.
>
> » Monsieur et beaucoup de grands vous en veulent à mon occasion, mais assurez-vous que je vous protégerai contre qui que ce soit et que je ne vous abandonnerai jamais [1] ... »

Tout rapprochait le Roi et son Ministre :

> « Affinités sentimentales : tous deux valétudinaires et misogynes, ils ont la même peur et le même mépris des femmes dans le train ordinaire de la vie et à plus forte raison dans la politique. Affinités intellectuelles : tous deux sont des classiques. Avec autant d'application l'un que l'autre, mais avec une inégale force de travail, ils cherchent à n'observer que les règles de la raison [2] ... »

---

1. — P. Griffet, *Histoire de Louis XIII*, t. I, p. 500 ; et Marius Topin, *Louis XIII et Richelieu*, p. 133.
2. — L. Vaunois, *op. cit.*

Rien ne se fait sans le Roi.

> « Il n'est pas une mesure politique ou administrative, pas une campagne militaire, pas une sanction de justice qui n'ait été décidée et exécutée sans l'agrément et le concours du Roi. La correspondance quasi-journalière entre celui-ci et le cardinal est à cet égard significative [1]. »

Non seulement le Roi ne subit pas son Ministre mais, quand il le faut, il sait user du ton de commandement pour lui imposer ce qu'il croit utile aux intérêts du Royaume :

> « Il y a longtemps que je vous ai dit, *écrit le Roi au cardinal*, qu'il fallait fortifier mon Conseil ; c'est vous qui avez toujours reculé de peur des changements ; mais, il n'est plus temps de s'amuser à tout ce qu'on dira ; c'est assez que c'est moi qui le veux [2] ... »

C'est la foi profonde du Roi, ce sont ses principes religieux qui le dirigent en toutes ses actions car il veut mettre sa vie en harmonie avec sa conscience : Faut-il punir les séditieux ? Le Roi, par principe religieux, écarte tout sentiment de vengeance et proscrit toutes les cruautés inutiles [3].

Faut-il faire la guerre ? Il ne s'y résoudra que lorsque tous les moyens de conciliation auront été employés. N'ayant rien à se reprocher, il s'approchera des sacrements et placera ses armées et sa personne sous la protection divine. Alors « rien ne saurait donner idée de son activité foudroyante [4] ; sachant allier la tactique au courage et ne laissant à personne qu'à lui-même le soin de dresser les plans de fortifications et de défense, » en véritable preux, il sera « toujours au premier rang dans les combats, choisissant de préférence l'endroit le plus périlleux. » Les affaires tournent-elles mal et Richelieu lui-même perd-t-il courage ? C'est le Roi qui conserve malgré tout confiance dans le succès et dans la justice de

---

1. — Paul de Tarde, *L'Histoire,* – *Express du Midi* du 17 Août 1937.
2. — Topin, *op. cit.*, p. 133.
3. — Sa clémence pour Guitton, maire de la Rochelle, sa mansuétude lors des exécutions de Montmorency, de Chalais, etc. Voir sur ce point M. Christian, *Vers une Renaissance Nationale.*
4. — G. Boissy, *Pensées choisies des Rois de France*, p. 131, note 2.

sa cause, alors que tout est humainement désespéré. Et l'événement donne raison au Roi.

S'agit-il de faire la paix ? Au nom de son Maître, le Cardinal déclare vouloir :

> « Une paix sûre, juste et raisonnable. On veut traiter de bonne foi et sans prétendre autre avantage que ce que la raison doit accorder à un chacun [1]. »

Il soumet les mémoires des grands juristes de la Couronne aux meilleurs théologiens pour s'assurer qu'ils correspondent pleinement « au point de vue de la conscience. » Il estime que pour prendre un territoire, comme un particulier pour revendiquer un bien, tout Prince doit invoquer des titres légitimes. Il considère que la conquête qui ne repose par sur un droit est un acte violent et injuste, contraire à l'honneur et à la conscience du Roi autant qu'à la dignité et à l'intérêt du Royaume.

Dans ses rapports avec ses sujets, comme avec les puissances étrangères, le Roi veut la justice, car la justice seule, respectant l'ordre voulu par Dieu, peut éteindre les rancunes, brider les passions injustes, assurer la paix, la prospérité générale et la tranquillité des consciences. Lors d'un procès qu'avait le duc de Luxembourg dans le Midi, le Roi prit soin d'écrire personnellement au Premier Président de Provence, M. d'Oppède :

> « Pour vous prier, *dit-il*, de faire tenir la main à ce que la justice soit aussi exactement observée en cette occasion, que vous avez de la rendre à tous nos autres sujets [2]. »

Et, un jour que des Seigneurs voulaient fléchir le Roi en faveur d'un des leurs : « On m'enlèvera plutôt mon sceptre et ma couronne que le titre de « juste » qui m'est plus cher que tout au monde, » répondit noblement le Roi.

S'agit-il de reconnaître le dévouement et le mérite, il veut que les services « soient récompensés pendant que telles actions sont

---

1. — Instructions à Pujol agent diplomatique en Espagne, en date du 8 novembre 1637.
2. — *Lettres de la main …* publiées par E. Griselle, t. II, p. 44, en date du 15 février 1625.

encore récentes, afin que les récompenses, suivant immédiatement le mérite, chacun soit excité à faire encore mieux (1). »

Quand les affaires du Royaume laissent à Louis XIII quelques heures de répit, il s'adonne soit à la chasse, s'il ressent le besoin du mouvement, soit plutôt aux jeux d'esprit. Peintre, musicien de talent, poète, le Roi cherche toujours à élever son esprit ou son âme vers la recherche de l'idéal. Un almanach de 1628 publie une estampe mariale des plus intéressantes à ce sujet : Jean Ménager y représente : « *Le Roi musicien, priant la Vierge du Magnifica*t. »

Outre plusieurs concerts spirituels, Louis XIII :

> « Composa en musique, *écrit le Père Balthazar*, les Litanies de la Sainte Reine du Ciel à six parties qu'on diroit estre plutôt un effort de l'esprit d'un ange que d'un homme, et il chantoit et les faisoit chanter à toutes les veilles et fêtes de Notre Dame et tous les samedis (2). »

La dévotion du Roi pour la Sainte Vierge se doublait d'un culte très profond pour la Sainte Eucharistie. Les Protestants refusant de croire à la Présence réelle :

> « Louis XIII entreprit alors une véritable croisade contre ceux qui divisaient la patrie et ruinaient le catholicisme. Quand une cité se soumettait enfin à ses justes armes, le premier acte du Roi était d'y rétablir le culte interdit et le jour même où, victorieux, il entrait dans la ville, la messe était célébrée dans quelque sanctuaire et une procession du Saint-Sacrement se déroulait dans les rues pour affirmer que, si le Roi de France recouvrait son domaine, le Christ, qui aime les Francs, retrouvait aussi son spirituel empire (3) »

---

1. —— Griselle, *op. cit.*, t. I, p. 223, Juin 1622.
Le Roi écrivait en une autre circonstance à M. de Riz : « *J'aime tous ceux qui me servent et ne veux point rechercher l'avancement des uns au dommage des autres.* » (*Id.*, t. II, p. 497.)
2. —— M. Vloberg, *Notre Dame de Paris et le vœu de Louis XIII*, p. 33.
3. —— M. Christian, Revue *Eucharistie* n°137, *Louis XIII apôtre de la Divine Eucharistie*, 16 Juillet – 16 Août 1934.

« Pour Louis XIII, éclairé d'une foi ardente, l'exercice du Pouvoir Royal est une fonction qui s'apparente au sacerdoce, » écrit le même auteur [1]. Ministre du Très Haut pour le temporel, le sacre a fait de lui le « Lieutenant de Dieu. » Il a charge d'âmes et doit rendre compte à Dieu du salut de tous ses sujets. Il ne tend pas seulement de toute son âme à se sanctifier, parce qu'il craint que ses fautes personnelles n'attirent sur le Royaume la malédiction divine, et veut ainsi se rendre digne de régner sur le plus beau Royaume après celui du Ciel, parce qu'il a compris la parole de Jéhovah à ses prêtres : « Vous serez saints, parce que je suis saint » ; il va, en outre, se faire l'apôtre de son peuple et composer lui-même un manuel de piété qui soit en quelque sorte le « livre d'heures » de ses sujets. Peu de temps avant sa mort édifiante, il publie les *Petits Offices de Piété Chrétienne*, sortis de l'Imprimerie Royale en 1642.

> « Cet ouvrage ... contient de nombreuses « élévations » ... Dans ses oraisons, Louis XIII s'y révèle savant apologiste. Il chante en poète et expose en théologien nos dogmes les plus sacrés rejetés par la Réforme.
>
> « Afin de ne se servir que de textes admis par les Protestants eux-mêmes, le Roi n'a fait que réunir, autour d'un même sujet, des versets davidiques dont l'ensemble forme une harmonieuse composition [2] ... »

Cette grande âme s'exhale ainsi en des accents magnifiques de foi et d'amour pour Jésus-Hostie et pour Marie !

Aussi, la piété du Monarque fut-elle récompensée par des miracles. Non seulement, contre toute espérance, et à plusieurs reprises, ses affaires tournèrent au mieux des intérêts du Royaume, non seulement sa confiance dans la Providence obtint la naissance miraculeuse d'un héritier pour la couronne — et quel héritier ! — mais encore, à deux reprises, alors qu'humainement il était perdu, la réception du Saint Viatique le guérit instantanément, une première fois à Lyon, le 25 septembre 1630 [3] et une seconde fois les 22 et

---

1. — M. Christian, *Vers une Renaissance. Nationale – La Droite*.
2. — Voir note 3, page 195.
3. — R.P. Rousselet, S. J., *Le Lys sacré* à Lyon chez Louis Muguet, 1631 – Parangon IX, chap. VIII Section IV, de page 1304 à 1310. Antoine Godeau, Évêque

23 avril 1643 [1]. Dieu fit plus en sa faveur. Le 11 Juin 1628, devant la Rochelle, le Roi impose les mains sur une jeune fille muette et lui rend la parole. Ce miracle éclatant, consigné dans les mémoires du temps, détermina la conversion du duc de la Trémoille, qui, instruit par Richelieu, abjura le protestantisme solennellement, en présence des généraux de l'armée royale, le 18 Juillet suivant. Enfin la veille de sa mort, 13 Mai 1643, le Roi eut la vision prophétique de la bataille et de la victoire de Rocroi, remportée le 19.

Son confesseur, le Père Dinet, en fait le récit suivant :

> « J'étais cependant à la ruelle où à son réveil il me venait d'appeler pour lui dire comme de coutume quelque bon mot lorsque, lui voyant fermer les yeux, je me retirai sans bruit en arrière, vers la cheminée ; mais, ayant bientôt ouï quelqu'un qui entrait et reconnu que c'était par bonheur Monsieur le Prince [2], il le pria d'une voix mourante d'approcher de lui, afin de lui dire, comme par esprit de prophétie ce peu de paroles : « Monsieur, je sais bien que l'ennemi s'est avancé sur notre front avec une grosse et puissante armée (ce qui était une nouvelle que personne

---

de Grasse : *Oraison Funèbre du Roi*, prononcée le 15 Juin 1643.

1. — R. P. Dinet : L'idée d'une belle mort ou d'une mort chrétienne dans le récit de la fin heureuse de Louis XIII, roi de France et de Navarre – Le p. Dinet était confesseur de Louis XIII. – Le p. Girard qui édita l'œuvre du p. Dinet, écrit dans la Préface : « *Après sa mort (celle de Louis XIII), le bruit commun porte que ses vertus lui ont fait visiblement donner courage à Vos légions qui combattaient dans les plaines de Rocroi pour la défense de Votre Couronne.* » (Adresse à Louis XIV.)

Quant à la guérison miraculeuse de la jeune fille muette, voir l'ouvrage de A. Bazin, publié en 1840, en quatre volumes. – Ouvrage couronné par l'Académie Française.

Ce miracle est confirmé en ces termes par le p. Rousselet dans « *Le Lys Sacré* » *op. cit.*, Parangon I, chapitre VII, section 3, p. 304 :

« Il faut icy ouyr parler un remarquable Personnage écrivant fidèlement de l'armée à un sien amy à Paris, la nouvelle d'une fille muette, guérie par l'attouchement du Roy pendant le siège de la Rochelle :

« *Vous me mandez que je ne vous écris rien des miracles. Je croy que Vous voulez parler d'une fille muette touchée du Roy à Surgères. Je suis accoustumé aux miracles et les croy très asseurez par la grâce de Dieu qui les opère en la personne de nostre Roy...* »

2. — M. le Prince était le Père du Grand Condé.

ne pouvait encore savoir), mais votre fils le va repousser honteusement et le vaincre glorieusement⁽¹⁾. »

Sentant sa mort prochaine, le Roi demanda Saint Vincent de Paul pour l'assister. « Vincent était le prêtre du Royaume auquel il avait le plus de confiance⁽²⁾. »

Il faudrait citer toute la page où M. Arthur Loth raconte les conversations édifiantes du Souverain et du Saint, ainsi que les derniers instants du Prince expirant « entre les bras de Vincent de Paul, grande et douce agonie d'un pieux Roi, consommée au milieu des entretiens d'un saint. » « Depuis que je suis sur la terre, *écrivait Vincent*, je n'ai jamais vu mourir personne plus chrétiennement. »

Après avoir demandé, en suprême hommage de piété et d'amour, que son Cœur fût déposé au pied de l'autel de la Sainte-Vierge, en l'église Saint-Louis du faubourg Saint-Antoine qu'il avait bâtie, le Roi expira en disant :

« Je suis ravi d'aller à Dieu ! »

C'était le jour de l'Ascension, 14 Mai 1643.

> « On a surnommé Louis XIII, le Juste, c'est un grand éloge, car, dit Bossuet, « la justice est la véritable vertu des monarques et l'unique appui de la majesté. » Louis XIII a mérité cet éloge en observant toutes les formes de la justice. Nul ne possède la plénitude de la justice qui ne s'attache pas à l'accomplissement scrupuleux de ses moindres devoirs, parce que la justice n'est pas seulement une vertu spéciale entraînant des obligations spéciales, c'est encore, si on considère son ampleur, une vertu générale qui suppose une âme sans reproche. Lorsque la Sainte Écriture dit d'un homme, de Saint-Joseph par exemple : « Il était juste, » elle entend qu'il obéissait en tout aux lois de la conscience. C'est en ce sens que Louis XIII a été appelé *juste*⁽³⁾. »

---

1. — Voir note 1 page 197.
2. — Mgr Debout, *Saint-Vincent de Paul*, p. 119.
3. — Lettre du R. P. Janvier publiée par *Le Courrier Royal*, février 1935.

Concluons avec M. Michel Christian :

> « Si Louis le Juste eut une si grande influence sur l'épanouissement de la civilisation chrétienne, c'est qu'il fut lui-même un saint, et que ses vertus l'ont rendu apte à présider à l'une des grandes époques de notre Histoire Nationale [1]. »

---

1. — M. Christian : *Vers une renaissance nationale. La Droite.*

Nous croyons utile d'ajouter quelques notes complémentaires sur le culte marial sous Louis XIII, afin de grouper ainsi toutes les indications que nous avons recueillies, pour éviter à d'autres historiens certaines recherches particulièrement fastidieuses : Le 18 août 1613 Louis XIII alla avec sa mère placer son règne sous la protection de Notre Dame de Chartres ; quelques années plus tard, la jeune Reine Anne d'Autriche y alla pour demander un héritier. Le Roi et la Reine y envoyèrent également, dans le même but, les frères Fiacres et Bernard (Hamon, t. I, pp. 225-227) ; en 1622, le Roi rétablit la Confrérie Royale de Notre Dame de Bethléem fondée au temps de Clovis. Grégoire XV en approuva les règlements. Cette cérémonie eut lieu le 8 septembre. (Dome Morin, *Histoire du Gâtinais.*)

En 1623, le Roi, pour favoriser le pèlerinage de Notre Dame de Garaison, donna les terres et landes des environs et, trois ans plus tard par charte, déclara le pèlerinage sous sa protection et sauvegarde. (Hamon, t. III, p. 454.)

Le Roi avait une dévotion spéciale à Notre Dame de Bétharram. Pour favoriser la piété des pèlerins, il interdit de bâtir auprès de la chapelle, hôtels, cabarets, etc. En 1625, il fit construire la chapelle Saint-Louis à ses frais et y fit un legs royal. Anne d'Autriche y fonda six messes annuelles et fit des donations importantes. Ajoutons que ce sanctuaire possède deux souvenirs précieux pour des Cœurs vraiment français : le voile de communion de la plus héroïque de nos Reines, Marie-Antoinette ; et la robe nuptiale de Madame la Comtesse de Chambord. (Hamon, t. III, p. 434.)

Louis XIII répara les dévastations de Jeanne d'Albret à Notre Dame de Buglose.

En 1622, le Roi vint en pèlerinage à Notre Dame de la Garde à Marseille.

Rappelant ce pèlerinage, *Le Petit Marseillais* du 10 mars 1938 raconte l'anecdote suivante assez amusante :

« Louis XIII qui avait été reçu avec un vif éclat dans notre ville, le 7 novembre, réalisa le lendemain le dessein de faire l'ascension de la sainte colline. En dépit d'un temps épouvantable, faussant compagnie à son entourage qui dissuadait le Roi d'une « entreprise périlleuse, » Louis XIII se rendit seul à Notre Dame de la Garde. Le notaire Ravat d'Auriol, qui a laissé sur le voyage de ce prince des détails curieux, raconte à ce propos : « Si vous eussiez vu venir et courir après, noblesse et cavalerie, demandant par les rues mes « *Où est passé le Roy ?* » Vous en auriez été esbahi. Il y avait du plaisir à le voir. Qui pouvait plus courir était le plus hardi. » Accompagné du Sire de Boyer, gouverneur de l'ancien fort, Louis XIII pénétra dans la vieille et modeste chapelle de la Bonne Mère, « où il fit ses bonnes dévotions à Nostre-Dame. » Puis il accepta de bon Cœur la collation préparée par le Sire de Boyer. En s'éloignant de Notre Dame de la Garde, le Roi s'arrêta à (l'abbaye de) Saint Victor et vénéra l'image de la Vierge Noire. »

Au cours de son voyage, le Roi alla aussi à Notre Dame de Livron près de Montauban, et y fit de pieuses fondations.

Vers la même époque le Roi alla à la Collégiale Royale Notre Dame de Melun.

Lors du siège de La Rochelle, « une pieuse dame, nommée Marie du Boscq, récemment délivrée d'une longue infirmité, fut inspirée de solliciter avec instance une messe à l'intention de Louis XIII, devant la nouvelle statue (de Notre Dame de la Nef, à la cathédrale Saint-André de Bordeaux) quoiqu'on ne célébrât pas d'ordinaire à cet autel, et d'offrir la première nappe qui devait le couvrir. Quelques jours après, la victoire restait au Roi de France sur l'hérétique et l'étranger. On remarqua alors, comme un signe de succès, ainsi que le raconte un contemporain (P. Grimaud, chanoine théologal de Saint-André de Bordeaux) dans son *Traité de la dévotion et miracles de Notre Dame de Saint-André de Bordeaux*, l'élévation d'une couronne de fleurs artificielles qui, à plusieurs fois, surtout pendant la sainte Messe, quitta le front de la Sainte Vierge, se tint suspendue en l'air, et reprit ensuite sa place naturelle ... » (Hamon, t. IV, pp. 4 et 5.)

En revenant du siège de La Rochelle, le Roi vint en pèlerinage au Puy Notre Dame en Anjou, pour témoigner à Marie sa reconnaissance. Ce célèbre sanctuaire possède la ceinture de la Vierge. Quand la Reine fut enceinte, elle fit demander au chapitre de chanter une neuvaine de messes pour son heureuse délivrance ; elle fit envoyer des rubans de la longueur de la ceinture de la Vierge et les fit placer sur cette relique afin de les porter continuellement sur elle. Solennellement, on lui apporta l'insigne relique pour qu'elle s'en ceignît. Elle lui fut rapportée lors de sa délivrance et elle la portait à la naissance de Louis XIV. Elle vint en pèlerinage en 1642 avec son fils et fit don de deux couronnes de vermeil pour la statue de la Vierge et pour celle de l'Enfant Jésus. (Hamon, t. IV, p. 264.)

La Reine avait fait faire des prières à Notre Dame de Liesse et à Notre Dame du Folgoët pour obtenir un fils.

Richelieu reconstruisit l'un des plus célèbres sanctuaires de l'Anjou : Notre Dame des Ardilliers ; Louis XIII y fit don de magnifiques chandeliers d'argent et se fit inscrire ainsi que la Reine dans la Confrérie. Anne d'Autriche y envoya un Cœur d'or au nom de Louis XIV pour que Marie protège le Roi et le Royaume. (Hamon, t. IV, pp. 276, 279.)

Lors de la guérison miraculeuse du Roi à Lyon en 1630, les deux Reines, Marie de Médicis, Mère du Roi et Anne d'Autriche son épouse, allèrent en pèlerinage de reconnaissance à Notre Dame de l'Île à Lyon.

Après avoir été témoin de la protection miraculeuse dont bénéficia un de ses soldats, dont le scapulaire arrêta une balle qui traversa tous les vêtements et aurait pu le tuer, le Roi reçut le Scapulaire. (Hamon, t. I, p. 127.)

Louis XIII donna, pour la décoration de la chapelle de Notre Dame de Bonne Délivrance dans l'Église Saint-Etienne des Grès à Paris, un don magnifique et Anne d'Autriche des chandeliers d'argent fleurdelysés, une magnifique lampe et un bénitier de même métal et un ornement complet en velours rouge. Dès leur naissance, les Enfants de France étaient inscrits dans la confrérie. C'est au pied de cette statue miraculeuse — une vierge noire — que Saint-François de Sales en 1578, à l'âge de 17 ans, fit le vœu de se consacrer à Dieu et à Marie, alors qu'il y venait prier souvent avec ses camarades étudiants. (Hamon, t. I, pp. 49 à 51.)

Anne d'Autriche envoya à l'Abbaye Royale de Notre Dame du Lys une somme considérable et de nombreux diamants pour faire faire un ostensoir. Cet ostensoir fut l'un des plus beaux du Royaume. (Hamon, t. I, p. 311.) Ajoutons que la Reine avait fait vœu, si Dieu lui accordait un fils, de reconstruire l'Église et le Monastère du Val de Grâce avec une magnificence royale. La faveur royale sur cette abbaye remonte à Anne de Bretagne qui s'en était déclarée protectrice. L'abbaye à ce moment était dans la vallée de Bièvres et portait le nom d'abbaye bénédictine du Val Profond. C'est Anne de Bretagne qui lui substitue le titre d'abbaye du Val de Grâce de Notre Dame de la Crèche. Anne d'Autriche qui portait intérêt à ce monastère, y fit nommer pour abbesse en 1618, une de ses amies qui était en même temps l'une des personnes les plus recommandables du siècle, Marguerite de Veyny d'Arbouse. Celle-ci résolut de transporter son monastère à Paris. La Reine — ainsi que la Famille de Marillac à laquelle l'abbesse était apparentée et qui se trouvait être ainsi la cousine de Sainte Louise de Marillac — facilita l'acquisition des terrains. Anne d'Autriche, le 3 juillet 1624 posa la première pierre et c'est à cette occasion qu'elle fit le vœu ci-dessus relaté. (V. *Marguerite d'Arbouse, abbesse du Val de Grâce* par Delsart.) Marguerite de Veyny d'Arbouse a été déclarée vénérable.

Il convient également de citer le fait suivant :

Anne d'Autriche ayant demandé, en 1637, la paix à Notre Dame de Sahurt (province ecclésiastique de Rouen) et ayant été exaucée, fit don d'une statue d'argent du poids de vingt marcs. Le jour de l'envoi, la Reine sentit les premiers mouvements de l'enfant qu'elle portait dans son sein. Aussi obtint-elle du Roi

Un jour viendra peut-être, où, après avoir étudié sa vie et ses vertus, l'Église fera monter Louis le Juste sur les autels. Quoi qu'il advienne, c'est à ce grand et pieux Roi que la France doit d'exister encore ; et, si, dans les périls de l'heure présente, les Français peuvent avoir la certitude du salut de leur Patrie c'est à la piété du Roi Louis XIII qu'ils le doivent. En consacrant la France et la Maison de France à la Vierge, il donnait à la Reine du Ciel un droit de propriété total et irrévocable sur notre pays et sur ses successeurs, droit qui constitue — à l'heure actuelle — la garantie formelle, absolue, que la France rentrera dans l'ordre voulu par Dieu et ne sera pas rejetée à tout jamais.

L'Agneau emblème du fidèle

Fresques des Catacombes de Rome. — Le Verbe incarné étant dépeint sous les traits de l'Agneau, son disciple devra revêtir aussi le caractère de l'Agneau : « Je vous envoie, dit le Sauveur, comme des agneaux au milieu des loups. ».

---

l'exemption de tous impôts et du logement des troupes pour le village de Sahurt, par égard pour la Sainte Vierge et en témoignage de reconnaissance.
Ayant appris qu'à Notre Dame de Quintin, le gardien d'une insigne relique — la ceinture de la Vierge — en distribuait des parcelles, le Roi confirma les décisions de l'Évêque de Saint-Brieuc et prescrivit par une ordonnance au Sénéchal de veiller à l'exécution des décisions de l'Évêque « d'autant qu'il est de nostre debvoir d'employer nostre authorité à la conservation d'une si précieuse relique et de mettre ordre à ce qu'elle soit gardée avec le respect et l'honneur qui lui sont dûs ... » Ordonnance en date à Saint-Germain du 12 janvier 1641. (Hamon, t. IV, p. 519.)

GLORIFICATION DE S. FRANÇOIS DE SALES.
Le saint donnait aux religieuses de la Visitation le titre de « Filles du Sacré-Cœur de Jésus ».
D'après Abraham Bosse. XVIIᵉ s.

CHAPITRE XV

Le siècle de Louis XIV, siècle de Marie

Le règne de Louis XIV débuta par cette victoire que Louis XIII avait vue prophétiquement sur son lit de mort, et cette victoire, c'est à Marie qu'elle est due. En effet, le Grand Condé allant rejoindre l'armée, « avait reçu, à son passage à Amiens, la prédiction du frère Norbert, religieux Prémontré de l'Abbaye Saint Jean, qu'il vaincrait les Espagnols s'il faisait vœu d'offrir une statue à la Sainte Vierge. En conséquence, au moment de livrer le combat, le prince s'était mis à genoux sur le champ de bataille, et avait promis à la Vierge de lui offrir une statue s'il était victorieux. Il le fut en effet, et fidèle à son vœu, il fit exécuter par le célèbre Blosset, une belle statue en marbre blanc de Notre Dame de la Victoire. Il la donna à l'abbaye Saint Jean [1]. »

---

1. — Hamon : *op. cit.*, t. V, p. 277. L'abbaye St-Jean ayant été détruite pendant la révolution, la statue fut envoyée à l'église Saint-Rémi d'Amiens.

Quelques mois après, le 25 Août 1643, le jeune Roi alla à Chartres placer son règne sous la protection de Marie.

Se sachant redevable de la vie à un miracle de la Sainte Vierge, le Roi ne se contenta pas — comme témoignage éclatant de la croyance de la Famille Royale à ce miracle — de la construction du Val de Notre Dame de Grâce à Paris entreprise par Sa Mère en exécution de son vœu, il voulut qu'il y eût un témoignage formel, émanant de Lui-même ; aussi fit-il placer à Notre Dame de Grâce de Cotignac une plaque commémorative, afin de conserver à jamais dans la mémoire de ses peuples le souvenir du bienfait dont il avait été l'objet de la part de la Reine du Ciel. Toute sa vie, Louis XIV eut, et conserva même au temps de ses erreurs, une tendre et fervente dévotion à la Reine du Ciel. Il la manifesta de mille manières [1]

---

1. — Le Roi alla plusieurs fois à Notre Dame de Liesse en 1652, 1654, 1673 et 1680 avec la Reine Marie-Thérèse qui y était allée seule en 1667 et 1678. Ayant sa maison royale à Cléry, il y vint fréquemment en se rendant à Chambord, où il établit un chapelain chargé de dire chaque samedi, dans la chapelle du château une messe pour le Souverain régnant. (Hamon, t. I, p. 145 et de la Saussaye, *Histoire de Chambord*, pp. 33 et suiv. – Archives de la Préfecture.) En grande pompe, en 1660, le Roi et la Reine Mère allèrent en pèlerinage de reconnaissance à Notre Dame de l'Étang où la Reine Marie-Thérèse alla également accompagnée du Dauphin et de Bossuet. Ce pèlerinage, situé près de Dijon était célèbre alors, puisque la mère du grand Évêque avait — dès avant sa naissance — consacré son fils à la Mère de Dieu ; et que le Grand Condé y venait assister à la messe, et y déposait en hommage les drapeaux que ses armées avaient pris sur l'ennemi. Le Roi alla également en pèlerinage à Notre Dame des Ardents à Arras.

Le Roi rétablit le culte catholique, interdit depuis cent-soixante ans par les Protestants à Strasbourg, ainsi qu'au pèlerinage de Notre Dame du Chêne, dévasté par les Huguenots en 1555. Il fait des dons importants pour la restauration de Notre Dame de l'Île en Arvert, détruite au temps des guerres de religion.

Il fait don de douze mille écus à Notre Dame de Maubuisson ; il fonde à perpétuité à Notre Dame de Grâce de Rochefort, six messes annuelles pour le repos de l'âme de sa mère qui avait obtenu pour ce pèlerinage une portion notable du voile de la Vierge que possédaient les bénédictins de Compiègne. Il confirme la rente perpétuelle faite par Catherine de Médicis pour l'entretien de la lampe d'argent devant Notre Dame de Vienne à Blois. En 1662, déclare le couvent de Notre Dame de la Miséricorde, près de Saint-Sulpice à Paris, et la plus touchante — parce que toute intime —, fut l'obligation qu'il s'était imposée de réciter quotidiennement en son honneur le chapelet ; un jour que le Père Larue, son confesseur, l'avait surpris dans ce pieux exercice, il lui dit :

> « N'en soyez pas tant étonné, mon Père ; je tiens cette pratique de la Reine, ma mère, j'en fais gloire, je serais fâché d'y manquer un seul jour [1]. »

Non seulement, le Roi renouvela chaque année la consécration du Royaume à Marie, prescrite par son père, mais il voulut qu'une fois, au cours de son règne, ce renouvellement se fît avec un éclat plus grand que de coutume pour bien marquer qu'il entendait donner à son acte l'adhésion de sa pleine volonté à cette consécration du Royaume à Marie. Il accomplit cette cérémonie le 25 mars 1650 à Notre Dame de Pontoise. En outre, il prit soin de prescrire officiellement, dans tous les diocèses de France — par Édit du 31 Mai 1682 — le procession du Vœu de Louis XIII et le renouvellement de la Consécration de la France à la Vierge, afin d'étendre les effets de cet acte capital aux nouvelles provinces rattachées à la Couronne.

---

fondation royale et en 1678 autorise par Lettres Patentes la fondation des Orphelins de la Mère de Dieu. (*id.*, t. I, p. 76 et 77.) Au couvent de missionnaires de Notre Dame de Banelle, près de Gannat, il fait don de terres et de bois importants pour favoriser leur apostolat et développer le pèlerinage très fréquenté de Notre Dame de Pitié. (*Id.*, t. V, p. 502 et 503.)

En 1682, il retourne à Chartres avec la Reine pour remercier la Mère de Dieu de la naissance de son petit-fils le Duc de Bourgogne.

Ajoutons que depuis que Louis XIV transporta la résidence royale habituelle à Versailles, tous les Princes et Princesses de la Maison de France furent baptisés dans une paroisse dédiée à Marie, Notre Dame de Versailles.

À la fin de son règne, Notre Dame de Soulac étant enlisée par les sables, les marins demandèrent l'érection d'une chapelle au Verdon. Par arrêt du Conseil d'État, en date du 28 mars 1712, Louis XIV, en faveur de la construction projetée, ordonna de prélever un droit de quelques sous sur chaque navire sortant de la Gironde. Grâce à cette mesure, la nouvelle chapelle fut ouverte au culte en 1723, sous le vocable de Notre Dame de Bon-Secours et de Saint-Louis (*id.*, t. IV, p. 60), etc.

1. — Hamon, t. I, p. 123.

En 1659, ayant réuni le Roussillon à la France, il fit démolir près de Rivesaltes le fort que les Rois d'Aragon avaient construit contre les Rois de France, et voulut, en hommage à Marie, lui élever un sanctuaire avec les pierres de cette forteresse. Cette église devint célèbre sous le nom de Notre Dame du Fort Royal [1].

Au cours de la guerre, pour obtenir le concours de l'Angleterre, il avait promis à Cromwel, s'il s'emparait de Dunkerque, de laisser la place aux Anglais, mais, en Roi très chrétien, il avait pris soin de poser une condition formelle : la ville garderait ses privilèges et le libre exercice du culte catholique. Notre Dame des Dunes, quatre ans après, devait remercier le Roi de cette condition qui sauvegardait les intérêts spirituels, en permettant à Louis XIV de racheter la ville à Charles II, Roi d'Angleterre, le 17 octobre 1662. Dès lors, Notre Dame des Dunes, non seulement allait continuer ses bienfaits à la cité mais les étendre au Royaume : les attaques anglo-hollandaises de 1694 et 1695 furent infructueuses ; « aucun boulet n'arriva jusqu'à la ville » ; et Elle y fit naître l'un des plus fameux marins que le monde ait connus : Jean Bart, qui portait Sa livrée de membre de l'Archiconfrérie [2].

La paix des Pyrénées fut scellée le 9 Juin, par le mariage de Louis XIV avec l'Infante Marie-Thérèse. Bientôt une naissance fut attendue. L'antique usage de la Royauté Très Chrétienne voulait que le Roi de France, à la naissance de son premier enfant, envoyât à Lorette, après l'avoir fait bénir par le Souverain Pontife, « un ange fondu d'argent et un enfant fondu d'or qui représentât l'auguste Dauphin. »

Or, depuis la naissance miraculeuse de Louis XIV, « sur les instances du Roi et de la Reine-Mère, le Frère Fiacre s'était mortifié, avait prié, fait des vœux pour le Pays, à Notre Dame de Chartres, à Notre Dame de Grâce et à Notre Dame de Lorette [3]. » Tout naturellement le choix de Louis XIV se porta sur lui pour accomplir le traditionnel hommage de reconnaissance à Notre Dame

---

1. — *Id.,* t. III, p. 116.
2. — E. Van Eecke, *Notre Dame des Dunes.*
3. — *Vie du Frère Fiacre,* manuscrit français 11.761, p. 212 – et M. Vloberg, *Notre Dame de Paris et le vœu de Louis XIII,* p. 63.)

de Lorette. Il partit le 1ᵉʳ Mars, mais, par une disposition voulue de la Providence, la tempête et les pirates obligèrent le bateau qui portait le frère Fiacre et les présents royaux, à relâcher à Savone, où se trouvait une image miraculeuse de Marie sous le vocable de « Notre Dame de la Miséricorde, refuge des pécheurs. »

Le pieux messager alla se prosterner devant elle et se sentit inspiré d'introduire en France cette nouvelle dévotion. À son retour, il s'adressa à la Reine-Mère :

> « Madame, c'est une Reine étrangère qui vous demande l'hospitalité dans votre Royaume pour le combler de bénédictions ! »

Anne d'Autriche promit et, n'ayant pu encore réaliser son désir, le 20 janvier 1666, sur son lit de mort, elle supplia le Roi, son Fils, d'installer Notre Dame de Savone dans l'église de Notre Dame des Victoires, Louis XIV chargea Colbert de faire construire un autel en marbre pour y exposer la Vierge Italienne. La chapelle achevée en 1674, le frère Fiacre, tout heureux, voulut être son premier pèlerin et s'adressa en ces termes à la Vierge [1] :

> « Souvenez-vous du grand Roi que votre crédit a donné à la France ; obtenez-lui ce Cœur docile, cette sagesse, cette prudence pour gouverner son peuple ; récompensez la piété qu'il vient de vous marquer en élevant cette chapelle en votre honneur, répandez sur son Royaume, qui vous est déjà consacré par un roy dont le Cœur fut juste, les grâces que produisent la paix en ce monde et la gloire en l'autre [2]. »

On comprend qu'après le mariage du Grand Dauphin avec Marie-Anne-Christine-Victoire de Bavière, la Reine Marie-Thérèse ait demandé instamment au Frère Fiacre de faire une neuvaine à Notre Dame de Savone pour que la jeune Princesse obtînt un héritier pour le Trône.

Exaucée, la Dauphine, en 1683, envoya en reconnaissance « un riche parement de brocart d'or et d'argent, accompagné de deux crédences et d'une chasuble de même, le tout accompagné

---

1. — Abbé Blond, études publiées d'Avril 1936 à Juin 1937 dans les *Annales de l'Archiconfrérie de Notre Dame des Victoires* à Paris.
2. — *Vie du frère Fiacre* et manuscrit français 11.761.

de ses armoiries, aussi d'or et d'argent, mi-parties de Bavière et de France [1]. »

Les circonstances ayant empêché Louis XIII de réaliser son vœu concernant la reconstruction du maître-autel de Notre Dame de Paris, non seulement Louis XIV accomplit la volonté de son père, mais y ajouta un hommage personnel de sa dévotion à Marie ; ayant remarqué la magnifique lampe d'argent du vœu de la Ville de Paris [2], qui brûlait constamment devant l'autel de la Vierge, le Roi en donna six autres, si bien que l'autel de Marie resplendit « du plus beau lampadaire qu'il y eût peut-être au monde. » D'autre part, les crises traversées par le Royaume, ayant fait oublier l'hommage annuel que les Rois de France rendaient à Notre Dame de Boulogne, depuis Louis XI, le Roi paya royalement la dette de ses prédécesseurs.

> « Il fit faire pour le chœur de la Cathédrale une clôture de marbre, et pour le sanctuaire, un bel autel de même matière, derrière lequel il voulut être représenté avec Louis XIII, à genoux, offrant chacun un Cœur à Notre Dame de Boulogne [3]. »

Enfin, voulant que les officiers de son armée apprissent leur métier de soldat sous le regard de Marie, il installa l'École Militaire au Monastère de Notre Dame de Sorèze. On comprend dès lors que Marie ait attendu le règne de ce dévoué serviteur pour donner une grande leçon : pendant près d'un siècle, les Protestants d'abord, puis les armées françaises, avaient vainement cherché à se rendre maîtres de Saint-Omer ; le célèbre sanctuaire de Notre Dame des Miracles protégeait la ville contre chaque attaque. En effet, en 1594, le duc de Longueville faillit prendre la ville, mais le « *Registre des Délibérations du Magistrat* » reconnaît :

> « Il ne faut douter que la Très Sainte Vierge et nos bons patrons Saint-Omer et saint-Bertin ont prié et intercédé pour nous [4]. »

---

1. — *Vie du frère Fiacre*, manus. fr. 11.761 – Études de l'Abbé Blond déjà citées.
2. — Le vœu fait par la Ville de Paris lors de la captivité du roi Jean II en Angleterre.
3. — Hamon, t. II, p. 528.
4. — Registre des *délibérations du Magistrat*, Archives de la Ville –Manuscrit, folio 162.

En 1638, c'est le Maréchal de Châtillon, Gaspard de Coligny, huguenot déclaré, qui commande l'armée française et met le siège devant la ville. L'évêque et les échevins promettent d'un commun accord à Notre Dame des Miracles que, si la ville était délivrée, il y aurait tous les ans une procession solennelle d'action de grâce. Le vœu fut exaucé, le siège fut levé. Ce ne fut qu'en 1677 que la ville tomba au pouvoir de Louis XIV. Pourquoi ? Parce que, à cette date, l'armée du Roi de France était commandée par un catholique convaincu. Aussi, Saint-Omer accepta « sans arrière-pensée le retour à la mère patrie. Ses habitants étaient de vieux sang français. Quand ils ne se virent plus assaillis par des régiments entiers de calvinistes ou par des armées que commandaient des huguenots avérés, ils furent sans alarme pour la pratique de leur foi catholique. Leur loyalisme traditionnel alla avec sincérité à leur nouveau souverain … Celui-ci, du reste, eut la sagesse de mettre le gouvernement de sa dernière conquête aux mains d'hommes de guerre d'un catholicisme éprouvé [1]. » Marie n'avait pas permis qu'une population aussi dévouée à son culte fût exposée aux pillages des protestants ou que son âme fût travaillée par le venin corrupteur des hérésies. Grande leçon qui prouve que nos Rois ne doivent choisir leurs principaux collaborateurs, ministres, maréchaux, grands officiers ou hauts fonctionnaires que parmi des catholiques éprouvés, s'ils veulent que leurs entreprises réussissent.

En 1690, un ambassadeur d'Alger disait à Louis XIV, tant la dévotion royale à Marie était notoire :

« Vos ennemis seront confondus par la vertu des miracles de Jésus et de Marie, pour le droit desquels vous avez combattu ! »

Précisément à ce moment, deux grandes manifestations surnaturelles se produisirent qui prouvent à quel point le Roi était cher au Ciel : les apparitions de Marie au Laus, dans les Alpes ; et celles du Sacré-Cœur à Paray-le-Monial.

---

1. — *Livre d'or de Notre Dame des Miracles, Les grands pèlerinages : Notre Dame des Miracles*, par Justin de Pas.

Les apparitions de Marie au Laus, eurent lieu de 1684 à 1709. À leur sujet, écrit M. Peythieu [1] :

> « Il faut remarquer que dans tous les temps où la Famille Royale a été en danger et surtout la Personne du Roi, la Mère très pure de Dieu a donné ordre de prier et de faire prier pour leur prospérité, dans le temps qu'Elle apparaissait à Benoîte. »

Le 11 octobre 1684, Marie apparaît à Benoîte Rencurel.

> « Elle lui dit surtout de prier pour le Roi » : le 24 décembre suivant, Elle lui ordonne « de faire beaucoup de prières pour la prospérité de notre bon Roi ; car s'il venait à manquer, la France serait perdue [2]. »

Jusqu'alors, tout a souri au Roi, victorieux de tous ses ennemis ; il est à l'apogée de sa gloire, grâce à son sage gouvernement, aux grands hommes dont il a su s'entourer ; la France est redevenue le plus puissant Royaume ; l'industrie est prospère, le commerce actif, les sciences, les arts, la littérature comptent les plus beaux noms ; c'est une immense apothéose dont tous les rayons se concentrent vers le Roi Très Chrétien. C'en est trop ; toutes les puissances de haine et de mensonge vont se liguer dans l'ombre pour conjurer sa perte et celle de son Royaume : c'est la Ligue d'Augsbourg.

Satan veut attaquer ainsi le Roi et la France, la Vierge prend les devants et vient au secours de son « Royaume » et du Lieutenant de son Divin Fils. En 1689, Elle envoie un ange dire à Benoîte : « que la guerre durera ; que le Roi aurait de grandes peines, qu'elle prie donc pour lui [3]. » En 1692, Marie recommande à la voyante de réciter « plusieurs rosaires pour le Roi et de faire prier Dieu pour

---

1. — Collection des *Manuscrits de Notre Dame du Laus*, vol. II, p. 479.
2. — Le 24 décembre Marie dit à Benoîte, parlant de la Reine Marie-Thérèse, épouse de Louis XIV, La Reine était reine dans ce monde, et sa charité l'a faite reine dans le ciel. » (p. 265.)

Abbé Galvin, copie des originaux, p. 245. C'est cette copie que nous citerons et à laquelle nous renvoyons. Voir également, *Notre Dame du Laus et la Vénérable Sœur Benoîte*, d'après les manuscrits authentiques, » p. 532 – *Les annales de Notre Dame du Laus* (février 1935), *La Reine du Ciel protectrice de la France, de 1684 à 1709*, par Pierre Médan ; pp. 1 à 4.

3. — *Id.*, p. 297 – La guerre dura en effet de 1688 à 1697.

Lui... » Et l'ange ajoute « qu'on prie et qu'on fasse prier Dieu... afin que personne ne puisse trahir le Roi... qu'il vive longtemps... que ses ennemis ont grand désir de l'empoisonner... s'il venait à mourir, ce serait un grand malheur pour la France... »

Le 13 Décembre 1695, il revient encore sur le danger de voir le Roi empoisonné. C'est l'époque où le Roi soutient la guerre dans les Pays-Bas, où, après avoir subi l'échec de Valcourt, il remporte les victoires de Fleurus, Mons, Namur, Steinkerque, Nerwinde ; et en Italie où la victoire sourit à ses armes à la Staffarde et à la Marsaille [1].

Les apparitions se poursuivent ainsi, de plus en plus pressantes, jusqu'en 1709 et montrent à quel point la Reine du Ciel suit tous les faits et gestes du Roi, attirant l'attention de sa confidente sur les divers périls auxquels la vie du Souverain est exposée et faisant prier pour les écarter. Comme une Mère qui aime son enfant, Elle écarte de Louis XIV et du Royaume les maux qui les menacent et empêche les catastrophes irréparables. Quelle leçon ne donne-t-Elle pas à notre peuple de France, en lui prouvant ainsi à quel point la prospérité générale et la paix dépendent de la vie du Roi. À plusieurs reprises la Vierge Immaculée revient sur ce sujet ; elle insiste pour bien nous faire comprendre l'importance de cette leçon : « qu'il vive longtemps !... » — « s'il venait à mourir, ce serait un grand malheur pour la France » — « s'il venait à manquer, la France serait perdue ! »

Le Roi était ainsi maternellement protégé, sans même qu'il s'en doutât parfois, par Celle en laquelle il avait mis toute sa confiance.

Ajoutons, à la gloire du grand Roi, qu'il fut l'un des premiers à encourager la dévotion aux divins Cœurs de Jésus et de Marie. C'est sous son règne en effet, qu'ont commencé à s'épanouir ces deux grandes dévotions qui rayonnent aujourd'hui sur le monde et assureront le salut du genre humain. Saint Jean Eudes [2], non

---

1. — *Id.* pp. 304, 312, 343, 348.
   Rappelons les empoisonnements perpétrés quelques années auparavant par la trop célèbre Brinvilliers.
2. — Voir : R. P. Georges, *Saint-Jean Eudes*, chez Brunet, à Arras, 1930. Étudier

seulement a toute liberté pour répandre ce culte, et trouve l'appui des autorités constituées : 56 Archevêques et Évêques de France approuvent la fête en l'Honneur du Cœur Immaculé ; il obtient toutes les autorisations nécessaires en 1652 pour construire à Chalons une chapelle sous ce vocable, mais encore, en 1664, le Roi qui veut manifester sa spéciale dévotion et développer ainsi celle de ses sujets, donne deux mille livres au fondateur des Eudistes pour l'érection à Caen d'une église, dédiée au Cœur Immaculé de Marie. Enfin, le 2 Juin 1668 le Cardinal de Vendôme, légat du Saint-Siège, approuve la dévotion au Cœur Immaculé, au nom du Saint-Père.

> « Mais c'est principalement depuis l'établissement de la dévotion au Sacré-Cœur de Jésus que les progrès de la dévotion au Cœur Immaculé de Marie ont été plus considérables, car elle s'est répandue avec celle du Sacré-Cœur dans la plupart des provinces du monde chrétien [1]. »

Si l'œuvre de Saint Jean Eudes a fait s'épanouir les dévotions au Cœur de Jésus et de Marie, à tel point que Léon XIII a appelé ce Saint « l'auteur du culte liturgique des saints Cœurs de Jésus et de Marie » et que Pie X ajouta qu'on devait le regarder comme « père, docteur, apôtre » de cette dévotion, il demeure incontestable que le but essentiel qu'il a poursuivi a été d'exposer toutes les perfections et toutes les prérogatives du Cœur Immaculé de Marie pour en développer le culte. Jésus réservait à Sainte Marguerite-Marie la mission de faire connaître au monde les bienfaits, les grâces et les privilèges de son Sacré-Cœur et le culte qui devait lui être rendu. Précisément, les grandes apparitions du Sacré-Cœur à Paray-le-Monial ont lieu sous le règne de Louis XIV, du « Fils aîné de mon Sacré-Cœur » ainsi que l'appelle avec tendresse Notre Seigneur [2].

---

l'influence que Marie des Vallées, *la Sainte de Coutances*, eut sur Saint-Jean Eudes, dans Darmenghem, *La Vie admirable et les révélations de Marie des Vallées*, chez Plon, à Paris, 1926.

1. — *L'ami de la Religion*, cité par Lambert et Buirette, *Histoire de Notre Dame des Victoires*, p. 238.
2. — Nous renvoyons à l'étude que nous avons publiée, *La consécration*

Il est un point qui n'a peut-être jamais été assez remarqué : c'est l'action directe de Marie sur les apparitions de Paray-le-Monial. Non seulement le Sacré-Cœur a voulu apparaître sur le territoire d'une paroisse dédié depuis toujours à Sa Divine Mère, puisque, dès 980, l'Église de Paray était sous le vocable de Notre Dame mais c'est Marie elle-même qui prépara l'âme de celle qui devait être la confidente de Son Divin Fils, montrant ainsi — une fois

---

de la France et le drapeau du Sacré-Cœur seule espérance de salut. Nous tenons cependant à attirer l'attention de nos lecteurs sur une erreur que nous avons commise — involontairement — dans cette étude. Nous étant appuyé sur les ouvrages que Mgr Bougaud, et à sa suite un bon nombre de religieux, ont publiés sur ce sujet, nous croyions que le Roi Louis XIV avait eu connaissance du Message du Sacré-Cœur à Sainte-Marguerite Marie. Depuis lors, nous avons approfondi la question il en ressort que le Roi n'a jamais connu le message qui lui était destiné, au moins dans le texte intégral. En effet, en raison de la discipline qui règne dans la Compagnie de Jésus, il est à peu près certain qu'aucun Jésuite n'aura tenté ou laissé tenter une démarche auprès du Roi sans en avoir reçu auparavant l'autorisation de ses Supérieurs hiérarchiques. Or, le Général de la Compagnie de Jésus — à ce moment le Père Thyrse Gonzalès — était très hostile à la dévotion au Sacré-Cœur puisqu'il blâma sévèrement le Père Croiset d'avoir écrit son grand ouvrage, *La dévotion au Sacré-Cœur de Notre-Seigneur Jésus-Christ* et l'envoya en disgrâce, disgrâce supportée par le pieux religieux avec une admirable sérénité. Il est donc vraisemblable qu'il ait interdit de transmettre le message divin au Roi de France, au moins jusqu'à ce que le Saint-Siège se soit prononcé sur la nouvelle dévotion, le Généralat de la Compagnie de Jésus étant hostile à cette dévotion. La Providence trancha la difficulté en permettant la suppression de la Compagnie ; les Jésuites Français qui, en majorité, étaient favorables au culte du Sacré-Cœur, rendus ainsi à leur initiative individuelle, développèrent alors la dévotion au Sacré-Cœur, enfin approuvée par le Saint-Siège en 1765 et assurèrent son épanouissement lors de la résurrection de leur Compagnie en 1814. Il convient donc de décharger la mémoire du grand Roi de la responsabilité qui lui a été indûment attribuée.

Le Père G. Guitton confirme la chose dans une étude, *Le Père de la Chaize a-t-il transmis à Louis XIV le message de Sainte-Marguerite Marie ? Revue d'ascétique et de mystique*, n° 135, juillet-septembre 1958, page 327.

Si les circonstances le permettent nous donnerons très prochainement une édition complète et entièrement remaniée de notre étude sur le drapeau du Sacré-Cœur sous le titre : *Le Sacré-Cœur et la France*.

de plus — qu'on ne va pas à Jésus sans passer d'abord par Marie. C'est Marguerite-Marie elle-même qui écrit :

> « J'avais recours à Marie dans tous mes besoins. Je lui offrais la petite couronne du Rosaire, les genoux nus en terre, en faisant autant de génuflexions qu'il y a d'*Ave Maria*, ou baisant la terre autant de fois. Elle m'a toujours tenu lieu de Mère et ne m'a jamais refusé son secours … J'allais à Elle avec tant de confiance qu'il me semblait n'avoir rien à craindre sous sa protection maternelle. Je me consacrai à Elle pour être à jamais Son esclave, la suppliant de ne pas me refuser en cette qualité. Je Lui parlais comme une enfant, avec simplicité, tout comme à ma bonne Mère pour laquelle je me sentais pressée dès lors d'un amour tendre. Si je suis entrée à la Visitation, c'est que j'étais attirée par le nom tout aimable de Marie. Je sentais que c'était là ce que je cherchais. »

À Paray se trouve un tableau qui représente une vision que la Sainte rapporte en ces termes :

> « Dans ma solitude de l'année 1684, ma Sainte Libératrice m'honora de sa visite ; elle tenait son Divin Fils entre ses bras, et elle le mit entre les miens. Je me sentis pour lors pénétrée d'une joie très sensible et pressée d'un grand désir de le bien caresser : ce qu'Il me laissa faire tant que je voulus ; et m'étant lassée à n'en pouvoir plus, Il me dit :
>
> » Es-tu contente maintenant ? Que ceci te serve pour TOUJOURS, car je veux que tu sois abandonnée à ma puissance comme tu as vu que j'ai fait. »

On peut se demander si, en cette occasion, sainte Marguerite-Marie n'était pas une figure de la France qui a reçu de Notre Seigneur des faveurs que nulle autre nation, comme telle, n'a reçues, afin qu'ensuite elle soit « tout abandonnée à la Puissance » du Sacré-Cœur.

On se ferait une idée incomplète et inexacte du siècle de Louis XIV et des grâces innombrables que Marie accorda à la France, grâces qui furent la résultante de la consécration du Royaume à la Vierge — si l'on ne comparait pas l'état religieux du Pays, au sortir des guerres de Religion, à celui de la fin du règne du Grand Roi.

Abelly, le contemporain et le premier historien de Saint Vincent de Paul, brosse le tableau suivant de la France au début du XVIIe siècle :

> « On voyait en tous lieux les temples détruits, les autels abattus, les choses les plus saintes profanées, les prêtres massacrés et ce qui était le plus grand et le plus funeste de tous ces maux, un renversement presque universel de tout ordre et de toute discipline ecclésiastique ... On ne savait presque pas ce que c'était que de faire des catéchismes. »

Le clergé et les moines fatalement occupés de politique pendant la Ligue, étaient plus batailleurs qu'apostoliques, les évêchés et les grandes abbayes — à cause des abus de la commende et du relâchement à la Cour des derniers Valois — étaient trop souvent occupés par de grands seigneurs fort peu religieux, aussi la liberté de langage et de mœurs y était-elle à son comble et la vertu bien atteinte ; la vie intérieure faisait presque totalement défaut — tristes conséquences, mais fatales, des époques troublées. Si tel était l'état du clergé, que dire de celui des fidèles presque complètement abandonnés à eux-mêmes, sans formation ni direction.

La tâche qui s'imposait était donc immense ; il ne restait guère plus rien, tout était à refaire dans le domaine matériel comme dans celui des âmes. Pour qu'on pût remédier au mal, il fallait, au fur et à mesure des vides, remplacer l'ancien épiscopat par des saints, afin que les chefs — dignes de la tâche qui leur incombait — pussent agir efficacement. Monseigneur Prunel rend sur ce point un magnifique hommage aux Bourbons :

> « Il est incontestable que les trois grands rois du XVIIe siècle, Henri IV, Louis XIII et Louis XIV, contribuèrent par leurs choix à doter la France d'un épiscopat vraiment digne dans son ensemble. »

Cet épiscopat, en effet, eut une vie profondément édifiante et apostolique ; il prit pour modèle Saint François de Sales. Mgr Prunel ajoute :

> « Soutenu par le pouvoir civil, l'épiscopat va donner le branle, des hommes providentiels vont travailler à christianiser et à moraliser

la France. Une admirable union, active et éclairée, va s'opérer parmi les catholiques. Évêques, prêtres, et laïques vont rivaliser d'ardeur pour refaire une France nouvelle plus grande et plus glorieuse [1]. »

Sous l'énergique impulsion d'un saint, le cardinal de la Rochefoucauld, muni des pleins pouvoirs du Souverain Pontife et du Roi, puis sous celle du plus grand ministre que le monde ait connu, le cardinal de Richelieu, aussi pieux qu'éminent, les ordres religieux furent réformés [2].

Toutes les branches de l'Ordre Bénédictin en France s'unirent sous le nom de Congrégation de Saint Maur et Richelieu usa de toute son influence auprès du Supérieur Général, Dom Tarisse pour orienter l'Ordre, ainsi réformé, dans la voie de l'érudition où il allait presque immédiatement s'immortaliser, notamment avec Dom Mabillon, le génial fondateur de la science historique moderne.

Le cardinal de la Rochefoucauld étendit la réforme aux Augustins, grâce au Père Faure, et la Congrégation de France compta bientôt 97 monastères. Cluny fut réformé par Dom Jacques de Veyny d'Arbouse [3] ; la Trappe par l'Abbé de Rancé ; les Pénitents du Tiers-Ordre de Saint François par le Père Musard ; en peu de temps, le Tiers-Ordre eut 60 couvents d'hommes ; Michaelis réforma les Dominicains ou Jacobins, Eustache de Beaufort,

---

1. — Pour toute cette partie de chapitre nous nous sommes inspiré de l'ouvrage capital de Monseigneur Prunel, Vice-Recteur de l'Institut Catholique de Paris, *La Renaissance catholique en France au dix-septième siècle*.

2. — Pour briser la résistance de certaines abbayes et permettre au cardinal de la Rochefoucauld de réaliser les réformes et régler les difficultés pouvant survenir à l'occasion de l'application des règlements du cardinal, le Roi nomma une commission. De son côté, le cardinal, « *afin de faire œuvre solide et durable et adaptée aux besoins de chaque ordre, s'était adjoint un conseil composé d'un représentant des principaux ordres.* »

3. — Jacques de Veyny d'Arbouse, par sa mère, Perronnelle de Marillac était cousin de Sainte Louise de Marillac, la fondatrice des Filles de la Charité ; il était l'oncle de la Vénérable Marguerite de Veyny d'Arbouse, l'amie de la Reine Anne d'Autriche et la réformatrice du Monastère du Val de Grâce à Bièvres et la fondatrice du Monastère du Val de Grâce à Paris.

l'abbaye de Sept Fons dont les religieux, de quatre qu'ils étaient, passèrent rapidement à 120, Grâce à l'autorité royale, le cardinal put vaincre la résistance acharnée — et parfois déloyale —de Cîteaux et de Clairvaux. Les grandes abbayes bénédictines de femmes se réformèrent à leur tour sous l'influence de la Vénérable Marguerite de Veyny d'Arbouse ; Faremoutiers sous celle de Françoise de la Chastre, morte en odeur de sainteté le 21 août 1643, après avoir été une amie très écoutée de la Reine Anne d'Autriche.

Comment passer sous silence la bienfaisante et profonde action d'une stigmatisée, la Vénérable Mère Agnès de Jésus, prieure des Dominicaines de Langeac ? Marie, au cours d'une apparition, lui avait confié le perfectionnement spirituel du futur fondateur de Saint Sulpice, le Vénérable Monsieur Olier, auprès duquel elle se fit la très ardente apôtre de l'amour de la Croix et du Saint Esclavage à Marie. Monsieur Olier, à son tour, inspirera ces deux grandes dévotions à celui que la Providence destinait à les faire rayonner dans le monde : le Bienheureux Grignion de Montfort.

Pour permettre à l'Église de France de remplir toutes les tâches qui s'offraient à elle, Marie suscita une magnifique éclosion d'ordres nouveaux qui vinrent ainsi compléter l'action des anciens ordres et dont le but principal tendit à la réforme du clergé, à l'évangélisation des campagnes en France et à l'organisation des missions à l'étranger.

Parmi les nouveaux ordres de femmes, il convient de citer notamment : les Carmélites, introduites en France par Madame Acarie (la Bienheureuse Marie de l'Incarnation), elles avaient déjà 62 couvents à la fin du siècle ; les Filles du Calvaire, fondées par le Père Joseph du Tremblay « sous le titre de la Conception Immaculée de la Mère de Dieu et de sa Compassion douloureuse sur le Mont Calvaire, » elles eurent bientôt vingt couvents en France, dont deux furent établis grâce aux générosités de Louis XIII et de Sa Mère Marie de Médicis. Puis ce fut le tour des Feuillantines et des Annonciades Célestes d'Italie. Saint François de Sales et Sainte Jeanne de Chantal fondèrent, pour les âmes éprises de vie religieuse et que leur santé eût empêché d'entrer au Carmel, la Visitation Sainte Marie ; ce nouvel ordre se développa avec une grande rapidité et c'est dans l'un de ses monastères, à Paray-le-Monial, que le Sacré-Cœur apparut. Enfin, la Vénérable Mechtilde du Saint Sacrement (Jeanne de Bar) fonda, en 1652, au Faubourg Saint Germain, les Bénédictines du Saint Sacrement, dans le but de réparer les sacrilèges commis pendant la guerre de Trente Ans. Cette pieuse religieuse, très portée à s'immoler elle-même pour réparer, n'avait jamais pensé à fonder une société dans ce but ; elle y fut comme contrainte par les instances de plusieurs Dames de la Cour. Ce désir fut confirmé d'une façon providentielle par le vœu conditionnel fait, au nom de la Reine Régente Anne d'Autriche, par l'abbé Picotet, prêtre de Saint-Sulpice, sans aucune entente préalable : ainsi naquit la branche réparatrice du grand Ordre Bénédictin, que la Princesse Louise de Bourbon-Condé fit revivre après la Révolution et établit sur l'emplacement même du Temple. Quand l'ancien palais du Temple fut détruit, le monastère s'installa rue Monsieur. Érigé en Abbaye, puis à Limou et est maintenant à Jouques (Bouches-du-Rhône).

> « Il fallait arracher le prêtre au monde, l'isoler du monde et en faire un homme « intérieur » et c'est à ce but que tend la réforme entreprise par les congrégations séculières et réalisée par la fondation des Séminaires [1]. »

L'œuvre fut poursuivie avec une inlassable persévérance et menée à bien surtout grâce à l'action de trois amis de Saint François de Sales : le futur cardinal de Bérulle, le Père Bourdoise et Saint Vincent de Paul. Bérulle fonde l'Oratoire destiné à former le clergé, à le sanctifier ; il est à l'origine des séminaires qui peu à peu vont être créés dans tous les diocèses. Bourdoise fonde la Communauté de Saint Nicolas du Chardonnet pour habituer les prêtres des paroisses à vivre en communauté et pour visiter le clergé des campagnes afin de le former et de l'instruire. Saint Vincent de Paul fonde les Prêtres de la Mission (Lazaristes) pour prêcher des retraites au clergé et des missions, non seulement dans nos campagnes de France, mais aussi au-dehors. Au nom du Roi, Richelieu appuie de toute son autorité la fondation des séminaires qu'il dote de subventions ou de rentes importantes.

---
1. — Mgr. Prunel, *op. cit.*, p. 63.

En 1641, un disciple de Saint Vincent de Paul, le Vénérable Monsieur Olier, fonde un séminaire sur sa paroisse à Vaugirard ; nommé curé de Saint-Sulpice, il le transporte sur sa nouvelle paroisse : telle est l'origine de Saint-Sulpice, qui devait jouer depuis lors un rôle si grand dans la formation intellectuelle, morale et religieuse du clergé français. Vers la même époque, le frère du célèbre historien Mezeray, Saint Jean Eudes, formé à l'école de l'Oratoire, établit à son tour, toujours grâce au concours moral et financier de Richelieu, la Société des Prêtres des Séminaires de Jésus et de Marie en 1643. L'instruction et la formation données dans ces Séminaires est sensiblement la même que de nos jours : un père enseigne la théologie morale, un autre la méthode pour « catéchiser et prescher » utilement, un autre père fait leçon sur le rituel, de la pratique de l'administration des sacrements et des autres fonctions ; et un quatrième, bien dressé au chant ecclésiastique et aux cérémonies, les y exerce tous les jours ... sous l'ordre journalier des règlements de piété d'une vie consacrée au Fils de Dieu en l'état ecclésiastique [1].

À la fin du siècle, il n'est guère de diocèse en France qui n'ait son séminaire dirigé par l'une des sociétés fondées par Bérulle, Saint Vincent de Paul, le Vénérable Olier ou St Jean Eudes.

L'évangélisation des populations est poursuivie avec non moins de succès. Capucins, Augustins, Jésuites, Lazaristes, etc. rivalisent de zèle. Les missionnaires procèdent ainsi : arrivant dans un diocèse, ils se mettent à la disposition de l'Évêque qui leur assigne un doyenné. Ils donnent des missions successivement dans toutes les paroisses du doyenné. Ce travail effectué, l'Évêque vient visiter son troupeau et confirme ceux qui ne le sont pas encore. Puis les missionnaires passent au doyenné voisin, et ainsi de suite, jusqu'à ce que tout le diocèse soit visité. Ce système produisit des résultats extraordinaires. Citons parmi ces admirables pionniers : le père Ange de Joyeuse, capucin après avoir été duc, pair et maréchal de France, le père Joseph du Tremblay, bras droit du cardinal

---

1. — Lettre du p. Bourgoing, successeur de Bérulle, à Chavigny, un des secrétaires du cardinal de Richelieu, en date du 16 avril 1642 – Archives du Ministère des Affaires Étrangères : France, 1590.

de Richelieu dans toutes les affaires du Royaume, qui en dix ans, dans le diocèse de Luçon, avec 5 ou 6 auxiliaires, convertit 50.000 protestants ; le vénérable père Honoré de Paris, Saint François Régis, les pères de Condren, Lejeune, etc. Quant aux Lazaristes, leurs succès furent tels que Louis XIII, en 1636, les choisit pour prêcher des missions à l'armée devant Corbie, afin que le moral des troupes fût à la hauteur du péril couru par la France. Un mois après, quatre mille soldats avaient fait leurs devoirs religieux[1]. En 1638 et 1641, le Roi chargea le même ordre de prêcher une mission à la Cour.

Devant les magnifiques résultats obtenus par ces missions multiples prêchées dans tout le Royaume, le Roi voulut fonder des missions perpétuelles ; dans plusieurs diocèses, à cet effet, il assura des rentes importantes. Les Évêques firent de même ; telle est l'origine des missionnaires diocésains.

Enfin, en Bretagne, Michel le Nobletz de Keroderen (1577-1662) ne cesse de parcourir le pays, d'y jeter la bonne semence et d'y récolter les plus belles et les plus abondantes moissons apostoliques. Il organise un groupement de dames catéchistes pour seconder l'action du clergé. Son œuvre est poursuivie par le Père Maunoir S.J. ; tous deux sont également à l'origine de l'œuvre des retraites pour les fidèles : deux formes bien modernes de l'apostolat.

Catherine de Francheville[2] fonde à Vannes l'Œuvre des retraites et, en 1665, pour la diriger, la Communauté des Filles de la Vierge.

En Normandie, Saint Jean Eudes et ses disciples font merveille, à tel point que Louis XIV les appelle à deux reprises pour prêcher des missions à la Cour, en 1671 et 1673. À la fin du règne de Louis XIV, un apôtre infatigable, Saint Louis-Marie-Grignion de Montfort, non seulement fonde la Compagnie de Marie et les Sœurs de la Sagesse, mais trouve le temps d'évangéliser le Poitou, l'Anjou et la Vendée et inculque à ces contrées un culte profond pour le Sacré-Cœur et la Sainte Vierge, « une piété simple, tendre et forte, qui devait protéger leur foi contre toutes les habiletés

---

1. — Maynard, *Saint Vincent de Paul*, t. II, p. 440.
2. — R. P. G. Théry, *Catherine de Francheville fondatrice à Vannes de la première Maison de Retraites de femmes* (1620 † 1689.)

et toutes les violences, » dont leurs âmes allaient être l'objet, de la part des doctrines philosophiques d'abord et de l'athéisme révolutionnaire et républicain ensuite. Suivant son propre aveu, Napoléon a négocié le Concordat parce qu'il n'aurait pu venir à bout des Provinces de l'Ouest sans y rétablir la Religion. Or, en 1700, ces Provinces n'étaient ni meilleures ni pires que les autres. En dix ans, le « théologien de Marie, » comme on l'a appelé, les a remuées si profondément par ses deux grandes dévotions, que trois quarts de siècle après, les petits-fils de ses auditeurs se sont levés d'un bond pour défendre leur Foi. Spontanément, ils ont épinglé sur leur poitrine le scapulaire du Sacré-Cœur et ont couru sus au Bleus, le chapelet à la main quand il n'était pas à leur cou. Chouans et Vendéens ont donc sauvé la Religion en France par leur apparente défaite. Pour déchristianiser la contrée, il aurait fallu achever de la dépeupler. Et quand les martyrs allaient à la guillotine, à la fusillade ou à la noyade, c'étaient encore les cantiques composés par Saint Grignion de Montfort qu'ils chantaient. La Foi était si profondément ancrée dans cette race qu'après plus d'un siècle de déchristianisation, nos populations de Vendée, d'Anjou et de Bretagne demeurent foncièrement chrétiennes et constituent l'un des plus fermes remparts de la foi dans notre France d'aujourd'hui et l'un des gages les plus certains de la résurrection de notre Patrie. Ajoutons à la gloire de Saint Grignion de Montfort que son traité « *De la vraie dévotion à la Sainte Vierge* » est l'un des plus beaux livres qui aient été écrits ; Léon XIII ajoute que, pour la dévotion à Marie et au Rosaire, « il ne l'a cédé à aucun des plus zélés disciples du Patriarche Saint Dominique, et c'est avec raison qu'on le regarde comme le digne émule de Saint Bernard. »

Dans le domaine de l'éducation et de l'instruction, l'effort poursuivi ne fut pas moins admirable et efficace. Si, en 1535, l'Ambassadeur de Venise, Marino Giustiniano, déclarait avec admiration qu'en France « tout le monde, si pauvre qu'il soit, apprend à lire et à écrire, » les guerres de religion, en détruisant les écoles ou en obligeant à les fermer, avaient arrêté ce magnifique développement de l'instruction populaire. Force fut donc, au début du XVIIᵉ siècle, de reconstruire les écoles, de les rouvrir et de reconstituer le corps enseignant. Très rapidement, cette œuvre si nécessaire fut menée à bien, et la plupart des paroisses eurent une école. L'enseignement fut donné par des maîtres laïcs et par des religieux. Pour les premiers, ils durent passer un examen afin de montrer leurs capacités et une enquête était faite sur leur moralité ; leur fidélité aux pratiques religieuses était exigée. Ainsi, ils devaient donner toute garantie au point de vue religieux, moral et professionnel.

De nombreux ordres religieux se fondèrent ou se développèrent pour donner l'instruction gratuite aux enfants du peuple : Ursulines (elles eurent rapidement 320 établissements et 9.000 religieuses) ; Visitandines ; Filles de la Charité ; Sœurs de la Providence, de l'Instruction Chrétienne, de Saint Maurice, de Saint Maur, Augustines de Notre Dame, etc. Pour les jeunes filles des classes aisées, les monastères et les abbayes prenaient des pensionnaires, puis les Ursulines et les Visitandines ouvrirent de grands pensionnats.

Pour les garçons, le bienheureux César de Bus fonda la Congrégation de la Doctrine Chrétienne ; Saint Jean Baptiste de la Salle, les Frères des Écoles Chrétiennes ; l'Abbé Olier et le père Bourdoise s'en occupèrent également.

> « Tout ce qu'on a fait depuis une trentaine d'années, déclarait M. Brunetière[1], pour établir ce que l'on appelle l'enseignement moderne, pour donner à l'enseignement, tant secondaire que primaire, un caractère plus pratique, pour l'adapter aux conditions nouvelles de la vie contemporaine, on n'a fait que l'emprunter aux Frères des Écoles Chrétiennes. »

> L'Église « a donné à des millions d'enfants du peuple l'enseignement primaire, et elle l'a donné complet, parce qu'elle n'a pas cru que la formation intellectuelle de l'enfant pût être séparée de sa formation morale et religieuse. Quant à l'enseignement secondaire, le succès des Jésuites et des Oratoriens, qui élevaient presque tous les fils de la bourgeoisie

---

1. — Brunetière : discours du 14 mars 1900. (*Bulletin de l'Œuvre de Saint-Jean-Baptiste de la Salle*, juillet 1900.)

> et de la noblesse, n'est contesté par personne. Ils ont inventé des méthodes qui sont encore en honneur aujourd'hui, et leur empreinte sur l'esprit et le Cœur de leurs élèves, dont beaucoup sont aujourd'hui des gloires nationales, a contribué à donner, au siècle de Louis XIII et de Louis XIV, cette haute tenue littéraire et cette forme achevée du génie français, qui en ont fait l'heureux rival du siècle de Périclès ou du siècle d'Auguste. Dans le domaine intellectuel, comme dans tous les domaines, il est vraiment le grand siècle [1]. »

Tant de fondations religieuses, tant de manifestations de foi prouvent éloquemment que la vie intérieure était intense au XVIIe siècle. Cette vie intérieure devait forcément se manifester par des œuvres de charité et de bienfaisance auprès des pauvres, des vieillards, des malades et des égarés.

Henri IV donna sur ce point l'impulsion, en instituant la « *Chambre de charité chrétienne*, sous la direction du Grand Aumônier, dans le but de procéder à la réformation générale des hôpitaux. » Le Roi et la Reine appellent en France les Frères de Saint Jean de Dieu, qui fondent en peu de temps 24 hôpitaux. De toutes parts, dans le Royaume, les établissements hospitaliers sortent de terre munis des derniers perfectionnements de l'époque ; rien qu'à Paris : le premier hôpital militaire, l'hôpital Saint Louis, l'hôpital de la Charité, l'hôpital de la Pitié, ceux des Convalescents, de Notre Dame de la Miséricorde, des Incurables, etc.

Pour soigner les femmes, Françoise de la Croix fonde l'ordre des Sœurs Hospitalières de la Charité de Notre Dame. Cet ordre établit deux hôpitaux à Paris et essaime très rapidement en Province.

Pour les vieillards, Saint Vincent de Paul fonde l'Hospice du Saint Nom de Jésus.

---

1. — Mgr Prunel, pp. 250 à 251.

C'est Henri IV qui tint à conserver les Jésuites. Le Roi recevant à ce sujet les doléances du Parlement répondit : « Messieurs du Parlement, j'ai toutes vos raisons dans ma tête, mais vous n'avez pas les miennes dans la vôtre : je garde les Jésuites. »

Enfin, une lutte active et efficace est engagée contre la mendicité[1] :

> « Pour retirer les mendiants de l'oisiveté et de la fainéantise où ils ne croupissent que trop, ce qui est la cause de leur mendicité, comme elle l'est de tous les vices, et enfin pour les rendre capables de gagner leur vie en leur faisant apprendre des métiers auxquels ils auraient plus d'aptitude…, » pour les soigner aussi, quand ils sont malades, Louis XIV fonde, en 1656, l'Hôpital Général à Paris et prescrit pareille fondation dans toutes les villes du Royaume. Tout fut donc tenté pour « essayer de moraliser, par le travail, la classe si nombreuse des vagabonds[2]. »

Les particuliers rivalisèrent de zèle avec les ordres religieux ; on vit Madame de Miramion s'occuper des « pauvres honteux » et donner jusqu'à deux mille potages par jour. Pour continuer son œuvre de « soupe populaire, » fonder une nouvelle société destinée à ouvrir des écoles à la campagne, y panser les blessés, assister les malades, organiser des retraites féminines et travailler aux missions à l'étranger, elle vend tous ses bijoux, sa vaisselle d'argent et sacrifie toute sa fortune. Le baron de Renty, inspire et conseille toutes les bonnes œuvres ; il trouve des émules dans le marquis de Salignac-Fénelon et le marquis d'Andelot, etc. Quant à la nièce du cardinal de Richelieu, la duchesse d'Aiguillon, on la rencontre partout où il faut payer de sa personne et de ses biens. D'admirables exemples d'apostolat du peuple par le peuple furent donnés, notamment par un brave ouvrier cordonnier, Henri Buche, qui fonda la confrérie des ouvriers cordonniers. Cette confrérie servit de modèle à celles des autres corporations.

Une des plus belles œuvres du XVIIe siècle, fut incontestablement l'organisation des Dames de Charité par Saint Vincent de Paul, pour « soulager les pauvres de la paroisse tant corporellement que spirituellement » et s'occuper des « Enfants trouvés. » Il fut aidé par le « pauvre prêtre » Claude Bernard[3].

---

1. — Lettres Patentes de Fondation de l'Hôpital d'Auxerre.
2. — Mgr Prunel, p. 117.
3. — Comte de Broqua, *Claude Bernard dit « le pauvre prêtre »* (1588 †1641.)

« On vit alors à l'Hôtel-Dieu un admirable spectacle : des femmes, jeunes, belles, riches, devenues les humbles auxiliaires des sœurs garde-malades, et cela non pas sous l'influence d'un enthousiasme éphémère mais avec une persévérance continue, à jour et heures fixes, aussi prodigues de leur peine que de leur argent, aussi secourables aux malades que déférentes envers les sœurs « maîtresses de la maison [1]. »

Quelles étaient ces femmes charitables et pieuses ? La princesse de Gonzague, future Reine de Pologne, élevée à Faremoustier par Françoise de la Châtre, la Princesse de Condé, les duchesses d'Aiguillon, de Nemours, de Schomberg, etc. pour ne citer que les plus illustres. La Reine et les Princesses de la Famille Royale demandèrent à Saint Vincent un règlement et se groupèrent dans le même but. L'exemple parti de si haut, fut suivi dans tout le royaume et jusque dans les campagnes, rapprochant ainsi toutes les classes de la société dans un admirable réseau de dévouement et de charité qui couvrit bientôt tout le Pays. Chacun de ces groupements de dames était institué sous la direction et le contrôle du curé de la paroisse pour seconder son action et ne jamais aller sur ses brisées.

C'est cette institution qui donna l'idée à l'une des pieuses femmes qui en faisait partie, de fonder une Société de religieuses poursuivant le même but : les Filles de la Charité, dues à la collaboration de sainte Louise de Marillac et de Saint Vincent de Paul. Soins, instruction et éducation des enfants abandonnés, assistance et soins aux malades et vieillards, aux prisonniers, aux fous, aux forçats, tel fut le but poursuivi. L'œuvre obtint de tels résultats que Louis XIV la chargea officiellement des soins aux soldats blessés et malades et, après la Fronde et la Guerre de Trente Ans, lui confia le soin de recueillir et de distribuer tous secours en argent et en nature aux provinces dévastées et ruinées par la guerre. Saint Vincent de Paul organisa alors le « magasin général de la charité, » pour entreposer les dons de toutes sortes, vêtements, linge, aliments, médicaments, etc. et préparer les envois. Citons, à titre d'indication, la corporation des bouchers parisiens qui donna

---

1. — Cesse de Courson, *Revue Hebdomadaire*, 25 juillet 1908.

jusqu'à six mille livres de viande et celle des laitiers jusqu'à trois mille œufs par semaine.

On organisa en outre l'œuvre de l'assistance par le travail, en faveur des petits artisans méritants, en difficulté. On leur fournissait non seulement les fonds pour leur permettre de se remettre à flot, mais encore les outils, matériaux, matières premières pendant le temps nécessaire pour obtenir ce résultat. Etc.

Les filles repenties ne furent pas non plus délaissées ; la Congrégation des Filles du Bon Pasteur s'en chargea et, dans beaucoup de villes, sauva ainsi de nombreuses âmes.

Très justement, Monseigneur Prunel écrit [1] :

> « On peut dire que le XVIIe siècle, après les destructions dues aux guerres de religion, apparaît comme le grand siècle de l'organisation de l'assistance publique. »

Derrière ces œuvres multiples d'apostolat, on retrouve partout l'action discrète, mais admirable, de la Compagnie du Saint-Sacrement, fondée avec l'appui de Louis XIII et de Richelieu par les âmes les plus nobles et les plus désintéressés [2].

Elle était destinée « à faire tout le bien possible et à éloigner tout le mal possible. »

> « La Compagnie travaille, non seulement aux œuvres ordinaires des pauvres, des malades, des prisonniers, et de tous les affligés, mais aux missions, aux séminaires, à la conversion des hérétiques et à la propagation de la foi dans toutes les parties du monde ; à empêcher tous les scandales, toutes les impiétés, tous les blasphèmes ; en un mot à prévenir tous les maux, à y apporter tous les remèdes, à procurer tous les biens généraux et particuliers ; à embrasser toutes les œuvres difficiles et fortes, négligées, abandonnées, à s'y appliquer pour les besoins du prochain, dans toute l'étendue de la charité [3]. »

---

1. — Mgr Prunel : *op. cit.*, 112.
2. — Louis XIII écrivit deux lettres, les 6 et 27 mai 1631 à l'Archevêque de Paris pour l'engager à bénir l'œuvre naissante.
3. — Circulaire de 1660 – *Annales de la Compagnie du Saint-Sacrement*, publiées par Beauchet-Filleau, p. 17 et suiv.

Sa lutte contre les scandales, l'immodestie dans les églises, la débauche, le jeu, la prostitution, le duel, fut très efficace. Elle se répandit dans toute la France avec d'autant plus de rapidité que plus d'âmes voulaient vivre intensément leur foi ; et du Ferier note dans ses mémoires que, dans la Compagnie, « il y avait tant d'humilité et de charité que c'était une image du premier esprit du Christianisme. » Saint Vincent de Paul, le bienheureux de Solminihac, le vénérable Monsieur Olier, Bossuet, quelques-uns des plus grands évêques du temps, Lamoignon, le baron de Renty, trois ambassadeurs de France à Rome, Messieurs de Brassac, de Noailles, de Fontenay-Mareuil, des maréchaux de France, des ducs et même des Princes du sang, etc. en faisaient partie.

Pour subvenir à tant de dépenses, pour soutenir tant d'œuvres sociales, charitables, morales et religieuses, les confrères « ont pris sur leur fortune personnelle et l'ont parfois dépensée tout entière, et cela dans le secret, sans ostentation et sans jamais rechercher la gloire devant les hommes[1]. » On ne peut qu'admirer une telle foi, un tel zèle, un tel désintéressement et un patriotisme aussi éclairé ; critérium certain d'une vie intérieure intense.

Le tableau de la Renaissance Catholique en France serait incomplet si l'on ne rappelait succinctement le grand effort missionnaire tenté par notre Pays.

> « C'est également un spectacle bien consolant, *écrit Monseigneur Prunel*[2] que celui de cette France qui, aussitôt le calme rétabli chez elle et la religion prospère, s'empresse de communiquer au loin, le plus loin possible, le trésor de la foi et de faire rayonner partout la vérité qu'elle possède. »

À l'exemple de son prédécesseur Jacques Cartier, Champlain, au début du XVIIe siècle, est un apôtre qui ne recherche pas tant à étendre le domaine de la France que celui de Jésus-Christ et à Lui conquérir des âmes ... Il fait appel aux Récollets et aux Jésuites qui firent merveille. Pour imprimer aux Missions une impulsion forte, puissante, le Roi nomma son confesseur, le Père Coton, Directeur

---

1. — Mgr Prunel, *op. cit.*, p. 179.
2. — Mgr Prunel, *op. cit.*, p. 200.

des Missions à l'étranger. À la mort du Père Coton, le Père Joseph, l'éminent collaborateur du cardinal de Richelieu le remplaça. Aussi l'action de la France put-elle s'exercer, non seulement au Canada, mais encore au Levant et jusqu'en Chine, en Afrique et à Madagascar. La duchesse d'Aiguillon, nièce du cardinal de Richelieu et Brulart de Sillery donnèrent des sommes considérables qui permirent l'établissement et la durée des premières fondations. Hospitalières de Dieppe, et Ursulines partirent à Québec fonder un hôpital et compléter l'action des missionnaires. D'autres généreux concours se produisirent ; Monsieur de la Dauversière unit ses efforts à ceux de Monsieur Olier et de quelques amis : c'est ainsi que fut fondé, le 18 mai 1642, Ville Marie de Montréal ; telle est l'origine de la grande ville du Canada.

Dès 1657, le rayonnement catholique était tel dans la nouvelle France qu'un évêque dut y être nommé : le vénérable Monseigneur de Laval-Montigny,. Bientôt l'évêque dut fonder un séminaire à Québec ; il le plaça sous la direction de celui des Missions Étrangères de Paris [1].

Après avoir organisé une mission en Angleterre pour la chapelle de la Reine Henriette, sœur de Louis XIII, le Père Joseph s'occupa activement de l'Orient, dont le Souverain Pontife l'avait nommé Préfet. Avec une hauteur de vues et une impartialité remarquables, il protégea, sans distinction d'Ordres, tous les missionnaires, Jésuites, Carmes, aussi bien que Capucins. Méthodiquement, il divisa les pays d'Orient en circonscriptions. C'est surtout depuis lors que l'influence Française en Orient fut prépondérante et que la France fut regardée comme la gardienne attitrée des intérêts catholiques, nos ambassadeurs et agents consulaires ayant reçu à ce moment la consigne « de protéger contre les Turcs toute communauté chrétienne, quelle que fût sa nationalité. »

En Chine, quelques Jésuites ayant pu s'introduire à la Cour et occuper des fonctions officielles, notamment au tribunal des Mathématiques, ils purent obtenir pour d'autres religieux de leur

---

1. — Décision épiscopale du 19 mai 1675, approuvée par Lettres Patentes de Louis XIV en date du 26 octobre 1676.

Ordre, les passeports nécessaires pour prêcher, baptiser, construire (les églises... C'est ainsi que le Père de Rhodes put évangéliser la Chine, le Tonkin et la Cochinchine.

Saint Vincent de Paul envoya quelques Lazaristes évangéliser certains points de l'Afrique : Alger, Bizerte, Tunis, et même Madagascar.

Vers la même époque, François Pallu, aidé de Pierre de Lamotte Lambert, et des subsides de la Compagnie du Saint-Sacrement[1] et de la duchesse d'Aiguillon, fonda le Séminaire des Missions Étrangères, dont le rôle magnifique et essentiel pour le propagation de la foi n'a jamais cessé de grandir depuis lors. Monseigneur Pallu fut nommé Vicaire Apostolique du Tonkin, et son ami, Monseigneur de Lamotte Lambert, du Siam, du Cambodge et de la Cochinchine. L'influence des missionnaires en ces pays se fit sentir de la manière la plus heureuse, non seulement au point de vue religieux, mais également au point de vue national ; le Roi de Siam, en effet, ne tarda pas à envoyer une ambassade extraordinaire à Versailles pour rechercher l'amitié de Louis XIV.

Enfin, un ami de Saint Grignion de Montfort, Poullart des Places, fondait peu de temps après un séminaire « consacré au Saint-Esprit, sous l'invocation de la Vierge conçue sans péché » (1703) pour former également des Missionnaires. Telle est l'origine de la Congrégation du Saint-Esprit et du Saint Cœur de Marie.

> « À toutes les époques de son Histoire, *écrit Monseigneur Prunel*, la France a donné l'exemple de l'apostolat, mais il était réservé au XVIIe siècle d'organiser si bien cet apostolat par les missions, que les siècles suivants n'ont eu qu'à suivre la voie déjà tracée à l'étranger ; on ne saurait mieux faire aujourd'hui qu'imiter le XVIIe siècle. Sur ce point, comme sur beaucoup d'autres, nous sommes encore tributaires du grand siècle[2]. »

Et l'éminent historien ajoute :

---

1. — M.G. Goyau dans l'*Épopée française au Canada*, a donné d'abondants et édifiants détails sur la Compagnie du Saint-Sacrement.
2. — Mgr Prunel, *op. cit.*, pp. 184-218. Cette proportion n'est malheureusement plus exacte depuis la guerre.

« Si la France catholique est encore le premier pays du monde pour les missions, si elle donne son or et ses fils et ses filles pour la propagation de l'Évangile dans une proportion extraordinaire, puisqu'à elle seule elle fournit plus des trois quarts des missionnaires et des religieuses du monde entier, c'est au mouvement du XVIIe siècle qu'elle le doit [1] »

Concluons : si la restauration catholique tint du miracle au dix-septième siècle, dans les autres domaines le rayonnement de la France a été magnifique et est demeuré inégalé.

Au point de vue politique, notre Pays a atteint son apogée et a acquis une gloire incomparable. La prospérité économique fut non moins remarquable et la production française fut considérée à l'étranger comme la première du monde, tant par sa qualité que par son goût et son élégance. Les beaux-arts, la littérature, l'histoire, la philosophie, l'éloquence, les sciences sacrées et profanes, grâce à une pléiade d'hommes — dont un seul eut suffi à immortaliser une époque — connurent le plus merveilleux épanouissement et l'esprit français, l'esprit humain atteignit à un degré d'équilibre, de mesure, de pondération, d'ordre et de grandeur tel qu'il ne s'éleva jamais plus haut. À tous points de vue le dix-septième siècle est un chef-d'œuvre. Il ne le fut que parce qu'un homme sut lui insuffler sa propre grandeur et cet homme est précisément celui que la Vierge avait donné à la France, Louis XIV.

Le siècle de Louis XIV découle directement de la consécration de la France à la Sainte Vierge. Par cette consécration, la France devenait sa spéciale propriété, son « Royaume » ; Elle voulut s'en montrer la Reine.

Le grand siècle fut essentiellement le siècle de Marie [2].

---

1. — *Ibidem.*
2. — Il est incontestable que les méthodes et l'esprit surnaturel du grand siècle devront, sur beaucoup de points, inspirer le renouveau chrétien des jours à venir.

Consécration du Jeune roi Louis XIV à Notre Dame de Paris

(Cabinet des Estampes) Gravure de Grégoire Buret.
(Cliché de la Revue du Rosaire.)

La B. Marguerite-Marie

Un jour qu'elle était plongée dans l'extase, immobile, recueillie, les bras croisés sur sa poitrine, le visage légèrement éclairé comme d'un feu intérieur, une lumière céleste, visible à elle seule, se leva sur l'autel, et à travers la grille elle aperçut la personne adorable de Notre-Seigneur Jésus-Christ. Quand elle osa lever sur lui ses yeux humides de larmes, la poitrine du Sauveur lui apparut resplendissante : on voyait dans ce feu le Cœur de Jésus-Christ étinceler comme un soleil, et elle entendit une voix qui lui disait : « Voici ce Cœur qui a tant aimé les hommes jusqu'à se consumer d'amour pour eux. » Plusieurs fois elle eut des visions semblables, où tous les adorables desseins de Dieu lui furent révélés. Elle vit les plaies des âmes et des sociétés se guérir peu à peu au contact de ce Cœur divin, et l'Église, ranimée aux rayons de ce foyer d'amour, reprendre sa marche triomphante et bienfaisante à travers le monde.

(L'abbé Bougaud, *Histoire de la B. Marguerite-Marie*, p. xxi.)

D'après le tableau de A. Hess conservé dans la cathédrale de Munich

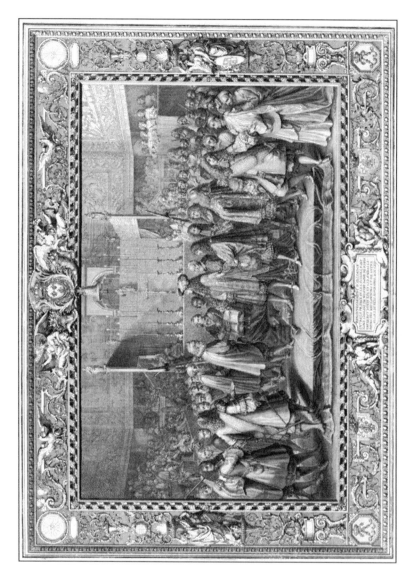

Renouvellement d'Alliance entre la France et les Suisses

fait dans l'église de Nostre Dame de Paris par le Roy Louis XIV et les Ambassadeurs des XIII cantons et de leurs alliez le XVIII novembre M. DC. LXIII

Le Roi et l'Ambassadeur Suisse ont la main sur l'Évangile ;
en ce temps là les « chiffons de papier n'existaient pas. »

Estampe, d'après un carton de tapisserie du temps 1680.
Graveur Nolin, Jean-Baptiste (1657 ? – 1708.)

Le cœur du fidèle, au milieu des monogrammes de Jésus et de Marie.
« Ni la crainte de la mort, ni l'attrait de la vie ne pourront nous séparer de l'amour de Dieu. »
Tiré de l'*Histoire sainte* du P. N. Talon. Paris, 1659

CHAPITRE XVI

La Réplique de Satan à la consécration de la France et de la Royauté à la Vierge : Le déchaînement infernal au XVIIIe siècle aboutit à la Révolution

« Jusqu'au XVIIe siècle, la dévotion à Marie va toujours croissant ; et là, plus que jamais, elle resplendit de toutes parts : elle est vivante en toutes les âmes, elle entre comme élément principal dans toutes les institutions que produit ce siècle incomparable, si fécond en saintes œuvres autant qu'en saints personnages ... À la mort de Louis XIV, tout le grand siècle sembla descendre avec le grand Roi dans la tombe ; l'esprit religieux, et, par une conséquence nécessaire, l'amour de la Sainte Vierge, s'affaiblirent sous la Régence, diminuèrent plus encore sous le souffle glacé du Jansénisme, ennemi-né, comme toutes les erreurs, du culte de la Sainte Vierge : les jours néfastes de la France se préparaient, et les plus clairvoyants les apercevaient déjà à l'horizon⁽¹⁾. »

---

1. — Hamon, *Histoire du culte de la Sainte Vierge en France*, t. I, pp. 128, 130.

Sans une lutte farouche, Satan ne pouvait pas s'avouer vaincu. L'histoire du XVIIIe siècle, de la Révolution et de ses conséquences n'est pas autre chose que celle de la tentative de revanche de l'Enfer contre les conséquences de la Consécration de la France à la Vierge, afin de détruire la Royauté de Marie sur « son Royaume » et d'empêcher le rayonnement du Cœur Immaculé sur les âmes, le triomphe du Cœur Immaculé devant assurer celui du Sacré-Cœur de Jésus.

L'histoire du monde ne se peut comprendre pleinement qu'autant qu'on y cherche et qu'on y voit la lutte perpétuelle entre Dieu et Satan. En effet, si Lucifer s'acharne de toutes ses forces à faire tomber l'individu et à dresser son orgueil contre Dieu, de telle sorte qu'il n'y a point d'acte humain — quel qu'il soit — qui ne relève ou du bien ou du mal, à plus forte raison le Prince des Ténèbres déploiera-t-il toutes les facultés de son intelligence et de sa puissance pour diriger le gouvernement des États, afin d'inspirer aux peuples la haine de Dieu dont il est possédé lui-même. Quand il insuffla à Henri VIII, à Luther et à Calvin l'esprit de révolte contre l'Église, il voulut arracher d'un seul coup une multitude d'âmes à Jésus-Christ.

Des nations entières, par le schisme ou l'hérésie, se séparèrent ainsi de l'Église, mais cette première victoire ne lui suffisait pas, car il savait que son triomphe ne pourrait être définitif qu'autant que la France serait ou enchaînée à l'œuvre satanique, ou mieux complètement détruite. Or la France avait magnifiquement et victorieusement résisté à l'emprise démoniaque des huguenots au XVIe siècle et l'échec de la tentative d'instauration du Protestantisme y avait au contraire provoqué par réaction, et grâce à la piété de nos Rois qui avaient donné, confié, consacré le Royaume et la Couronne à Marie, le plus bel épanouissement religieux. Tout naturellement Satan devait préparer sa contre-offensive ; ayant complètement échoué par une attaque de front contre la foi de nos pères, il devait chercher, — lui, le père du mensonge — à atteindre la France par des moyens détournés, occultes, par la ruse, la perfidie et la perversion.

Cette action devait se poursuivre sur un double plan international et intérieur. Dans le domaine international, tout naturellement Satan devait trouver de puissants auxiliaires dans les puissances hérétiques, Prusse et Angleterre — ennemies de toujours de notre Pays — et dans le peuple déicide, heureux de travailler à la ruine de la France et de son rayonnement dans le monde pour substituer leur puissance à la sienne, leurs erreurs religieuses à la seule vérité catholique. Ces trois peuples — en plus de leur foi religieuse favorable à un tel dessein — répondaient en effet, à des titres divers mais qui réunis se complétaient, aux conditions politiques et économiques requises pour exécuter le plan infernal. La Prusse, au plein centre de l'Europe et placée comme en coin entre les puissances catholiques, n'ayant pas de frontières naturelles, ne pouvait vivre et se développer que par l'accroissement toujours plus formidable de son armée : cette armée deviendrait celle de l'Enfer sur le continent. Quant à l'Angleterre, sa situation insulaire la mettant à l'abri des incursions de ses voisins, elle devait diriger tous ses efforts vers la protection de ses côtes et le développement de son Empire Colonial et donc augmenter sans cesse sa puissance maritime : sa flotte deviendrait le plus merveilleux instrument de l'emprise démoniaque sur le monde. Enfin le peuple déicide, tant du fait de sa dispersion dans toutes les nations et l'impossibilité de son assimilation à aucun peuple, que par la haine du Christ, latente au fond de chaque âme Juive, et par les tendances anarchiques de son esprit, réunissait en lui les conditions les plus efficaces pour être le ferment incomparable destiné à faire lever partout les germes de révolution.

Louis XIV, par le règlement de la Succession d'Espagne, avait éprouvé la lassitude de la Maison d'Autriche et brisé à tout jamais son rêve d'hégémonie et de reconstitution de l'Empire de Charles-Quint qui menaçait la vie même du Royaume. Prévoyant alors le péril d'une Prusse trop forte qui fédérerait les États Protestants et serait susceptible de constituer à son profit l'Unité allemande au détriment de l'Autriche, le Roi avait envoyé, en 1714, à Vienne, le Comte du Luc pour assurer l'Empereur, non seulement qu'il ne voyait plus d'inconvénient à ce que la Couronne Impériale restât dans sa Maison, mais qu'il userait même de toute son influence pour la lui faire conserver. Il signale deux États comme dangereux pour la paix du monde : l'Électorat de Hanovre dont le titulaire vient de monter sur le trône d'Angleterre cet l'Électeur de Brandebourg qui s'est fait Roi en Prusse. Le Roi précise que ce Royaume n'a surgi que par la violation des principes du droit des gens et ne pourra se développer qu'aux prix des bouleversements les plus sanglants et en foulant aux pieds toutes les lois morales et la justice. La Papauté s'unit à la France pour mettre le monde en garde contre un tel péril ; ce sera l'honneur de l'Église et de la Royauté d'avoir ainsi, un siècle et demi à l'avance, prévu le danger et indiqué le remède. Louis XIV avait ainsi assuré l'avenir continental du Royaume, aiguillé la France vers l'achèvement de son unité territoriale et vers son expansion maritime et coloniale en groupant les puissances catholiques : France, Saint Empire Romain Germanique, Espagne. Il pouvait mourir en paix, il avait agi non seulement en grand Roi, mais en Roi Très Chrétien et en Fils aîné de l'Église.

Admirable politique — la plus conforme à la vérité, à la justice et à la paix du monde — Louis XV, en la fête de l'Assomption de la Vierge, et de la Consécration du Royaume à Marie, le 15 Août 1761, allait l'adopter à son tour et l'étendre par le Pacte de Famille complétant le renversement des Alliances de 1756. Elle devait permettre à Louis XVI de prendre contre l'Angleterre la revanche du Traité de Paris et à la France de reprendre la tête des Puissances sur le continent et sur les Mers et de rendre tout leur prestige et toutes leurs forces aux monarchies catholiques. Fécond résultat de la politique la plus honnête et la plus habile, de la persévérance et de la patience de nos Rois, rendu, hélas, à peu près vain par la Révolution, qui allait bientôt tout faire pour prendre le contre-pied des intérêts les plus évidents de la France, de l'Église et de la paix du monde [1].

Les circonstances allaient favoriser l'accomplissement des desseins sataniques à l'intérieur de notre Pays. En mourant, Louis XIV laissait en effet pour successeur un enfant de cinq ans.

---

1. — Voir : Bainville, *Histoire de deux peuples*.

Le Grand Roi, voulant diminuer dans toute la mesure possible les inconvénients d'une minorité et briser notamment la dangereuse ambition du Duc d'Orléans, avait par testament pris toutes les mesures susceptibles d'assurer la tranquillité et le bon gouvernement du Royaume. Malheureusement, dès le lendemain de la mort du Roi, le duc d'Orléans convoqua le Parlement, fit casser le Testament du Roi et prit en main toute l'autorité. Manifestation éclatante de l'ambition démesurée et insatiable de cette branche cadette, qui, trois quarts de siècle après, ne reculera pas devant le crime, la trahison et l'assassinat de l'Oint du Seigneur, du Roi son cousin et prendra ainsi une part des plus actives à tous les malheurs de la France, de la Maison de France et de l'Église.

Débauché et sans convictions religieuses, le Régent laissera les incrédules et les libertins préparer le terrain aux Sociétés Secrètes et battre en brèche les traditions les plus sacrées. L'une des plus belles et des plus efficaces — quant à ses conséquences — voulait que le Roi, après son Sacre, consacrât sa Personne et son Royaume à Saint Michel afin que le Prince des Milices Célestes, le vainqueur de Satan préservât son règne de toute emprise des démons et de leurs suppôts, ainsi enchaînés en quelque sorte. Pour la première fois, au sacre de Louis XV, encore enfant, cette consécration ne fut pas renouvelée. Dès lors la porte était ouverte à Lucifer et à ses légions, ainsi déchaînés : les premières loges maçonniques s'installent en France et, comme l'araignée tisse sa toile, vont essaimer dans tout le Royaume et constituer, à la fin du siècle, un réseau formidable et secret qui minera sourdement l'édifice et le fera s'écrouler lors de la Révolution[1].

---

1. — Sur l'action de la franc-maçonnerie, voir les ouvrages du Père Deschamps, de Nos Seigneurs Delassus, Meurin et Jouin, de MM. Doumic, Bernard Fay, Léon de Poncins, Pierre Virion et Maurice Pinay.

Il est une question qui se pose, tant les désastres de la Guerre de Sept Ans paraissent anormaux. N'auraient-ils pas été systématiquement organisés par les sectateurs que la Maçonnerie entretenait dans l'Armée, la Marine et l'Administration. Nous souhaitons vivement que des spécialistes des questions maçonniques étudient ce point susceptible d'éclairer d'un jour tout nouveau cette période de notre Histoire.

La Maçonnerie sait qu'elle ne peut pas s'attaquer de front au Trône et à l'Autel sans soulever immédiatement contre elle, non seulement les rigueurs du Gouvernement mais la population tout entière, intensément chrétienne et tendrement attachée à ses Souverains ; elle va donc peu à peu préparer les esprits à cette attaque future par de multiples moyens plus abominables les uns que les autres, avec une duplicité et une adresse véritablement sataniques. C'est d'abord à une œuvre de perversion qu'elle se livre en flattant les pires instincts de l'homme, trop facilement enclin à la chute : orgueil, ambition, jalousie, débauche, tels sont les vices que ses agents secrets utilisent ; ils se joueront même des illusions des esprits chimériques et du sentiment religieux oblitéré des jansénistes. Tout leur est bon pour agir et entraîner dans leur sillage le plus d'âmes possible, afin de les utiliser — sans même qu'elles s'en doutent parfois — à l'accomplissement des plus secrets desseins de Satan. Non seulement la secte pousse ses adeptes aux plus hautes charges de l'État, mais grâce à leur influence et à leur crédit, elle « noyaute » toutes les administrations et jusqu'à l'Armée et à la Marine. Quand les âmes seront assez perverties, les esprits assez empoisonnés et mûrs pour se détacher tout à la fois de l'Église

---

On peut se demander si le Régent ne faisait pas partie de la Secte diabolique, cela expliquerait bien des choses ... et notamment le fait qu'il se soit toujours montré l'homme de l'Angleterre. Un fait est certain : l'affiliation de son petit-fils. Le Duc d'Orléans, qui fut Grand Maître de la Franc-maçonnerie, fut l'un des assassins du roi — son cousin — et renia sa Famille en se faisant appeler « le Citoyen-Égalité. » Rappelons le rôle de la Très Sainte Vierge et celui du Roi Martyr dans la conversion *in-extremis* de Philippe-Égalité. Louis XVI lui avait nommément pardonné, le soir du 20 janvier. Le Roi avait fait jurer au pauvre petit Dauphin, de ne jamais chercher à venger la mort de son père. Un mois après, au péril de leur vie, les royalistes parvenaient à introduire, auprès du prince dévoyé, l'Abbé Lothringer qui lui apporta les secours de la Religion ; Philippe-Égalité les accepta et reçut l'absolution. Si toute conversion d'un pécheur endurci est un miracle de la grâce, que dire de celle de Philippe-Égalité, quelques heures avant d'être guillotiné, sinon qu'il fut acheté par l'héroïque pardon de Louis XVI et obtenu par Marie, Médiatrice de toutes grâces. « *Un des plus grands bonheurs du Ciel, disait la Vénérable Madame Clotilde de France, sera d'y voir un de nos ennemis qui nous devrait son salut.* » C'est ce bonheur que Louis XVI a mérité.

et de la Royauté, elle déclenchera l'attaque finale contre l'Autel et le Trône ainsi préalablement minés secrètement.

Pour accélérer le mouvement, la Maçonnerie s'attaque sournoisement aux dogmes catholiques et aux principales vérités de la Foi : tous les Philosophes sont ses adeptes et l'Encyclopédie n'est que la somme de toutes les erreurs qu'elle propage. Elle fait éditer en Hollande, en Angleterre, en Prusse — toujours dans des Pays protestants — une multitude de brochures, de tracts, de livres qui touchent les différentes classes de la société et que des colporteurs à sa solde répandent partout dans le Royaume, jusqu'au fond de nos campagnes. Les Journaux agissent dans le même sens sur les esprits, non prévenus contre les doctrines maçonniques, puisqu'elle a eu la suprême habileté d'aiguiller les Parlements — composés de Jansénistes — vers la révolte contre Rome et qu'ils ne cessent de s'opposer à la publication en France des Bulles Pontificales, malgré la volonté du Roi. La Secte est le chef d'orchestre invisible et secret de tout ce travail de lente déchristianisation.

> « Je ne vous demande que cinq ou six bons mots par jour, écrivait Voltaire, cela me suffit. L'infâme (c'est-à-dire Dieu dans sa pensée) ne s'en relèvera pas ! »

Et Diderot, dans un cri de haine farouche, va traduire brutalement le but suprême de Lucifer :

> « Le genre humain, *écrit-il en 1768*, ne sera heureux que quand on aura étranglé le dernier roi avec les boyaux du dernier prêtre ! »

La Secte, après avoir ainsi désaxé ou perverti les esprits et les Cœurs, va entrer en lutte sournoise et acharnée contre la politique Royale. La Royauté voulait procéder aux réformes nécessaires et adapter l'État aux nécessités modernes ; très adroitement, les Loges — sous prétexte de défendre les traditions monarchiques — oh ! comble de l'ironie ! — vont soulever l'opinion publique et appuyer la résistance des Parlements, qui refusent d'enregistrer les Édits Royaux tout comme les Bulles Pontificales, et ébranlent ainsi l'autorité royale.

L'action concertée des Loges et des Philosophes a un autre résultat : alors que la pensée française rayonne sur le monde, cette collusion des éléments les plus pervers inspire en France un engouement stupide pour l'étranger et notamment pour le parlementarisme anglais, pour mieux battre en brèche les traditions politiques de notre Pays. La France est envahie par la littérature d'outre-Rhin et d'outre-Manche. Aussi la littérature française perd-t-elle son cachet, son originalité et sa grandeur : on n'y retrouve plus ni l'esprit, ni l'âme de chez nous.

Dans le domaine de la politique étrangère, alors que la Royauté se montre habile manœuvrière et manifeste une claire intelligence de la situation, la Maçonnerie et les Philosophes, soudoyés par l'Angleterre et la Prusse, prétendent défendre la tradition diplomatique et veulent continuer la lutte contre la Maison d'Autriche, bien que Louis XIV ait réduit celle-ci à l'impuissance contre le Royaume ; leur opposition devient si forte que le Roi, ne se sentant plus suivi par l'opinion publique et voulant — coûte que coûte — diriger son peuple dans la voie du salut, doit avoir une politique secrète destinée à redresser les erreurs et à atténuer les dangers de sa politique officielle. La trahison de tous ces « *internationalistes* » est telle que les Loges exécutent les instructions de la Grande Loge de Londres, pendant le temps même où la France est en guerre avec l'Angleterre, et Voltaire pousse le cynisme jusqu'à féliciter Frédéric II de sa victoire de Rosbach contre sa patrie !

À la mort de Louis XV, les Loges — par la bouche de Turgot — tentèrent de s'attaquer à la tradition la plus vénérable et la plus sacrée, au principe même de notre Monarchie, au Sacre, dont elles cherchèrent à obtenir la suppression :

> « Vous serez beaucoup plus agréable au peuple en lui disant que vous ne voulez tenir votre Couronne que de son amour. »

Si elles avaient réussi, écrit très justement Monseigneur Delassus, elles eussent obtenu la sécularisation, la laïcisation de la Royauté très Chrétienne. Mais le Roi tint bon.

La foi ayant été détruite ou ébranlée dans beaucoup d'âmes, la franc-maçonnerie crut le moment venu de lancer le spiritisme et toutes les manifestations diaboliques qui en découlent. Le vertige s'empara de la haute société, presque complètement subjuguée par des charlatans comme le juif Cagliostro ou Saint-Germain. Alors, l'engouement pour ces pratiques sataniques étant devenu frénétique, la Secte jugea que les esprits étaient mûrs pour l'attaque suprême ; elle voulut auparavant détacher les derniers fidèles, en jetant le trouble jusque dans les quelques têtes restées solides : l'affaire du Collier — machination purement maçonnique — discrédita tout à la fois et l'Église et la Monarchie. Profitant de la faiblesse d'esprit du malheureux cardinal de Rohan[1], attiré dans un scandaleux traquenard, elle lança une campagne immonde de libelles infâmes, orduriers et ignobles pour salir la Reine, totalement innocente.

Alors commença pour Celle qui fut la plus exquisément femme de toutes nos Souveraines un Calvaire aussi affreux qu'immérité qui ne prit fin que dans l'holocauste du martyre. C'est dans l'épreuve, dans la douleur que les grandes âmes se révèlent et montrent à quelle hauteur elles sont susceptibles de monter : Marie-Antoinette fut sublime, et certains ne désespèrent pas de la voir un jour glorifiée par l'Église comme martyre de la foi.

Si la Secte s'était acharnée avec tant de haine contre la Reine, c'est qu'elle l'avait jugée son adversaire le plus redoutable qu'il fallait abattre par tous les moyens. L'un des plus hauts initiés, Mirabeau, l'a dit :

« Le Roi n'a qu'un homme auprès de lui, et cet homme, c'est la Reine. »

Le 27 Décembre 1790, Marie-Antoinette écrivait à son frère l'Empereur Léopold :

« Oui, mon cher frère, notre situation est affreuse. Je le sens, je le vois… Mon devoir est de rester là où la Providence m'a placée, et d'opposer mon corps s'il le faut aux poignards des assassins qui voudraient arriver jusqu'au Roi. »

---

1. — Voir : L. Dasté, *Marie-Antoinette et le complot maçonnique*. – F. Funck Brentano, *L'affaire du Collier. La mort de la Reine*. – G. Gautherot, *L'agonie de Marie-Antoinette*.

La Franc-Maçonnerie qui redoutait l'influence de Madame Louise de France, la pieuse prieure du Carmel de Saint-Denis sur son neveu, le Roi Louis XVI, la fit disparaître en lui envoyant un paquet de prétendues reliques contenant un poison si violent que sa respiration — lors de l'ouverture du paquet — suffit à l'empoisonner.

Après l'Affaire du Collier, la Franc-Maçonnerie et les puissances protestantes ennemies de l'Église et de la France pouvaient déclencher la révolution. Tout avait été si bien préparé secrètement et la secte était si sûre du succès qu'un de ses adeptes, le futur conventionnel Mercier, dès 1771, écrivit au chapitre I, intitulé : « Pas si éloigné qu'on ne pense !, » d'un ouvrage devenu introuvable[1] : « La Souveraineté absolue est abolie par les États Généraux. La Monarchie n'est plus. La Bastille est renversée. Les monastères sont abolis. Les moines mariés. Le divorce permis. Le Pape dépossédé de ses États. O Rome, que je te hais !, » dévoilant le plan maçonnique et sa réalisation, de la révolution à nos jours.

Pendant toute cette période préparatoire à la révolution, que fit la Maison de France ? Pour le savoir, il faut revenir au début du règne de Louis XV.

Marie Leczinska, en venant en France pour épouser Louis XV, s'arrêta en pèlerinage à Notre Dame de l'Épine, près de Châlons, comme si la Providence avait voulu, dès son entrée dans notre pays, montrer à la jeune Princesse que le sceau de la souffrance devait sacrer son front d'un diadème plus beau que celui qu'elle allait recevoir. La cérémonie fut fixée en la fête de l'Assomption de la Vierge et de la Consécration de la France à Marie, le 15 Août 1725, pour placer le mariage sous la maternelle égide de la Reine du Ciel : de fait, tous les fruits de cette union furent exemplaires et certains sont en voie de canonisation. Au début, le Roi est d'une grande piété et l'influence de la pieuse Reine s'exerce très adroitement sur Lui. De multiples manières, ils témoignent leur confiance à la Mère de Dieu. Après plusieurs années, n'ayant qu'une fille et désirant vivement un héritier pour le Trône, il s'adressent à leur Céleste Protectrice ; le 8 décembre 1728, ils font une communion fervente à cette intention et la Reine s'engage à réciter chaque jour l'Office de la Sainte Vierge ; quatre-cents messes sont célébrées, notamment à Notre Dame de Boulogne, pour la délivrance de la Reine et pour obtenir un dauphin : le 4 septembre 1729, naît un Prince « en qui la France put bientôt espérer un nouveau Saint Louis » et qui fut

---

1. — *L'an 2440.*

père de trois rois et de plusieurs saints (1). Dès la naissance de son fils, — le seul enfant mâle qu'elle devait avoir sur ses dix enfants — la Reine le consacre à Notre Dame de Chartres où elle va, en 1732, offrir la Rose d'Or que le Souverain Pontife lui envoie comme étant la Souveraine la plus accomplie de la Chrétienté.

De son côté, le Roi, la même année, accorde dix mille livres pour la translation de l'abbaye Royale de Notre Dame d'Almenesche à Argentan ; en 1744, au commencement de la Guerre de Flandre, il va à Cambrai recommander à Notre Dame de Grâce le succès de la campagne ; enfin pour acquitter l'hommage du Cœur d'Or dû par les Rois de France à Notre Dame de Boulogne, il y va lui-même le 6 Juillet 1744 et remet six mille louis (2). En peu de temps, il est exaucé : c'est la victoire de Fontenoy. En 1746, ses troupes étant occupées au siège de Menin, il envoie, à plusieurs reprises, quelques officiers et des soldats travailler à l'agrandissement de Notre Dame de la Marlière à Tourcoing (3). Enfin, il avait tenu à célébrer avec un éclat tout particulier le centenaire du vœu de Louis XIII et de la consécration du Royaume à la Vierge.

Sans doute le Roi tomba-t-il dans les filets des Loges, qui ne réussirent que trop à le jeter dans la dépravation des mœurs ; du moins convient-il, en stricte justice, de reconnaître que jamais il ne perdit la foi — même au milieu de ses excès — et qu'à la fin il revint totalement à Dieu et mourut d'une manière édifiante. Enfin, la piété et la sainteté de la Reine et de ses enfants compensèrent peut-être, dans la balance de la justice divine, les fautes du Roi.

Non seulement la Reine ne se contentait pas de travailler de ses mains royales à la décoration des autels de la Sainte Vierge, mais elle sut inspirer à tous ses enfants une piété si profonde qu'ils devinrent tous des apôtres ardents du culte du Sacré-Cœur et gravirent les échelons spirituels qui conduisent à la sainteté. Dans la mesure où la Reine et ses Enfants vont connaître les demandes du Sacré-Cœur à Sainte Marguerite-Marie, ils vont travailler à leur réalisation.

---

1. — Haigneré, *Histoire de Notre Dame de Boulogne* et Hamon,: *id.*, t. II, p. 529.
2. — Hamon, *op. cit.*, t. II, p. 529 et t. II, p. 465.
3. — *Ibidem*.

Marie Leczinska agira non seulement auprès des Évêques de France, mais aussi auprès de ceux de Pologne et surtout auprès du Saint-Siège pour obtenir l'institution de la Fête du Sacré-Cœur. En attendant ce résultat, la Reine et le Dauphin firent transformer un des appartements de Versailles en chapelle, en l'honneur du Sacré-Cœur. C'est là que la Reine, ses enfants et petits-enfants aimaient à prier pour la France et pour la conversion du Roi. En 1751, la Reine et le Dauphin posèrent comme condition au relèvement des Religieuses de Sainte Aure qu'elles ajouteraient à l'éducation des jeunes filles — but de leur Ordre —l'adoration perpétuelle du Sacré-Cœur dans le Saint-Sacrement. Une confrérie d'adorateurs y fut instituée.

Quand Clément XIII — Le Pape même qui devait solennellement condamner la Franc-Maçonnerie — accorda la Fête du Sacré-Cœur à tous les Diocèses ou Instituts Religieux dit monde qui en feraient la demande, le 5 Février 1765, le bref pontifical fut accueilli en France avec enthousiasme. La Reine et le Dauphin pouvaient y voir le couronnement de leurs efforts. Immédiatement, sur leur demande, l'Assemblée du Clergé de France — à ce moment réunie — renouvela à l'unanimité le 17 juillet 1765, auprès du Souverain Pontife, la demande des Évêques de France de 1728. C'est ainsi que le 20 juin 1766, la Fête du Sacré-Cœur fut, pour la première fois, solennellement célébrée dans tout le Royaume. Malheureusement entre-temps, le 20 décembre 1765, le Dauphin était mort à 36 ans, ayant offert sa vie pour le salut du Royaume[1], sans doute « victime destinée à acheter un immense progrès de la dévotion au Sacré-Cœur. » Trois de ses enfants devaient y travailler efficacement : Louis XVI par son vœu, Madame Clotilde, devenue Reine de Sardaigne, par l'institution dans son Royaume d'une Confrérie du Sacré-Cœur, Madame Elisabeth qui fit de même en France.

---

1. — Voir : R.P. de Géramb, *L'unique chose nécessaire*. – Pour étudier la magnifique figure du Dauphin, voir : Dechêne, *Le Dauphin Fils de Louis XV*.

Le Dauphin ayant résisté à toutes les embûches que les Loges lui avaient tendues pour le faire tomber, on peut se demander si la Franc-Maçonnerie ne chercha pas à inoculer au Prince le microbe de la tuberculose dont il mourut…

Avec Louis XVI, c'est un Prince tout dévoué à Marie qui monte sur le Trône. Sa Mère, la Dauphine Marie-Josèphe de Saxe, l'avait consacré à la Vierge lors d'un pèlerinage qu'elle avait fait avec ses fils à Notre Dame de la Délivrande, près de Caen. Non seulement sa conduite fut toujours exemplaire et sa piété fervente, mais « les fêtes de la Sainte Vierge lui étaient particulièrement-chères. Devant une de ses images, il renouvela pour son propre compte le vœu de Louis XIII et, plus tard, il attribuait sa force d'âme, au milieu de ses épreuves, à la protection maternelle de Marie [1]. »

En épousant l'Archiduchesse Marie-Antoinette de Lorraine-Autriche, il allait unir au culte marial de ses ancêtres la traditionnelle dévotion de la Maison de Lorraine pour la Mère de Dieu [2].

---

1. — Abbé Auguste Delassus, *Louis XVI et sa béatification*, p. 33.
2. — Nous renvoyons le lecteur à l'ouvrage très documenté de l'Abbé Eugène Martin, *La dévotion à la Sainte Vierge dans le Diocèse de Toul* – Nancy, 1922 – Nous en avons extrait les éléments de la note suivante. Sans remonter jusqu'aux premiers ducs d'Alsace — issus saliquement de la Maison de France — dont les ducs de Lorraine descendent saliquement, rappelons seulement qu'Hadwide de Namur, veuve du fondateur de la Maison de Lorraine établit un prieuré en l'honneur de Marie vers 1075, au pied de son château de Chatenois. Elle érige avec son fils, le duc Thierry I (1070-1115), vers 1080, le prieuré de Notre Dame de Nancy. En 1085, le duc construit celui de Notre Dame à Laitre-sous-Amance et vers la même époque, un des ancêtres de la Maison de Vaudémont, Geoffroi de Joinville, bâtit celui de Dammarie. Les ancêtres de la Maison de Lorraine fondent ainsi Riéval, au sud de Commercy et Sainte-Marie-au-Bois en 1124, Nantel, puis les Vaux-en-Ornois vers 1130, Ecurey, en 1142 ; l'Étanche en 1148. Matthieu I, duc de Lorraine, fonde en 1150 Clairlieu, près de Nancy où il veut être enterré « comme sous le manteau de la Vierge secourable » ; puis c'est Notre Dame de Mercaville, la collégiale de l'Assomption à Ligny-en-Barrois. Celle de la Mothe-en-Bassigny, le chapitre de Notre Dame de Vaucouleurs, où priera Jeanne d'Arc ; la chapelle du premier palais ducal de Nancy ; au XIIIe siècle, on trouve de nombreuses preuves de la dévotion toute spéciale de la Lorraine au Mystère de l'Annonciation de Marie sous la forme de l'*Ave Maria*. Le 26 décembre 1396, Ferry I de Lorraine, comte de Vaudémont, fonde la « Confrérie des Chevaliers de Notre Dame de Sion. »

La Bienheureuse Marguerite de Bavière, duchesse de Lorraine, répand une méthode de méditations en récitant le Rosaire et « attribuait pour une bonne part à ces saints exercices les victoires que le duc Charles remporta sur une Ligue redoutable, en 1407, à Champigneulles, et deux ans plus tard à Pont-à-Mousson. Elle y recourut et y fit recourir pour obtenir la paix du pays et la conversion de son infidèle époux ... peut-être aussi pour le succès de la campagne de Jeanne d'Arc. » (Martin, pp. 23 à 25.)

René I passe ses loisirs à peindre une miniature de la Vierge pour la collégiale Saint-Georges. Avec René II monte sur le trône ducal un Prince en qui s'incarne la dévotion mariale des deux branches de la Maison de Lorraine. Il a une dévotion toute spéciale au Mystère de l'Annonciation ; dans sa lutte contre Charles le Téméraire, qui veut lui arracher son duché, il se confie à « Notre Dame de Benoîte Vaux. » Pour faire lever le siège de Nancy, il arbore sur son étendard l'image de la « Vierge annoncée » et le salut de l'Archange *« Ave Maria ! »* et par Lettres Patentes du 28 octobre 1484, il érige une chapelle sous le vocable de « Notre Dame de Bon-Secours » en « récordation et perpétuelle mémoire que, moyennant la grâce de Dieu et l'aide et intercession de la glorieuse Vierge Marie, sa Mère, il avait obtenue en ce dit lieu. » C'est également en souvenir de cette victoire « que longtemps, le grand étendard des duchés réunis de Lorraine et de Bar fut de damas blanc avec l'image de l'Annonciation ; le champ en était semé d'alérions, de barbeaux, de croix de Lorraine et de Jérusalem et d'initiales majuscules du duc régnant ... Marie, en son Annonciation, était donc la patronne reconnue des duchés de Lorraine et de Bar, et c'est à ce mystère, principe de toute ses grandeurs, que fut dédiée l'église primatiale, devenue cathédrale en 1777, qui, dans la pensée de nos princes, devait être, dans la capitale, le sanctuaire officiel de la Nation Lorraine » (Martin, pp. 31 et 32), René II fut le père de Claude de Lorraine, duc de Guise, souche de cette fameuse Maison. En octobre 1496, à Notre Dame de Bouxières avec sa sainte épouse, Philippe de Gueldres, il offrit un cierge de cent-huit livres pour l'heureuse naissance de cet enfant.

Des protestants allemands ayant franchi le Rhin et pillant églises, monastères et châteaux d'Alsace, le duc Antoine partit à leur rencontre et les battit à Saverne et à Scherviller les 16 et 21 mai 1525. Pendant l'expédition, de toutes parts, en Lorraine, des supplications s'élevaient, pour intéresser le Ciel à cette croisade, et la duchesse, Renée de Bourbon, demandait instamment au Seigneur, par l'intercession de Marie, de protéger son champion et de le ramener victorieux. Or, un soir, vers le milieu de ce mois de mai 1525, une jeune fille muette de naissance qui priait, dans l'Église Saint-Georges, « la Vierge du Pilier, » fut enfermée par mégarde. Et, dans la solitude du Saint lieu, elle entendit la Mère de Dieu lui ordonner d'aller rassurer la duchesse sur l'issue de la campagne. La muette obéit et parla ... La vérité de son affirmation fut confirmée quelques jours plus tard ... et le souvenir de cette *« Bonne Nouvelle »* se conserva dans le nom que la reconnaissance de la famille ducale et du peuple lorrain s'habitua dès lors à donner à la Madone de la Collégiale. »

Charles III, qui récitait chaque jour son Rosaire, voulut que la Primatiale de Nancy soit sous le vocable de l'Annonciation et aidait les couvents dans la construction de leurs chapelles à la condition qu'elles fussent sous le vocable de Marie.

Henri II « s'était voué par serment à la Reine du Ciel et, deux fois par jour, il lui offrait sa personne et ses états ; il jeûnait tous les samedis en son honneur ; monta souvent à Notre Dame de Sion et y fit une fondation pour assurer aux quatre fêtes de Notre Dame, les religieux nécessaires aux pèlerins très nombreux. « Il poussa Nicolas Coëffeteau ... à composer un traité sur « l'innocence et les grâces de Marie » (*id.*, p. 188.) Il voulut être enterré devant l'autel de Notre Dame de Bonne Nouvelle. François de Vaudémont fit vœu d'établir une communauté de religieux à Notre Dame de Sion, si on retrouvait le testament de René II, établissant la Loi Salique dans le duché ; exaucé, il accomplit son vœu. Par tous les temps, Charles IV se rendait chaque jour à Notre Dame de Bon Secours, quand il était à Nancy. Il fit des dons princiers à Notre Dame de Sion. Le 8 janvier 1669, il écrivit une lettre autographe « à la Sainte Vierge, glorieuse Mère de Dieu, Notre Dame de Sion, Souveraine des ducs, princes et princesses, de tous les sujets et biens de la Lorraine, au Mont de Sion en Lorraine, » pour réclamer son secours. Le 22 janvier suivant, il publia une ordonnance faisant « donation et transport irrévocable » de ses États « à la Très Sainte Vierge, Mère de Dieu, en l'honneur de son Immaculée Conception » (*id.*, p. 192.)

« Né dans l'exil, le fils de Nicolas-François, Charles V, n'eut point la consolation d'aller déposer aux pieds de la Vierge de Bon Secours le sceptre de Gérard d'Alsace qu'il ne put recouvrer ..., mais c'est à elle qu'il tint à faire hommage de ses conquêtes. Ayant enlevé, aux Turcs, Bude, l'ancienne capitale de la Hongrie, en 1686, il fit frapper une médaille commémorative, sur laquelle il commanda que fût représentée la Mère de Dieu abritant sous son manteau le pape, l'empereur et les chefs de l'armée catholique ; la légende « *Auxilium Christianorum,* » qui se développait à l'entour, précisait encore davantage vers quel sanctuaire sa pensée était allée, au moment de l'assaut : comme pour son aïeul René II, Notre Dame de Bon Secours, lui avait été Notre Dame de la Victoire.

« Dix-neuf ans auparavant, en 1664, il avait envoyé à la « Chapelle des Bourguignons, » pour qu'il y témoignât de sa filiale gratitude envers la Vierge protectrice de sa Maison, un guidon qu'il venait d'arracher à un musulman, dans un combat livré près de Saint-Gothard. Son exemple fut suivi. En 1687, Charles-François de Lorraine, prince de Commercy, fit suspendre à côté

249

Après huit ans de mariage, étant sans enfant, la Reine profondément affligée de ne point être mère s'adresse à Marie ; elle va en pèlerinage à Notre Dame du Chêne aux Mesnuls, près de Montfort l'Amaury ; elle se charge de l'achèvement de Notre Dame de Bon-Secours à Nantes et, sans même attendre, elle offre une magnifique statue d'argent représentant la Vierge et l'Enfant Jésus. Si la piété de la Reine ne se démentit jamais quand tout lui souriait, au temps de ses épreuves, sous l'influence de la douleur, elle s'épanouit magnifiquement ; Marie-Antoinette en a laissé un témoignage impérissable dans l'acte de consécration au Sacré-Cœur et à la Sainte Vierge qu'elle a composé, en collaboration avec Madame Elisabeth de France, pendant leur captivité au Temple :

> « O Jésus-Christ ! Tous les Cœurs de ce royaume, depuis le Cœur de notre auguste Monarque jusqu'à celui du plus pauvre de ses sujets, nous les réunissons par les désirs de la charité, pour vous les offrir ensemble.
>
> » Oui, Cœur de Jésus, nous vous offrons notre patrie tout entière et les Cœurs de tous ses enfants. O Vierge Sainte ! ils sont entre vos mains ; nous les avons réunis en nous consacrant à vous, comme à notre protectrice et à notre Mère. Aujourd'hui nous vous en supplions, offrez-les au Cœur de Jésus. Présentés par vous, il les recevra, il leur pardonnera, il les bénira, il les sanctifiera, il sauvera la France tout entière et y fera revivre la Sainte Religion.
>
> »   Marie-Antoinette, Elisabeth-Marie [1]. »

---

le drapeau qu'il avait enlevé à un janissaire, à la bataille de Mohacz. D'autres capitaines lorrains firent de même, et le dernier duc de Lorraine, François III, devenu par le Traité de Vienne, grand-duc de Toscane, en attendant qu'il montât, avec son épouse, Marie-Thérèse, sur le trône impérial ... tint à prouver qu'il gardait fidèle mémoire de l'oratoire si cher à ses ancêtres : il lui adressa deux fanions dont il s'était rendu maître, sur le champ de bataille de Méhadia, le 13 juillet 1738 » (*id.*, pp. 168-169.)

Ajoutons que le magnifique jubé de Notre Dame de Liesse est un don de la Maison de Lorraine.

Le Cœur de la Reine Marie Leczinska fut déposé, sur sa demande, dans l'église de Notre Dame de Bon Secours, que ses parents — successeurs des ducs de Lorraine, après avoir quitté le trône de Pologne — avaient fait reconstruire.

1. — Abbé A. Delassus : *op. cit.*, p. 108-109.

Les Cœurs fidèles unissaient leurs prières à celles de la Famille Royale ; chaque jour, les familles chrétiennes récitaient avec ferveur la prière suivante adressée à Marie :

> «   Prière à la Sainte Vierge pour le Roi.
>
> » Divine Mère de mon Dieu, qui dans le Temple de Jérusalem avez offert à Dieu le Père, Jésus-Christ son Fils et le vôtre, je vous offre à vous-même notre Roi Louis XVI.
>
> » C'est l'héritier de Clovis, de Sainte Clotilde, de Charlemagne et du religieux prince Louis-Dauphin, que je vous présente.
>
> » Ces noms si chers à la Religion n'auront-ils pas auprès de vous la même vertu qu'eurent tant de fois auprès du Dieu d'Israël les noms d'Abraham, d'Isaac et de Jacob, que son peuple ne prononçait jamais en vain.
>
> » Considérez, Mère très pieuse, Vierge remplie de clémence, que ce bon Monarque n'a jamais été souillé par celui de tous les vices que vous avez le plus détesté, qu'il n'a été ni homme de sang, ni le tyran de son peuple.
>
> » Reine du Ciel, de l'Église Catholique, Reine de la France, soyez Reine de ce Monarque chrétien.
>
> » Changez les Cœurs des impies, rendez à la Religion sa première splendeur, régnez en souveraine sur la personne de ce Roi vertueux ; prolongez ses jours, délivrez-le des mains de ses bourreaux sanguinaires.
>
> » Sanctifiez ses épreuves et ses sacrifices et faites-lui mériter une Couronne plus brillante et plus solide que les plus belles Couronnes de la terre. »
>
> » *Domine salvum fac Regem, et exaudi nos in die qua invocaverimus Te* [1] ! »

Au début de Janvier 1790, Madame Elisabeth avait fait un vœu au Cœur Immaculé de Marie, pour la conservation de la Foi en France, promettant :

    1° Une aumône annuelle pour l'œuvre jugée la plus utile (elle permit à de nombreux prêtres non assermentés de vivre en se cachant ou de s'enfuir.)

    2° Chaque année, l'éducation d'un enfant pauvre de l'un ou l'autre sexe.

---

1. — Abbé A. Delassus, *Le Pardon de Louis XVI à la France*, p. 7.

3° L'érection d'un autel au Cœur Immaculé de Marie avec un salut mensuel.

Le Roi, la Reine et leurs Enfants ainsi que la Princesse de Lamballe, la duchesse de Doudeauville, Mesdames de Raigecourt, de Lastic, de Carcado, de Saisseval, et beaucoup d'autres s'unirent à ce vœu. Deux Cœurs de l'or le plus pur — le Cœur de Jésus, et le Cœur de Marie, le Roi n'ayant pas voulu séparer le Cœur du Fils de celui de la Mère — furent fondus et envoyés à Notre Dame de Chartres — où ils se trouvent encore — en souvenir et comme preuve de ce vœu.

Quelques jours après, le 10 février 1790, à l'occasion de l'anniversaire du Vœu de Louis XIII et de la Consécration du Royaume à la Vierge, le Roi, accompagné de la Reine, du Dauphin, de Madame Royale, de Madame Elisabeth et de quelques fidèles, se rendit à Notre Dame, sans qu'on l'y attendît. Il y trouva réunies pour y célébrer cet anniversaire, « un nombre très considérable de bonnes âmes qui ont communié à la Chapelle de la Vierge. »

Et toute cette foule pieuse et recueillie s'unit intensément au grand acte que son Roi y venait accomplir. Non seulement Louis XVI renouvela l'Acte de son pieux aïeul, mais il le compléta, car il consacra la France au Cœur Immaculé de Marie[1].

La consécration fut renouvelée l'année suivante ainsi qu'en fait foi la lettre suivante de Madame Elisabeth à son amie, la marquise de Raigecourt en date du 28 Janvier 1791 :

> « Tu as raison de mettre toute ta confiance en Dieu : lui seul peut nous sauver. On commence une neuvaine au Sacré-Cœur de Jésus-Christ ; je crois que Lastic te l'a déjà envoyée ; mais de peur qu'elle ne l'ait oubliée, je pourrai bien te la renvoyer. On fera aussi celle à la Sainte Vierge pour le dix du mois prochain.

---

1. — Sur l'action personnelle de Madame Elisabeth, consulter la correspondance de Louis XVI, p. 144 ; de Marie-Antoinette et de Madame Elisabeth, publiée par Feuillet de Conches, ainsi que l'ouvrage fondamental en deux volumes, *Madame Elisabeth de France*, par E. M. du L., t. I, p. 368. L'ouvrage de vulgarisation écrit par Mlle de la Vergne est à mentionner également.

Il y a de bien bonnes âmes qui prient : Dieu se laissera peut-être fléchir (1) ... »

Après la Révolution, les confidentes de Madame Elisabeth continuèrent a exécuter les promesses du Vœu de la pieuse Princesse, dans la mesure où elles le purent. Nous en trouvons la preuve dans les papiers de la comtesse de Saisseval, dans une lettre écrite le 22 août 1806 par la comtesse de Carcado : lettre très importante par les détails qu'elle fait connaître :

> « Nous arrivons d'une messe que vient de dire Monsieur de la Myre en souvenir de ce vœu que vous avez connu avoir été fait en 1790, pour la conservation de la religion catholique, apostolique et romaine en France ; s'il n'a pas été exaucé dans l'année, au moins il y a eu dans cette même année des gages de faveur : 1° la journée des Évêques le 4 Janvier 1791, qui a fait regarder la foi comme sauvée, malgré tout ce qui pourrait survenir momentanément ; 2° le renoncement du Roi à la religion constitutionnelle qui a eu lieu le 19 juin 1791 (par une déclaration laissée au moment du départ pour Montmédy). Non contentes de solliciter cette faveur du Cœur Immaculé de Marie, les associées avaient encore demandé cette rétractation à Dieu par une prière à Saint Joseph déposée dans le manteau de Sainte Thérèse (2). La bonne sainte a obtenu, avec la grâce sollicitée, le courage du martyre à nos saints prêtres aux Carmes, particulièrement à trois de ceux qui avaient fait le vœu. Les pensées de Dieu ne sont pas nos pensées, nous savons le reste. Dites à Madame votre belle-sœur que cette messe d'aujourd'hui a été dite à Notre Dame, devant l'autel de la Sainte Vierge où nous avions été ensemble en grande compagnie, le 10 février 1790, pour la grande neuvaine. Dites-lui que j'avais avec moi les Cœurs d'or qui ont été sauvés comme par miracle, m'unissant à elle, car elle a eu part à tout cela, votre bonne belle-sœur (3). » (La Comtesse de Lastic.)

1. — Feuillet de Conches, *op. cit.*, p. 230.
2. — Conservé au Carmel de la rue Denfert-Rochereau à Paris.
3. — « Madame de Saisseval, rentrée en France après la Révolution et se regardant comme légataire de la promesse faite par elle et ses associées en faveur des enfants pauvres, la surpassa par les deux œuvres des *Petits Séminaires* et des *Enfants délaissés*. Elle saisissait ainsi le moyen de reconstituer le sacerdoce

Madame Elisabeth avait également composé ce magnifique Acte de Consécration de la France à la Très Sainte Vierge :

> « O Vierge Sainte ! Vous avez toujours si spécialement protégé la France... tant de monuments nous attestent combien elle vous a .toujours été chère ! Et à présent qu'elle est malheureuse, et plus malheureuse que jamais, elle semble Vous être devenue étrangère !... Il est vrai qu'elle est bien coupable !... Mais, tant d'autres fois, elle le fut et Vous lui obtîntes son pardon !... D'où vient donc qu'aujourd'hui Vous ne parlez plus en sa faveur ?... Car si Vous disiez seulement à Votre Divin Fils :
>
> « Ils sont accablés de maux, » bientôt nous cesserions de l'être... Qu'attendez-Vous, ô Vierge Sainte ? Qu'attendez-Vous pour faire changer notre malheureux sort ?... Ah ! Dieu veut peut-être qu'il soit renouvelé par nous, le vœu que fit un de nos Rois pour Vous consacrer la France... Eh bien ! ô Marie, ô très Sainte Mère de Jésus-Christ ! nous Vous la vouons, nous Vous la consacrons de nouveau ! Si cet acte particulier pouvait être le prélude d'un renouvellement plus solennel et public !... Ou, si plutôt elle pouvait retentir depuis le trône jusqu'aux extrémités du Royaume, cette parole qui lui a attiré tant de bénédictions : Vierge Sainte, nous nous vouons tous à Vous, mais le désir que nous en avons ne peut-il pas y suppléer ?... Mais les liens sacrés qui nous unissent à tous les habitants de ce Royaume, comme à

---

en France après les hécatombes révolutionnaires. C'est ainsi, par cette sainte amie à qui elle avait fait connaître le Sacré-Cœur, que Madame Elisabeth obtint finalement ce qu'elle avait demandé au Cœur Immaculé de Marie : *la conservation de la religion en France.* Elle l'obtint par une nouvelle génération de prêtres formés par les Confesseurs de la foi qu'elle avait soustraits à la guillotine. « Il y a cependant un point du vœu qui semble n'avoir pas encore été exécuté ; le salut mensuel donné à un autel érigé en l'honneur du Cœur Immaculé de Marie. Ce point est exécuté *indirectement* par la fondation de l'Archiconfrérie de Notre Dame des Victoires en l'honneur du Cœur Immaculé de Marie et pour la conversion des pécheurs, par M. l'Abbé Dufriche-Desgenettes, en 1836... Il le sera directement quand sera bâtie la basilique du Cœur Immaculé de Marie, vouée en 1918 par un groupe de catholiques fervents. Pour cela, il faut évidemment que tous les bons Français apportent leur collaboration à cette œuvre » (manuscrit inédit de Mère Marie de Sainte Isabelle.)

> nos frères, mais la charité qui étend nos vues et dilate nos Cœurs, pour les comprendre tous dans notre offrande, ne peut-elle pas la leur rendre commune avec nous ? ... Ne peut-elle pas donner à une consécration particulière le mérite et l'efficacité d'une consécration générale ? Nous vous en prions, Vierge Sainte ! ... Nous Vous en conjurons ! ... Nous l'espérons, et dans cette confiance nous Vous offrons notre Roi, notre Reine et sa Famille ; nous Vous offrons nos Princes ; nous Vous offrons nos magistrats, nous Vous offrons surtout ceux qui sont chargés du maintien de la Religion et des mœurs. Enfin, nous Vous rendons la France tout entière ... Reprenez, ô Vierge Sainte ! vos premiers droits sur elle, rendez-lui la foi ; rendez-lui votre ancienne protection. Rendez-lui la paix ; rendez-lui, rendez-lui Jésus-Christ qu'elle semble avoir perdu ... Enfin, que ce Royaume de nouveau adopté par Vous redevienne tout entier le Royaume de Jésus-Christ. Ainsi soit-il. »

Mais revenons au Roi ; dans son vœu au Sacré-Cœur, composé dès avant le dix août 1792 et remis à son confesseur le Père Hébert qui fut massacré aux Carmes, Louis XVI tient à unir dans sa supplication le Cœur de Marie au Cœur de Jésus :

> « ... O, Jésus-Christ, divin Rédempteur de toutes nos iniquités, c'est dans votre Cœur adorable que je veux déposer les effusions de mon âme affligée. J'appelle à mon secours le Cœur de Marie, mon auguste protectrice et ma mère [1] ... »

Les âmes Royales étaient prêtes au suprême sacrifice. En opposant son veto au décret de déportation des prêtres, le Roi savait qu'il jouait sa couronne et s'exposait à la mort ; devant l'émeute déchaînée, il répond fièrement et noblement aux meneurs :

> « Plutôt renoncer à la couronne que de participer à une semblable tyrannie des consciences [2] ! »
>
> « Je ne me fais pas d'illusion sur mon sort, *écrit-il à Malesherbes*, je subirai le sort de Charles I et mon sang coulera pour me punir de n'en avoir jamais versé [3]. »

---

1. — Abbé A. Delassus, *Louis XVI et sa béatification*, p. 101.
2. — *Id.*, p. 72.
3. — *Id.*, p. 86.

Il fallait qu'un Roi de France imitât héroïquement la passion du Christ, comme il fallait qu'une Reine et une Princesse de la même Race participassent à la Compassion de la Très Sainte Vierge, le Roi et la Reine de France et leur Famille devant être, en quelque sorte, une image de Notre Seigneur, de sa Sainte Mère et de la Sainte Famille.

Le martyre, en haine de la foi, devait être le couronnement de ces âmes. Louis IX avait donné à la Royauté le sceau de la sainteté ; il était réservé à Louis XVI et à sa Famille de la sacrer de l'auréole plus glorieuse encore du martyre et de servir d'holocauste pour le triomphe du règne futur du Sacré-Cœur et du Cœur Immaculé de Marie.

Si le XVIIIe siècle fut celui de la perversion satanique dans tous les domaines, il convient de remarquer que la Famille Royale de France — à l'exception de Louis XV, dont la mort fut cependant édifiante — donna le plus magnifique exemple de Foi et de perfection chrétiennes. Plus les Français perdaient la Foi, plus Elle manifestait la sienne, sous l'influence du double culte du Sacré-Cœur et du Cœur Immaculé de Marie ; plus ils tombaient, plus elle se purifiait pour mériter de finir dans une magnifique apothéose de sainteté et de martyre.

Sans doute, la révolution fut le signal de toutes les monstruosités ; sans doute, dans sa haine satanique contre Dieu, voulut-elle détruire les plus pures traditions et ternir à jamais les plus belles pages et les plus glorieuses de notre Histoire, et couronner ses forfaits par la déchristianisation de la France et l'assassinat de l'Oint du Seigneur ; du moins, le Roi, — c'était l'essentiel — n'avait pas trahi la mission confiée par Dieu à sa Race. Satan semblait triompher, sa victoire paraissait devoir être définitive ; il ne pouvait pas en être ainsi, car c'est Marie qui serait, sortie vaincue de la lutte ; or, la France et la Royauté lui ayant été consacrées, la Vierge trouverait dans son Cœur maternel le moyen de les sauver toutes deux. Déjà — dans la balance de la justice divine les martyres du Roi, de la Reine, de Madame Elisabeth, auxquels firent cortège ceux de la plupart des victimes de la Révolution et des « Géants de la Vendée, » sans oublier le calvaire de Louis XVII, avaient compensé les crimes dans la mesure que Dieu seul connaît et acheté ainsi — à l'avance — la résurrection future de la France et de la Royauté. Seule l'expiation de la nation restait encore : cette expiation se poursuit, depuis lors, et durera jusqu'au rétablissement miraculeux de la Royauté Très Chrétienne et à la résurrection de la France, qui seront, essentiellement, l'œuvre personnelle de Marie. Parlant des pèlerinages que les Rois de France aimaient à faire aux sanctuaires de la Vierge dans leur Royaume, l'historien de Notre Dame de Liesse écrit[1] :

> « Ne terminons pas ce chapitre sans admirer ... ces hautes leçons données au peuple par l'élite de la nation. Si le mot de Charles-Quint est vrai : « *Il n'y a pas au monde grandeur telle que celle d'un Roi de France,* » on comprend le prestige qu'apportaient alors à la religion ces pèlerinages. N'était-ce pas la France elle-même qui se grandissait devant Dieu et devant les hommes ?
>
> » En venant officiellement rendre leurs hommages ou présenter leurs requêtes à Notre Dame, ces Princes la priaient de mettre sa main douce et maternelle sur le Cœur du peuple pour en modérer, ou en comprimer les élans inconsidérés ; ils la priaient de verser dans les âmes les vertus qui éteignent les passions violentes, toujours prêtes à éclater, la haine et l'envie ; ils la priaient de dissiper les ennemis du dedans et du dehors, d'écarter les fléaux, de resserrer l'union des citoyens, de faire descendre sur tous les foyers les bénédictions du ciel. Ils la priaient de donner le bonheur à la France et, par conséquent, la paix au monde entier.
>
> » Nous ignorons si à Liesse les Rois suivaient le cérémonial de Chartres. La messe terminée, le Prince montait au jubé et là, en présence de toute la multitude, récitait à haute voix une prière dans le genre de celle que fit Salomon, à la dédicace du Temple de Jérusalem. Il suppliait Dieu d'accorder une prospérité constante au Royaume de France, à la Famille Royale, au peuple entier, dans l'intérêt de sa gloire et pour l'honneur de son nom. Puis se tournant vers Marie, il lui demandait son aimable et puissante intercession. Quand le Roi avait fini de parler,

---

1. —— *Notre Dame de Liesse*, par un Père de la Compagnie de Jésus. Édition des Grands Pèlerinages, chez Letouzey, pp. 53 et 55.

toute l'assistance, fidèles, seigneurs, prêtres s'écriaient :

« *Qu'il en soit ainsi ! Qu'il en soit ainsi !* » ...

» En donnant au peuple une noble idée de l'autorité, ces fêtes le maintenaient dans le respect et l'obéissance. Ne résolvaient-elles pas d'une manière aussi douce qu'intelligente la question sociale ... ? Ne fortifiaient-elles pas l'union du supérieur avec les inférieurs en consacrant les droits de l'un et en adoucissant les devoirs des autres ? »

« Aussi, quand nous nous rappelons que ce spectacle se répétait à chaque siècle sur divers points de la France, qu'il était attendu et applaudi par toutes les classes de la société, chanté par les poètes, commenté par la chaude parole des orateurs, immortalisé par le pinceau des artistes et le ciseau des sculpteurs, nous savons, semble-t-il, pourquoi nos annales ont fait si souvent honneur à la race humaine ; pourquoi notre terre a poussé, la première de toutes, le sublime cri de « Dieu le veut ! » ... Nos longs siècles de belle gloire ne sont que le sourire d'une Mère heureuse d'avoir entendu les paroles d'amour de ses enfants. »

Le Cœur de Jésus recevant les adorations des anges.
Tiré de la *Vie de la Mère Marguerite-Marie*, par Mgr Languet. Paris, 1729.

CHAPITRE XVII

Vendéens et Chouans sauvent la Foi et l'Honneur de la France

Au début de la Révolution, la prison royale du Temple avait été, en France, le grand sanctuaire du double culte dû au Sacré-Cœur et au Cœur Immaculé de Marie. Le martyre du Roi, la volonté arrêtée des révolutionnaires de déchristianiser totalement la France [1],

---

1. — Pour tout ce chapitre nous avons utilisé :
L'Histoire de la Vendée Militaire, par Crétineau-Joly et le R.P. Drochon, 5 volumes.
L'Épopée Vendéenne, par Gustave Gautherot.
L'Histoire Merveilleuse illustrée des géants de la Vendée, par p. Cyrille Ferret.
Enfin la très intéressante collection du Bulletin du *Souvenir Vendéen*. Le *Souvenir Vendéen* est une œuvre admirable qui lutte victorieusement pour maintenir dans nos Provinces de l'Ouest les grandes traditions catholiques et françaises et entretient dans ces régions le culte des grandes leçons et des sublimes exemples laissés par les héros et les martyrs de la Vendée à leurs descendants. Tout catholique Français devrait avoir à Cœur de soutenir ce magnifique mouvement. Pour tous renseignements, s'adresser au *Souvenir Vendéen*, B. P. 204, 44 Rue du Paradis – 49306 Cholet.

La Vendée militaire comprenait le Bas-Poitou, la Vendée et le Pays Nantais. La Chouannerie s'étendait en Bretagne, Bas-Maine et Haute-Normandie. Sans doute la Chouannerie n'a pas eu l'envergure de la guerre de Vendée, mais, si elle avait le caractère plus accusé de guerre de partisans, elle n'en était pas moins inspirée par la Foi, et l'héroïsme, dont les Chouans ont fait preuve, ne le cède pas à celui des Vendéens ; deux exemples, pris entre beaucoup d'autres le montreront :

> « Jean Cottereau et ses camarades, retirés dans le bois de Misdon, s'étaient creusé un camp ou plutôt un terrier qu'ils recouvraient de feuilles mortes, de mousse et de fougère. Ils ne sortaient de cet asile que pour courir aux Bleus. Une pareille existence avait ses dangers de chaque heure, ses misères de tous les jours ... Voués à toutes les tortures de la faim, à toutes les intempéries des saisons, les Manceaux, libres de prier Dieu à leur manière, heureux de ne pas grossir le nombre des défenseurs de la République, souffraient sans se plaindre des maux auxquels ils étaient exposés. Et, si vous interrogez encore les survivants de cette époque, anciens frères d'armes du Chouan, ils vous expliquent avec naïveté les moyens employés par leur chef pour occuper les loisirs et apaiser la faim de ses soldats : « Ils nous faisait CHAPELETTER tout le jour durant, vous disent-ils ; cela nous ôtait les mauvaises pensées. »
>
> « Chaque nuit amenait son combat, mais le 25 Octobre 1793, au moment où, en commun, ils achevaient la prière du soir, l'un de ces Chouans dit : « Je crois entendre le tonnerre. — Le tonnerre, interrompit Jean Cottereau, écoutons. — Il applique son oreille contre terre ; bientôt il se relève et d'un air inspiré : « Ce tonnerre, c'est le canon, s'écrie-t-il, le canon de la Vendée : l'armée royale a passé la Loire. Mes amis en route pour Laval ! »
>
> « Un cri de « *Vive le Roi ! Vive la Vendée !* » retentit dans les bois de Misdon. Les Chouans saisissent leurs armes ; ils vont se mettre en marche lorsque Jean Cottereau les arrête : Un moment encore, mes amis, reprend-t-il, et avant tout ; remercions le bon Dieu qui nous accorde cette heureuse chance. Tous tombent à genoux, et leurs voix mâles recommencent le chapelet. Le chapelet, c'était la seule prière qu'ils sussent ; c'était leur hymne d'action de grâces dans la victoire, leur cri de détresse dans le malheur ; et ils partent, recrutant sur la route tous les hommes en état de faire le coup de feu. »

L'élan que Jean Cottereau avait imprimé fut suivi : cinq mille paysans manceaux se réunirent à l'armée de la Rochejacquelein ... » (Crétineau Joly, *Histoire de la Vendée Militaire*, tome III, pp. 158-159.)

> « Dans l'impossibilité où se voit l'histoire de raconter ou même d'indiquer ces innombrables engagements, il ne nous reste pour en tracer une image qu'à dire ce qui se passa, le 6 Janvier 1795, dans le bois de la Chapelle-du-Bourg-le-Prêtre. On célébrait le jour des Rois. Vingt-deux Chouans sont

devaient enfanter, susciter une nouvelle croisade, celle-là sous le signe du Sacré-Cœur : Le Pays que Saint Grignion de Montfort n'avait cessé de parcourir en tous sens pour y faire germer l'amour de Marie, allait répondre aux sollicitudes maternelles de la Reine du Ciel qui y avait ainsi préparé les futures victoires de la foi dans le martyre.

« Aussi, lorsqu'à la fin du siècle dernier, *dit Monseigneur Freppel*[1], lorsqu'un jour de haine et d'aveuglement l'on en vint à s'attaquer aux oints du Seigneur, à tout ce qui représentait le Christ, dans

cernés par le 19ᵉ de ligne dans ce bois destiné à être souvent le théâtre de sanglantes affaires. Ils ont à leur tête Bourdoiseau, dit le Petit-sans-Peur, et Saint Paul. Pendant toute la journée, ils manœuvrent ; il dirigent leur feu avec tant d'habileté qu'ils tiennent en respect ces dix-huit-cents hommes. Le soir, les Bleus fatigués d'un combat aussi acharné, refusent de le continuer, et ils se retiraient lorsque le Petit-Sans-Peur s'écrie : « C'est aujourd'hui la fête des Rois, célébrons-la en tuant des révolutionnaires. Encore en avant ! » « Louis Courtillé ne songe pas à rester en arrière. Ce n'était pas son habitude. Au cri de guerre du Petit-Sans-Peur, il répond par le sien, que les Bleus ont souvent appris à redouter : « En avant et victoire au nom de Saint Paul ! » (St Paul était son surnom.) Les vingt-deux hommes partent à sa voix, ils sont sur la piste du 19ᵉ de ligne ; ils le poussent avec tant de vigueur que le désordre se met dans ses rangs et que la retraite est pour lui une honteuse déroute. Il fallut le lendemain le pallier : les officiers de ce régiment annoncèrent qu'ils s'étaient rencontrés avec la masse des insurgés. Une avant-garde d'élite les avait chargés, tandis que le gros de la troupe, embusqué, la soutenait par des feux de peloton qui les avait décimés. Leur imagination effrayée, créa cette masse d'insurgés qui n'existait pas, et malgré les preuves mises sous leurs yeux, les Bleus ne voulurent jamais croire à un pareil trait d'audace. » (Crétineau-Joly : *id.*, t. III, pp. 242 à 244.)

Un exemple montrera également que les femmes du Maine n'étaient pas moins héroïque que celles de Vendée : Perrine Cottereau, sœur de Jean, fut arrêtée avec sa jeune sœur comme complice de son frère. « *Vous nous traitez comme des brigands, dit-elle au juge ; mais le Bon Dieu nous jugera à son tour, et il nous tiendra compte de tout ce que nous souffrons pour lui. Je n'attends de vous ni pitié, ni justice. Je n'ai rien à vous dire.* » Après avoir exhorté sa sœur montant à l'échafaud, elle y monta à son tour, en faisant deux fois le signe de la Croix et en criant : « *Vive le Roi ! Vive mon frère Jean Chouan !* » Elle ne savait ni lire, ni écrire. (*id.* p. 173.)
1. —— Mgr Freppel, *Panégyrique du Bienheureux Grignion de Montfort*, prononcé à Saint-Laurent-sur-Sèvre, le 8 Juin 1888.

l'État comme dans l'Église, ce peuple tressaillit dans ses bocages et au fond de ses ravins. Il se leva pour défendre tout ce qu'il aimait, tout ce qu'il respectait : et le monde fut témoin d'une lutte telle qu'il ne s'en était pas vu de plus émouvante depuis l'ère des Macchabées. « *Moriamur in simplicitate nostra !* » « Mourons dans la simplicité de notre Foi !, » répétaient ces fils de paysans que la Foi avait transformés en héros, et qui marchaient au combat simplement et sans crainte, *simpliciter et confidenter.*

Vendéens et Chouans avaient compris cette grande loi de Dieu que rappelle si opportunément Léon XIII dans son Encyclique *Libertas* :

> « Dès que le droit de commander fait défaut, ou que le commandement est contraire à la raison, à la loi éternelle, à l'autorité de Dieu, alors il est légitime de désobéir ; nous voulons dire aux hommes, afin d'obéir à Dieu » : *Lex injusta non obligat !* »

La loi injuste n'oblige pas, proclame la théologie. Et Monseigneur Tiberghien ajoute :

> « L'Église a toujours admis pour le peuple un droit de révolte, mais dans des conditions très déterminées précisées par les théologiens. On peut les ramener à ces cinq conditions : tyrannie habituelle et non transitoire, tyrannie grave qui met en péril les biens essentiels de la nation, tyrannie manifeste de l'aveu général des honnêtes gens, impossibilité de recourir à un autre moyen, succès sérieusement probable [1]. Lorsque le peuple se révolte légitimement, il reste soumis à Dieu et agit pour sauver le bien commun dont Dieu, dans le cas extrême de tyrannie, lui remet la garde. « *Il vaut mieux obéir à Dieu plutôt qu'aux hommes,* » disait Saint Pierre au Sanhédrin [2]. »
>
> « ... Si jamais tyrannie fut manifeste, ce fut bien celle du gouvernement de la Terreur. Usurpateurs sans titre, appuyés sur quelques bandits à piques et armés de la guillotine pour soumettre un peuple qui ne voulait pas d'eux, les Terroristes employaient leur puissance à saper, jusque dans leurs plus intimes

---

1. —— *Cf. Revue d'Apologétique*, 15 avril 1909, p. 94
2. —— Mgr Tiberghien, *L'encyclique Immortale Dei à l'usage des cercles d'études*, pp. 32 et 33, note 12.

fondements, la Religion et la Patrie. La déportation ou la mort guettaient quiconque résistait aux caprices impies de ces barbares, décidés, suivant le mot de l'un d'eux, « à faire de la France un cimetière, plutôt que de ne pas la régénérer à leur manière... »

Et le Pape Pie VI, dans une allocution consistoriale du 17 juin 1793, pouvait adresser à la France dévoyée par « une conjuration impie » cette douloureuse plainte :

> « Ah ! France ! France ! toi que nos prédécesseurs appelaient l'inébranlable appui de la foi, combien tu nous es contraire aujourd'hui ! Combien la fureur que tu témoignes à la religion surpasse les excès de tous ceux qui se sont montrés jusqu'à présent ses plus implacables persécuteurs ! »
>
> « Une tyrannie qui écrase les âmes arbitrairement, tue les corps et dispose des biens, est bien de celles qui appellent et justifient les remèdes extrêmes [1]. »

Avant que d'en arriver à la révolte armée, les Vendéens avaient d'ailleurs épuisé tous les autres moyens de résistance :

> « Soumis et même favorables d'abord au nouveau pouvoir, ils ne lui devinrent contraires que lorsqu'il fallut, pour lui obéir, désobéir à Dieu.
>
> « Encore firent-ils tout pour obtenir pacifiquement la liberté religieuse. « Nous ne sollicitons d'autre grâce, disaient unanimement les délégués des municipalités aux commissaires de l'Assemblée Nationale, nous ne sollicitons d'autre grâce que d'avoir des prêtres en qui nous ayons confiance. » Pétitions aux administrateurs locaux et à l'Assemblée, appels des provocations des directoires départementaux au gouvernement central, démissions en masse des municipalités, résistance passive lorsqu'il s'agit d'élire des pasteurs assermentés, avis à qui de droit de la colère populaire qui montait : rien n'y fit. Par la force on enlevait à la Vendée ses prêtres fidèles et on lui imposait les intrus schismatiques et souvent indignes. C'en était trop : trois années de tourments, la religion proscrite, le Roi odieusement immolé... Et on leur demandait de s'enrôler pour soutenir

---

1. — *Souvenir Vendéen*, Bulletin n° 11, pp. 8 à 10 – Abbé S. C., *Le bon droit de l'armée catholique et royale*.

cette tyrannie ! Leur conscience s'y refusa ; ils s'armèrent pour secouer l'intolérable joug[1]... »

Le matin du 13 Mars 1793, Cathelineau apprend que, la veille, les conscrits des Mauges ont mis en fuite les gendarmes. Il se décide alors, le tocsin sonne, vingt hommes l'acclament pour chef. Sans plus attendre, celui-ci attache à sa boutonnière son Sacré-Cœur de pèlerinage, suspend son chapelet à sa ceinture, puis d'un coup de pistolet donne le signal de départ.

« La grand'Guerre est commencée... »

Comme une traînée de poudre tout le pays se soulève. Les paysans vont chercher leurs châtelains pour les commander. Là encore la foi admirable des paysans comme des nobles éclate en traits sublimes[2].

Cathelineau, en quittant sa femme et ses six enfants — lui, simple voiturier, sachant à peine lire — aura ce mot sublime :

« Aie confiance, Dieu pour qui je vais combattre aura soin de ces innocents. »

D'Elbée, en réponse à ses paysans qui lui demandent de prendre leur tête, s'écrie, après leur avoir montré tous les dangers, tous les périls de leur entreprise :

« Allons ensemble à la victoire ou au martyre ! »

Entre le marquis de Bonchamp et ses paysans a lieu ce dialogue, dont la grandeur et la sublimité n'ont peut-être jamais été dépassées :

« Il se peut que la Révolution vous épargne, *leur dit-il*, qu'elle se contente de frapper la noblesse et le clergé et qu'elle vous laisse ensuite tranquilles dans vos familles. Réfléchissez ! » Ils réfléchissent. « Monsieur le Marquis, répondirent-ils le lendemain, nous avons passé la nuit en prières et voilà ce que nous avons décidé. Nous prendrons les armes pour défendre et venger notre foi, notre roi, le clergé et la noblesse. — Mais, mes amis, leur dit Bonchamp en dernier lieu, vous ne réussirez à rien !

---

1. — *Ibidem.*
2. — *Souvenir Vendéen*, Bulletin n° 6, pp. 9 à 12 : *Les paroles célèbres de la Vendée militaire.*

— Eh bien ! nous mourrons pour Dieu et pour le Roi !... — Alors, vous promettez de ne jamais abandonner votre cause ? — Oui, s'écrient toutes les voix, nous le jurons ! — Jurez de nouveau, reprend Bonchamp, d'être fidèles à notre sainte Religion, à notre jeune Roi prisonnier, à la Patrie ! — Oui, nous le jurons ! Vive la Religion ! Vive le Roi ! Vivent nos Princes ! — Eh bien ! je n'ai plus qu'une condition à vous poser, dit Bonchamp : c'est que jamais vous ne vous abandonnerez aux cruautés qui ensanglantent les guerres civiles. — Ils le jurèrent aussi [1]. »

» Se tournant alors vers-sa femme : « Adieu, Madame, n'aspirons pas aux récompenses de la terre. Elles seraient trop au-dessous de la sainteté de notre cause ! »

Dans des circonstances identiques, Henri de la Rochejaquelein, héros de vingt ans, s'écrie :

« Si j'avance, suivez-moi ! Si je recule, tuez-moi ! Si je meurs, vengez-moi ! »

Ils partent en récitant le chapelet à haute voix ou en chantant des litanies et des cantiques. C'est au chant du Vexilla Regis qu'ils arrivent devant Fontenay. Avant l'assaut les hommes mettent genou en terre et les aumôniers leur donnent l'absolution. Même en plein combat, rencontrent-ils un Calvaire, ils s'agenouillent et mettent chapeau bas et comme la Ville-Baugé veut les faire avancer, Lescure lui dit tranquillement :

« Laissez-les prier Dieu tranquillement, ils ne se battront que mieux ensuite. »

Comment ils se battent ? Comme des lions. Ils n'ont ni canons, ni fusils, ni munitions : ils s'en emparent sur les républicains en marchant à l'assaut au cri de « Vive la Religion ! Vive le Roi ! »

« On n'a jamais rien vu de semblable depuis les Croisades !, » dit Barrère à la Convention atterrée des premières victoires de la Vendée.

Alors cette assemblée criminelle décide d'en finir par tous les moyens avec ce peuple de héros. Elle envoie les colonnes Infernales :

---

1. — P. C. Ferret, *Histoire merveilleuse illustrée des géants de la Vendée*, pp. 38, 218.

> « Elles ont pour consigne : de passer à la baïonnette tous les habitants, y compris femmes et enfants, qu'elles rencontreront sur leur passage ; de brûler tous les villages, métairies, bois et landes, après en avoir enlevé tous les subsides, grains et fourrages (1) ... »

L'un des chefs de ces colonnes, Amey, va jusqu'à faire jeter dans les fours de campagne les femmes et les enfants qu'on lui amène :

« C'est ainsi, *dit-il*, que la République doit faire cuire son pain ! »

Un autre chef républicain, Beysser, se vante « de porter au milieu des combats et des revues un pantalon fait avec la peau préparée et tannée des Vendéens qu'on écorchait après la bataille (2). »

Faits isolés de cannibalisme, diront certains ! Nullement.

Les troupes républicaines massacrent jusqu'à des enfants de quelques jours, tel le petit Bossard, de la Rabatelière ; ailleurs — et le fait s'est produit plusieurs fois — on éventre les bébés qu'on tient suspendus au bout des baïonnettes.

> « À Châtillon, à l'endroit dit des quatre routes, les soldats républicains égorgent une mère et son nourrisson ; ils enfilent ensuite l'enfant avec une broche et le font rôtir au foyer, en mettant la broche dans la main de la mère après lui avoir coupé la tête (3). »

> « À Faye-l'Abbesse, ils sortent en guise de chapelets les oreilles enfilées de leurs victimes et ... ils les font rôtir et les mangent à la vinaigrette en poussant des ricanements sauvages (4). »

> « À la Gaubretière, on coupe les nez, on suspend par le menton des femmes et des jeunes filles à des crampons de fer ; avant l'exécution, on coupe des doigts, phalange par phalange.

Après les désastres du Mans et de Savenay, les républicains passèrent impitoyablement par les armes des dizaines de milliers de victimes. Ce sont toujours les mêmes scènes de carnage : les

---

1. — Voir les ordres donnés par Tuffeau en date du 17 janvier 1794 (cité par Gautherot, pp. 394 et 395) et par Grignon, en date du 20 janvier 1794 (*id.* pp. 398-399, etc.)
2. — Crétineau-Joly, *Histoire de la Vendée militaire.* t. I, p. *190-191.*
3. — Gautherot, *L'Épopée Vendéenne,* p. 403, et Ferret, *op. cit.,* p. 232.
4. — *Id.* p. 402 et *id.,* p. 233.

femmes sont outragées, puis massacrées, coupées en morceaux, taillées en pièces, les enfants emportés au bout des baïonnettes ; à l'hôpital du Mans, quatre-cents malades et blessés sont sauvagement assassinés.

> « Une fois, entre deux noyades (celles de Nantes), s'étant rendus à Clisson, ils dressèrent un immense bûcher, placèrent dessous des barils vides et dessus cent-cinquante femmes qu'ils firent brûler pendant la nuit. La graisse de ces malheureuses remplit les barils qui furent transportés à Nantes et vendus au commerce. « Cette opération économique, écrivit Carrier, produisait une graisse mille fois plus agréable que le saindoux[1]. »

Le 7 février 1794, aux Landes-Genusson, une centaine de femmes, d'enfants, de vieillards sont massacrés. À une jeune fille qui préfère la mort à la souillure, on arrache un à un les ongles puis les seins. Le 28, c'est aux Lucs le tour de 563 victimes dont le tiers est composé d'enfants au berceau.

Pendant que les bandes républicaines assassinent, violent, incendient, pillent en Vendée, la République perpétue les mêmes exécrables forfaits dans toute la France, notamment à Paris, à Lyon, à Angers, à Nantes, à Rochefort, etc.

Si la Révolution n'a été que le déchaînement de la haine la plus infernale, elle provoqua, par contrecoup, la plus magnifique explosion d'héroïsme et de foi poussée jusqu'au martyre chez la plupart des contre-révolutionnaires. Parmi ceux-ci, Vendéens et Chouans sont au premier rang. Quelques exemples pris entre mille le prouvent éloquemment :

Un jeune de vingt ans, Jean Ollivier, de Cholet, voyant un de ses bras emporté s'écrie : « Il en reste encore un pour servir le Roi ! » « Rends-moi mon Dieu ! » répond un fier paysan qui refuse de se rendre[2].

Ces paysans montèrent plus haut encore, jusqu'au pardon des forfaits les plus exécrables, poussant ainsi l'héroïsme jusqu'à la sublimité :

---

1. — Crétineau-Joly, *id.*, t. II, p. 72.
2. — *Paroles célèbres de la Vendée militaire*, id.

Après la victoire de Chemillé, les Vendéens, indignés des crimes des républicains, veulent passer par les armes les six-cents prisonniers enfermés au Prieuré. Malgré tous ses efforts, d'Elbée ne peut maintenir ses hommes et déjà la porte de l'église cède ; alors, par une de ces inspirations sublimes, il leur fait dire le *Pater* qu'il récite lui-même d'un ton vibrant ; arrivé au « *Pardonnez-nous, comme nous pardonnons…* » il interrompt et, s'adressant, pathétique, à ses hommes, leur demande s'ils comprennent. Tous ont baissé le front et compris : les prisonniers sont sauvés. (11 avril 1793.)

Le 17 Octobre 1793, après le désastre de Cholet, alors que les Vendéens « fuient avec le reste de leurs familles devant le vol, le pillage, le massacre, l'incendie, le viol et les exécrables forfaits des républicains » et réclament la mort des assassins prisonniers, Ronchamp mourant s'écrie — et ce sera son dernier ordre — : « grâce aux prisonniers ! » Il est obéi.

Pendant l'hiver 1794, des républicains qui ont brûlé des maisons et assassiné des habitants d'Yzernay sont faits prisonniers et emmenés dans le village. Les survivants veulent qu'on les fusille :

> « Ce sont ceux-là qui ont brûlé nos maisons et ont massacré tant des nôtres. Qu'on les tue à leur tour ! Ce ne sera que justice ! » Les sentinelles sont impuissantes à contenir la foule furieuse… quand un jeune homme accourt. C'est Jacques Vandangeon, le sabreur. Il s'élance jusqu'au seuil de la porte, derrière laquelle les soldats républicains crient grâce : « Que voulez-vous ? dit-il d'une voix tonnante. Tuer ces hommes ? Ne savez-vous pas qu'un prisonnier est chose sacrée ? Je les prends sous ma sauvegarde. » Et mettant sabre au clair : « Si quelqu'un, ajoute-t-il veut toucher à ces Bleus qui ont peut-être fusillé mon père, il devra auparavant me passer sur le corps. » En entendant ces fières paroles, les gens s'apaisent : « C'est toi qui as raison, disent-ils, il faut pardonner ; et, déposant les armes, ils vont chercher des vivres qu'ils distribuent aux prisonniers. »

Ainsi, il suffisait de rappeler à ces paysans, véritablement crucifiés, la loi d'amour et de miséricorde du Christ pour qu'ils refoulâssent en eux les sentiments d'une trop juste indignation.

Les femmes de Vendée ne le cédaient pas aux hommes en héroïsme ; la bataille de Torfou en fait foi : alors que leurs hommes flanchaient sous le nombre, avec une trique elles tombèrent sur eux et firent si bien que ceux-ci, un peu honteux, reprirent le chemin de la bataille et finirent par emporter la victoire.

Entre deux combats, Bibard, de la Tessoualle, rentre chez sa mère pour lui annoncer que son père et un de ses frères ont été tués. Avec un héroïsme cornélien, cette fière paysanne dit à son fils :

« Ton père et ton frère ont trouvé leur récompense et sont maintenant avec le Bon Dieu... Toi, mon gars, retourne à l'armée pendant que tes sœurs et moi allons prier... Et n'oublie pas qu'il faudra maintenant te battre pour trois ! » Il se montra digne de sa mère : il reçut vingt-six blessures et, maltraité par un Bleu dans sa prison, une fois délivré par les Vendéens, il demanda la grâce de son geôlier et sa liberté, et l'ayant obtenue, lui dit : « Souviens-toi que je t'ai pardonné pour l'amour de Jésus-Christ ! »

La même grandeur d'âme les anime devant le martyre :

« Souvenez-vous que votre Dieu est mort sur la Croix et votre Roi sur l'échafaud !, » dit la femme Tricot pour encourager les condamnées.

Une autre paysanne, la femme Moreau, de Ramberge, qu'un Bleu veut faire mettre à genoux, le dévisage avec dédain et répond :

« Vous pouvez bien me tuer comme cela ! Je ne me mets à genoux que devant le Bon Dieu ! »

Madame de Rorthays, condamnée à être fusillée, qu'on veut séparer de ses trois jeunes enfants qui s'accrochent à ses robes ou qu'elle porte dans ses bras, refuse :

« Non ! je préfère qu'ils meurent avec moi ; car en mourant, ils feront l'ornement du ciel, tandis que s'ils restaient avec vous, ils deviendraient peut-être mauvais et impies. »

À Melay, une cinquantaine de martyrs, pour la plupart femmes, jeunes filles et petits enfants, se dirigent vers le lieu du supplice ; au moment de l'exécution, une jeune fille, Marie Boulestreau s'écrie :

« En expiation de nos péchés ; en union avec Jésus sur la Croix et pour nos bourreaux [1] ! »

Où donc ce peuple de Vendée tout entier puisait-il son héroïsme surhumain ? Car, si des âmes héroïques se rencontrent en tous les temps, dans toutes les conditions sociales, chez tous les peuples, ces âmes n'ont jamais été que le tout petit nombre et d'une manière générale, exception faite des saints, leur héroïsme n'était pas continuel, permanent. On n'avait jamais vu encore un peuple tout entier composé uniquement de héros — dont l'héroïsme devait être de tous les instants et durer plusieurs années consécutives — et de martyrs. Il était réservé à la Vendée de donner cet exemple unique dans les annales de l'Histoire. On ne peut trouver de réponse à cette question que si on se place sur le plan surnaturel. Ce peuple Vendéen vivait intensément sa Foi, cette Foi que Saint Grignion de Montfort était venu transfigurer par l'épanouissement du double culte du Sacré-Cœur et du Cœur Immaculé de Marie. Tous les Vendéens n'arboraient-ils pas comme signes distinctifs d'honneur et de Foi un Sacré-Cœur sur leur poitrine et un chapelet à leur cou ? Ils savaient que pour aller au Cœur de Jésus, il fallait nécessairement passer par le Cœur de Sa Divine Mère. C'est à Marie, la Mère de toutes les douleurs, comme aussi la triomphatrice de l'Enfer qu'ils ne cessaient d'avoir recours. Aussi, tout naturellement, dès le début de la Révolution — alors qu'elle n'était pas encore sanglante — accoururent-ils aux nombreux pèlerinages de la Vierge [2]. Et, comme les processions et les pèlerinages étaient interdits par la République, ils y venaient, paroisse par paroisse, la nuit, en récitant le chapelet et les litanies mariales. Marie préparait ainsi leurs âmes aux grandes actions et au martyre.

Plus tard, quand les hommes se levèrent pour sauver leur Foi, c'est à Marie encore qu'ils adressèrent leurs chants de victoire. C'est ainsi qu'à la bataille du Pont-Charron, le 19 mars 1793, ils parodièrent la Marseillaise :

---

1. — *Paroles célèbres de la Vendée militaire, id.*
2. — Consulter notamment : Dr Ch. Coubard, *Les fiefs de Notre Dame au pays des Mauges.*

> « O Sainte Vierge Marie
> Conduis, soutiens, nos bras vengeurs !
> Contre une séquelle ennemie
> Combats avec tes zélateurs ! (*bis.*)

Et quand viendra l'heure du martyre, c'est en chantant soit « le *Salve Regina* » comme à Chanzeaux, soit le *Magnificat* comme à Noirmoutiers, soit les cantiques composés par Saint Grignion de Montfort en l'honneur de Marie que les victimes se rendront sur le lieu du supplice.

Quels furent les résultats des Guerres de Vendée ? Le sang de tant de martyrs suscité par Marie ne fut pas inutile. En effet, quand Bonaparte, devenu Premier Consul, voulut rétablir la paix intérieure, il tenta tout d'abord, dans l'Ouest d'agir par intimidation.

Dans une conversation avec un délégué royaliste, M. d'Andigné, il finit par s'emporter :

> « Si vous ne faites pas la paix, dit-il avec colère, je marcherai contre vous avec cent mille hommes. — Nous tâcherons de vous prouver que nous sommes dignes de vous combattre, répondit avec calme d'Andigné. — J'incendierai vos villes. — Nous vivrons dans les chaumières. — Je brûlerai vos chaumières. — Nous nous retirerons dans les bois. Au reste vous détruirez la cabane du cultivateur paisible, vous ruinerez ceux qui ne prennent aucune part à la guerre. Mais vous ne nous trouverez que quand nous le voudrons bien, et entre temps nous détruirons vos colonnes en détail. — Vous me menacez, s'écria Napoléon avec un son de voix terrible. — Je ne suis pas venu, répondit tranquillement d'Andigné, pour vous menacer, mais pour parler de la paix ; nous nous sommes écartés de notre sujet ; quand vous le voudrez, nous y reviendrons[1]. »

Quelle scène ! Que de grandeur d'âme, chez le représentant des soldats du Christ et du Roi. Quelle violence rageuse chez le parvenu botté de la révolution !

La guerre allait recommencer, quand l'administrateur républicain qui connaissait le mieux les royalistes, Bancelin, écrivit à Bonaparte, le 7 janvier 1800 :

---

1. — Crétineau-Joly, *op. cit.*, t. IV, pp. 75-76.

> « Ce n'est point par des menaces que vous pourrez contraindre ce peuple indomptable à accepter vos conditions [1] ... »

Se souvenant alors qu'en quelques années « les Vendéens avaient livré plus de sept-cents combats, dont 236 grandes batailles, ce qui avait coûté à la République ... quatre-cent mille hommes de troupes régulières, sept-cent mille gardes nationaux, cinq-cents pièces de canon et trois-cent mille fusils, » Bonaparte comprit qu'il n'obtiendrait jamais la paix sans rétablir la Religion Catholique en France. Son représentant, le Général Hédouville, promit tout aux Vendéens :

> « Le Premier Consul même, ajouta-t-il, consent à ce que les royalistes conservent leurs armes de guerre : mais cette clause doit rester secrète et, afin de sauver l'honneur de la République, il veut seulement, pour la forme, que chaque chef s'engage à déposer ostensiblement une vingtaine de mauvais fusils dans les chefs-lieux de départements. »

Les chefs royalistes refusèrent unanimement cette clause indigne :

> « Le Premier Consul, dirent-ils, traitera avec nous comme avec d'honorables ennemis. Les conditions de cet arrangement seront publiques ; il n'en faut aucune de réservée. Charette l'a fait en 1795, on les a niées plus tard. Nous ne pouvons nous mettre dans ce cas. Il ne faut pas que le Général Bonaparte s'y trompe : la paix sur des bases convenues ou la guerre, tel est le dernier mot des armées catholiques et royales [2]. »

Le Premier Consul dut capituler. Concluons :

> « On peut dire d'abord que la résistance de la Vendée à l'œuvre satanique de la Révolution SAUVA L'HONNEUR DE LA FRANCE. »
>
> « Seule ou presque seule de toutes les provinces françaises, la Vendée eut la fierté de ne pas courber la tête sous l'ouragan révolutionnaire. Semblable à l'Archange Saint Michel, champion des droits de Dieu contre le premier des révolutionnaires, Lucifer, elle n'hésita point à dresser les forces du bien contre celles du mal. »

---

1. — Crétineau-Joly, *op. cit.*, t. IV, p. 81.
2. — Crétineau-Joly, *op. cit.*, t. IV, pp. 82, 83.

> « Contre le désordre révolutionnaire issu des utopies dangereuses d'un Jean-Jacques Rousseau et des philosophes du XVIIIe siècle, elle défendit, au prix de son sang, cet ordre social chrétien qui avait fait, pendant des siècles, l'honneur et la force de la France. »
>
> « Surtout, c'est grâce à la résistance acharnée et indomptable de la Vendée que la France put recouvrer ses libertés religieuses. »
>
> « Infructueux en apparence, leur sacrifice ne restera pas stérile, écrit Mgr Freppel. Car s'il est vrai que le sang des martyrs devient une semence féconde et que Dieu mesure son pardon à nos expiations ; si quelques années après cette guerre de géants, comme l'appelait un homme qui s'y entendait, vous avez vu vos autels se relever, vos prêtre revenir de l'exil et l'Église de France se relever de ses ruines, plus forte que jamais, c'est que le sang des justes avait mérité toutes ces restaurations ; c'est qu'avant d'éclater au grand jour de l'Histoire, la résurrection avait germé dans ces tombes obscures, où le dévouement s'était enseveli avec les fils de la Vendée [1]... »

La Vendée a donc sauvé la Foi et l'Honneur de toute la France et permis les résurrections futures de notre Patrie. Nous ne proclamerons jamais assez et sa gloire et notre reconnaissance à ce peuple de héros dont Marie se servit pour terrasser une fois de plus l'impiété et l'hérésie.

---

1. — Mgr Freppel : *op. cit.*, p. 226.

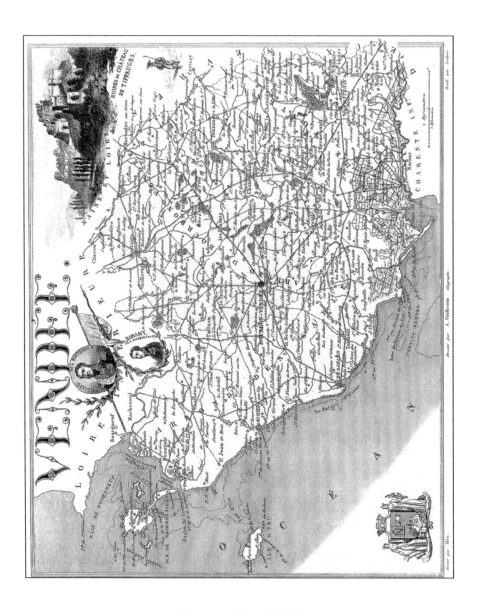

CARTE DE LA VENDÉE, 1874.

Dressé par A. Vuillemin, géographe.

LA DÉPOPULATION DE LA VENDÉE MILITAIRE

Entre 1790-91 et 1800.

Louis XVII

Conservée au château de Versailles

Portrait par Madame Vigée-Lebrun (Musée de Versailles 1789.)

Bon de 500 livres

Émis par l'Armée catholique et royale de Bretagne.

À l'effigie du jeune roi Louis XVII.

Le souvenir vendéen
La Vendée martyre, héroïque et fidèle.

Portant au cou le Rosaire de la Vierge et sur sa poitrine l'insigne du Sacré Cœur, tendu de tout son être vers les réalités éternelles, dans un geste pathétique, le héros vendéen tient son cœur haut, très au dessus de toutes voix de la chair et du sang, et s'offre à Dieu comme victime avec le Christ immolé sur la Croix pour les péchés du monde.

Dans la nuit du 13 au 14 novembre 1944, des inconnus étrangers à Cholet — a-t-on dit — le firent sauter à la dynamite. La croix massive et toute la partie supérieure de la statue ont été brisées et il ne subsiste plus qu'un moignon informe et méconnaissable. Fait assez curieux : le chapelet du cou et le Sacré-Cœur de la veste demeurent encore, plus ou moins détériorés, comme si la Providence avait voulu permettre que soient respectés les emblèmes sacrés qui donnent leur plein sens à la levée d'armes vendéenne…

Le Vendéen : dû au ciseau de Maxime Real del Sarte.

LE BON PASTEUR.

« C'est toujours le cœur qui communique aux pieds du Sauveur la vigueur suffisante pour courir à la recherche de la brebis égarée. »

L'abbé Vallet, *la Tête et le Cœur*, p. 303.
Gravure tirée de l'*Histoire sainte* du P. N. Talon. Paris, 1659.

CHAPITRE XVIII

Marie parcourt son Royaume et y prépare le rétablissement de « son Lieutenant, » les futurs Triomphes de l'Église et le Règne de son Cœur Immaculé et du Sacré Cœur de son Divin Fils

Dans la situation où se trouvait la France au sortir de la Révolution, le Concordat fut permis par Dieu, comme un moindre mal, pour assurer la paix religieuse et reconquérir les âmes. Marie n'y fut pas étrangère : la résistance de la Vendée fut sans doute la cause déterminante et politique de cet accord, mais il est une autre cause, moins connue et toute de sentiment, qui mérite d'être signalée : Napoléon a affirmé, durant sa captivité à Saint-Hélène, que l'émotion qu'il ressentait à La Malmaison chaque fois que tintait l'Angélus l'y avait poussé à tel point que, pour bien marquer la chose, il avait tenu à fixer la fête Nationale au 15 Août, au jour de l'Assomption de la Vierge ; peut-être aussi, un souvenir d'enfance avait-il frappé son imagination : en vertu d'une décision du Conseil National Corse, les pièces d'argent de son île natale portaient en exergue cette confiante prière : « *Monstra te esse Matrem* (1) ! » Quoi qu'il en soit, c'est le 15 août 1801 que Pie VII ratifia le Condorat et publia à cette occasion sa bulle « *Ecclesia Christi* » et le 8 septembre suivant que le Premier Consul y apposa sa signature, rendant ainsi l'acte définitif (2) ; le rapprochement des deux dates est éloquent.

La Révolution — exécutrice des basses œuvres de Satan — ayant détruit la foi dans l'âme de la plupart des Français et ayant jeté bas l'édifice et l'organisation religieuse de l'Ancien Régime, Marie résolut de sauver Elle-même et malgré lui Son Peuple de prédilection, dont la résurrection avait été achetée par les Martyrs Royaux et Vendéens et par les pures victimes de la Révolution.

Les Régimes politiques vont successivement s'écrouler comme fétus de paille, parce qu'aucun d'eux ne voudra reconnaître les Droits de Dieu et proclamer les devoirs de l'Homme, et que tout ce qui ne repose pas sur Dieu ne peut avoir stabilité ni durée. Ils ne dureront qu'autant que les sectes lucifériennes le permettront, jusqu'au jour où elles imposeront au Pays le régime de leur choix, parce qu'il est le plus apte à poursuivre l'assassinat des âmes en haine du Christ : la République. Cependant Marie va manifester son action de trois manières :

Indirectement, par la fondation d'Instituts et d'œuvres qu'Elle inspirera à des âmes d'élite et par l'éclosion d'intrépides défenseurs des Droits Divins, tant ecclésiastiques que laïcs ;

Enfin et surtout par Son action directe et personnelle : comme un général d'armée qui inspecte ses troupes et les dispose avant l'assaut suprême, Elle parcourra son Royaume et y occupera les positions qui Lui assureront la victoire définitive sur Satan.

Tout d'abord, une triple nécessité immédiate se fait sentir : recréer et former un nouveau clergé, l'ancien ayant à peu près totalement disparu pendant la tourmente ; ouvrir des écoles catholiques, pour infuser dans l'âme des jeunes générations

---

1. — Décision de l'Assemblée Nationale Corse, en date du 30 janvier 1735, proclamant la Vierge Immaculée Reine du Royaume de Corse.
2. — Rorhbacher, *Histoire de l'Église*, tome XXVII, p. 640.

les lumières transcendantes de la vérité ; et prêcher des missions dans toute la France pour y faire refleurir la Foi des anciens jours.

Marie suscite une pléiade d'âmes au zèle véritablement apostolique : la restauration des grands ordres religieux se poursuit : tout d'abord, l'Abbé Emery restaure Saint Sulpice et forme la plupart des grands évêques de la première moitié du XIXe siècle ; en 1808, ce sont les Frères des Écoles Chrétiennes ; en 1814, les Jésuites, en 1815, les Missions Étrangères ; la Trappe avec le Père de Beauregard ; en 1816, les Chartreux ; en 1837, les Bénédictins avec Dom Guéranger qui pousse Lacordaire à restaurer les Dominicains en 1839.

Puis surgit un nombre considérable d'ordres nouveaux adaptés à tous les besoins du moment [1].

---

1. — Le père Coudrin et Mademoiselle Ayner de la Chevalerie, en pleine Révolution, fondent le double Institut des Sacré-Cœurs et de l'Adoration Perpétuelle qui consacrent leurs efforts aux Séminaires, à l'enseignement puis aux Missions Étrangères. Le Père de Clorivière fonde la Société des Filles de Marie. Sainte Sophie Barat, les Dames du Sacré-Cœur pour l'éducation des jeunes filles du monde ; sainte Marie Jahouvey, les Sœurs de Saint-Joseph de Cluny qui s'adonnent à l'instruction de la jeunesse, aux œuvres catéchistiques, aux patronages, aux soins aux malades et vieillards, enfin aux Missions Étrangères ; le Père Deshayes restaure la Compagnie de Marie et les Sœurs de la Sagesse à Saint-Laurent-sur-Sèvre et y adjoint les Frères de Saint-Gabriel pour l'éducation populaire. Dans la même région, les Filles de Sainte-Marie de Torfou et les Religieuses de la Présentation de Broons se consacrent à l'éducation des jeunes filles, pendant que dans le Rouergue, Sainte Emilie de Rodat fonde l'Institut de la Sainte Famille. En 1816, c'est l'admirable phalange des Oblats de Marie Immaculée, fondée par le futur évêque de Marseille, Monseigneur de Mazenod, qui se consacre aux missions en France et à l'étranger et restaure les grands pèlerinages ; puis ce sont les Frères de Ploërmel ; en 1817, à Bordeaux, les Marianistes et les Filles de Marie avec le Père Chaminade et Mademoiselle de Tranquelléon. En 1923 les petits Frères de Marie, près de Lyon, avec l'abbé Champagnat et quelques années plus tard les Frères de la Doctrine Chrétienne. Puis, le Bienheureux Michel Garicoïts destine l'Institut des Pères du Sacré-Cœur, dont il est le fondateur, à venir en aide au clergé local et à instruire la jeunesse dans de grands collèges ; il restaure deux antiques pèlerinages de la Vierge : Notre Dame de Bétharram et Notre Dame de Sarrance. En 1833, c'est le tour des

Dans ce grand renouveau chrétien, le peuple n'est pas perdu de vue : pour évangéliser la classe ouvrière, restée sans défense depuis que la révolution a supprimé les Corporations qui assuraient aux ouvriers une sécurité paisible et normale, dans la probité et l'honneur, d'admirables œuvres sont fondées : les Cercles d'ouvriers, les œuvres de patronage qui groupent la jeunesse dans des cercles d'études et d'entraide destinés à sauvegarder leur foi et à les secourir en toutes circonstances [1].

Quant aux pauvres et aux vieillards, nombreuses sont les Congrégations qui s'y dévouent, mais incontestablement la fondation des Petites Sœurs des Pauvres en 1840 incarne tout ce qui a pu se faire de plus parfait à ce sujet. Cet Ordre compte aujourd'hui près de 250 maisons, 4.500 religieuses et abrite 40.000 vieillards ou miséreux.

Marie veut que la France demeure le Cœur et l'âme de l'effort missionnaire auprès des Infidèles. La plupart des anciens Ordres restaurés, et des nouvelles fondations se consacrent peu à peu aux Missions Étrangères : Franciscains, Jésuites, Missions Étrangères de Paris, Capucins, Dominicains, etc. rivalisent de zèle.

Religieuses de Notre Dame du Calvaire à Gramat, avec le Chanoine Bonhomme et Lucie de Josselin ; trois ans plus tard ce sont les Sœurs Bleues de Castres avec Émilie de Villeneuve-Hauterive, vouées à l'Immaculée Conception et qui s'adonnent à l'enfance abandonnée et au relèvement des filles repenties, puis aux Missions Étrangères. L'année suivante, le Père Louis de la Morinière travaille à restaurer la Congrégation de Jésus et de Marie. Il convient de citer également la Congrégation de Notre Dame de Charité du Bon Pasteur d'Angers. Enfin, après la guerre de 1870, le Père Brisson et la Vénérable Mère Marie de Sales Chappuis fondent les Oblats et Oblates de Saint-François de Sales qui ouvrent de grands collèges. Etc.

1. —— À côté des conférences de Saint-Vincent-de-Paul, fondées par Ozanam pour secourir discrètement les nécessiteux, il convient de citer l'Institut des Frères de Saint-Vincent-de-Paul, fondé par le Père Le Prévost et Maurice Maignen, sous les auspices de Notre Dame de La Salette. Leur branche féminine, de fondation récente, sous le titre de Sœurs de Marie Réconciliatrice, travaille dans le même sens auprès des jeunes filles du peuple, dans l'esprit de la plus pure doctrine, en vue de faire rayonner la vérité totale. En 1874, les Salésiens vinrent grossir le nombre des apôtres des classes déshéritées.

De nouveaux Ordres voient le jour [1]. Ainsi, malgré son gouvernement athée et persécuteur, la France continue sa noble mission d'évangélisation dans le monde entier et pose dès maintenant les principaux jalons de la conversion générale des Infidèles. Marie veut que demeure toujours vrai le vieil adage : « *Gesta Dei per Francos !* »

C'est de la France également que Marie suscita un grand mouvement en faveur de la conversion du Peuple Juif. Étant à Rome, un jeune Israélite, Alphonse Ratisbonne, fit la connaissance de M. de Bussières qui réussit à lui faire accepter une « Médaille Miraculeuse » à la porter sur lui et à réciter une prière à la Sainte Vierge ; peu après, attendant son nouvel ami à l'église Saint André Delle Fratte, le jeune juif se prosterna dans la chapelle de l'Archange Saint Michel, vaincu par la grâce et la vision de la Vierge Marie « telle qu'elle est sur ma médaille, » dit-il en ajoutant ces détails mémorables :

> « Une force irrésistible m'a poussé vers Elle. La Vierge m'a fait signe de m'agenouiller, elle a semblé me dire : C'est bien ! Elle ne m'a point parlé, mais j'ai tout compris. »

C'était le 20 Janvier 1842. Cette conversion foudroyante et miraculeuse eut des conséquences incalculables.

Comme son frère Théodore, Alphonse Ratisbonne entra dans les Ordres et tous deux se vouèrent à la conversion de leurs frères

---

1. — En 1838, les Sœurs de Saint-Joseph de l'Apparition avec Émilie de Vialar ; en 1856, les missions Africaines de Lyon avec leur branche féminine ; en 1876, les Sœurs de Notre Dame des Apôtres ; les Missionnaires du Saint Cœur de Marie avec un converti israélite, le Père Liberman, qui unit bientôt, en 1848, sa congrégation à celle des Pères du Saint-Esprit ; leur branche féminine prit naissance en Lorraine, le 6 janvier 1921. En 1868, c'est le tour des Missionnaires d'Afrique ou Pères Blancs du Cardinal Lavigerie et de leur branche féminine, destinés à l'apostolat des Musulmans. En 1880 ce sont les Missionnaires de La Salette. Enfin, la dernière venue, et peut-être la plus miraculeusement florissante des nouvelles fondations : les Franciscaines Missionnaires de Marie, fondées en 1877 par Hélène Marie Philippine de Neuville (†en 1904) connue sous le nom de Mère Marie de la Passion, qui comptent actuellement plus de 220 maisons et 5.000 religieuses.

de race et dans ce but fondèrent l'Institut des Prêtres et des Religieuses de Notre Dame de Sion.

Pour lutter contre l'emprise démoniaque dont la France et le monde sont les victimes, Marie ne devait pas seulement susciter des Ordres actifs mais aussi des œuvres de réparation et de prière destinées à expier les fautes d'autrui, à les compenser dans toute la mesure du possible, à racheter les âmes pécheresses : le jour même de la proclamation du Dogme de l'Immaculée Conception, la Reine du Ciel apparut à Émilie d'Oultremont, baronne d'Hoogworst, qui décrit ainsi sa vision :

> « Elle me fit remarquer que Jésus, en remontant au Ciel, n'avait pas quitté la terre, qu'il n'en était pas de même pour elle, et que son Cœur de Mère souffrait de ne plus être là pour l'entourer d'adoration, de respect, de tendresse et d'amour ; que ce qui l'affligeait profondément, c'étaient les outrages, les sacrilèges, les profanations et les insultes de tout genre dont Jésus était comblé sans qu'elle pût le consoler, l'entourer de son amour et de ses soins, pour réparer les insultes qui lui sont faites. Puis… elle me témoigna le désir de se voir remplacée, sur la terre, par des âmes qui auraient pour son divin Fils une tendresse et un respect tout spécial [1]… »

Virtuellement fondée ce jour-là, la Société de Marie Réparatrice devait prendre corps à Strasbourg, le 1er mai 1857, et unir ses adorations, ses prières, ses sacrifices à ceux des grands ordres d'adoration : sainte Claire, Carmel, Visitation, etc. Elle compte aujourd'hui plus de soixante maisons réparties en France, à l'étranger et jusque dans les Pays de Missions. Dans chacune de ces maisons, l'adoration perpétuelle du Saint-Sacrement est instituée.

À côté de cet Ordre nouveau, surgirent des Œuvres s'adressant plus spécialement aux simples fidèles.

En 1825, à Lyon, Pauline Jaricot, qui déclarait tout devoir au Rosaire, songea à ramener les âmes à la piété par cette grande dévotion, trop oubliée en France depuis la Révolution.

---

1. — Renée Zeller, *La Société Réparatrice et sa fondatrice Émilie d'Oultremont*, Desclée de Brouwer, 1936, p. 45.

Dans ce but, elle organisa l'Œuvre du « Rosaire vivant » qui a été l'origine d'un grand mouvement, dont le couronnement a été la proclamation de Marie comme Reine du Très Saint Rosaire. Trois ans auparavant, cette pieuse femme avait fondé l'Œuvre de la Propagation de la Foi.

Un apôtre, à l'âme de feu, l'Abbé Dufriche des Genettes, se consumait dans une inaction douloureuse depuis quatre ans, dans sa paroisse totalement abandonnée des fidèles et tombant en ruines : Notre Dame des Victoires, quand, le 3 décembre 1836, la Vierge lui dit pour rendre son ministère fructueux :

« Consacre ta paroisse au Très Saint et Immaculé Cœur de Marie. »

Le Saint prêtre conçut alors la pensée de fonder une confrérie ayant pour but d'honorer par un culte spécial le Cœur Immaculé de la Très Sainte Vierge et par ce culte d'obtenir de la divine miséricorde la conversion des pécheurs. Érigée au rang d'Archiconfrérie Universelle par Grégoire XVI dès le 24 avril 1838, elle compte actuellement plus de cinquante millions de membres répartis dans l'univers entier. Comme siège de l'œuvre qui devait faire rayonner sur le monde le culte de Son Cœur Immaculé, Marie avait choisi la basilique royale érigée par Louis XIII, en reconnaissance des victoires qu'il avait remportées sur l'hérésie.

Pour le succès des causes désespérées, Marie inspira l'érection de l'Archiconfrérie de Notre Dame du Sacré-Cœur d'Issoudun, qui, fondée depuis une centaine d'années, groupe plusieurs millions de membres et a déjà obtenu plus de sept-cent mille faveurs du Sacré-Cœur par Marie.

Vers la même époque, le Sacré-Cœur demandait l'institution de l'Association Réparatrice à la Très Sainte Trinité, pour réparer les outrages faits aux trois Personnes Divines par l'action des Sociétés Secrètes et leurs suppôts.

Le tableau de la restauration religieuse au XIXe siècle serait incomplet si l'on ne mentionnait au moins de nom quelques grandes figures catholiques : évêques aussi éminents et pieux que NN. SS. de Ségur, d'Hulst, de Mazenod, Parisis ; des historiens de la valeur du Cardinal Pitra, de Mgr Baunard, de l'Abbé Hamon... ;

écrivains ou orateurs comme Veuillot et Montalembert ; philosophes comme Bonald, Maistre, Blanc de Saint Bonnet, La Tour du Pin… ; héros incarnant au plus haut degré le sentiment de l'honneur et le dévouement sublime tels les généraux de Sonis, de Charette, de Lamoricière, et les Zouaves Pontificaux… ; martyrs enfin, comme Mgr Affre de Saint Rome, Mgr Darboy et les victimes de la Commune. Parmi cette pléiade, trois théologiens méritent une mention spéciale : Dom Guéranger, Abbé de Solesmes et restaurateur des Bénédictins ; son ami, le Cardinal Pie, Évêque de Poitiers ; enfin, l'intrépide évêque d'Angers et député du Finistère : Mgr Freppel. Il est remarquable que sur tous trois Marie exerça personnellement son action.

Baptisé dans une église de la Vierge : Notre Dame de Sablé, Dom Guéranger raconte comment à dix-huit ans, il fut illuminé par Marie :

> « Le 8 Décembre 1823, *dit-il*, je faisais ma méditation, le matin, avec tout le Séminaire et j'avais abordé mon sujet, le mystère du jour, avec mes vues rationalistes. Et voici qu'insensiblement je me sens entraîné à croire Marie, Immaculée dans sa Conception. La réflexion et le sentiment s'unissent chez moi sans effort dans la contemplation de ce mystère ; j'éprouve une joie très douce dans mon acquiescement : aucun transport, la paix seulement dans une conviction sincère. Marie avait daigné me transformer de ses mains bénies. Je n'en dis rien à personne, d'autant que j'étais loin alors de sentir la portée qu'avait pour moi cette *révolution intérieure*. Trente ans plus tard, cette grâce, reçue et gardée dans le secret, s'épanouira dans le « *Mémoire sur l'Immaculée Conception* [1]. »

C'est à la Vierge qu'il confiera son désir : faire revivre l'Ordre Bénédictin en France. Souvent il visitait la Madone « aux pieds de laquelle, dit-il, Saint-François de Sales obtint la délivrance d'une tentation contre la confiance en Dieu. Devant cette image vénérée, je recommandais mes labeurs à la Reine du Ciel, je la priais de les

---

1. — *Dom Guéranger, Abbé de Solesmes*, par un moine bénédictin, Paris : Plon et Marne, 1924, t. I, p. 21.

bénir ; après quoi je me retirais sans jamais ressentir la moindre anxiété (1). » En 1837, allant à Rome pour obtenir l'approbation pontificale à la résurrection bénédictine dans notre Pays, il ne manquera pas de visiter, le long de sa route, les grands sanctuaires consacrés à Marie : à Lyon, Notre Dame de Fourvières ; à Marseille, Notre Dame de la Garde. Au cours de ses négociations, dans la Ville Éternelle, il ne cessera de recourir à Marie. Le 8 juillet 1837, il écrit à Solesmes :

> « C'est demain soir, après l'*Ave Maria*, que se tient au Quirinal, chez le Cardinal Lambruschini... la Congrégation de Cardinaux qui va décider de notre sort... grâce à la Madone, tout porte à espérer qu'elle (la décision) sera conforme à nos désirs... C'est demain la fête des Prodiges de la Très Sainte Vierge. Espérons (2). »

Ayant obtenu l'approbation romaine, il en attribue la victoire à Marie. Un détail mérite d'être noté : parmi les faveurs liturgiques obtenues par l'Abbé de Solesmes, s'en trouvait une proclamant l'Immaculée Conception :

> « Aux Litanies de la Sainte Vierge, après l'invocation finale *Regina Sanctorum omnium*, les Monastères de la Congrégation de France, devançant la définition solennelle, purent ajouter cette autre invocation : *Regina sine labe concepta* (3). »

Quelles conceptions dirigèrent Dom Guéranger dans cette illustre restauration :

> « Je ne voudrais pas, *écrit-il*, que vous regardiez les anciennes congrégations comme propres seulement à l'érudition. Il est vrai que pour ce genre de travail, elles ont laissé des titres magnifiques à la reconnaissance de la postérité, mais il faut reconnaître que la plupart des orateurs et écrivains du Moyen-Age étaient des moines et que le cloître bénédictin donnait à l'Europe, en ce temps-là, des hommes d'un génie vaste, original, approprié à la société contemporaine ; papes, docteurs, hommes d'état, tout était moine à cette époque... Ce fut seulement à l'heure où

---

1. — *Dom Guéranger, id.*, t. I, p. 113.
2. — *Dom Guéranger, id.*, t. I, p. 197, 198.
3. — *Dom Guéranger, id.*, t. I, p. 344.

> ils ne pouvaient plus être que des érudits, qu'on vit les moines concentrer toute leur action dans l'étude des manuscrits [1]. »
>
> « Le bénédictin peut être savant, mais il est moine avant tout ; il est homme de piété et d'exercices religieux. Le chant des divins offices ... absorbe une partie considérable de ses loisirs et la science n'obtient de lui que l'excédent des heures que Dieu et l'obéissance ne réclament pas [2] ... »

Dans la pensée de Dom Guéranger, la restauration bénédictine devait être le prélude d'une autre restauration plus importante : celle de la liturgie en France, indispensable à l'épanouissement de la vie intérieure des âmes. Il en fut le génial réalisateur. Il se mit immédiatement à la tâche et, dès 1840, publia le 1er volume de ses « *Institutions Liturgiques* » où il se déclare le champion de la liturgie romaine, montre l'importance de cette science et en retrace l'histoire jusqu'au XVIIe siècle. L'année suivante, il publia le 2e volume où, avec une sagesse profonde, il critique les innovations liturgiques de l'école janséniste et gallicane. Après dix ans de lutte acharnée, il triompha, plus même qu'il n'aurait voulu, car, certains — par ignorance de la tradition et de l'Antiquité Ecclésiastique — allèrent trop loin et sous prétexte d'unité supprimèrent des coutumes immémoriales d'une authenticité indiscutable, alors que Dom Guéranger voulait les maintenir :

> « On n'étudie plus de nos jours l'Antiquité Ecclésiastique, et pourtant il est bien clair que la théologie tout entière n'a pas d'autre base. À quoi bon s'exercer à une scolastique usée et insuffisante et ne pas remarquer que la première, la plus forte, je dirais presque l'unique raison de nos dogmes est dans la tradition [3] ... »

Pour que son œuvre de restauration liturgique fût durable et pénétrât la masse des fidèles, l'Abbé de Solesmes voulut en donner le sens et le goût ; il écrivit alors son célèbre ouvrage : « *De l'Année Liturgique.* »

---

1. — *Dom Guéranger, id.*, t. I, p. 90. Lettre à l'abbé Gerbet du 30 avril 1832.
2. — *Dom Guéranger, id.*, t. I, p. 181. Préface des *Origines de l'Église Romaine*, p. XXV-XXVI.
3. — *Dom Guéranger, id.*, t. I, p. 42.

Cette œuvre qui, à elle seule eût suffi à immortaliser sa mémoire n'est qu'une petite partie de ce qui est dû à sa prodigieuse activité [1]. Il se montra un maître dans ses travaux théologiques : son traité « *De la Monarchie pontificale* » contribua puissamment à la proclamation du dogme de l'Infaillibilité Pontificale ; quant à son « *Mémoire sur la question de l'Immaculée Conception,* » il assura la victoire de l'École théologique Française qui, depuis des siècles, défendait ce privilège transcendant de la Vierge et détermina la proclamation de ce dogme.

Dans l'Oraison Funèbre de Dom Guéranger, son ami, le futur cardinal Pie, écrit [2] :

> « Les grands types de Patriarches sont simples comme la vraie grandeur ; le cachet de leur personnalité est d'en avoir le moins possible devant Dieu et d'être exclusivement dominés et terrassés par Lui. Pas de systèmes, . pas de combinaisons, point d'arrangements dans leur sainteté : ils s'acheminent selon que Dieu les soulève et les porte, les mène et les ramène. À la voix du Seigneur, à la voix de son ange, ils ne savent que répondre : *adsum*, me voici. »

Tel fut le secret de la grandeur et de la réussite de l'œuvre gigantesque entreprise par Dom Guéranger.

C'est sous la maternelle égide de Marie que se rencontrèrent ces deux grandes âmes. Le 16 Mars 1841, l'Abbé de Solesmes, de passage à Chartres, s'arrêta pour visiter la cathédrale. Le jeune prêtre qui lui servit de guide — ayant deviné qui était le visiteur — se nomma et de ce jour naquit entre eux cette affection et cette confiance qui ne devaient plus cesser de grandir. Ce prêtre n'était autre que le futur cardinal Pie. Pendant quarante ans, ils devaient se soutenir réciproquement dans les mêmes combats, dans les mêmes travaux et l'on a pu écrire très justement qu'« en tous deux les mêmes pensées germaient en même temps. » Tout naturellement,

---

1. — Ses travaux canoniques sont d'un juriste éclairé ; ses ouvrages historiques sont de la plus grande érudition ; ses études mystiques de la plus haute envolée.

2. — *Œuvres Épiscopales du Card. Pie, Évêque de Poitiers*, Oudin, 1897, t. IX, p. 45.

Marie devait unir ces deux âmes, si pénétrées de son amour pour la plus grande gloire de Son Divin Fils.

> « Ceux qui ont parcouru les œuvres de Mgr Pie ont remarqué la place qu'il a faite dans sa vie à Notre Dame et à son culte. Sa mère lui avait inspiré une tendre dévotion à la Vierge. Ce sentiment pieux se développa avec l'âge et la culture religieuse, et aussi sous l'influence d'événements qu'il importe de signaler. »
>
> « La santé frêle du jeune Edouard Pie causait ... de légitimes inquiétudes ; il craignait lui-même de ne pouvoir arriver à l'ordination sacerdotale. Pour obtenir les forces indispensables à qui ambitionne cet honneur, il fit une promesse à la Sainte Vierge. Marie lui apparaissait surtout comme la Reine, la Dame de Chartres. C'est à elle qu'il brûlait d'appartenir jusqu'à la fin de ses jours, en qualité de serviteur, de chevalier et de prêtre. Tout enfant, il avait été le Samuel de la grande basilique ; sa jeunesse s'était écoulée à l'ombre du sanctuaire national. C'était sa maison ; il n'en voulait pas d'autre ; devenir prêtre et vicaire de Notre Dame, voilà tout son désir ; et il promit à Notre Dame si elle le réalisait, d'écrire un jour l'histoire de son sanctuaire ... Les désirs de l'Abbé Pie furent exaucés [1]. »

Il célébra dans la cathédrale de Chartres sa première messe et y fut tout de suite nommé vicaire. Il devait y rester jusqu'à son élévation au siège de Poitiers car son évêque, pressentant l'avenir réservé à ce prêtre d'élite et appréciant à leur juste valeur la profondeur de sa foi, son intelligence et ses qualités exceptionnelles, se l'attacha six ans après comme Vicaire Général. L'abbé Pie allait être à bonne école ; l'évêque de Chartres était alors Mgr Clausel de Montais, un confesseur de la Foi convaincu que « la vigueur entraîne moins de maux que la faiblesse. » L'élève surpassa le maître.

---

1. — Dom Besse, *Le Cardinal Pie*, Collection des *Grands hommes de l'Église au XIXe siècle*, 1913, Librairie des Saints-Pères, pp. 7 et 8.
Biographie très courte mais remarquable du grand cardinal.
Pour se faire une idée exacte du très grand rôle joué par le Cardinal Pie, lire : Mgr Baunard, *Histoire du Cardinal Pie, Évêque de Poitiers*, 2 vol., Oudin, 1886. Les 10 volumes des œuvres épiscopales et notamment les « *Instructions Synodales sur les erreurs du temps présent.* »

En 1849, nommé au siège de Poitiers, il choisit comme blason une Vierge de Chartres et comme devise « *Tuus sum ego,* » et voulut pour consacrer son épiscopat à la Reine du Ciel, que son intronisation eût lieu le 8 Décembre et commençât par une visite solennelle à Notre Dame de Poitiers. Immédiatement, il proclame quelle sera son attitude et le but de toute son action :

> « Si le nom du Roi, mon Maître, est outragé, si le drapeau de son Fils Jésus n'est pas respecté, si les droits de son Église et de son sacerdoce sont méconnus, si l'intégrité de sa doctrine est menacée, je suis évêque ; donc je parlerai, j'élèverai la voix, je tiendrai haut et ferme l'étendard de la vérité, l'étendard de la foi, l'étendard de mon Dieu... La paix, oui, sans nul doute, c'est le désir ardent de mon Cœur, c'est le besoin de ma nature, c'est l'inclination marquée de mon caractère. Mais l'Esprit-Saint m'a enseigné que l'amour de la vérité doit passer avant tout autre amour, même avant l'amour de la paix : *veritatem tantum et pacem diligere.* »
>
> » Replacer toutes choses sous le légitime empire de Dieu, de Jésus-Christ et de l'Église ; combattre partout cette substitution sacrilège de l'homme à Dieu qui est le crime capital des temps modernes ; résoudre une deuxième fois, par les préceptes ou les conseils de l'Évangile et les institutions de l'Église, tous les problèmes que l'Église et l'Évangile avaient déjà résolu : éducation, famille, propriété, pouvoir[1]... »

Sans aucune défaillance Mgr Pie réalisa ce magnifique et salutaire programme.

Immédiatement il se met à l'œuvre et étudie pour les mieux faire aimer et les mieux restaurer les gloires et les traditions de son église : les souvenirs de l'héroïque guerre de Vendée, notamment, le remplissaient d'enthousiasme.

Voulant une jeunesse instruite des vérités de la Foi, une élite d'hommes d'œuvres, appuyant leur action politique et sociale sur des principes solides, et un clergé instruit, fervent et nombreux,

---

1. — Dom Besse, *op. cit.*, pp. 47, 48. On souhaiterait de nos jours – 1973 – qu'un tel programme et de tels principes inspirassent les Autorités religieuses du plus haut jusqu'en bas de l'échelle.

il provoque la création de collèges religieux, fonde la faculté de théologie de Poitiers, organise des conférences et des examens ecclésiastiques et reprend les fructueuses traditions de l'Ancienne France, en restaurant régulièrement les Synodes Diocésains.

Dans chacune de ces réunions synodales, le Pontife, qui est un grand Docteur, adresse à son Clergé de magistrales instructions où il expose et réfute toutes les erreurs du temps présent. Non seulement il éclaire ainsi ses prêtres, mais également ses diocésains par ses Lettres Pastorales ; jamais il ne manque une occasion de lutter contre toutes ces erreurs dont il montre la malfaisance et les conséquences désastreuses au point de vue religieux et national.

> « Les libéraux inspiraient à Mgr Pie une antipathie profonde : il voyait en eux les hommes de cette Révolution qu'il savait « satanique dans son essence. » *Aussi* « regrettait-il vivement de voir un certain nombre de catholiques, entraînés par des intentions plus droites que leurs principes, chercher dans la Charte et l'insaisissable droit commun l'appui de leurs légitimes revendications, au lieu de réclamer avec franchise, force et opiniâtreté le libre exercice d'un droit qui leur vient de Dieu et de la vérité. ».

Cette attitude et ce manque de principes chez trop de catholiques lui faisait dire dans la bouche de l'Église :

> « Ce que je redoute le plus ce ne sont pas les doctrines violentes, et par conséquent peu durables, de nos adversaires, mais c'est l'absence des vraies et salutaires doctrines chez mes partisans. Ce n'est point dans la rue, c'est dans l'assemblée de mes défenseurs, de mes législateurs, que se préparent contre moi les coups les plus meurtriers. Non, le temps des malheurs n'est pas fini, puisque le jour de la vérité n'est pas encore venu [1]. »

Jamais, en face du pouvoir politique, l'Évêque de Poitiers ne recula ; aucune hardiesse ne l'effrayait quand il s'agissait de défendre la vérité et la justice. La magistrale leçon qu'il donna à Napoléon III en est la preuve :

---

1. — Dom Besse, *id.*, p. 26 et 32.

> « ... Ni la Restauration, ni Vous, n'avez fait pour Dieu ce qu'il fallait faire, parce que ni l'un ni l'autre vous n'avez relevé son trône, parce que ni l'un ni l'autre vous n'avez renié les principes de la Révolution ... parce que l'Évangile dont s'inspire l'État est encore la Déclaration des droits de l'homme, laquelle n'est autre chose, Sire, que la négation formelle des droits de Dieu. Or c'est le droit de Dieu de commander aux individus ... »

Et comme l'Empereur lui objectait qu'on risquerait de déchaîner toutes les mauvaises passions, le grand Évêque reprit :

> « ... Le moment n'est pas venu pour Jésus-Christ de régner : eh bien ! alors, le moment n'est pas venu pour les gouvernements de durer [1]. »

Pie IX, qui suivait avec une vigilante et encourageante attention tout ce qui se faisait et disait à Poitiers, mit une première fois le sceau de son approbation et couronna les luttes doctrinales de Mgr Pie par l'Encyclique du 8 décembre 1864 et le *Syllabus*. Il fit plus et confia à l'intrépide défenseur de la vérité son intention de réunir un Concile œcuménique destiné à poursuivre l'œuvre si bien commencée par le grand Évêque. Tout naturellement celui-ci fut appelé à jouer un rôle de tout premier plan dans la préparation des travaux de cette assemblée ; au cours du Concile son influence fut prépondérante.

Les libéraux catholiques, qui comptaient sur le Concile pour que « l'Église fît à son tour son 89 [2], » durent renoncer à leurs illusions ; tous leurs principes furent condamnés. L'Église proclamait énergiquement qu'avec l'erreur, la vérité ne peut avoir aucune compromission.

> « Mgr Pie put, sans témérité, voir dans les décisions du Concile du Vatican le couronnement de son œuvre doctrinale, en même temps qu'il trouva la réponse authentique de l'Église aux fausses doctrines de la Révolution. »

---

1. — Mgr Baunard, *op. cit.*, t. I, p. 668 et 669.
2. — Certains craignent que le Concile Vatican II n'ait commencé à réaliser ce plan des libéraux et modernistes. Heureusement aucune décision de ce Concile ne relève de l'Infaillibilité, ainsi que l'a reconnu Paul VI lui-même le 12 janvier 1966 : « *Étant donné son caractère pastoral, le Concile a évité de prononcer de façon extraordinaire des dogmes dotés de la note d'infaillibilité.* »

Et c'est au moment même où la coalition de toutes les puissances sataniques : Révolution, libéralisme et sociétés secrètes croyaient triompher de l'Église en lui arrachant les États Pontificaux, que cette Église proclamait avec plus de force que jamais sa forme monarchique et ajoutait par une décision solennelle le plus beau fleuron à la tiare de son Chef : le dogme de l'infaillibilité pontificale.

Les désastres de la Guerre de 1870 ne surprirent pas Mgr Pie ; il les prévoyait depuis longtemps ; dès 1854, il avait écrit :

> « Quand un peuple n'use ainsi de la paix que pour faire la guerre à Dieu, Dieu se venge en lui envoyant la guerre ; et c'est justice [1] ! »

Il voyait dans la Révolution Française la source de tous les maux, parce qu'elle avait jeté le Pays hors de sa voie en le faisant apostasier. Les principes contre lesquels il n'avait pas cessé de lutter dans le domaine religieux, étaient les mêmes contre-lesquels la lutte devait être menée également dans l'ordre politique. Aussi, avec le même courage et la même intrépidité, le Grand Évêque ne manqua-t-il jamais de proclamer dans ce domaine aussi toute la vérité. Sa conscience de Pontife, de Docteur, de Théologien lui fit un devoir de dire la fausseté du suffrage universel, « car il est impuissant à faire la vérité et à créer le droit. La vérité et le droit existent indépendamment de ses verdicts, » et il indiqua le seul remède certain à la situation dans laquelle la France risquait de sombrer : la restauration de la Royauté Très Chrétienne. Précisément, la Providence avait mis à la disposition du Pays, pour assurer son salut, un Prince éminent qui avait au plus haut degré la notion de l'État Chrétien et qui « incarnait dans ses traditions familiales et personnelles, dans ses principes, dans sa vie tout entière la contre-révolution : M. le comte de Chambord. Tout rapprochait ces deux âmes. Aussi, le Petit-Fils de nos Rois qui dans tous ses manifestes ne cessait de lutter pour le triomphe des mêmes principes contre les mêmes erreurs, choisit-il l'Évêque de Poitiers comme conseiller et lui demanda-t-il le plan d'une constitution

---

1. — Cardinal Pie, *œuvres épiscopales*, tome II, p. 167. *Lettre Pastorale* du 1ᵉʳ octobre 1854.

chrétienne pour la France, constitution que dans une proclamation, le Prince résumait si noblement et si fièrement :

« Il faut que Dieu y rentre en Maître (en France), pour que j'y puisse régner en Roi ! »

Malheureusement, si le Pays fit son devoir en choisissant des Monarchistes pour le représenter à l'Assemblée Nationale, ces Monarchistes « imbus des idées du temps, ne l'étaient guère que de nom et de sentiment ; ils ne l'étaient pas de principe et d'action ; ils étaient de cette « génération sans principes arrêtés, sans doctrine définie, qui n'a de volonté et d'ardeur que pour la négation, et qui finalement s'accommode mieux de subir le mal que de porter le remède [1]. » L'assemblée trahit ses électeurs en proclamant ce contre quoi, par instinct de conservation et par haine de la révolution, elle avait été élue : la république.

Le cardinal Pie qui, de toutes les forces de son âme et de sa magnifique intelligence, croyait à la *Mission divine de la France*, ne désespéra jamais de l'avenir, mais, ne comptant plus sur les hommes, il mit toute sa confiance en Dieu. C'est sous ses auspices que se fonda l'Œuvre du Vœu National à Montmartre.

L'influence du cardinal, loin de diminuer, ne fera que grandir après sa mort. L'un des plus grands Papes, Saint Pie X, aimait à se dire le disciple de l'Évêque de Poitiers dont il relisait et méditait sans cesse les ouvrages doctrinaux. Ses lumineux enseignements demeureront l'arsenal le plus puissant auquel devront recourir ceux qui voudront travailler au salut de l'Église et de la Patrie, en les délivrant toutes deux du joug satanique.

Un autre ami du cardinal, — quoique plus jeune — mérite de prendre place parmi les plus éminents défenseurs de la vérité : Mgr Freppel, Évêque d'Angers. Pour lui aussi, Marie fut l'inspiratrice et la protectrice de sa vie.

Les premiers mots que sa Mère lui apprend à bégayer sont : Jésus et Marie ; plus tard, avec elle, chaque soir il récitera le chapelet, soit à la maison, quand le temps est trop mauvais, soit plutôt à la chapelle ; à partir de sa Première Communion, on remarqua « un progrès

---

1. — Dom Besse, *id.*, pp. 155, 156.

sensible dans sa dévotion à la Sainte Vierge dont il s'appliqua, non sans effort et sans mérites, à imiter les placides vertus d'obéissance, de douceur et d'humilité, qui répugnaient à sa nature ardente, impétueuse, et rebelle, à repasser, dans son âme impressionnable d'enfant, l'immensité et l'amertume de ses souffrances au pied de la Croix de son Divin Fils. Cette attention continuelle accordée à la Vierge, ce chapelet et cette station de chaque soir devant la « Mère des douleurs » au Calvaire d'Obernai ont été — Mgr Freppel l'a reconnu lui-même — le berceau de sa vocation sacerdotale[1]... » En rhétorique il s'affilia à l'Archiconfrérie de Notre Dame des Victoires.

> « C'est en s'abandonnant à l'action divine, les yeux fixés sur Marie, que son âme acquit cette touche sacerdotale qui, au dire de ses confrères ne s'effaça plus[2]. »

Tout d'abord professeur d'histoire au Petit Séminaire Saint Louis de Strasbourg, ensuite professeur de philosophie aux Carmes, puis directeur du collège Saint Arbogaste, il fut rappelé à Paris comme chapelain de Sainte Geneviève. Ses conférences à la jeunesse des écoles, ses sermons dans les grandes paroisses de Paris attirèrent sur lui l'attention et lui valurent la chaire de l'éloquence sacrée à la Sorbonne. Son éloquence sobre mais persuasive, la solidité de ses principes et de son argumentation lui permirent d'avoir une influence considérable sur l'élite de son temps. Cette influence fut si grande, en faveur de la plus pure doctrine, que Pie IX voulut qu'il fît partie des commissions préparatoires du Concile du Vatican. Nommé Évêque d'Angers, au cours du Concile, le premier discours qu'il y prononça comme Évêque fut une démonstration magistrale que l'infaillibilité pontificale n'était pas une nouveauté dans l'Église ; il contribua ainsi puissamment — aux côtés du cardinal Pie et de Dom Guéranger — à assurer le triomphe de ce dogme.

---

1. — Abbé Terrien, *Mgr Freppel et sa dévotion à Marie, Revue des Prêtres de Marie*, janvier 1939, pp. 15 à 20. Pour étudier l'œuvre du grand Évêque d'Angers, l'ouvrage de M. l'Abbé Terrien est indispensable, Mgr Freppel, 2 vol., 1936. S'adresser à l'auteur, 2, rue Volney à Angers.
2. — Abbé Terrien, *op. cit.*

À peine rentré en France et intronisé dans son diocèse, il dut organiser, avec quelle admirable et féconde activité, toutes les œuvres de secours aux blessés et victimes de la guerre. Les désastres de nos armées le touchaient d'autant plus vivement qu'il était Alsacien et que son Pays d'origine était envahi. Aussi, quand Bismarck parla d'arracher l'Alsace à la Mère Patrie, plaida-t-il la cause de ses compatriotes. Sa lettre au Roi de Prusse, Guillaume I, dénote chez le grand Évêque, la profondeur de vue d'un homme d'État, auquel les événements futurs donnèrent raison ; prophétiquement il écrit :

> « ... Croyez-en un Évêque qui vous le dit devant Dieu et la main sur la conscience : l'Alsace ne vous appartiendra jamais. Vous pourrez chercher à la réduire sous le joug ; vous ne la dompterez pas ! ... J'ai passé en Alsace 25 années de ma vie ; je suis resté depuis en communion d'idées et de sentiments avec tous ses enfants ; je n'en connais pas un qui consente à cesser d'être Français ... La France laissée intacte, c'est la paix assurée pour de longues années ; la France mutilée, c'est la guerre dans l'avenir, quoi que l'on dise et quoi que l'on fasse [1] ... »

Dès la fin de la guerre, il se préoccupa de la formation intellectuelle et doctrinale de son Clergé et des fidèles : à cet effet, il institua des examens théologiques pour les prêtres, fonda la célèbre Université Catholique d'Angers, etc.

Son activité lui permit d'exercer une influence prépondérante, non seulement dans son propre diocèse, mais dans toute la France. Il devint l'orateur des grandes solennités religieuses. Ne concevant pas qu'on pût séparer son action religieuse de son action nationale, il accepta le siège de député que les Bretons du Finistère vinrent lui offrir en 1879, et fut continuellement réélu jusqu'à sa mort. Toujours sur la brèche, il put ainsi porter, au Cœur même et à la source de toutes les perversions dont la France était la victime, la parole vengeresse de la vérité divine et contribua puissamment à endiguer le mal et à entraver l'œuvre destructrice des puissances sataniques en France.

---

1. — André Pavie, *Mgr Freppel*. Excellent résumé dans la collection des *Grands Hommes de l'Église au XIXe siècle*, 1906, Librairie des Saints-Pères, pp. 57, 58.

Pas plus que le cardinal Pie, il ne concevait de France chrétienne sans le pouvoir tutélaire qui, durant des siècles, avait assuré la grandeur de la Patrie : la Royauté. Aussi, éleva-t-il une protestation indignée après le toast d'Alger et quand il fut question du ralliement — en ayant prévu toutes les conséquences désastreuses qui ne se sont que trop réalisées dans la suite — fut-il chargé de transmettre officiellement au Souverain Pontife les raisons pour lesquelles les royalistes Français auraient le devoir de ne pas accéder aux instructions pouvant venir de Rome à ce sujet. Devant cette attitude résolue, Léon XIII attendit la mort du grand Évêque pour mettre son dessein à exécution. Le Pape croyait les républicains convertissables, et voici qu'à toutes ses avances, ils répondirent par un redoublement de haine et de persécution : laïcisation à outrance, loi sur le divorce, dispersion des congrégations, préliminaires de l'abolition du concordat, etc. Aussi Léon XIII, déçu dans ses espérances, dut reconnaître que sa politique — toute de conciliation et d'apaisement — n'avait pas obtenu le résultat qu'il en attendait[1]. Mgr Freppel avait vu clair qui écrivait :

> « Une chose demeure incontestable, c'est que la République en France n'est pas comme ailleurs une simple forme de gouvernement acceptable en soi, mais une doctrine antichrétienne, dont l'idée-mère est la laïcisation ou la sécularisation de toutes les institutions sous la forme de l'athéisme social[2]... »

Mais l'Évêque d'Angers était trop grand pour jamais faire passer l'intérêt de parti avant l'intérêt religieux ou national. Son intervention dans les affaires coloniales en est la preuve ; alors que tous ses amis politiques refusèrent leur concours à Jules Ferry au sujet du Tonkin, seul, malgré l'hostilité des siens, il soutint le ministère, parce qu'il estimait avec raison que le prestige de la France à l'étranger et l'extension de son influence dans le monde étaient en jeu. Quelques jours avant sa mort, sentant sa fin prochaine, sur la demande du Nonce Apostolique, il monta encore

---

1. — *Bloc Catholique*, N° de juillet 1914, La question politique française, p. 251
2. — Article dans *L'Anjou*, du 17 novembre 1890.

à la Tribune de la Chambre pour défendre les droits de Dieu et de l'Église contre les sectaires. Ce dernier effort le tua, il ne s'en releva pas. Alors même qu'il était certain de la défaite, luttait quand même parce qu'il pensait avec juste raison que Dieu ne nous demande pas la victoire, mais seulement de défendre la vérité, toute la vérité, sans aucune diminution. Sa mort, en 1891, allait être le signal de toutes les capitulations et de toutes les déchéances : il était le dernier obstacle à la réalisation, par les suppôts de Satan, de leur plan de déchristianisation légale et systématique de la France.

Marie avait donné à la France des chefs religieux et politiques qui s'ils eussent été suivis, auraient sauvé le Pays, en le faisant rentrer dans la voie voulue par Dieu pour lui permettre de reprendre l'accomplissement de sa mission dans le monde ; Elle avait suscité des âmes de feu, des missionnaires au dévouement inlassable, des théologiens splendides, des historiens et des apologistes nombreux et éminents, des conversions retentissantes.

Pour ramener « Son Peuple » à la vérité, Elle crut — tant est grand son amour — qu'Elle n'avait pas encore fait assez ; Elle résolut de venir Elle-même couronner tant de travaux par ses multiples et miraculeuses apparitions.

Monseigneur Bauron a retracé ces manifestations surnaturelles, leur raison d'être et leurs conséquences, avec une telle clarté que nous ne saurions mieux faire que de reproduire ces pages magnifiques[1] :

> « La Sainte Vierge reprend le programme que Jésus a fait connaître à Paray le Monial et s'applique à le réaliser pour l'honneur de ses enfants. C'est le plan divin, dont les phases se déroulent sous nos yeux, que je voudrais exposer dans sa merveilleuse unité, l'enchaînement de ses parties et ses multiples aspects. Marie se fait l'apôtre du Sacré-Cœur et le missionnaire de la conversion de la France. »
>
> « Pour atteindre son but, elle doit d'abord inspirer la confiance à ses enfants égarés, la confiance naît de l'union de l'amour et de la puissance. Rien ne sert d'être fort, si l'on n'a pas le dévouement

---

1. — Mgr P. Bauron, Directeur de la *Revue Mariale*, *Notice sur Notre Dame de Pellevoisin*, 1904, p. 162.

qui stimule la puissance et la met en action. Le dévouement est stérile, s'il n'est pas accompagné de la force qui brise les obstacles. Marie se révélera donc Mère tendre et Vierge puissante.

» Cette première manifestation [1] se fait à Paris, en 1830, au moment où ..., les secousses de la Révolution agitent le sol de la patrie, les bases de la société et renversent le trône ...

» Marie apparaît, le 18 juillet, à une humble fille de Saint Vincent de Paul, une novice, Catherine Labouré, et lui révèle la médaille miraculeuse. Le dessin de cette médaille est, à lui seul, le programme de l'avenir religieux de la France et du monde. Les autres manifestations de la Sainte Vierge qui suivront en seront le développement et la confirmation.

» Sur la face antérieure, la Vierge immaculée se montre, les bras tendus, les mains ruisselantes de grâces. Elle est debout sur le globe terrestre, qu'elle domine, le pied prêt à écraser la tête du serpent. Autour, on lit, en exergue, cette invocation : « O Marie conçue sans péché, priez pour nous qui avons recours à vous ! »

» Marie se révèle Immaculée, par conséquent victorieuse du démon, dont elle n'a jamais subi l'esclavage, et Reine de l'univers. Elle prélude ainsi au dogme de l'Immaculée Conception, aux apparitions de Lourdes et aux prodiges qui en seront la conséquence.

» Sur l'autre face, le mystère n'est pas moins admirable et le symbolisme, consolant. Un M majestueux, traversé d'une barre, supporte la croix et lui sert de véhicule. Il couvre presque toute la surface de la médaille, que circonscrit un ovale de douze étoiles. Au bas sont deux cœurs ; l'un est entouré d'une couronne d'épines, l'autre est percé d'un glaive.

» On interprète ainsi ces figures : Le Règne de Jésus-Christ repose sur le règne de Marie, qui lui sert d'appui, de char triomphal. Il n'a pour limites que le zèle et l'ardeur des apôtres qui le propagent

---

1. — Ce n'est pas la première manifestation mariale, c'est en réalité la deuxième. En effet, dès les 3 avril et 15 août 1803, la Vierge Reine apparaît à Maizières (Doubs) en Franche-Comté, et assure à Cécile Mille : « *Ce pays est sous ma protection.* » Réponse directe au Vœu de Louis XIII (Voir la notice du pèlerinage, par le R. P. Daniel, Montfortain, Aumônier de Notre Dame du Chêne à Maizières.)

jusqu'aux confins de la terre et que les étoiles représentent. Ce zèle a sa source dans le Cœur de Jésus, uni au Cœur de Marie !

» Ce ne sont pas là de vains symboles ni de stériles images. Dès 1836, la Sainte Vierge inspire à son serviteur, l'Abbé Desgenettes, curé de Notre Dame des Victoires, l'idée de l'Archiconfrérie de son Cœur très Saint et Immaculé. Cette œuvre est le premier pas qui nous amènera au Cœur de Jésus, sur la butte de Montmartre.

» Marie s'affirme toute-puissante auprès de Dieu et miséricordieuse pour les pécheurs. Il suffit, pour obtenir sa protection et ses faveurs, de faire appel à son Immaculée Conception et à son titre de Mère. Elle seule nous délivrera du serpent qui enserre le monde de ses replis tortueux et dont la tête s'étale sur le territoire de France.

» Tel est le premier acte, telle est l'exposition du grande drame où la Sainte Vierge et Satan se disputent, à travers les siècles, la domination de notre pays et de nos âmes.

» Que le démon règne en partie sur la France, c'est un fait qui frappe les yeux. Or Marie veut reprendre possession de son royaume, convertir son peuple et le ramener à Dieu.

» La conversion du pécheur suppose en lui la notion de son état, de ses fautes, de sa misère, des maux qui l'attendent et aussi des biens qui suivront son repentir.

» Or, de 1830 à 1850, la France est peut-être plus impie que jamais. Elle blasphème, tourne la religion en ridicule, viole le repos dominical, l'abstinence des jours prescrits, et fait la guerre à l'Église. Qui donc l'avertira de son égarement, des périls qu'elle court ? Qui l'arrachera à l'esprit de Satan, qui l'anime, et lui insinuera l'esprit de l'Évangile ? Cette mission, Marie daigne la remplir.

» Le Samedi 19 septembre de l'an 1846, elle apparaît à La Salette, au milieu d'une nature grandiose et sévère, et donne à deux enfants, Maximin et Mélanie, un message pour SON PEUPLE. Elle ne peut plus RETENIR LE BRAS DE SON FILS. Elle énumère les fautes qui provoquent le céleste courroux. Elle fait l'examen de conscience de ses enfants, leur signale comme des crimes le blasphème, la profanation du dimanche, la violation de l'abstinence et du jeûne et l'oubli de la prière. Elle les engage à la pénitence et au repentir, leur indique par ses larmes abondantes la douleur qu'elle éprouve et qu'ils doivent partager, leur reproche leur ingratitude et leur montre les châtiments qui sont près de les frapper.

» L'avertissement est peu compris. Seules quelques âmes d'élite cherchent à apaiser la colère du Très Haut et à suivre les conseils de la Vierge de La Salette. Cette indifférence ne lasse pas son amour. »

Deux faits cependant vont permettre à la Reine du Ciel d'obtenir le pardon de nos fautes nationales et de suspendre les châtiments :

Le 8 Décembre 1854 — le jour même de la Proclamation du Dogme de l'Immaculée Conception —, l'Évêque du Puy posait la première pierre de la statue gigantesque qu'il voulait élever à Notre Dame sur le Mont Corneille. C'était au moment de l'expédition de Crimée, — alors que notre vaisseau amiral était dominé par l'image de Marie et que nos troupes se couvraient de gloire ; — le 5 septembre suivant, Mgr Morlhon, reçu par Napoléon III, demande à l'Empereur les canons qui seront pris à l'ennemi pour les faire fondre et en faire la statue colossale de la Vierge. Il en obtient la promesse.

« Le même jour, le Maréchal Pélissier fixait au 8 septembre la date de l'assaut, *parce que ce jour était le jour de la Sainte Vierge.* »

» On sait la suite : l'assaut fut victorieux. Bientôt l'Évêque du Puy recevait les 213 canons, d'un poids total de 150 000 kilos ; et le 12 septembre 1860 fut inaugurée la statue de Marie qui, d'une hauteur de 150 mètres, domine la région entière, tandis que cent mille voix redisaient le cri de nos pères, devenu notre cri à nous, en attendant qu'il soit le cri de nos descendants : « Vive Notre Dame de France ! »

» En 1854, l'Église proclame la première gloire de Marie, son Immaculée Conception. La terre de France en tressaille d'allégresse. »

C'est en effet le couronnement de la doctrine soutenue par l'Université de Paris[1], qui de tous temps s'était prononcée

---

1. — C'est Saint André, Apôtre, qui, le premier posa le principe de l'Immaculée Conception quand il dit : « *Le premier homme ayant été créé de la terre immaculée, il était nécessaire que d'une Vierge Immaculée naquît l'homme parfait qui réparerait cette vie éternelle que les hommes avaient perdue par Adam.* » (Mart. S.

Andreas Apost. apud. Morcelli — cité par le Cardinal Pie dans son homélie du 8 décembre 1854. *Œuvres Épiscop.*, t. II, p. 210.) Mais, pendant plus d'un millénaire, le privilège le plus glorieux de Marie restera dans l'ombre.

Sans doute le Roi Childebert construira à Saint-Evroult une basilique en l'honneur de Marie Immaculée, mais, il faudra attendre le début du XIIe siècle avec Hildebert de Lavardin, Archevêque de Tours, de 1125 à 1140, pour qu'un théologien se prononce nettement en faveur de ce dogme. (Hamon, t. IV, p. 186.) Saint-Bernard, dans sa lettre aux Chanoines de Lyon, nous apprend qu'en 1140 la fête de la Conception de Marie était déjà célébrée dans cette ville. En 1283, Renaud de Homblière, fait un legs de 300 livres pour fonder l'Office de la Conception.

Dès le XIe siècle cependant, le culte de l'Immaculée Conception s'épanouit dans le Diocèse de Coutances, dont Geoffroy de Montbray (1049 à 1094) fut le grand apôtre. Non seulement le pieux Évêque consacra sa cathédrale sous le vocable de Marie, mais il voulut encore spécialement honorer le glorieux privilège de l'Immaculée Conception en lui réservant la principale chapelle, puis en instituant peu de temps après une fête en son honneur. Marie manifesta immédiatement combien ce culte lui allait au Cœur. Dans la chapelle se trouvait un puits ; l'eau en devint miraculeuse et de multiples guérisons s'y opérèrent. C'est aux pieds de Notre Dame du Puits que Saint Jean Eudes et Marie des Vallées, « la sainte de Coutances, » reçurent six siècles plus tard l'inspiration du culte des Sacrés-Cœurs de Jésus et de Marie.

De Coutances, le culte de l'Immaculée Conception se répandit dans toute la Normandie, puis en France et de là à l'étranger. Le moine Helsin, miraculeusement sauvé d'un naufrage par la Vierge, reçut du Ciel l'ordre de faire célébrer la fête le 8 septembre, en substituant simplement le nom de Conception à celui de Nativité. Avec enthousiasme, tous les évêques de Normandie adhérèrent à la demande du pieux moine, si bien qu'on ne tarda pas à appeler cette fête « la fête aux Normands. » Dès 1300, l'évêque de Coutances, Robert II d'Harcourt (1291-1315) rend la fête obligatoire dans son diocèse et bientôt des Académies de l'Immaculée Conception s'organisent à Rouen et à Caen, en attendant que l'Université y fonde les Palinods pour chanter les privilèges et les gloires de l'Immaculée Conception.

C'est l'époque où le bienheureux Jean Duns Scot ouvre des horizons admirables sur les desseins divins relatifs à l'Incarnation et à la Rédemption et mérite d'être appelé Docteur de l'Immaculée Conception. (Voir : Sigismond *« La Royauté Universelle du Sacré-Cœur et l'Immaculée Conception de Marie, d'après la doctrine du Bx Jean Duns Scot, »* à Toulouse. Les voix franciscaines, 1925.)

En 1311 à Saint Séverin de Paris, une chapelle est érigée sous le vocable de l'Immaculée Conception. En 1332, le Chapitre d'Angers décide que la fête sera de première classe. En 1416, à Gondreville, en Lorraine, une confrérie est érigée sous ce titre ; au Concile de Bâle (1431-1443), les Français font rendre un décret favorable au culte de l'Immaculée Conception. De 1448 à 1474, Pierre de Longueil, Évêque d'Auxerre, avec un zèle infatigable, propage dans son Diocèse cette grande et salutaire vérité.

En 1456, le Diocèse de Perpignan en affirme la croyance. Quelques années plus tard, la Reine Charlotte de Savoie fait construire à Orléans Notre Dame de la Conception. (Hamon, t. I, p. 332), puis en 1475, c'est Louis XI qui accorde le terrain nécessaire à la construction d'une église sous le même vocable à Passais, près l'Alençon, à condition que chaque samedi une messe solennelle y serait célébrée pour Lui et ses Successeurs.

À la fin du XVe siècle, le général de l'Ordre des Trinitaires, Robert Gaguin, confident de Louis XI puis de Charles VIII, est l'un des champions de l'Immaculée Conception. Le 27 janvier 1506, le Pape Pascal II consacre une église et un monastère à Lyon, sous le vocable de l'Immaculée Conception. En 1519, la Duchesse de Lorraine élève pour les Clarisses une chapelle sous le même titre. Il en est de même à Pontoise où une chapelle est érigée à Notre Dame et où, à partir de 1569, chaque samedi, il y a office de l'Immaculée Conception avec procession (Marchant, *Notre Dame de Pontoise*, p. 21.)

En 1623, la Reine Anne d'Autriche pose la première pierre de l'église de l'Immaculée Conception à Nantes et participe royalement à la construction. (Hamon, t. IV, p. 421.) La même année, Charles de Gonzague, duc de Nevers, fonde un Ordre religieux et militaire sous le titre de « Milice chrétienne de l'Immaculée Conception, » dont les statuts sont approuvés par Urbain VIII. En 1624, près de Machecoul, une confrérie est érigée à Notre Dame de la Marne. En 1628, la peste qui ravage Albi cesse dès que la Municipalité fait un vœu en l'honneur de l'Immaculée Conception. Il en est de même en 1652 pour la ville de Rodez (délibération du 6 décembre 1652), ainsi qu'à Belpech en 1654. (Hamon, t. III, p. 300.) En 1637, est établi la règle des Ursulines ; elle se termine par une invocation à l'Immaculée Conception (Bibliothèque de Chaumont, manuscrit 78.) À Notre Dame de Benoîte Vaux, en 1641, existait une congrégation très florissante en son honneur.

En 1665, le duc Charles de Lorraine, par Édit, décide que dorénavant la fête de l'Immaculée Conception et son octave seront solennellement célébrés chaque année dans le duché. Le 22 janvier 1669, par Ordonnance, il fait « donation et transport irrévocable » de ses États à la Très Sainte Vierge Mère de Dieu en l'honneur de son Immaculée Conception, et il prescrit à tous ses sujets de faire de même pour tous leurs biens.

En 1687, une congrégation de l'Immaculée Conception existait à Notre Dame de Bon Secours à Guingamp. (Hamon, t. IV, p. 521.) L'année suivante, près de Rocroy, sur le plateau du Ham, on élève une statue de la Vierge sous ce vocable.

En 1710, les artisans et marchands de Saint-Brieuc, dûment autorisés par leur évêque, s'établissent en congrégation à Notre Dame de la Fontaine, sous le titre de l'Immaculée Conception. (Hamon, t. IV, p. 504.)

En 1743, l'un des plus éminents Archevêques d'Auch, Mgr de Montillet, affirme nettement, dans l'édition de son catéchisme diocésain, l'Immaculée Conception. La croyance à cette vérité était profonde dans ce diocèse, puisque dès le XIVe siècle « une chapelle avait été dédiée par la Ville d'Auch au Mystère de la Conception Immaculée de Marie. » (*Revue de Gascogne*, juillet, septembre 1937, pp. 52 et 131 note) et que l'évêque de Condom, Jean d'Estrades, (1647-1660) avait fondé deux messes en l'honneur de l'Immaculée Conception, l'une le lendemain de la fête de Saint-Joseph et l'autre le 25 mars. (L. Mazeret, *Chronique de l'Église de Condom*, p. 319.) Etc.

Ajoutons ce que Pie IX déclara avoir ressenti au moment où il proclama, comme docteur infaillible, le dogme de l'Immaculée Conception :

« Quand je commençai à prononcer le décret, je sentis ma voix impuissante à se faire entendre à l'immense multitude qui se pressait dans la basilique vaticane (quarante mille personnes.) Quand je fus arrivé aux paroles de la définition, Dieu donna à la voix de son Vicaire une telle force et une telle étendue si surnaturelle que toute la basilique en retentit.

» Je fus si impressionné de ce secours divin que je fus forcé de m'arrêter un instant pour donner libre cours à mes larmes. Puis, tandis que Dieu proclamait le dogme par la bouche de son indigne Vicaire, il donna à mon esprit une connaissance si claire et si étendue de la pureté incomparable de la Très Sainte Vierge, qu'abîmée dans la profondeur de cette connaissance, qu'aucune expression ni comparaison ne peuvent rendre, mon âme fut inondée de délices qui ne sont point de la terre, qui semblent ne pouvoir être expérimentées qu'au ciel. Aucune joie, aucun bonheur ici-bas ne pourront jamais en donner la moindre idée ; je ne crains pas de le dire, il fallait au Vicaire du Christ une grâce spéciale pour ne pas mourir de bonheur sous l'impression de cette connaissance et de ce sentiment de la beauté incomparable de Marie Immaculée. » (*Revue du Rosaire* — mai 1929, p. 157.)

Un athée, Taine, a reconnu que « *depuis le dogme de l'Immaculée Conception, la Vierge est montée à une hauteur extraordinaire…* » (La reconstitution de hardiment en faveur du privilège le plus glorieux de la Vierge. Elle avait fait plus :

> « Cette école célèbre, dont on venait de tous les points de l'univers entendre les doctes leçons, et qui, par la science de ses docteurs, la sagesse de ses décisions, a mérité d'être appelée le concile permanent des Gaules, était tellement dévouée à la Mère de Dieu que, le 23 Août 1497, elle obligea tous ses docteurs en théologie à jurer de défendre jusqu'à la mort la vérité de Son Immaculée Conception et statua que désormais aucun ne serait reçu docteur qui n'eût fait le même serment [1]. »

L'influence que la France eut dans la propagation de ce principe dans le monde entier fut donc capitale pour en assurer le triomphe puisque, pendant des siècles, la plupart des lumières de la science religieuse de tous les pays étaient venues faire leurs études à Paris et étaient tout imprégnées en quelque sorte par cette vérité transcendante. La foi en France était si ardente, si profonde sur ce point que l'on vit, en deux circonstances, des prédicateurs, manifestant leur doute à ce sujet, chassés de la chaire et de l'église par l'assistance. Les Rois de France, pénétrés également de cette vérité, intervinrent auprès du Saint-Siège pour obtenir la définition de ce dogme, notamment Louis XIII et Louis XIV. Le grand Roi fit faire un pas décisif à la cause de la glorification de Marie. À la suite de la lettre royale, le Pape, par un Bref en date du 15 Juin 1657, déclara de précepte la fête de l'Immaculée Conception. Heureux de ce résultat qui consacrait la pieuse et antique coutume de célébrer cette fête dans tout le Royaume, le Roi envoya aux Évêques de France le texte du Bref pontifical accompagné d'une lettre dont un exemplaire se trouve conservé aux Archives d'Amiens, et dont voici le texte :

---

la France — *Revue des Deux Mondes* — 1 juin 1891, p. 512) et le plus grand théologien du XIXe siècle, le Cardinal Pie, voit, dans la proclamation de ce dogme, le signe certain des prochains triomphes de l'Église et de la France. M. Dubosc de Pesquidoux, le père de l'Académicien, a écrit un ouvrage intéressant sur « *l'Immaculée Conception et la Renaissance Catholique* » (Deux volumes chez Marne, à Tours, 1899.)

1. — Hamon, *Histoire du culte de la Sainte Vierge en France*, t. I, pp. 127 et 128.

« Monsieur l'Évêque d'Amiens, ayant toujours eu une dévotion très particulière envers la Sainte Vierge, je ne me suis pas contenté d'avoir par mes soins et par mes instances, fait recevoir la feste de son Immaculée Conception au nombre de celles de précepte, mais j'ay voulu encore contribuer en ce qui a pu dépendre de moy pour en augmenter la solennité. Pour cet effet, j'ai supplié N. S. Père de faire faire l'octave de cette fête dans tout mon Royaume et Sa Sainteté a répondu si favorablement à mes désirs que j'ay lieu de croire que je trouveray en vous les mesmes dispositions. Dans cette croyance, je vous envoy copie des lettres apostoliques que Sa Sainteté m'a adressées, ensemble du Bref qu'il m'a escript sur le mesme sujet. Par l'un et par l'autre, vous trouverez les motifs qui m'ont meu à cette poursuite et me promettant que vous serez bien aise de seconder mes bonnes et pieuses intentions en faisant publier et ensuite ponctuellement garder et observer dans l'estendue de votre diocèse ce contenu des dites lettres apostoliques, je ne vous feray la présente plus longue et prieray Dieu qu'Il vous ayt, Monsieur l'Évêque d'Amiens, en sa sainte garde. Escrit à Saint-Germain-en-Laye, le 30 avril 1668 — Louis. »

Les confréries, corporations, fondations, chapelles ou autels érigés en l'honneur de l'Immaculée Conception couvraient littéralement le Royaume. Aussi Marie voulut-elle manifester sa maternelle reconnaissance à notre France en descendant Elle-même sur notre sol et dans notre langue affirmer ce dogme.

« Le jeudi 11 février 1858, Elle se manifeste dans le cadre gracieux de la roche de Massabielle, sur les bords du Gave. Elle apparaît 18 fois, et pour montrer qu'elle est sensible aux honneurs que lui vaut la définition du dogme faite par Pie IX, elle se nomme « l'Immaculée Conception. »

« Elle semble dire :

« Je suis la seule créature qui ait échappé à la domination infernale. En vertu de ce privilège qui m'assure la victoire sur l'ennemi de votre foi et de votre salut, je vous apporte le pardon de mon Fils. Cette rivière symbolise le bienfait de l'absolution. Cet églantier, encore sans feuillage, présage les fleurs de vertus qui naîtront, grâce à moi, dans vos âmes. Votre conversion est mon œuvre, et j'en donne comme preuve la source nouvelle qui va jaillir sur ce sol et qui vous lavera. »

« Marie n'a que des sourires pour Bernadette, comme une mère pour les enfants qu'elle purifie, qu'elle embellit, qu'elle ramène au foyer paternel. Elle enseigne la prière ; elle recommande la pénitence. Car il ne suffit pas d'être pardonné, il faut encore expier et prier [1]. »

Malheureusement, la France ne veut pas faire pénitence ni prier ; alors, puisque par la douceur, Marie ne peut obtenir de ses enfants qu'ils satisfassent à la justice de Dieu, les menaces contenues dans le Message de La Salette commencent à se réaliser :

« Je ne puis plus retenir le bras de mon Fils ... »

C'est la guerre étrangère, l'invasion et la guerre civile ; l'écroulement des fortunes, etc.

« Ah ! que la pénitence est dure ! Qu'il en coûte de n'avoir pas suivi les conseils de la Vierge de La Salette et de Lourdes ! De toutes parts, des prières, des supplications, des vœux montent vers son trône. Enfin, un étendard, où est brodé le Cœur de Jésus et qui nous vient de Paray, est trempé, le 2 Décembre 1870, dans le sang des Zouaves, à Patay. Une des trois demandes de Jésus reçoit ainsi un commencement de réalisation. Aussi sa colère fléchit, et Marie se hâte de nous l'apprendre [2]. »

« Pendant l'agonie de la France, il y a comme une lutte sublime entre le Sacré-Cœur et la Vierge Immaculée, pour laisser, Lui à sa Mère, Elle à son Fils, la joie de sauver la nation privilégiée malgré ses crimes. Après toutes les difficultés que l'on sait, le Vœu national au Sacré-Cœur prend son essor le 11 janvier. Et ce soir-là, une aurore boréale illumine la contrée alors la plus menacée par l'invasion. Mais Dieu fait toujours passer ses grâces par Marie. Or, pendant le mois de janvier, les habitants de Rennes proposent un vœu à Notre Dame de Bonne Nouvelle qui, jadis, la sauva des Anglais ... »

« À Nantes, le 28 septembre 1870, Mgr Fournier avait consacré son diocèse au Sacré-Cœur. Aussitôt après le désastre du Mans,

---

1. — Mgr Bauron, *op. cit.*, p. 167.
2. — Mgr Bauron, *id.*, pp. 168-169.

le 17 Janvier, l'Évêque ajoute à sa consécration le vœu d'élever une église au Sacré-Cœur si la ville et le diocèse échappent aux horreurs de l'invasion et de la guerre civile … »

« À Laval, le matin du 17 janvier, quatre dames, dont deux sœurs, se rendent à l'évêché … Elles supplient Mgr Wicart de faire un vœu à la Sainte Vierge pour détourner l'invasion imminente de la ville ; mais elles trouvent leur Évêque dans un état de prostration causé sans doute par les nouvelles accablantes qui arrivent de minute en minute, scandées par le bruit du canon et des mitrailleuses. Elles se retirent sans avoir rien obtenu [1].

« À Paris, une foule compacte inaugure à Notre Dame des Victoires une solennelle neuvaine. L'orateur, l'Abbé L. Amodru, propose un vœu accueilli avec enthousiasme … Tout porte à croire que ce prêtre zélé, très dévot à Marie, eut à ce moment une certaine vue de ce qui se passait à Pontmain. Comment expliquer autrement cette exclamation : « *Un Cœur d'argent apprendra aux générations futures qu'aujourd'hui, entre huit et neuf heures du soir, tout un peuple s'est prosterné aux pieds de Notre Dame des Victoires et a été sauvé par elle.* »

« À Saint-Brieuc, le même jour, des dames demandent aussi à leur évêque de faire un vœu, mais adressé au Sacré-Cœur. Mgr David préfère (et ce fut sans doute par une motion intérieure de ce Divin Cœur) que le vœu soit adressé à Notre Dame d'Espérance, Patronne de la Ville. À CINQ HEURES ET DEMIE DU SOIR, la formule est revêtue de la signature épiscopale ; à six heures, elle est lue solennellement dans le sanctuaire si aimé des pieux habitants de Saint-Brieuc. 17 janvier, CINQ HEURES ET DEMIE DU SOIR …, à la même heure, Marie se montre à Pontmain [2] ! »

---

1. — Ce n'est que trois jours après — alors qu'on ne savait pas encore à Laval, si l'ennemi prendrait la ville et qu'on ignorait tout du grand événement de Pontmain — que l'Évêque fit vœu de reconstruire le clocher de la basilique dédiée à Celle qui s'était toujours montrée la protectrice de la cité : Notre Dame d'Avenières.

2. — « *Notre Reine à Pontmain,* » par un groupe de Français – 1927 – lire tout le chapitre IV, Suites et coïncidences de l'apparition. » Cet ouvrage, magnifiquement présenté et illustré, est indispensable pour connaître l'apparition de Pontmain et ses conséquences. S'adresser à Mme la Directrice du Musée Marial à Pontmain (Mayenne), 35 francs.

> « Elle a le visage tourné vers l'Alsace ; elle porte le diadème de Reine de France et se couvre d'un voile de deuil, comme pour pleurer le trépas de ses fils. Elle ne parle pas. Les grandes douleurs sont muettes ; mais elle fait épeler aux voyants ces mots écrits en relief sur une bande lumineuse qui découpe l'azur : « ... *Mais priez, mes enfants, Dieu vous exaucera en peu de temps. Mon Fils se laisse toucher*(1). »

Or, un fait est péremptoirement prouvé : à partir du moment où la Vierge apparaît à Pontmain, l'ennemi ne fait plus un pas en avant sur le sol français. Et dès le lendemain, les armées Prussiennes reculent. À ses officiers qui, sûrs du succès, supplient le Prince Frédéric-Charles de Prusse de les laisser aller de l'avant, le Prince fait cette réponse étrange dans la bouche d'un protestant : « Il y a là une Madone qui nous barre le chemin, » alors qu'il lui était impossible de savoir ce qui venait de se passer à Pontmain(2).

> « Deux mois plus tard, la paix est faite ; six mois après, la Commune est vaincue. La France est sauvée. Vers la fin du phénomène céleste, Marie se montra tenant dans ses mains un Christ sanglant, qu'elle presse contre sa poitrine. C'est elle qui recueillera les crucifix arrachés aux écoles et aux hôpitaux ; elle qui relèvera les croix abattues et les fera briller sur la colline de Fourvières, comme sur le dôme de Montmartre et du Panthéon(3).

Sans doute depuis lors, loin de revenir à Dieu, la France s'en est éloignée davantage. Plus que jamais elle est sous la domination des Loges et Satan y règne en maître. La République ne cesse de poursuivre la déchristianisation totale de la France et l'assassinat des âmes. Mais la France est plus victime que coupable et Marie, en 1914, a encore prouvé qu'Elle n'abandonne pas « son » Royaume, puisqu'une seconde fois, elle l'a sauvé miraculeusement. On a beaucoup parlé du « Miracle de la Marne » parce que l'arrêt subit des troupes allemandes est humainement inexplicable, alors qu'elles possédaient une artillerie très supérieure en nombre et en puissance à l'artillerie française et qu'elles n'avaient en face d'elles

---

1. — Mgr Bauron — id — p. 169.
2. — *Notre Reine à Pontmain, op. cit.*, p. 76.
3. — Mgr Bauron, *id.*, p. 170.

que des armées, animées sans doute d'un courage admirable, mais qui, sans munitions, devaient tirer à blanc. La défaite des Allemands parut donc incompréhensible. Ce que l'on ne sait pas assez, c'est que Marie était elle-même intervenue. De nombreux témoignages allemands existent à ce sujet ; nous en citerons un qui les résume tous : venant de recevoir les derniers sacrements, un allemand catholique, se sachant perdu, dit à ses infirmiers :

> « Vous m'avez bien soigné comme l'un des vôtres, je veux faire quelque chose pour vous remercier, ce n'est pas à notre avantage mais cela vous fera plaisir ; je paierai ainsi ma dette. Si j'étais sur le front, je serais fusillé, car défense est faite de raconter, sous peine de mort, ce que je vais vous dire. Vous avez été étonnés de notre recul subit quand nous sommes arrivés aux portes de Paris : nous n'avons pas pu aller plus loin. Une Vierge se tenait devant nous, les bras étendus, nous repoussant chaque fois que nous avions ordre d'avancer. Pendant plusieurs jours, nous n'avons pas su si c'était une de vos saintes nationales, Geneviève ou Jeanne d'Arc. Après nous avons compris que c'était la Sainte Vierge qui nous clouait sur place. Le 8 septembre, elle nous repoussa avec tant de force que tous, comme un seul homme, nous nous sommes enfuis. Ce que je vous dis là, vous l'entendrez redire plus tard sans doute, car nous sommes plus de cent mille qui l'avons vu [1]. »

> « Aux plus mauvais jours de 1918, avant le redressement prodigieux qui devait sauver la France et assurer la victoire de la civilisation, le Maréchal Foch avait son Quartier Général à Senlis [2]. Chaque matin, de bonne heure, quand les nécessités du commandement ne l'obligeaient pas à se déplacer, il entendait une messe à la cathédrale. Debout à l'écart, dans le déambulatoire, proche le maître-autel et la table de Communion, du côté de l'Épître,

---

1. — Voir discours de Mgr Tissier, évêque de Chalons (27 juillet 1926.) *Les annales de Pontmain*, août 1926. La Revue *Notre Dame*, n° du 2 mai juin 1936 etc. — Nous avons sous les yeux de nombreux témoignages sur « *La Dame de la Marne* » et recevrons avec reconnaissance ceux que des témoins voudraient bien nous envoyer pour la défense de la vérité.

2. — C'est « à Senlis, et non ailleurs, qu'expira une première fois au début de l'affreux massacre, le flot de l'envahisseur, quand soudain, il fut détourné de Paris vers la Marne ... où la Vierge Immaculée allait l'arrêter. »

il apercevait sur sa droite, la chapelle de la Vierge de Bouvines, gloire autrefois de l'abbaye de la Victoire et transportée à Senlis à la Révolution. Avant ou après l'office, on pouvait le voir méditer devant la vénérable statue qui est un des chefs-d'œuvre de notre art médiéval (et rappelle que le salut de la France lui fut accordé au XIIIe siècle, en ce même péril d'une furieuse invasion des hordes germaniques.)

» On peut croire que, dans la nuit du 6 novembre 1918, lorsque le Maréchal Foch fut averti du radiotélégramme allemand qui venait d'arriver au Grand Quartier Général, implorant l'armistice, il pensa qu'il n'avait pas prié en vain la Vierge de Bouvines. Elle lui accordait, dans Senlis, capitale du Valois, berceau de la Patrie, le signe certain de la défaite de l'Allemagne et du salut de la France ... Il n'y a pas de hasard. Tout a un sens. Il faut comprendre [1] ... »

Ainsi, la Vierge, à Pontmain en 1871, sur la Marne en 1914, arrêta les Prussiens et les Allemands, après qu'ils eurent servi de bras à la justice divine.

Marie n'aurait pas visité tant de fois son Royaume et ne l'aurait pas sauvé miraculeusement, il y a si peu de temps encore, si Elle ne devait pas le sauver définitivement malgré lui.

Si les actes de la collectivité contribuent à augmenter ou à diminuer le capital de mérites et de grâces d'un peuple, notre confiance doit être totale dans les destinées de la France : sans doute, dans l'un des plateaux de la balance de Dieu, il y a deux siècles de révoltes et de blasphèmes, mais, dans l'autre, il y a quinze siècles d'un amour comme aucun peuple n'en a jamais témoigné au Christ et à Sa Divine Mère ; Il y a ces longues files de pèlerinages — dont la France est l'organisatrice et l'apôtre et qui chaque année ne cessent de faire affluer les fidèles des quatre coins du monde à Chartres, à Pontmain, à La Salette, à Lourdes surtout, à Paray et à Montmartre ; il y a la consécration du Royaume à la Vierge, pacte qu'il n'est au pouvoir d'aucun des deux contractants de renier et qui fait de Marie, jusqu'à la consommation des siècles, la Reine de France. Sans se

---

1. — *Almanach Catholique Français* 1923 – *Notre Dame de la Victoire à Senlis*, par H. de Nousanne, pp. 285 à 289.

diminuer Elle-même, sans capituler devant Satan, Elle ne peut donc abandonner son Royaume. Elle ne l'abandonnera pas. Les apparitions du XIXᵉ siècle en donnent la certitude :

> « Quand le Sauveur expirait sur la croix pour la rédemption des hommes, les peuples ne songeaient guère à en profiter, et le salut pourtant était accompli. Il restait à en faire l'application.
> » Les manifestations de Marie ont un double aspect, un double sens. Il faut distinguer en elles le fait historique et la figure prophétique. Nous connaissons les dates, les circonstances et les suites visibles de ces événements surnaturels et merveilleux. Leur sens prophétique, la réalisation sociale de ce qu'ils annoncent concernent l'avenir. Cette réalisation est aussi certaine que les apparitions elles-mêmes, mais elle reste subordonnée au temps, aux prières, au zèle des chrétiens.
> » Marie, dans ses apparitions, a fait pour ainsi dire, le tour de son royaume. Comme un général d'armée, elle a voulu se rendre compte par elle-même de la situation. Elle a inspecté son territoire et ses sujets. Elle s'est manifestée dans la capitale, au sud-est à La Salette, au sud-ouest à Lourdes, au Nord-ouest à Pontmain[1]. »

La Reine du Ciel va plus loin. Elle précise, au nom du Ciel, le SEUL moyen de salut pour la France VOULU PAR DIEU : le rétablissement de la ROYAUTÉ TRÈS CHRÉTIENNE. À ce moment le Chef de la Maison Royale de France, Monsieur le Comte de Chambord, proclame le principe sur lequel reposera cette restauration :

> « POUR QUE LA FRANCE SOIT SAUVÉE, IL FAUT QUE DIEU Y RENTRE EN MAÎTRE POUR QUE J'Y PUISSE RÉGNER EN ROI. »

La Sainte Vierge donne l'ordre à Maximin Giraud, le berger de La Salette, de révéler au Comte de Chambord la SURVIVANCE DE Louis XVII dont la descendance est appelée par le Ciel à sauver la France et à la faire rentrer dans l'ordre voulu par Dieu. Maximin se rendit donc à Frohsdorf. Le secrétaire du Prince était le Comte de Vanssay qui a rédigé pour sa famille le compte-rendu de l'entretien dont il avait été le témoin :

---

1. — Mgr Bauron, *id.*, pp. 170 à 172.

> « Je vis que le Comte de Chambord était ému et parla longuement et avec beaucoup de bonté au jeune voyant. Quand Maximin quitta la pièce, tout ému, le Prince se tourna vers moi : « Maintenant j'ai la certitude que mon cousin Louis XVII existe. Je ne monterai donc pas sur le Trône de France. Mais Dieu veut que nous gardions le secret. C'EST LUI SEUL QUI SE RÉSERVE DE RÉTABLIR LA ROYAUTÉ. »

Dans le vouloir divin, le Comte de Chambord devait monter sur le Trône, comme étant le Prince le plus digne de régner, et après avoir remplacé la France dans l'ordre voulu par Dieu, devait passer la main à la descendance du Roi et de la Reine Martyrs. Mais la France ayant refusé le salut et proclamé la république — ce régime fondamentalement anti-chrétien, la Reine du Ciel précisa, un peu plus tard, à Marie Martel, lors des Apparitions de Tilly :

> « LA RÉPUBLIQUE TOMBERA : C'EST LE RÈGNE DE SATAN ; PRIEZ POUR LE ROI QUI VIENDRA ! »

Il est une autre apparition qui résume en quelque sorte les précédentes et est le signe prophétique de l'avenir. Marie choisit le centre de ses États, cette terre du Berry que ne foula jamais le pied de l'étranger.

> « Le fait se passe à Pellevoisin, en 1876, au lendemain de la Consécration de la France et du monde catholique au Sacré-Cœur.
> » Marie se montre à une phtisique, condamnée par trois médecins, à une mourante, Estelle Faguette, dont les membres sont en partie paralysés, et pour laquelle on a deux fois déjà préparé un linceul. Le démon agite sa couche et la menace. Marie se révèle, le chasse et annonce à la moribonde qu'elle sera guérie le samedi suivant. La prophétie se réalise. Estelle reçoit comme une poitrine neuve et une santé admirable. Il y a quinze apparitions, du 14 février au 8 décembre, en l'honneur des quinze mystères du Rosaire. Les cinq premières sont relatives à la guérison de la voyante et la préparent, avec les trois suivantes, à sa mission publique. Les sept autres ont pour objet cette mission, qui est la gloire de Marie par la révélation et la diffusion du scapulaire du Sacré-Cœur.

» Toutes les paroles de la Sainte Vierge sont remarquables et d'une profondeur théologique qui sert de preuve intrinsèque au fait miraculeux de ses manifestations.
» Les premières apparitions se produisent au milieu de la nuit, et les dernières en pleine clarté du jour.
» Pour en comprendre la portée réelle et le sens prophétique, il faut voir dans Estelle l'image de la France.
» Le premier acte de Marie, rentrant dans son domaine, dont elle a parcouru les frontières, est de mettre dehors son ennemi. Satan a tout souillé ; il a fait de la France une phtisique dont le cerveau est obscurci par les fausses doctrines, dont la poitrine est corrompue par des affections malsaines, dont les mains sont liées par des lois impies, dont le souffle délétère porte les germes de la mort dans tout l'univers, dont le regard affaibli ne voit plus les clartés du ciel, les blanches aurores de la foi, les midis étincelants de la sublime espérance, ni les couchers du soleil radieux sur les nuages empourprés qui annoncent de si beaux lendemains. L'ennemi est là qui veille sur la couche de la France agonisante, dont il a paralysé les membres et les forces…
» Marie se montre à Pellevoisin. « Que fais-tu là ? dit-elle à Satan. Ne vois-tu pas qu'elle porte ma livrée et celle de mon Fils ? » N'y a-t-il pas, depuis Clovis et Saint Rémi, quatorze siècles que la France appartient à Jésus-Christ ?
» Le démon est bouté dehors par la Vierge Immaculée, comme le fut l'Anglais par la vierge de Domrémy ! Débarrassée des chaînes dont il l'avait garrottée, la France revient à la santé, à la prière, aux traditions séculaires de la Foi. Reconnaissante comme Estelle, elle court s'agenouiller à Montmartre, à Paray, à Lourdes, à Pellevoisin. Elle se met à publier dans l'univers l'amour du Sacré-Cœur et la gloire de Marie, sa protectrice et sa reine.
» LES TRÉSORS DE MON FILS SONT OUVERTS. » Les grâces spirituelles et temporelles tombent sur les âmes et la nation, comme une ondée bienfaisante à laquelle rien n'échappe, comme les rayons d'une céleste lumière qui transforme, vivifie et embellit tout ce qu'elle touche.
» Au lendemain de la fête de sa Nativité, le 9 septembre 1876, Marie apparaît à Estelle, ou, pour mieux dire, à la France, portant sur sa poitrine le Cœur de son Fils. À la 15e manifestation, elle le lui

présente des deux mains et lui dit, en souriant : « LÈVE-TOI et BAISE-LE ! »

» À Paray, Jésus avait demandé le culte de ce Cœur admirable. À Pellevoisin, Marie fait de ce Cœur une livrée ostensible, un signe protecteur qu'elle désire mettre sur chacun de ses enfants à qui elle répète ces mots :

» JE SERAI INVISIBLEMENT PRÉS DE TOI ... NE CRAINS RIEN ... JE T'AIDERAI ! ...

» La France est donc appelée à propager le signe ostensible de la dévotion au Sacré-Cœur, à travailler à la conversion des pécheurs, à remplir le rôle de missionnaire et d'apôtre ; elle recevra dans ce but une assistance spéciale ; Marie sera invisiblement près d'elle pour l'aider à publier sa gloire.

» Elle ne met plus de bornes à ses largesses. Elle nous livre le Cœur même de Jésus. C'est lui qui doit battre dans la poitrine de la France guérie et ressuscitée. C'est lui dont l'image doit être la livrée de tous les français ...

» Marie ne saurait nous donner davantage. Elle nous livre la source de tous les dons et de sa propre puissance, le Cœur même de son Fils. Ne convenait-il pas que cette dévotion, réservée aux derniers temps, nous fût communiquée et transmise par ses mains (1) ? »

Et elle ajoute avec une tendresse pleine d'un indicible amour :

« TU SAIS BIEN QUE TU ES MA FILLE JE SUIS TOUTE MISÉRICORDIEUSE ET MAÎTRESSE DE MON FILS (2). »

Et Mgr Bauron conclut :

« La France pardonnée sera délivrée, grâce à Marie, de la domination maçonnique et juive que Satan a étendue sur son territoire. Elle reviendra sans respect humain aux traditions surnaturelles de son passé. Elle aura encore à souffrir ; mais sa déchéance ne sera que passagère. Il dépend de nous d'en abréger la durée par la prière et la confiance en notre Mère. Après l'épreuve, la France reprendra son rang à la tête des nations et son rôle de sergent de Dieu et de chevalier de Marie. Plus brillante et plus forte que

---

1. — Mgr Bauron, *id*, pp. 172 à 176.
2. — Mgr Bauron, *id*, p. 105.

jamais, elle combattra surtout par l'apostolat et répandra sur toute la terre la dévotion au Sacré-Cœur. Elle recevra de la Vierge Immaculée une assistance invisible qui la rendra victorieuse des contradictions et des obstacles que le démon cherchera encore à lui susciter [1]. »

LE JUGE MISÉRICORDIEUX

Tiré du *Jugement dernier*, — fresque d'Orcagna, au Campo-Santo de Pise. XVIe siècle.
Jésus ne menace pas les méchants ; il leur montre la plaie de son côté, qu'il découvre de la main gauche, et lève la main droite pour en montrer aussi la blessure Sa figure divine projette la lumière, elle exprime la bonté et aussi la tristesse de sévir contre les méchants.

---

1. — Mgr Bauron, *id.*, p. 177.

L'Excellence de la Charité.

La Charité, assise sur un trône, reçoit les hommages des autres Vertus.
De la main droite elle soutient un triangle lumineux, emblème de la Trinité ;
qui est la source première de toute vraie charité.

Gravure d'Abraham Bosse, dans les *Œuvres* du B. François de Sales. Paris, 1652.

CHAPITRE XIX

Les dernières apparitions mariales en France de 1896 à nos jours

Avant d'aborder l'étude des Apparitions Mariales qui suivirent celles de Pellevoisin, il convient de mentionner quatre âmes privilégiées qui ont reçu du Ciel de grandes Missions pour l'Église et pour la France, Missions auxquelles la Très Sainte Vierge les a préparées.

Toutes quatre ont leur place naturelle dans cette étude :

Marie-Julie Jahenny,
Marie-Thérèse,
Claire Ferchaud,
Notre Dame des Pleurs à Bordeaux.

Marie-Julie Jahenny
(12 février 1850 †4 mars 1941)

Marie-Julie naquit au hameau de la Fraudais, à Blain en Bretagne en 1850. Les premières manifestations surnaturelles dont elle fut l'objet eurent lieu au cours d'une de ses maladies en 1873. La Sainte Vierge lui apparut et lui annonça qu'elle aurait beaucoup à souffrir. Le 15 mars suivant, Elle lui demanda si elle accepterait de subir les mêmes souffrances que son Divin Fils et, sur son acceptation, lui annonça qu'elle serait marquée des cinq plaies du Sauveur.

De 1873 à sa mort, Marie-Julie eut des extases trois fois par semaine au cours desquelles Notre-Seigneur, la Sainte Vierge, l'Archange Saint Michel et de nombreux saints se manifestèrent.

Les faits de la Fraudais sont indissolublement liés à ceux de la Salette. Très fréquemment, au cours des extases, les prophéties de cette Apparition sont reprises et développées et Marie verse d'abondantes larmes sur l'Église, la France et le monde dévoyés et annonce qu'Elle ne peut plus retenir le bras de son Fils.

D'avance, par les révélations qu'elle a reçues, Marie-Julie a été informée de très nombreux événements à venir, toujours examinés sous l'angle spirituel, notamment :

La mort du Comte de Chambord, qu'elle dit être un terrible châtiment pour la France qui a refusé le Sauveur royal que Dieu lui destinait.

Elle connut aussi les persécutions dont l'Église serait la victime en France, en Allemagne et dans le monde ; les deux grandes conflagrations de 1914 et de 1939, ainsi que la prochaine, maintenant imminente ; la crise actuelle de l'Église avec une précision impressionnante et bouleversante.

Elle a annoncé les épidémies et les intempéries, la révolution universelle, la destruction de Paris, etc. qui feront disparaître les trois cinquièmes de l'humanité.

Mais, avec une certitude absolue, elle a prédit — après l'expiation nécessaire à la Justice divine — le salut miraculeux et le triomphe de l'Église et de la France, grâce au Saint Pontife et au Grand Monarque que Dieu ferait surgir à son heure.

Elle précisait que ce Grand Roi, annoncé par l'Ancien Testament et par plus de cent prophéties, serait issu de Saint Louis, Roi CACHÉ, disait-elle toujours, car, s'il était connu, il risquerait d'être assassiné par les ennemis de Dieu, par les républicains ou même par certains des prétendants ; elle l'affirmait descendant du Roi et de la Reine Martyrs et donc de Louis XVII, mais d'un Louis XVII demeuré INCONNU, écartant donc tous ceux qui prétendent descendre de l'Enfant du Temple…

Marie-Julie a eu des visions d'une splendeur incomparable sur le Saint Pape et le Grand Monarque, visions qui vont être incessamment publiées.

La pieuse stigmatisée est morte en 1941 [1].

Marie-Thérèse
(7 mars 1895 †24 juillet 1938)

Le temps n'est pas encore venu de révéler le nom et la personnalité de Marie-Thérèse [2] : Cependant il convient de commencer à soulever le voile et de faire connaître quelques unes des merveilleuses grâces dont elle a été l'objet de la part de Notre-Seigneur et de la Très Sainte Vierge.

Il est difficile qu'une créature humaine ait été passée au crible de la souffrance plus que ne l'ait été Marie-Thérèse. Peut-être parmi toutes les stigmatisées a-t-elle eu plus que les autres la passion noble de la Passion du Christ.

Elle décrit la première en date des missions que Dieu lui assigna :

« La Mère des Douleurs était auprès de Son Divin Fils et me demanda si je consentais à devenir moi aussi une enfant de

---

1. — L'Abbé Pierre Roberdel vient de publier sa vie aux Éditions Résiac à Montsûrs (Mayenne.)
2. — L'auteur tient à préciser qu'il ne sera répondu à aucune question concernant cette âme privilégiée.

douleur, en union avec Son Divin Fils, si je consentais à accepter cela spécialement en réparation des outrages que Jésus reçoit de Ses prêtres, particulièrement de ceux tombés dans l'impureté, afin qu'ils obtiennent miséricorde et soient amenés à la pénitence … et, pour la première fois, me fit souffrir la Passion non sanglante … »

Mais, peu après, la Passion devint sanglante et se renouvela parfois presque quotidiennement avec d'effroyables flagellations. Elle put ainsi en ramener un grand nombre par ses terribles souffrances … Et elle fait une admirable description de ce qu'est le sacerdoce.

Elle fut atteinte de nombreuses maladies — certaines inexplicables scientifiquement et dues à son état de victime — et guérie miraculeusement à plusieurs reprises. Atteinte à la fois de surdité, de cécité et de mutisme, elle en fut libérée successivement par son directeur spirituel sur l'ordre de la Sainte Vierge, par simple signe de croix sur les oreilles, la bouche et les yeux.

Sans avoir fait aucune étude de dessin ou de peinture, certaines de ses œuvres touchent au grand art et le portrait au pastel qu'elle fit du Christ couronné d'épines — d'après sa vision — est bouleversant de réalité intensément douloureuse et sereine. Pendant sa cécité, en 1926, elle peignit une grande toile de la Sainte Vierge : Notre Dame de Suavité.

Notre-Seigneur et Notre Dame lui réservaient une double Mission religieuse et nationale d'une importance exceptionnelle qui se révélera dans l'avenir.

Comme il se doit, la Sainte Vierge est à l'origine de cette grande Mission catholique et française.

À son directeur spirituel, Marie-Thérèse fait le récit des grâces qu'elle a reçues de la Sainte Vierge et raconte « comment la Divine Maman a toute seule enfanté (spirituellement) et élevé à l'Amour (Notre-Seigneur) le « petit rien » qu'elle est … « La Mère du Verbe fait chair a formé l'âme de votre pauvre enfant et Elle seule l'a élevée, lui a tout enseigné. Je ne sais rien que je ne tienne de ma Mère … » L'âme était formée et nourrie de la sève Mariale aussi naturellement que le corps assimilant la nourriture terrestre qui lui était présentée ...

> « Cet état de vie en l'Unique (1) commença bien avant ce qu'on appelle communément l'âge de raison. Les premiers souvenirs gardés par la mémoire et renouvelant les impressions d'alors remontent à l'âge de deux ans, certains même à l'âge de dix-huit mois ... Déjà, alors, toute l'âme était sous l'emprise mariale ...
> » Marie est bien le Jardin fermé du Roi ... Elle est l'Unique et on n'atteint l'Unique que par Elle et en Elle ... Le Roi avait daigné jeter les yeux sur la petitesse déposée en moi par Son Immaculée et avait décidé d'épouser cette petitesse incarnée dès le printemps de sa vie.
> » Alors l'Amour a fait pour moi ce que les rois d'autrefois faisaient pour l'enfant qu'ils décidaient de donner pour épouse à leur fils.
> » Il m'a prise au berceau, avant que j'aie rien su du pays de la terre qui ne serait pas le mien et Il m'a enfermée dans Son Palais. J'ai été élevée avec Lui, à Sa Cour, par Sa Mère à Lui, devenue l'Unique mienne, élevée au seul goût de l'Époux adoré, par Celle qui Le connaît à fond, L'ayant Elle-même formé.
> » Il faudrait, pour en exprimer tout le suc marial, reprendre point par point tout ce que vous savez de ma pauvre vie... »

Elle décrit son mariage mystique, qui eut lieu en la Fête de la Trinité 27 mai 1910 où, à quinze ans, elle fit vœu de chasteté perpétuelle. Elle tomba immédiatement en extase : noces ineffables, dit-elle, au sein de la Trinité qui, pour la première fois, se découvrit ; elle fut « à jamais fascinée, éblouie des infinies clartés du Divin Soleil. »

> « Le Saint-Esprit me fit comprendre ce qu'est un vrai vœu de virginité et ses conséquences. »

Elle se confia à l'Étoile du matin afin que la Divine Mère mît Elle-même dans les mains percées de Son Fils bien-aimé la main de Son indigne enfant de la terre ...

> « L'amour se prouve par la conformité, et Jésus, dans cette petite main que Marie mit dans la Sienne, marquée par le clou qui

---

1. — Elle appelle la Sainte Vierge : « l'Unique » de la Trinité.

L'avait attaché à la Croix, allait imprimer bientôt la même douloureuse empreinte afin que la petite épouse ne le soit pas seulement de nom, mais de fait, marquée non seulement au front, mais dans tout l'être du Signe de l'Agneau [1]. »

« Notre-Seigneur lui dit :
» Je t'ai créée pour Moi seul, pour Ma Croix. Laisse-moi faire tout ce que Je voudrais de toi.
» Et il ajoutera :
» JE TE DONNERAI DE FAIRE CONNAÎTRE LES TRÉSORS UNIQUES DE MON UNIQUE IMMACULÉE.
» De fait les révélations et les confidences reçues par Marie-Thérèse concernant la Reine du Ciel constituent, au dire d'éminents théologiens mariologues, un monument d'une exceptionnelle valeur théologique élevé à la gloire de Marie. »

En voici quelques titres [2] :

« *L'Immaculée Conception.* »
« *Carnet blanc.* »
« *La Mère du Bel Amour.* »
« *Marie est le don de Dieu.* »

C'est la raison pour laquelle, dans la présente réédition, il était impossible de passer sous silence Marie-Thérèse, bien qu'il ne soit pas encore temps d'en dire plus.

Les œuvres Mariales de Marie-Thérèse, la plus Française des Françaises, confirmeront, s'il en était besoin, cette loi des Apparitions Mariales que celles qui ont lieu en France sont essentiellement des révélations fondamentalement doctrinales.

---

1. — *Seconde « Autobiographie, »* écrite sur l'ordre de son directeur, pp. 40 à 42.
2. — Nous nous proposons de les publier prochainement car il faut que les secrets du Roi soient connus.

Claire Ferchaud à Loublande
(5 mai 1896 †29 janvier 1972)

Depuis des siècles, la Famille Ferchaud était installée à la ferme des Rinfillières au Puy Saint Bonnet, en Anjou. C'est là, sous le regard de Marie, que le 5 août 1896 naquit Claire, grande privilégiée du Sacré-Cœur.

En effet, lors de la naissance de son père, Jean, une épidémie de fièvre typhoïde ravageait les siens : le grand-père et plusieurs membres de la famille et du personnel étaient atteints ; avec son épouse, ils firent vœu de construire une petite chapelle aux Rinfillières sous le vocable de Notre Dame de la Garde si l'épidémie cessait. Ils furent exaucés mais attendirent un peu pour réaliser leur vœu.

Leur curé aurait voulu que la somme promise fût affectée à la construction de la Chapelle du Chêne Rond. Les époux Ferchaud en référèrent à leur évêque qui était alors le plus marial et le plus grand théologien du siècle, le futur cardinal Pie. Celui-ci leur donna raison et autorisa la construction de la chapelle qui, par la suite, devint un lieu de pèlerinage où de nombreuses grâces furent obtenues.

Plusieurs années avant de recevoir sa grande Mission, Claire avait été favorisée d'apparitions très fréquentes et parfois quotidiennes du Sacré-Cœur et plus souvent encore de la Sainte Vierge :

C'est en 1916, aux sombres jours de la première Guerre mondiale, que Claire reçut sa Mission nationale : obtenir l'apposition du Sacré-Cœur sur le drapeau, comme l'avait déjà demandé Notre Seigneur à Sainte Marguerite-Marie à Paray-le-Monial, en 1689. Elle écrivit dans ce but aux principaux chefs de l'Armée, mais auparavant le marquis de Baudry d'Asson, député de la Vendée, avait obtenu pour elle une audience du Président de la République, Raymond Poincaré. Claire connaissait le but de sa mission mais Notre-Seigneur lui avait promis de mettre sur ses lèvres les paroles qui prouveraient au Chef de l'État l'authenticité du Message Divin. Elle passa une nuit d'adoration au Sacré-Cœur de Montmartre et, le 21 mars 1917, en entrant dans le bureau du Président, elle ignorait encore ce qu'elle lui dirait. La promesse divine se réalisa à la lettre. Disons simplement que les preuves personnelles qu'elle apporta à Poincaré le saisirent.

Très réellement, ces preuves méritent d'être comparées à celles que Jeanne d'Arc donna à Charles VII... Le Roi, lui, accepta le Message Divin et la France fut sauvée, tandis que le Président de la République ne put donner suite à celui qu'il avait reçu [1] ... et la guerre continua et la France, quoique victorieuse et à quel prix, perdit la paix..

Dès le début de sa Mission, Claire, répondant à une tante, écrivait :

> « Ce n'est ni moi, ni les moyens humains. Si la France est sauvée c'est Dieu qui fera tout, et surtout quand la France sera convertie. »

Elle ne cessait de répéter :

> « Que le retour à dieu, que la conversion de la France de son athéisme officiel masqué sous une neutralité peu sincère, conversion devenue sensible par l'apposition du sacré-cœur sur le drapeau national, marquera le déclenchement de la victoire définitive.
>
> « — Que la guerre ne finira pas sans cela.
>
> « — Que dieu voulant sauver notre patrie qu'Il continue de chérir comme l'instrument préféré de ses desseins, saura bien amener la France à accomplir, de son plein gré ou par la miséricordieuse et providentielle pression des événements, ces actes sauveurs si inouïs pour nous.
>
> « — Et que par la France victorieuse parce que convertie, Il inaugurera sur le monde une longue période de paix que nous devrons au règne de Dieu par le Sacré-Cœur. »

Il est certain que le grand mouvement qui préconisa le port de l'insigne du Sacré-Cœur et obtint tant de miracles de protection pour nos soldats fut l'heureuse conséquence — au moins indirecte

---

1. — En stricte justice, il faut préciser que le Président Poincaré tenta d'agir mais sans mettre toute l'énergie qu'il eût fallu déployer pour arracher la décision au régime athée et persécuteur qu'est la République.

— de la mission nationale de Claire.

Il est non moins certain que la France n'ayant pas répondu à l'appel divin, depuis lors non seulement la vraie paix ne règne pas, les guerres n'ont pas cessé de se produire, les grandes conflagrations augmentent chaque fois d'ampleur en ruines spirituelles et matérielles et le nombre des victimes se multiplie…

La Mission Catholique de Claire avait pour but de grouper un nombre de prêtres suffisamment important pour assurer la célébration sans interruption du Saint Sacrifice de la Messe, de jour comme de nuit, afin que le Sang Divin continuellement répandu purifiât incessamment et rachetât l'humanité pécheresse.

C'est avec une émotion profonde, alors que nous rédigions cette note, que nous avons appris la mort de la privilégiée du Sacré-Cœur. Qui a eu la grâce de voir Mère Claire — à l'Ouvroir de Loublande qu'elle a créé — conservera toujours le souvenir de ses yeux qui n'étaient pas de la terre…

Nous savions qu'Elle mourrait avant la crise ultime…

Nous croyons pouvoir dire qu'Elle portait — invisibles mais non moins douloureux — les stigmates de la Passion du Christ. Par ses souffrances morales et physiques, Elle était un très puissant paratonnerre[1]. De Là-Haut, plus puissante encore sur le Cœur de Dieu, Elle sera une protectrice pour la France qu'Elle a tant aimée et pour tous ceux qui ont eu l'honneur de l'approcher.

Ainsi, Notre-Seigneur a voulu que les deux grandes privilégiées et apôtres de Son Sacré-Cœur n'échappent pas à cette loi qu'il n'est pas de grande Mission sans que Marie se trouve à l'origine. Pour Mère Claire comme pour Sainte Marguerite-Marie, toujours *ad Jesum per Mariam*.

---

1. — Souvent, notre très vénéré et regretté ami, le R. Père J. B. Lemius, nous avait longuement parlé du rôle satisfactoire à la justice divine de Mère Claire et des souffrances effroyables qui en résultaient pour elle, souffrances que, sans une grâce spéciale de Dieu, il eut été humainement impossible de supporter.

Notre Dame des Pleurs à Bordeaux
Marie Mesmin (née Baillet)
(24 juin 1867 †5 juin 1935)

Les premières auditions de la Très Sainte Vierge eurent lieu en 1902 et ses premières Apparitions en 1909, à Bordeaux, dont la bénéficiaire fut Marie Mesmin, une concierge du Boulevard du Trente Juillet qui ne savait ni lire ni écrire :

« On m'a chassée de La Salette, Je viens pleurer à Bordeaux. »

Une statue de Marie pleura souvent jusqu'en 1910, date à laquelle l'autorité religieuse la fit transporter à l'archevêché. Remplacée par une statue de la « *Santissima Bambina* » de Milan, cette dernière se mit à verser des larmes comme la première, avec des phénomènes de parfums.

La voyante eut aussi la vision du Sacré-Cœur, de l'Enfant Jésus, des Archanges Saint Michel et Saint Raphaël, de plusieurs autres Anges et de Jeanne d'Arc. La Sainte Vierge lui donna la Règle qu'elle avait remise à Mélanie Calvat, à la Salette, destinée aux Apôtres des Derniers Temps, avec prescription de fondation d'orphelinats d'enfants de trois à cinq ans pour préparer ces Apôtres, car « la régénération de la Société ne peut être entreprise qu'à partir de l'enfance. »

De très nombreuses guérisons et, pendant la Guerre de 1914-1918 de multiples protections miraculeuses de soldats au front furent obtenues par le recours à Notre Dame des Pleurs. Plus de six cents lettres relatant ces grâces témoignent de la puissance d'intercession de la Madone qui annonce que là où Elle a pleuré s'élèvera une basilique en l'honneur du Rosaire où l'on viendra en procession du monde entier pour la conversion des pécheurs.

Relevons quelques-unes des recommandations ou demandes de la Très Sainte Vierge à Marie Mesmin.

Elle souhaite que le Souverain Pontife prescrive la Communion des petits enfants, ce que Saint Pie X accomplira en 1910. Elle insiste sur la nécessité d'invoquer souvent le Saint-Esprit et de relever le culte de Saint Joseph et de prier plus qu'on ne le fait pour le clergé et pour les âmes du Purgatoire. Elle rappelle que « ce n'est que dans le silence que peut se faire entendre la Voix de Jésus. » Elle insiste sur la nécessité du jeûne et constate que les adoucissements apportés aux rigueurs du carême loin de rapprocher les âmes de Dieu, les en écartent. Enfin, Elle déclare qu'il faut rappeler aux hommes l'existence des démons, car l'enfer est déchaîné sur terre, et Elle recommande la réparation des outrages au Sacré-Cœur pour les blasphèmes et la profanation du dimanche, par le Rosaire, les chemins de croix, les processions et par la récitation quotidienne de trois *Ave Maria*.

Passons rapidement en revue les annonces prophétiques :

Douze ans à l'avance, Elle annonce la Guerre de 1914 et l'invasion de la Belgique. « Guerre qui sera terrible ... et combien d'autres fléaux suivront. » Elle demande qu'on arbore le Sacré-Cœur sur le drapeau et qu'on porte sur le front l'image de Notre Dame des Pleurs afin d'obtenir plus rapidement la victoire. Elle demande, le 8 mars 1915, la Consécration au Cœur Immaculé de Marie. Elle annonce le retour offensif des Allemands vers Paris.

Lors de l'Armistice de 1918, Marie Mesmin fait écrire :

> « Le monde est-il revenu à Dieu ? Ne vous réjouissez-donc pas ! Cette paix apparente n'est que pour permettre aux Allemands de se préparer à faire un assaut plus formidable que le premier. »

Ce qui s'est réalisé, en effet, en 1939.

Et après les Traités de Paix :

> « Ce que Dieu donne est parfait, et cette paix funeste et désastreuse n'est pas un don divin ; ce n'est qu'une fausse paix ! parce que nous n'avons pas mérité autre chose ; où voit-on que le monde se soit converti ? ... Dès lors que doit-on prévoir ? Sinon que les châtiments prédits par la Très Sainte Vierge sur la Montagne de La Salette sont forcés de s'accomplir jusqu'au bout, puisqu'on continue à ne pas croire à Sa parole et qu'on ne veut pas faire amende honorable pour L'avoir méprisée [1]. »

---

1. — Charles Maurras devra dénoncer, *Le mauvais Traité* et Jacques Bainville,

Elle annonce que « la France perdra toutes ses colonies, même l'Algérie. »

« Toutes les calamités seront répandues sur tout le globe : tremblements de terre, guerres, pestes, famines, révolutions, calamités toutes plus affreuses les unes que les autres se succéderont ou se superposeront, n'enfantant qu'un terrifiant chaos et d'horreurs et de douleurs, ce sera véritablement l'abomination de la désolation, à tel point que les hommes se croiront arrivés à la fin du monde. »

Elle annonce qu'au cours de l'ensemble des châtiments, les trois quarts de l'humanité disparaîtront. Cela commencera par un orage tellement violent qu'on n'en aura guère vu un pareil. Mais elle précise que, pour obtenir la Miséricorde, le Rosaire sera très puissant et elle écrit le 3 mai 1923 au Cardinal Andrieu que la Très Sainte Vierge pour arrêter les châtiments demande que le Pape Pie XI, à la tête des Cardinaux et des Évêques, monte, pieds nus, en pèlerinage d'expiation et de réparation à La Salette…

Marie Mesmin précise :

« La Très Sainte Vierge saura, à l'instant du grand danger rendre invisibles aux yeux de leurs ennemis ceux qu'Elle couvrira de Son manteau. »

Et elle ajoute :

« Lors de la grande famine qui doit venir, la Sainte Communion suffira pour nourrir ceux qui sont avec la Sainte Vierge et que ceux-là vivront même rien qu'avec leurs communions spirituelles. La faim nous passera. »

Marie Mesmin voit une année d'inondations puis une année de sécheresse, enfin l'année de sang.

« Dieu se laissera toucher et, après avoir purifié notre chère France, Il lui rendra son titre de Fille Aînée de l'Église et se servira d'elle pour accomplir Ses gestes et réaliser Ses desseins. »

« Après un gouvernement qui ne durera pas longtemps, un Roi arrivera par l'Espagne au cours des événements, il sera

---

Les conséquences politiques de la Paix.

de sang royal et de sang roturier, bien pauvre ... C'est Dieu qui le guidera. »

Ajoutons que Saint Pie X, apprenant la maladie de Marie Mesmin, lui fit envoyer par le Cardinal Merry del Val en mai 1914 une spéciale bénédiction et lui apparut le 30 avril 1915. Auparavant les sœurs du Saint Pontife, venues à Lourdes, tinrent à pousser jusqu'à Bordeaux pour honorer Notre Dame des Pleurs. Benoît XV, sur une photographie de la *Santissima Bambina* de Bordeaux, tint à son tour à envoyer une bénédiction autographe [1].

LES DERNIÈRES APPARITIONS

Après celles de Pellevoisin, plusieurs Apparitions se produisirent qui se rapportent plus spécialement aux événements contemporains, à la grande crise, aux châtiments annoncés, enfin au grand triomphe de l'Église et de la France grâce au Saint Pontife et au Grand Monarque qui assureront le Règne des Saint Cœurs et du Saint-Esprit.

Les principales eurent lieu à Tilly de 1896 à 1905, à Kérizinen à partir de 1938, à Espis en 1946, à l'Île-Bouchard en 1947. Depuis 1968, il y aurait des apparitions en Vendée, mais nous ne parlerons pas de ces dernières, la Sainte Vierge, dit-on, ayant exprimé le désir que les fidèles s'abstiennent d'y venir — pour l'instant — afin de laisser les enfants dans le recueillement pour Lui permettre de les préparer à leur Mission.

---

1. —— Voir Gilles Lameire, *La Vierge en Pleurs de Bordeaux,* Éditions Résiac à Montsûrs (Mayenne.)

Tilly sur Seulles

La première Apparition à Tilly eut lieu le 18 mars 1896 ; les trois religieuses de l'école et leurs élèves (une soixantaine d'enfants) en furent les bénéficiaires alors qu'elles récitaient le chapelet. Les visions de l'école durèrent quatre mois et demi : la Sainte Vierge apparaissait à environ douze cents mètres, au-dessus du champ Lepetit. L'Apparition restant muette, le 26 juillet, les voyantes dans une Communion fervente, demandèrent à la Sainte Vierge de faire connaître sa volonté : le soir même, à la place de la vision habituelle, apparut une immense et superbe basilique.

À partir du mois d'avril, de nombreuses Apparitions se produisirent à l'endroit où, de l'école, on voyait la Sainte Vierge, au champ Lepetit, à l'entrée duquel, bien avant les Apparitions, le propriétaire avait affiché : « On ne blasphème pas ici. » La principale voyante du champ fut Marie Martel, âgée de vingt-quatre ans ; elle avait eu une première vision à l'âge de neuf ans ; elle va devenir une âme victime et sa vie une longue suite de souffrances, peut-être jusqu'à la stigmatisation invisible. Plusieurs fois elle fut guérie miraculeusement. Phénomène qui confondra les sceptiques et les données des rationalistes, les visions, que ne verront pas les personnes présentes, se refléteront dans les yeux de la voyante : la Sainte Vierge ou la future basilique.

C'est la Vierge qui apparaît le plus souvent et affirme : « Je suis l'Immaculée. » Elle égraine le chapelet et appelle à la prière et à la pénitence. Marie Martel voit aussi Notre-Seigneur et des Saints ; l'Archange Saint Michel et Sainte Jeanne d'Arc occupent une place de choix. Souvent une pluie d'étoiles ou de lys tombe du Ciel et disparaît en arrivant au-dessus du sol.

Marie Martel fait la description extérieure et intérieure de la future basilique, en fait le tour sur le terrain et dessine même un croquis de sa vision. Le monument aura environ cent vingt mètres de long sur trente-deux de large, avec quinze fenêtres, quinze autels et quinze marches pour rappeler les quinze Mystères du Rosaire. Elle indique les titulaires des chapelles et, comme celui de l'une d'elles n'est pas désigné, sur la demande qui lui est faite,

La vierge Marie dans l'histoire de France

la Sainte Vierge lui fait comprendre que ce serait en l'honneur de Jeanne d'Arc lorsqu'elle serait honorée d'un culte public. La basilique est surmontée d'un dôme à trois couronnes, symbolisant la tiare et la Royauté du Christ sur le monde, que domine une immense statue du Sacré-Cœur qui ouvre les bras. La statue de Saint Michel terrassant le dragon domine le fronton du porche d'entrée. L'Archange devra être l'objet d'un culte spécial, tout comme Jeanne d'Arc.

Les révélations de la Sainte Vierge confirment en quelque sorte les Instructions de Léon XIII, notamment concernant la récitation du Rosaire et spécialement du Rosaire médité. Le texte des Mystères est montré à Marie Martel jusqu'à ce qu'elle puisse sans erreur les réciter de mémoire [1].

L'avenir lui est révélé : elle dévoile tout le plan de déchristianisation de la France par l'école ; d'avance, elle a la vision de la prochaine catastrophe de la Martinique ; elle annonce les persécutions dont l'Église allait être la victime et les châtiments qui en seraient la conséquence, notamment la destruction de Paris par le feu ; les sanglantes batailles qui eurent lieu à Tilly à la fin de la guerre de 1939-1945 (Tilly a été pris et repris plus de vingt fois), comme aussi la protection miraculeuse dont bénéficieraient ceux qui demeureraient fidèles aux Apparitions de Tilly. Le tout s'est réalisé à la lettre : le manoir de la Famille Boucher en est l'exemple le plus évident.

Le 8 décembre 1901, elle annonce la crise de l'Église :

> « Il faut prier, mes enfants, pour tout ce qui se passe dans une grande partie du clergé … Ces choses sont épouvantables … La colère divine va les frapper parce qu'ils ont foulé aux pieds les paroles que j'ai apportées à la terre …
>
> « Tous les malheurs, que je suis venue annoncer sur le mont de La Salette, vont arriver. Le clergé a foulé aux pieds ma parole, il s'est moqué, il n'a pas voulu m'entendre … Son Cœur va être torturé. Pour son manquement de foi dans mes avertissements, la justice divine va les réveiller ; leur Cœur est plus dur que la pierre,

---

1. — R. P. Lesserteur, *Rapport* lu au Congrès Marial de Fribourg, 1902.

il n'y a que les châtiments qui viendront les frapper qui leur feront comprendre la lâcheté de leur conduite. »

Le 31 janvier 1903 :

> « Oh, mes enfants, priez, priez, livrez-vous à la pénitence. Je ne puis plus retenir la justice divine. Priez pour le Saint-Père, son Cœur est torturé. Priez pour le Roi. En ces jours vous vivez SOUS LE RÈGNE DU CRIME. MAIS LA FRANCE VA RÉGNER PAR LE SACRÉ CŒUR ; LE ROI QUI VA VENIR PORTERA DANS SES ARMES LES INSIGNES DE MON DIVIN FILS. »

Dans une autre circonstance :

> « LA RÉPUBLIQUE VA TOMBER. C'EST LE RÈGNE DE SATAN. PRIEZ POUR LE ROI QUI VA VENIR. »

Marie Martel ne connaît pas le nom du roi, elle sait seulement QUE C'EST LA MONARCHIE QUI ASSURERA LE RELÈVEMENT DE LA FRANCE DANS UNE ÈRE NOUVELLE, PARCE QUE LA ROYAUTÉ EN FRANCE EST TRADITIONNELLEMENT UN RÉGIME CHRÉTIEN.

Elle reçoit souvent la consigne : « PRIÉ JEANNE D'ARC ! »

À ce moment même, à quelques kilomètres de Tilly, à Hottot-les-Bagues, une neuvaine venait d'être faite en l'honneur de la pucelle pour obtenir la guérison de Rose Savary, aveugle depuis treize ans, cette guérison devant servir au procès de béatification. Seul le curé était au courant : le quatrième jour, Rose, après une fervente communion, recouvra instantanément la vue. Ce miracle fut consigné dans la cause de la libératrice de la France.

> « Or, c'est précisément à ce moment — la voyante, ignorant les démarches faites au presbytère de Tilly en faveur de la béatification de Jeanne d'Arc — que Marie Martel vit apparaître Jeanne d'Arc pour la première fois.
>
> « Le doyen fut profondément ému et surpris en entendant la voyante lui faire le récit de cette apparition.
>
> « À vrai dire, Marie (Martel), dans son ignorance absolue de l'histoire des faits historiques où l'intervention divine se révèle palpable, indiscutable, ne comprit pas d'abord la portée de sa vision ; elle se demanda naïvement pourquoi la vénérable

venait lui apparaître. Ce fut plus tard qu'elle apprit que l'héroïque bergère avait la mission de protéger la France dans l'avenir, après l'avoir sauvée dans le passé ... Le nom de la sublime patriote est intimement lié à l'œuvre de régénération de notre malheureuse France [1] ... »

Plusieurs fois, elle voit Jeanne avec son étendard et la colombe virevolter autour de lui ou se poser sur le haut de la hampe. Le 3 octobre 1897, la Sainte Vierge tient en sa main une branche de lys portant trois magnifiques fleurs, puis, au-dessous, Jeanne d'Arc avec ses cheveux châtains et bouclés. Elle annonce que la pucelle réapparaîtra à Tilly.

Le 8 décembre 1900, le Sacré-Cœur confirme ses révélations à sainte Marguerite-Marie et demande la fondation de l'adoration perpétuelle du très saint-Sacrement à Tilly.

Lors de la dernière apparition de la Sainte Vierge, Marie Martel, qui n'aura plus ensuite que des locutions intérieures, contemple un tableau de la Sainte Famille d'une conception absolument remarquable : Jésus — Lui, le Maître — est DEBOUT au centre, il regarde en haut, les bras levés, implorant son Père ; la Sainte Vierge est ASSISE et soutient le bras gauche de son Divin Fils, attestant son rôle d'auxiliaire dans l'œuvre de la médiation divine, de Co-Rédemptrice ; Saint Joseph est À GENOUX, dans l'attitude qui convient à la créature qui prie son Créateur [2].

De nombreuses guérisons miraculeuses ont eu lieu à Tilly et continuent à se produire.

Le théologien qu'était le T. R. Père Lesserteur n'a pas hésité à déclarer au Congrès Marial de Fribourg, en 1902, que les Apparitions de Tilly constituent « peut-être la plus belle manifestation de la Très Sainte Vierge à l'égard de la France dans ce dix-neuvième siècle si favorisé pourtant sous ce rapport [3]. »

Lucifer s'est acharné contre Tilly. Le directeur des cultes,

---

1. — Collection des *Documents de Tilly* : Marquis de l'Espinasse-Langeac, *Historique des Apparitions de Tilly*, pp. 238-239.
2. — R. P. Lesserteur : *op. cit.*, pp. 31-32 et I.
3. — *Ibidem*.

camarade de classe de Monseigneur Amette, demanda à celui-ci — alors évêque de Bayeux — d'étouffer l'affaire de Tilly en échange d'un siège archiépiscopal et du chapeau :

« Il y a un Lourdes, il n'y en aura pas deux. »

C'est ainsi que l'évêque devint archevêque de Paris puis cardinal, mais la mort tragique que fut la sienne... au sud de Paris... et qu'on étouffa, ressemble bien à un châtiment divin... Quoi qu'il en soit, la Sainte Vierge a annoncé que le triomphe de la cause de Tilly aurait lieu lors des grands événements :

« Il viendra au milieu des larmes et des angoisses. Pénitence ! Pénitence ! »

Espis près de Moissac (Tarn-et-Garonne)

La première Apparition eut lieu le jeudi 22 Août 1946, fête du Cœur Immaculé de Marie. Les trois principaux voyants sont : Paulette Morane, aujourd'hui religieuse, enfant à l'époque, Adrien Monmayou, un homme dans la force de l'âge, et un enfant presqu'encore bébé : Gilles Bouhours, âgé de deux ans et sept mois.

Paulette eut des visions en tableaux qui semblent se rapporter au redressement futur de la France. À plusieurs reprises, elle vit Jeanne d'Arc, et sa bannière, annonçant à une armée de petits enfants en soldats (comme si les événements devaient se produire quand ces enfants seraient hommes) qu'ils suivraient la Pucelle, victorieuse à nouveau, tous devant assister au Sacre :

« La France renaîtra. »

Elle voyait à ce moment deux étoiles particulièrement brillantes : peut-être le Saint Pape et le Grand Monarque ?... Mais la Sainte Vierge lui dit : « Avant que la France arrive à la paix, il y aura beaucoup de martyrs... » et elle voit auprès du drapeau français une étoile rouge...

Paulette a la vision de la fin du monde :

« S'il y a assez de prières, il n'y aura pas de fin du monde immédiate, il y aura un renouveau sans égal ; sinon il y aura une lutte pour des riens et ce sera la fin du monde à bref délai. »

À un autre voyant d'Espis, Notre-Seigneur déclare :

« Contre la barbarie communiste, élevez le rempart victorieux de la dévotion au Cœur Douloureux et Immaculé de Marie. »

Paulette voit des événements d'une extrême gravité, mais le Sacré-Cœur étend les bras et le calme revient avec ces mots : « Sauveurs de la France, vous avez assez souffert pour la France, » mais elle voit toujours le feu et l'eau. La Sainte Vierge, auréolée de la banderole « Reine de France » et de trois rangées d'étoiles tient un drapeau blanc portant, lui aussi, les mots : « Reine de France. »

Plus tard, elle verra deux anges tenant chacun une fleur de lys et un troisième une couronne (vraisemblablement le Saint Pape et le Grand Monarque). Dans une autre circonstance, au milieu de nombreux drapeaux, paraît plus grande la bannière de Jeanne d'Arc, et, tout à côté, une étoile avec : « Étoile qui relèvera le monde. » Ce drapeau flottera et tous les chrétiens crieront : « Vive Jésus ! » Elle eut aussi la vision d'un personnage tout de blanc vêtu et d'un religieux : sans doute le futur Saint Pontife…

Monmayou a eu la vision de grandes batailles futures dans la région, sans doute lors de l'invasion russe ?

Il y a lieu de signaler la première guérison miraculeuse — dont nous avons été témoin — celle de Madame Rigal, infirme depuis six ans et marchant difficilement avec des béquilles. Depuis le 13 janvier 1947, elle venait le 13 de chaque mois ; sa guérison avait été promise le 30 mars, elle se produisit le 13 juin à l'église d'Espis et la malade y laissa ses béquilles.

À plusieurs reprises, une admirable giration du soleil se produisit en excentrique. Nous en avions été témoin et avons attesté le fait au nouvel évêque de Montauban, Monseigneur de Courrèges. Nous avons fait un rapport circonstancié sur la question.

Une intervention céleste d'une importance capitale pour la chrétienté se produira peu après : le 30 septembre 1947, un enfant de deux ans et sept mois, Gilles Bouhours, qui avait été guéri miraculeusement, à sept mois, d'une méningite encéphalique par Sainte Thérèse de l'Enfant-Jésus, eut sa première Apparition de la Sainte Vierge. Attiré d'une manière extraordinaire par la Sainte Eucharistie, il fit sa première communion le 12 juin 1949 ; à plusieurs reprises, ce bambin de cinq ans dit à ses parents : « La Sainte Vierge m'a dit des secrets et Elle veut que j'aille les dire au Pape. » Après enquête, on l'emmène à Rome. Notre Dame précise la date du départ ; Pie XII fait dire qu'il recevra l'enfant secrètement le 1er mai, audience dont Il tient à fixer lui-même tous les détails. Reçu seul, l'enfant — sans pouvoir comprendre ni ce qu'il disait ni l'importance de son message — affirma au Pape :

> « LA SAINTE VIERGE N'EST PAS MORTE. ELLE EST MONTÉE AU CIEL AVEC SON CORPS ET SON ÂME. »

Le Souverain Pontife fut très ému, car il avait demandé un « signe » à la Sainte Vierge pour savoir s'il devait proclamer le Dogme de l'Assomption de Marie au cours de l'Année Sainte 1950. Pie XII considéra le Message transmis par l'enfant comme la réponse affirmative de la Reine du Ciel. De fait, le dogme fut proclamé le 1er novembre suivant.

Un article de Gaetano Fabiani, dans le *Giornale d'Italia*, en date du 10 juin 1950, fait nettement allusion à ces faits, confirmés par l'un des grands mariologues de l'époque, le T. R. Père Roschini, qualificateur du Saint-Office et Consulteur de la Congrégation des Rites.

L'éminent théologien expose lumineusement la question théologique que l'enfant de cinq ans, sans la comprendre, avait si catégoriquement affirmée au Pape, de la part de la Très Sainte Vierge :

> « La preuve la plus convaincante de l'Assomption corporelle de Marie est son Immaculée-Conception. Mais si la Sainte Vierge a été Immaculée (comme c'est de foi), c'est-à-dire préservée dès sa Conception de la faute originelle qui est la cause de la mort, Elle a dû aussi être nécessairement soustraite à l'empire de la mort, châtiment du péché ; et par suite être élevée au Ciel

en corps et en âme, sans passer par la mort. Il y a donc, entre l'Immaculée-Conception et l'Assomption, une liaison intime et nécessaire, au point que l'on peut dire : « Élevée au Ciel (*Assumpta*) parce qu'Immaculée(1) (*Immaculata*.) »

Quatre ans après, par le même canal, Pie XII allait d'avance recevoir confirmation de ses intentions :

Le 15 août 1954, la Sainte Vierge fit à Gilles une nouvelle confidence :

« Je suis la Reine du Sauveur. Tu peux le dire à Monsieur le Curé. »

À plusieurs reprises elle confirma son affirmation :

« Oui, Gilles, tu peux dire : Reine du Sauveur, priez pour nous ! »

Deux mois après, le 11 octobre, Pie XII allait proclamer Marie « Reine du monde. » La Reine du Ciel et de la création tout entière avait approuvé cette décision, car il est bien évident que si Elle est Reine du Sauveur, Elle l'est à plus forte raison du monde et, si l'on y réfléchit, il n'est pas possible qu'Elle ne règne pas sur le Cœur de son Divin Fils(2).

Ainsi, Notre Dame, la Reine de France, tint à ce qu'un petit Français apportât au Pape le « signe » qu'il lui avait demandé pour proclamer le dogme de l'Assomption, en conséquence de l'Immaculée-Conception que l'École théologique de France n'avait jamais cessé d'affirmer : hommage de reconnaissance combien émouvant ! Et d'avance, la Reine du Ciel a voulu que ce même petit Français vienne affirmer en Son Nom qu'Elle est la Reine du Sauveur, et donc de la création tout entière.

---

1. — Gilles Bouhours (1944-1960), p. 14.
2. — En 1914, au Congrès Marial de Lourdes, Monseigneur Rumeau l'affirmait déjà.

L'Île-Bouchard

Les Apparitions de l'Île Bouchard ne durèrent que quelques jours, du 8 au 14 décembre 1947, au moment où la France courait un grand danger, celui de tomber sous le joug communiste.

Le matin du 8 décembre, la religieuse directrice de l'École avait recommandé aux enfants de prier pour la France. Avant de rentrer en classe et pour répondre au désir de sa maîtresse, Jacqueline Aubry (12 ans) entraîna sa petite sœur Jeannette (7 ans) et sa cousine Nicole Robin (10 ans) à l'église où elles récitèrent une dizaine de chapelet puis un *Gloria* suivi de l'invocation « *O Marie conçue sans péché, priez pour nous qui avons recours à Vous.* »

À ce moment, entre le vitrail de Notre Dame de Lourdes et l'autel de Notre Dame des Victoires, Jacqueline d'abord, puis ses petites compagnes, virent « une grande lumière, vive et non éblouissante, au milieu de laquelle apparut une Belle Dame se tenant dans une grotte et ayant à sa droite un ange. » L'Apparition avait les mains jointes et le chapelet au bras droit, une branche en courbe de cinq roses avec l'invocation terminale de la prière dite par les enfants. L'ange, un peu plus bas, contemplait la Dame, genou droit au sol, la main tenant une tige de trois lys blancs et de trois boutons. C'était l'Archange Gabriel. La Dame égraine le chapelet puis — après le retour des enfants sorties quelques instants et revenues avec deux autres petites camarades, dont l'une ne verra rien — leur déclare :

« Dites aux petits enfants de prier pour la France, car elle en a grand besoin. »

Le lendemain une boule très brillante s'ouvre, un rideau d'argent se déploie, la Vierge apparaît :

« Magnificat. Je suis l'Immaculée-Conception. »

Puis, triste :

« Je vais vous dire un secret que vous pourrez redire dans trois jours : priez pour la France qui, ces jours-ci, est en grand danger. »

Elle demande que Monsieur le Curé convoque enfants et paroissiens et qu'une grotte soit construite à l'endroit de l'Apparition.

Le 10 décembre, de nombreux fidèles sont là. À une demande qui Lui est faite, la Sainte Vierge répond :

« Je ne suis pas venue ici pour faire des miracles, mais pour dire de prier pour la France. »

Puis, s'adressant à Jacqueline — presqu'aveugle — :

« Mais, demain, vous y verrez plus clair, vous ne porterez plus de lunettes. »

Et aux quatre petites voyantes :

« Je vais vous confier un secret que vous ne direz à personne. »

De fait, malgré les pressions et les menaces, les enfants refusent de parler.

Comme annoncé, le lendemain, 11 décembre, Jacqueline est guérie et voit sans lunettes. Le Curé, les religieuses et une foule plus nombreuse sont là. La lumière de l'Apparition est plus vive que précédemment.

Le 12 décembre, cinq cents personnes viennent : même recommandation de prière pour la France.

Le samedi 13 décembre, l'Apparition est splendide : derrière la tête de la Vierge, une auréole et deux faisceaux, d'une intense lumière bleue avec des croissants de couleurs différentes et extrêmement lumineux, sertissent le haut du Visage Virginal. Elle annonce qu'Elle viendra le lendemain pour la dernière fois.

Le lendemain, 14 décembre, deux mille personnes s'entassent dans l'église, et plus encore n'ayant pu y entrer. L'Apparition n'a jamais été plus belle. Jacqueline demande à la Sainte Vierge de donner une preuve à la foule ; elle reçoit la réponse :

« Avant de partir, j'enverrai un vif rayon de soleil. »

Le curé fait réciter des prières, le Magnificat et un nouveau cantique :

« O Marie conçue sans péché, priez, priez pour la France. »

Et le rayon paraît, en effet, pendant environ quatre minutes, visible même de l'extérieur.

Monseigneur Gaillard, à ce moment archevêque de Tours, avait demandé secrètement un signe d'authenticité concernant ces Apparitions. Au moment même où le rayon annoncé par la Vierge paraissait à l'Île Bouchard, un même rayon pénétra dans le bureau de l'archevêque, à Tours, et venant DE LA DIRECTION OPPOSÉE AU SOLEIL, ce qui constituait un miracle évident.

Les communistes avaient donné les instructions à leurs partisans pour prendre le pouvoir au cours des jours où se produisit l'Apparition. Les chefs de la Police, alertés, ne comprirent jamais pourquoi les révolutionnaires ajournèrent au dernier moment leur assaut.

Depuis lors, la grotte a été construite et, lors des cérémonies célébrées à l'occasion du vingtième anniversaire de l'Apparition, l'archevêque de Tours était représenté.

Le symbolisme de cette Apparition est admirable et d'une importance capitale. Il se rapporte au Règne futur et prestigieux de Marie ; mais il paraît prématuré d'aborder actuellement la question.

LES APPARITIONS DE KÉRIZINEN

C'est à Plounevez-Lochrist, dont le nom rappelle que, dans le passé, le Christ aimait y opérer de nombreux miracles en faveur des pêcheurs de la côte bretonne, que se trouve Kérizinen, non loin de la très vieille Croix de granit de Kermorvan, dont le sujet semble déjà symboliser la Co-Rédemption qui sera affirmée dans les faits dont il s'agit. C'est là que naquit, le jour de la Fête du Rosaire 1910, Jeanne-Louise Ramonet.

Malade dès l'enfance, la voyante sera presque complètement guérie à Lourdes, en 1936, et recouvrera une santé suffisante pour lui permettre de travailler effectivement au règne de Dieu.

Dès l'âge de douze ans, elle eut ses premières locutions de Notre-Seigneur. C'est en la Fête de Notre Dame des Sept Douleurs, le 15 septembre 1938, que commencèrent les grandes Apparitions de Kérizinen, peut-être les plus importantes du XXe siècle, au moins en France. En vingt-sept ans, elle eut 71 Apparitions, 63 Messages et 2 secrets. C'est sous le vocable du Très Saint Rosaire que la Vierge lui apparut[1].

Les Messages constituent une admirable synthèse des principales vérités de la Foi et de la spiritualité la plus transcendante. Jeanne-Louise fréquemment, et chaque jour pendant vingt et un mois, en 1955 et 1956, eut des Communions miraculeuses. Une source jaillit le 13 juillet 1952, annoncée dès le 6 août 1949. L'eau de cette source est incorruptible et donc ne transmet aucun microbe. La Sainte Vierge a demandé la construction d'une chapelle au lieu des Apparitions afin que le Saint Sacrifice de la Messe y soit célébré avec Communions réparatrices pour outrages impurs.

La Reine du Ciel rappelle la grande loi du Christianisme qui est la souffrance rédemptrice :

> « Tes épreuves te sanctifient et te grandissent. Sache que, dès le berceau, la Croix de Jésus est posée comme un signe qui distinguera les vrais fidèles ... On ne peut être vraiment disciple du Christ crucifié sans être crucifié avec Lui.. »

Le 14 mars 1964 :

> « Ce n'est pas Dieu qui a créé la souffrance, ni la mort, c'est l'homme qui les a introduites par le péché ... Depuis le Christ, le sens de la souffrance n'est plus un problème angoissant mais simplement une ressemblance, une bouleversante élection ... Souffrir est un pouvoir inouï qui vous est conféré et non une mutilation, non un échec mais une victoire ... Les joies que vous éprouvez peuvent vous tromper, mais les croix jamais ... Si Dieu vous fait souffrir, soyez persuadés qu'Il vous aime ... »

Et Elle rappelle l'admirable dogme de la communion des saints et de la réversibilité des mérites :

---

1. — Deux documents sont indispensables pour connaître les Faits de Kérizinen, *Messages du Ciel donnés à Kérizinen (1938-1965)*, chez M. Pierre Leroy, 90 rue Stanislas Girardin à Rouen. Et *Apocalypse Mariale*, par Guy le Rumeur, à Argenton l'Église (Deux-Sèvres.)

> « Toute souffrance acceptée par amour a une puissance rédemptrice ... soyez courageux, offrez vos peines pour les pauvres âmes délaissées ... Dieu vous offre l'occasion, par l'offrande libre de votre peine, de grandir dans son amour et d'aider à sauver les autres : c'est vraiment le triomphe de sa Miséricorde ... »

Elle apprend à la voyante à réciter le chapelet des Saintes Plaies et la prière :

> « O Jésus, je me donne à Vous par le Cœur Douloureux et Immaculé de Marie pour être la consolation de votre Sacré-Cœur. »

Sans cesse, Elle recommande le Rosaire, et très spécialement le Rosaire médité :

> « Le Rosaire sans mystères est comme un corps sans âme. Voulez-vous gagner toutes les victoires, celles des champs de bataille comme celles de l'amour qui dégèle les Cœurs et les reconduit au port du salut ? Alors priez le Rosaire. À travers les siècles, j'ai démontré combien cette prière, résumé d'Évangile, m'était agréable. Elle est le remède providentiel aux maux dont souffre l'humanité, mais elle n'est pleinement efficace que par l'imitation des vertus de mon Fils qui se révèle à vous ... dans les quinze mystères proposés à votre contemplation.
>
> » Courage aux fidèles persévérants du Rosaire, ils vaincront un jour le communisme ...
>
> » Lorsque les historiens chercheront quel est l'événement qui a changé la face du monde et lui a apporté paix et prospérité, ils découvriront que ce ne fut pas une bataille mais une prière. Ce sera le plus grand événement religieux dans l'Histoire du monde. »

Et ces lumières transcendantes sur la Sainte Eucharistie ; de la Sainte Vierge d'abord :

> « Nombreuses sont les âmes pieuses ... mais quelque chose d'important et capital manque : elles ne sont pas assez eucharistiques ... Prouvez-moi votre tendresse filiale à la Table Sainte, à l'Adoration auprès du Tabernacle. Suivez-moi jusqu'aux pieds de Jésus. Aucun témoignage d'affection filiale ne me sera plus agréable. Que toutes mes fêtes, en

particulier, vous deviennent en quelque sorte des fêtes eucharistiques, qu'elles soient surtout marquées par la réception de Jésus-Hostie. »

De Notre-Seigneur ensuite :

« J'ai créé l'Hostie par Amour, pour être la Vie de votre vie. Pour vous faire monter, je descends, je m'anéantis. Je me fais votre esclave. La Communion c'est la force qui s'unit à la faiblesse, la sainteté à la misère. »

» L'Eucharistie n'est pas la récompense du mérite ou de la sainteté, mais le moyen d'y parvenir… La Communion est pour l'âme qui m'aime le renouvellement mystique de l'Incarnation. »

Il ajoute ce conseil combien d'actualité :

« Prolongez vos actions de grâces dans le silence et le recueillement et vous entendrez mes désirs. »

Comme l'a fait la Sainte Vierge à Garabandal, Il nous invite à visiter souvent le Saint-Sacrement :

« Je suis si seul dans mes Tabernacles de pierre. Je veux des Tabernacles vivants qui me consolent par leur amour. Aimez-moi pour ceux qui ne m'aiment pas, pour tous ceux qui me persécutent… Je suis un mendiant d'amour… »

Notre-Seigneur montre lumineusement le rôle et les prérogatives de sa Mère :

« Elle est de tous temps inscrite dans le salut des hommes. Elle ne s'ajoute pas à la Rédemption, ELLE EST DANS LA RÉDEMPTION. Elle était essentielle à la Rédemption, c'est pourquoi je L'ai voulue à mes côtés lorsque pour vous je mourais sur la croix, pour qu'Elle collabore, jusqu'au bout, à votre Rédemption. Au Ciel je L'ai voulue près de Moi, dans son corps virginal, sans attendre l'apothéose des derniers jours.

» Mes grâces, Je ne veux pas les distribuer seul, mais par Elle qui devient ainsi le canal par où passent toutes mes grâces. Sa dévotion n'est donc pas facultative, Elle est ABSOLUMENT NÉCESSAIRE. Comprenez-La comme MON COMPLÉMENT DIVIN, votre CO-RÉDEMPTRICE. Elle va avoir dans le monde une place de choix qui vous obligera tous à passer par Elle pour aller à Dieu.

» Ma Mère est comme un PONT D'OR entre l'humanité et Moi… J'ai façonné son âme et son Cœur à ma divine ressemblance… »

Et, prévoyant les diminutions du culte marial que les progressistes préparaient déjà dans l'ombre, Il ajoute le 24 mai 1963 :

> « Loin de porter atteinte au Tout de Dieu, les honneurs et hommages rendus à Ma Mère glorifient la Sainte Trinité… Ne séparez pas ce que mon Père a uni. Sans la Mère, pas de Sauveur, pas de Rédemption, pas d'Église ! »

Et quelle réponse à ceux qui prétendent que le culte marial est un obstacle au retour des schismatiques ou hérétiques au sein de l'Église :

> « Elle reste l'espérance de l'Unité dans l'Église… »

Dès avant la proclamation du dogme de l'Assomption, Jeanne-Louise en a eu la confirmation, comme ensuite de la Royauté Universelle de Marie. Le 6 août 1949, Marie lui dit :

> « Montée au Ciel corps et âme, triomphalement portée par les Anges, couronnée Reine du Ciel et de la terre par la Très Sainte Trinité, compatissante, Je veille sur mes enfants de la terre… Je désire que ces paroles soient connues du Saint-Père et propagées dans le monde ; mais tu ne les donneras qu'à une date ultérieure que Je te ferai connaître pour laisser agir l'Église. »

Le 15 août 1954, la Vierge, couronnée d'un diadème, donna l'ordre de transmettre ce message au Saint-Père, le jour même où Elle affirmait au petit Gilles Bouhours : « Je suis Reine du Sauveur. » Ainsi, du même coup, Jeanne-Louise confirmait à Pie XII et l'approbation du dogme de l'Assomption déjà proclamé par Lui le 1er novembre 1950 et — d'avance — celui de la Royauté Universelle de Marie qu'il se préparait à proclamer le 2 octobre suivant.

Notre Dame donne ces précisions sur la Troisième Personne de la Trinité :

> « Le Saint-Esprit ne s'étant pas incarné, l'aveuglement des hommes si charnels est tel qu'ils ne pourraient l'apercevoir. Aussi agit-Il par Moi qui suis son Épouse et deviens la Distributrice de

> Ses grâces comme Il est lui-même le Distributeur des mérites du Christ. »

Ces avis sur ce que doit être notre foi :

> « N'oubliez pas que les heures graves et désespérées sont les heures de Dieu, et quand Il donne de grandes secousses au monde c'est pour réveiller sa foi. Car pour libérer le monde de ce grand désastre, il vous faut revenir et retrouver votre foi…

« Croyez tous avec simplicité, comme croient les enfants, les ignorants. Alors la paix reviendra et la charité régnera…, » parce que l'orgueil aura été vaincu. Et Notre Seigneur ajoute :

> « Si Je ne me communique pas à chacune (des âmes), c'est uniquement parce que Je veux laisser à ces âmes LE MÉRITE DE LA FOI AVEUGLE. Oui, heureux ceux qui croient sans voir. »

Ces conseils sur la manière de prier :

« Vous, âmes intérieures, voulez-vous faire de rapides progrès dans les voies de Dieu ? Alors vivez de sa présence ; la seule manière de vraiment prospérer c'est d'être conscient de la présence de Dieu EN TOUT » et Elle recommande les oraisons jaculatoires les plus fréquentes possibles.

Ce magnifique appel à l'apostolat :

La Sainte Vierge dénonce la somnolence des chrétiens « qui deviennent complices des forces sataniques qui, à cette heure cruciale, attaquent la doctrine du Christ et veulent précipiter l'humanité dans la plus grande tragédie de tous les siècles… »

« Prudence ! » disent beaucoup : NON, indifférence qui paralyse la Miséricorde divine et fait éclater Sa juste colère.

> « Gardez et vivez mes Messages… Chrétiens, réveillez-vous, soyez apôtres ! L'apôtre ne se renferme pas dans un petit monde personnel et égoïste, mais cherche à porter au loin la flamme de son esprit religieux, illuminant les âmes de ses frères avec la vérité que Dieu a révélée… »

Et Notre-Seigneur ajoute :

> « Suppliez-La de vous donner le vrai sens et le don inappréciable de l'apostolat. Voyez ces grands serviteurs, vous trouverez chez

eux, en même temps que LA RIGUEUR ET L'INTRANSIGEANCE DE LA DOCTRINE ET DES PRINCIPES, cette tendresse et cette suavité apostoliques ... Et c'est à cause de cela qu'ils bouleversèrent le monde ... SOYEZ DES APÔTRES DE FEU, gagnez-Moi des âmes ... »

Il convient maintenant d'étudier les Messages concernant les événements contemporains ou à venir :

« On semble adresser très résolument à Dieu cette audacieuse parole : « *Va-t-en !* » Mais sachez-le, rien ne se fait de grand et de solide si on ne donne à Dieu la place qui Lui revient de droit. L'origine de vos malheurs est donc le refus de reconnaître à Dieu SA SOUVERAINETÉ. »

Quelle réponse aussi à ce cosmonaute soviétique qui se vantait dans ses expéditions intersidérales de n'avoir pas rencontré Dieu :

« Ils peuvent défier le Ciel avec tous leurs engins qu'ils envoient dans l'atmosphère, mais Dieu leur a prouvé, bien des fois, qu'Il est le maître des astres et du soleil. »

Dans une autre circonstance, la Vierge constate tragiquement :

« Il y a surtout, dans le monde, une lutte que beaucoup ignorent : c'est la lutte spirituelle et celle-ci est encore pire que les autres. Un assaut satanique des plus redoutables s'attaque à l'Église et à tout ce qui porte le nom de chrétien ; il envahit le monde, CE DERNIER EST VICTIME D'UNE OBSESSION DE LUCIFER ... »

Sur le modernisme et la crise de l'Église, Notre-Seigneur exprime la grande souffrance qu'Il ressent devant certains mouvements modernes qui s'infiltrent un peu partout :

« SI CONTRAIRES À VOTRE FOI ET À LA TRADITION de mon Église Catholique, mettant Son Saint-Sacrement en péril, touchant la piété, la foi et même la liturgie ! Oh ! formez autour de mes Tabernacles comme une ligne de défense, une couronne d'amour...

» L'Église traverse actuellement une CRISE AFFREUSE ! ... elle est blessée intérieurement et extérieurement ... »

La Reine du Ciel se plaint souvent du rejet de ses Messages par ceux qui ont mission de les propager :

> « Depuis le temps que Je vous préviens ! Quel cas a-t-on fait de mes avertissements pourtant si maternels ?
>
> » Quelle tristesse de croire que J'ai parlé pour ne rien dire ! Surtout avec des larmes dans les yeux… »

Tout cela entraîne des châtiments et une expiation d'autant plus mérités que l'insulte est plus grande à l'égard de Dieu et de Sa Divine Mère. Celle-ci précise que les deux tiers de l'humanité vivent en état de péché mortel et que la cause de tous les malheurs est dans la révolte contre l'autorité divine ; aussi « LE SIÈCLE DES LUMIÈRES EST DEVENU CELUI DES TÉNÈBRES. »

> « Aucun siècle n'aura vu tant de misères morales et physiques que celui que vous vivez, car LE MAL S'EST ACCRU SANS CESSE DEPUIS DEUX CENTS ANS ; aussi, après tant de malheurs, vous êtes à la veille d'un cataclysme qui atteindra la société humaine… Si Dieu n'y mettait une limite, l'humanité serait détruite par la cruauté des armes… inventées par la main des hommes et qui provoqueraient leur propre destruction… »

Très justement, Elle déclare que « l'orage de la Justice divine éclatera certainement tôt ou tard sur les nations impies, car LES NATIONS, N'AYANT PAS D'ÉTERNITÉ, DOIVENT ÊTRE PUNIES ICI-BAS VISIBLEMENT. »

Elle annonce des châtiments frappant d'abord successivement des pays différents ; mais si on ne revient pas à Dieu, alors :

> « Le Ciel ne purgera que par de plus grands châtiments qui auront le caractère de l'imprévu, de la soudaineté, de la violence et de l'irrésistibilité qui provoqueront une mortalité prodigieuse de l'espèce humaine ; le dernier choc surtout sera épouvantable, moins général que le déluge, mais plus cruel car IL SERA DE FEU ET DE SANG…
>
> » Vous êtes au tournant tragique et historique de l'Histoire car, dans le monde trépidant et fiévreux, se joue le COMBAT ENTRE LA LUMIÈRE ET LES TÉNÈBRES ; tant d'âmes sont prises dans les filets sataniques !… Ainsi la Justice de Dieu se fait voir de tous côtés parce qu'on refuse sa Miséricorde… LA DURÉE DE

> L'ÉPREUVE SERA REMPLACÉE PAR SON INTENSITÉ et LE FEU DU CIEL RENDRA LES HOMMES SAGES, CONTRITS ET HUMBLES... »
>
> » Sur ces pécheurs enracinés dans leur impénitence, Il fera subitement tomber son tonnerre et les écrasera d'une manière générale. On saura alors qu'IL EST LE MAÎTRE de ce monde qu'Il a créé et dont on prétend Le chasser... Terrible sera le bouleversement de la terre... »

Mais la Reine du Ciel ajoute pour ceux qui s'abandonnent entre ses mains :

> « Mettez votre confiance en Dieu et non dans les hommes... Face au péril, restez confiants car vous êtes à l'approche d'un terme et d'un aboutissement. Si Dieu frappe, c'est qu'Il veut purifier et distribuer de grands bienfaits. Lorsqu'Il frappera intensément, c'est qu'Il voudra les distribuer rapidement. »

Elle ajoute :

> « Considérez mes révélations comme une Apocalypse Mariale concordant très bien avec l'Apocalypse de Saint Jean. LES PROPAGER EST DONC UN ACTE DE CHARITÉ ENVERS LE PROCHAIN, afin de lui faire éviter la colère de Dieu... Dieu vous les donne, non pour contenter votre curiosité mais POUR SOUTENIR LES BONS ET LEUR INDIQUER CE QU'ILS DOIVENT FAIRE dans les circonstances périlleuses, et aussi pour convertir les pécheurs... RIEN N'EST PLUS ENCOURAGEANT POUR SOUTENIR LES JUSTES QUE LA CERTITUDE DE LA VICTOIRE. »

Et Elle donne cette précision capitale pour l'avenir :

> « Dieu permet les Messages actuels, qui sont comme des Paraboles CONTENANT DE PROFONDS MYSTÈRES CACHÉS DANS CE QUI N'EST PAS ENCORE EXPLORÉ. Il est donc temps de les étudier, car ILS VOUS DONNERONT LA VRAIE LUMIÈRE SUR L'AVENIR. SEUL, LE SURNATUREL A LE SECRET DE LA VRAIE SCIENCE. »

En effet le surnaturel est la seule réalité certaine puisqu'il émane de Dieu et que Dieu ne peut pas se tromper ni nous tromper.

Les Messages de la Reine du Ciel à Kérizinen ont aussi une importance capitale pour la France, sur sa mission traditionnelle et sur celle qui lui incombera dans l'avenir.

Les événements les ont déjà confirmés quant au passé. C'est ainsi que Jeanne-Louise Ramonet avait eu connaissance, dès 1938, de la Conflagration mondiale qui devait éclater l'année suivante ; lors des accords de Munich, la Sainte Vierge lui avait dit :

> « Une nouvelle guerre menace l'Europe. Je l'éloignerai de quelques mois car Je ne puis rester sourde à tant de prières qui, en ce moment, s'élèvent vers Moi, là-bas, à Lourdes, pour la paix. »

Le 2 Avril 1940, Elle se plaint :

> « Les prières se font moins nombreuses que pendant les premiers mois de la guerre. Cette négligence, vous la subirez tous, mais principalement vos soldats. Il y en aura beaucoup de prisonniers… »

En Mai 1940 :

> « Enfants de France, bientôt sonneront pour vous des heures graves : le danger qui vous menace, c'est l'invasion de votre Pays par l'ennemi… »

Le 5 mai 1942 :

> « Bientôt la Russie apportera son aide à la guerre, ce qui provoquera un bon choc à vos ennemis, mais à dater de cette époque priez, priez beaucoup pour CE GRAND ENNEMI DE L'ÉGLISE, SINON DANS L'APRÈS-GUERRE LES COMMUNISTES SIÉGERONT UN PEU PARTOUT… »

Et Elle annonce les persécutions qui en seront la conséquence.

Le 2 avril 1944 :

> « Pour éloigner de la France révolution et persécutions religieuses, récitez tous très souvent le Rosaire médité. »

Le 27 décembre 1947 :

> « O France que j'aime entre toutes nations ! O France que Je voudrais sauver ! Pourquoi restes-tu sourde à mes appels ? … O France, ta vie est en danger ! Ton salut, Je ne le puis sans toi… »

Le 29 mai 1948 :

> « Il va y avoir une prochaine guerre lourde de conséquences. La France sera appelée à être envahie et OCCUPÉE PAR UNE ARMÉE

RUSSE et c'est là que l'Église et les bons souffriront persécution de la part des Sans-Dieu. Mais que l'on prête attention à Mes demandes et Je vous préserverai de ces TERRIBLES ENNEMIS... »

Malheureusement, avec acharnement, les autorités religieuses, qualifiées canoniquement, veulent étouffer les Messages... Leur responsabilité est effroyable et les conséquences aussi dont il leur faudra bien rendre compte !.

Mais la France ne doit pas désespérer, car l'Histoire prouve que bien souvent, elle se trouve plus victime que coupable du fait de l'aveuglement des chefs — châtiment de leur refus des Messages Marials.

Notre Dame, Reine de France, ajoute :

« JE DESCENDS POUR RELEVER ET SAUVER LA FRANCE. Dans quelques temps, JE LUI DONNERAI UN GRAND CHEF, UN ROI, ELLE CONNAÎTRA ALORS UN TEL REDRESSEMENT QUE SON INFLUENCE SPIRITUELLE SERA PRÉPONDÉRANTE DANS L'UNIVERS...

» C'est par la Bretagne qui M'est restée la plus fidèle que Je veux rechristianiser la France[1] qui, revenue au Christ, revêtira un caractère tellement religieux qu'ELLE REDEVIENDRA LA LUMIÈRE DES PEUPLES PAÏENS. »

Et le 31 octobre 1956 :

« Je couvrirai ces terres bretonnes desquelles doit surgir une France nouvelle, UNE FRANCE CHRÉTIENNE GOUVERNÉE PAR CE GRAND MONARQUE, ENVOYÉ SPÉCIAL DE DIEU COMME DÉFENSEUR DE L'ÉGLISE et de la liberté ET SOUS LE RÈGNE DUQUEL TOUTE JUSTICE SERA RENDUE.

» ...C'EST LE PEUPLE DE FRANCE QUE J'AI CHOISI POUR RENOUER LES LIENS BRISÉS DU MONDE AVEC DIEU... »

Elle annonce :

« LA FRANCE, CETTE NATION DE LUMIÈRE, une fois sa dette payée, SERA SAUVÉE PAR DES MOYENS EN DEHORS DE TOUTE CONNAISSANCE HUMAINE...

---

1. — Marie-Julie Jahenny, la stigmatisée de la Fraudais en Bretagne, avait reçu la même confidence de la Sainte Vierge.

» ...Je l'ai choisie pour être l'escabeau de Mes pieds. Combien de fois n'ai-Je pas touché son sol pour que bientôt et de nouveau elle fléchisse les genoux devant Dieu et réponde à l'appel Divin qui lui a été adressé, en proclamant, dans un grand élan d'amour et de reconnaissance, la royauté de mon Fils qu'Il lui a Lui-même demandée il y a prés de trois siècles[1]... »

Et la Sainte Vierge donne à la France la mission future d'obtenir la consécration du genre humain aux deux Cœurs unis dans le Saint-Esprit (le Sacré-Cœur et le Cœur Douloureux et Immaculé de Marie).

Non, le culte de la Reine du Ciel n'est pas mort en France. Notre Dame n'a jamais cessé de se montrer Reine de France ; Elle sait qu'Elle peut compter sur les Français. Ne sont-ils pas les premiers et les plus nombreux — de nos jours encore — à accourir partout à l'Étranger, dès qu'une Apparition Mariale est signalée : Garabandal en Espagne, Balestrino et San Damiano en Italie, etc.

La Victime couronnée.
La dévotion au Sacré Cœur, c'est la dévotion à l'amour souffrant et méconnu.
Tiré du *Speculum amoris...* de Ginther. Anvers, 1752.

---

1. — La demande du Sacré-Cœur à Sainte Marguerite-Marie, mais que le Roi Louis XIV n'a pas connue officiellement et normalement du fait de l'opposition du Général des Jésuites de cette époque.

Prière de Pie XII, de vénéré Mémoire
à la Très Sainte Vierge pour la France, et signé par Lui.

REGNUM GALLIÆ REGNUM MARIÆ QUOD NUMQUAM PERIBIT

Mère céleste, Notre Dame, vous qui avez donné à cette nation tant de gage insignes de votre prédilection implorez pour elle votre divin Fils ; ramenez-là au berceau spirituel de son antique grandeur. Aidez-la à recouvrer sous la lumineuse et douce étoile de la foi et de la vie chrétienne sa félicité passée.

Regina pacis ! Oh ! oui ! Soyez vraiment au milieu de ce peuple qui est vôtre la Reine de la paix, écrasez de votre pied virginal le démon de la haine et de la discorde, faites comprendre au monde, où tant d'âmes droites s'évertuent à édifier le temple de la paix, le secret qui seul assurera le succès de leurs efforts. Établir au centre de ce temple le trône royal de votre divin Fils et rendre hommage à sa loi sainte, en laquelle la justice et l'amour s'unissent en un chaste baiser. Et que pour la France, fidèle à sa vocation, soutenue dans son action par la puissance de la prière, par la concorde dans la charité, par une ferme et indéfectible vigilance, exalte dans le monde le triomphe et le règne du Christ, Prince de la paix, Roi des rois et Seigneur des seigneurs. Amen !

Notre Dame de Tilly

Dans le vouloir divin, le Comte de Chambord devait monter sur le Trône, comme étant le Prince le plus digne de régner, et après avoir remplacé la France dans l'ordre voulu par Dieu, devait passer la main à la descendance du Roi et de la Reine Martyrs. Mais la France ayant refusé le salut et proclamé la république — ce régime fondamentalement anti-chrétien, la Reine du Ciel précisa, un peu plus tard, à Marie Martel, lors des Apparitions de Tilly :

> « LA RÉPUBLIQUE TOMBERA : C'EST LE RÈGNE DE SATAN ;
> PRIEZ POUR LE ROI QUI VIENDRA ! »

La Sainte Famille

Tableau inspirée à Marie Mariel.

Notre Dame de Pellevoisin

Comble la France de ses bénédictions

Le Maréchal Pétain
Qui, deux fois, sauva la France.

Le Maréchal avait compris mieux que beaucoup de chefs religieux la mission providentielle de la France dans le monde et voulait ramener le Pays à cette mission. C'est la raison pour laquelle, sur la demande et en présence du Marquis de la Franquerie, il consacra la France au Cœur Immaculé de Marie, le 18 novembre 1940, et tint à renouveler officiellement ce grand acte, en mars 1943, en l'église Saint-Louis de Vichy, escorté de ses Maisons Militaire et Civile, le jour même où, sur l'ordre des Évêques de France, dans toutes les églises et chapelles, eut lieu la consécration de la France au Cœur Immaculé de Marie. En outre, le Maréchal tint à écrire au Cardinal Suhard, Archevêque de Paris, pour lui faire savoir que le Chef de l'État s'associait à cette Consécration solennelle.

PHILIPPE PÉTAIN ET L'ÉVÊQUE MGR CHOQUET.
Le Maréchal rétrocède les sanctuaires du diocèse de Lourdes, confisqués depuis la loi de la Séparation des Églises et de l'État en 1905.

CONCLUSION

Pour répondre à l'amour indicible de Marie, la France doit obtenir la Consécration du Genre Humain aux deux Cœurs unis dans le Saint-Esprit

À l'amour de Marie pour la France, amour qui, depuis l'origine de notre Histoire, n'a jamais cessé de se manifester, avec les multiples délicatesses d'une Mère pour sa Fille, notre Pays doit répondre par un acte de confiant amour qui aille droit au Cœur de sa Reine. Il n'est rien que la Vierge ne désire plus que de voir ses enfants de France se consacrer à son Cœur Douloureux et Immaculé ainsi qu'au Sacré-Cœur de son Divin Fils et travailler à obtenir la Consécration du Genre humain aux deux Cœurs Unis dans le Saint-Esprit.

Pourquoi cette consécration, diront certains ?

Pour que Marie soit honorée en son Cœur Douloureux et Immaculé, comme l'est son Divin Fils en son Sacré-Cœur.

Pour mieux faire comprendre cette nécessité, il n'est sans doute pas inutile de faire un historique de cette dévotion, gage de toutes les victoires futures de la Foi sur l'Enfer, et confirmation de la prédiction de Saint-Grignion de Montfort, affirmant que, dans les derniers temps, la dévotion à Marie assurerait le salut du monde [1] :

« Tu es ma Fille bien-aimée, de qui viennent toutes mes complaisances, » dit Dieu le Père, parlant de Marie ; et Notre Seigneur ajoute pour ses disciples :

« Tout ce que vous demanderez par ma Mère, vous l'obtiendrez ! »

L'Église enseigne que Marie est la Réconciliatrice des pécheurs, la Médiatrice et la Dispensatrice de toutes grâces.

Or, dans la personne de Marie, quoi de plus vénérable que « son Cœur Immaculé, siège de la pureté virginale, de l'amour de Dieu le plus ardent, et du plus tendre amour pour les hommes ? » disait le R. P. de Mac Carthy. Déjà aux premiers âges de l'Église, on ne parlait du Cœur de Marie, sur lequel Celui du Sauveur avait reposé, qu'avec le plus grand respect.

« Saint Bonaventure l'appelle le palais le plus ravissant de la Trinité tout entière ; Saint Ambroise, le miroir le plus parfait dans lequel se reflète la Majesté Divine ; pour Saint Ephrem, pour Saint Bernard et Saint Jean de Damas, c'est le chef-d'œuvre des mains de Dieu, le ciel de l'Homme-Dieu, un abîme de merveilles et un océan de pureté et de vertus [2]. »

Au XVIe siècle, la Sainte Vierge et le Sacré-Cœur donnent, à une Reine de France la préfiguration de l'avenir :

« On rapporte que Sainte Jeanne de Valois vit un jour une coupe dans laquelle se trouvait deux Cœurs. La Sainte Vierge les lui offrit : « Prends, ma Fille, c'est mon Cœur et celui de mon Fils : ils sont pour la France ! » La Sainte s'approchait pour les saisir ; Jésus l'arrêta : « Et toi, dit-il, n'as-tu rien à m'offrir à la place ? »
— « Et que voulez-Vous que je Vous offre, ô mon Jésus ? »

---

1. — Voir l'ouvrage du Père Lhoumeau, *La Vierge Marie et les apôtres des derniers temps, d'après le Bienheureux de Montfort*, chez Marne, 1919.
2. — Lambert et Buirette, *Histoire de l'Église Notre Dame des Victoires*, p. 233.

— Et la voix se faisant plus douce et plus tendre murmura : « N'as-tu pas un Cœur, toi aussi [1] ? »

Par la sainte Reine, le Sacré-Cœur et le Cœur Immaculé demandaient son Cœur à la France. C'est bien le cas de redire : *non fecit taliter omni nationi* !

Saint Vincent de Paul écrit à Sainte Louise de Marillac :

« Je prie la Sainte Vierge d'enlever votre Cœur au ciel et de le mettre dans le sien et dans celui de son cher Fils [2]. »

Depuis le début du XVIIe siècle, un grand mouvement de piété et un culte de plus en plus fort se sont développés en France d'abord, puis de France dans le monde entier, en l'honneur du Cœur Immaculée de Marie.

Le premier grand apôtre de ce culte est Saint Jean Eudes, dont l'œuvre essentielle eut pour but d'exposer toutes les perfections et prérogatives du Cœur Immaculé de Marie. Léon XIII l'a appelé « l'auteur du culte liturgique des Saints Cœurs de Jésus et de Marie » et Pie X ajouta qu'on devait le regarder comme « Père, Docteur, Apôtre » de cette dévotion [3]. Sans doute dès 974, est mentionnée, dans le testament de Garsinde, veuve de Raymond-Pons, comte de Toulouse, une chapelle du Saint Cœur de Marie dans la basilique abbatiale des bénédictins d'Aurillac, chapelle dans laquelle de nombreux miracles s'opéraient ; sans doute encore, à Apt, les Carmes construisirent une église où fut honoré le Saint Cœur de Marie dans la première moitié du XVIe siècle, mais il demeure incontestable que c'est au fondateur des Eudistes, inspiré par Marie des Vallées [4], qu'est dû le magnifique rayonnement de ce culte.

---

1. — Abbé Paravy, *Corps blessés, Cœurs meurtris, Âmes immortelles*, page 249 chez Téqui, Paris. 1917.
2. — Mgr Baunard, *La Vénérable Louise de Marillac*, p. 118. – M. Vincent, *Lettre 50e*, p. 73.
3. — Abbé Bricout, *Dictionnaire Pratique des Connaissances Religieuses*, t. III, p. 64. Voir l'ouvrage de Saint Jean Eudes, *Le Cœur admirable de la Très Sainte Mère de Dieu*.
4. — Avant 1641 en effet, « *rien ne paraît avoir pris corps dans sa pensée. Tout est vague, indécis ; il y a des tendances, aucun projet net ... il sent des impulsions ; mais ni le but, ni le chemin ne lui sont clairement montrés.* » (R. P. Ange Le Doré, *Les Sacrés-Cœurs et le Vénérable Jean Eudes*, p. 62. 1890.)

Dès 1646, il établit une fête en son honneur. Avec une pompe extraordinaire il la célèbre, dûment autorisé par l'Évêque, en 1648, dans la cathédrale d'Autun. La même année, il fait approuver cette fête par 56 Archevêques et Évêques de France. En 1652, à Coutances, il obtient qu'on construise une chapelle en l'honneur du Cœur de Marie ; en 1664, c'est à Caen et le Roi Louis XIV lui donne à cet effet deux mille livres.

> « Le 2 Juin 1668, le cardinal de Vendôme, légat du Saint-Siège, approuva la dévotion elle-même au nom de Clément IX, et son successeur, Clément X, autorisa, par six bulles différentes, le zélé missionnaire de Coutances à établir, dans les chapelles de son ordre, des confréries en l'honneur des Saints Cœurs de Jésus et de Marie, et les enrichit des faveurs les plus précieuses. Mais, c'est principalement depuis l'établissement de la dévotion au Sacré-Cœur de Jésus que les progrès de la dévotion au Saint Cœur de Marie ont été plus considérables, car elle s'est répandue avec celle du Cœur de Jésus dans la plupart des provinces du monde chrétien. Outre un très grand nombre de confréries établies en

---

1641 est la grande date de sa vie : « En cette année 1641, écrit Saint Jean Eudes sur son Mémorial du mois d'août, Dieu me fit une des plus grandes faveurs que j'aie jamais reçues de son infinie bonté ; car ce fut en ce temps que j'eus le bonheur de commencer à connaître la Sœur Marie des Vallées, par laquelle Sa Divine Majesté m'a fait un très grand nombre de grâces très signalées. » (*Œuvres complètes*, t. III, p. 112.)

Pendant quinze ans, la sainte femme ne cessera pas d'être sa conseillère et bien souvent son inspiratrice. C'est à elle qu'est dû pour beaucoup l'établissement du culte des Sacrés-Cœurs de Jésus et de Marie, la fondation de la Congrégation des Eudistes, de l'Ordre de la Charité et du Tiers-Ordre de la Société du Cœur de la Mère admirable. Elle inspira également l'Office du Saint Cœur de Marie. Parmi les amis de Saint Jean Eudes et de Marie des Vallées, on rencontre la plupart des grandes âmes du XVIIe siècle : les Pères Coton, confesseur des Rois Henri IV et Louis XIII, et Lejeune, Monseigneur de Montigny-Laval, évêque de Québec, le baron de Renty, M. de la Mothe-Lambert, Madame de la Pelleterye, etc.

Ajoutons enfin, que Marie des Vallées a annoncé « la Grande Tribulation » et ensuite la conversion générale, le règne du Saint-Esprit et « un déluge de grâces sur toute la terre » ; événements au cours desquels, du ciel, elle doit avoir une grande action. (Voir Dermenghem. *op. cit.*)

l'honneur de ces deux Divins Cœurs, il y avait en 1743, dans l'univers catholique, 84 associations érigées en l'honneur du Très Saint Cœur de Marie ; et ce qu'il nous est doux de publier à la gloire de notre France, c'est que sur ce nombre, elle en possédait 53 dans ses différentes provinces [1]. »

En 1790, le Roi Louis XVI, accompagné de la Reine Marie-Antoinette, du Dauphin, de Madame Royale et de Madame Elisabeth, ainsi que de quelques amis fidèles, consacra Sa Personne, Sa Famille, et Son Royaume au Cœur Immaculé de Marie, au pied de la statue de la Vierge, à Notre Dame de Paris. Il fit vœu, ainsi que tous les assistants, de donner chaque année une offrande en l'honneur du Cœur Immaculé de Marie, pour le salut de la France. Il fit faire — comme preuve du vœu — deux Cœurs, de l'or le plus pur, pour manifester sa dévotion au Sacré-Cœur et au Cœur Immaculé de Marie. Ces Cœurs sont actuellement conservés au trésor de la cathédrale de Chartres [2].

Au début du XIXᵉ siècle, Pie VII approuva la Fête du Cœur Immaculé de Marie, instituée par Saint Jean Eudes, et, le 31 août 1805, la Congrégation des Rites décida que tous les diocèses et instituts religieux de France, qui en feraient la demande, seraient autorisés à célébrer cette fête.

Vingt-cinq ans après, la Sainte Vierge Elle-même intervient pour approuver l'union des deux Cœurs — celui de son Divin Fils et le Sien — par les apparitions à Catherine Labouré, rue du Bac à Paris, au cours desquelles Elle fait don de la Médaille Miraculeuse, au revers de laquelle Elle prescrit de mettre le Sacré-Cœur à côté du Cœur Immaculé, ce dernier transpercé d'un glaive, pour rappeler au monde la Passion du Christ et les douleurs de Marie.

Quelques années après, dans cette même maison des Sœurs de Saint Vincent de Paul, Marie apparaît à nouveau à plusieurs reprises, entre le 28 janvier 1840 et le 8 septembre 1846, et prescrit à la Sœur Bisqueyburu de répandre le scapulaire vert, en l'honneur du Cœur Immaculé de Marie, pour obtenir la conversion

---

1. — *L'ami de la Religion*, cité par Lambert et Buirette, *op. cit.*, p. 238.
2. — Les noms de tous les associés du vœu y furent gravés.

des pécheurs impénitents. D'innombrables conversions ayant été obtenues par ce moyen, entre autres celle de l'assassin de Mgr Affre, Pie IX, en avril 1870, approuve ce scapulaire [1].

Mais le grand mouvement qui va atteindre avec une rapidité foudroyante le monde entier et y répandre le culte du Cœur Immaculé de Marie, va partir de l'église que le pieux Roi Louis XIII avait érigée en exécution de son vœu en l'honneur de Marie, sous le vocable de Notre Dame des Victoires. En 1836, l'abbé Dufriche des Genettes fonde la confrérie du Saint et Immaculé Cœur de Marie pour la conversion des pécheurs. Peu après, Grégoire XVI l'érige en Archiconfrérie Universelle. Elle compte aujourd'hui plus de cinquante millions d'associés et fait pénétrer et rayonner le culte dû au Cœur Immaculé de Marie dans l'univers entier.

En 1855, la Congrégation des Rites approuve l'office et la messe particulière du Cœur de Marie. Les plus hautes autorités religieuses, non seulement ne cessent de développer parmi les fidèles le culte du Cœur Immaculé de Marie, mais encore affirment leur conviction que l'Église ne pourra sortir de la crise actuelle, qui menace de la faire sombrer, que par la consécration du genre humain au Cœur Immaculé de Marie. Le Père Deschamps lance en 1900 une première pétition dans ce sens. En 1906 et 1909, le vénéré Cardinal Richard de la Vergne, approuve et encourage celle de l'Archiconfrérie de Notre Dame des Victoires qui réunit plus de sept-cent mille signatures.

Un Rescrit Pontifical, en date du 28 avril 1914, fixe la fête du cœur Immaculé de Marie au lendemain de la fête du Sacré-Cœur, pour tout pays ou diocèse qui en ferait la demande.

Au 25ᵉ Congrès Eucharistique International, tenu à Lourdes du 22 au 26 juillet 1914, sous la présidence de dix cardinaux et de près de deux cents archevêques et évêques venus du monde entier, le Père Lintelo rédige un vœu, suppliant Pie X de consacrer le Genre Humain au Cœur Immaculé de Marie et *la Croix* dans son numéro du mardi 28 Juillet 1914, sous la plume de M. Paul Féron-Vrau, dans un article intitulé *Espérance* publie les lignes suivantes :

---

1. — E. Mott, Le Scapulaire vert et ses prodiges, Paris, 1923.

« Son Éminence le cardinal Andrieu, avec l'éloquence qui lui est coutumière, a fait tressaillir nos Cœurs en priant Son Éminence le cardinal Légat de présenter à Sa Sainteté le vœu de voir, en souvenir de Lourdes, le Cœur Immaculé de Marie glorifié et invoqué à la fin de la Messe en même temps que le Cœur de son Divin Fils. Ce serait un nouvel acheminement vers la consécration du monde entier au Cœur Immaculé de Marie. »

Seule, la mort du Saint Pontife empêcha la réalisation de ce vœu qu'il avait accepté ; mais quelques mois après, au début de la guerre, les cardinaux Français, conscients du péril qui menaçait la France, décidèrent la consécration de notre Pays au Cœur Immaculé de Marie et en arrêtèrent les termes que d'aucuns auraient voulus plus nets. Cette consécration eut lieu le 13 décembre 1914 ; en voici le texte :

« Consécration de la France au Cœur Immaculé de Marie.

» O Marie, Vierge très pure et Mère de Dieu, nous voici prosternés à Vos pieds pour Vous offrir nos prières filiales et confier à Votre Cœur notre chère Patrie.

» Nos Pères, dans les âges passés, ont appelé la France le Royaume de Marie. Un de ses Souverains Vous l'a solennellement consacrée. Ce que Vous avez fait pour elle au cours du siècle dernier a prouvé que Vous êtes toujours sa Reine et sa Mère. C'est dans notre Pays que Vous avez daigné plusieurs fois apparaître et glorifier par d'innombrables prodiges le privilège de Votre Immaculée Conception. Nos Cœurs sont remplis de reconnaissance et de confiance à la pensée de ces manifestations de Votre Puissance et de votre bonté. Malgré ses défaillances et ses erreurs, la France n'a pas cessé de Vous aimer et elle se plaît toujours à Vous honorer et à Vous invoquer.

» O Marie, écoutez les supplications que nous Vous adressons pour notre Patrie. Nous Vous la consacrons de nouveau, autant qu'il est en notre pouvoir. Protégez-la dans les terribles épreuves qu'elle traverse : obtenez-lui la victoire sur tous ses ennemis.

» Que Votre Divin Fils règne toujours sur elle avec Vous et y fasse régner la justice et la paix !

» O Cœur Immaculé de Marie, intercédez pour nous auprès du Sacré-Cœur de Jésus !

»   Ainsi soit-il. »

La guerre avait ramené l'attention sur Notre Dame d'Espérance de Pontmain, et tout naturellement on s'adressa à Celle qui avait été la libératrice du territoire en 1871, pour qu'elle libère encore une fois son Royaume du joug de l'étranger. Dans le nord de la France, deux centres particulièrement dévots à Notre Dame de Pontmain furent le théâtre des combats les plus acharnés et constituèrent les charnières du front, protégeant Paris et Londres : Amiens et Bailleul. En 1916, en union avec Pontmain, les fidèles de la Vierge firent un vœu à Notre Dame de Pontmain, approuvé par Mgr de la Villerabel, auquel bon nombre de diocèses s'associèrent ; repris et complété le 2 février 1918, en voici la teneur :

« Vœu à Notre Dame d'Espérance de Pontmain »
2 février 1918

« Afin de témoigner la reconnaissance de la France à sa céleste Libératrice de 1871 ; afin d'obtenir, par l'intervention de notre Vierge nationale la consécration officielle de la France au Sacré-Cœur, et la levée de l'étendard du Sacré-Cœur sur nos champ de bataille, en cette année 1918, nous soussignés prenons l'engagement solennel :

» 1° de faire tout ce qui dépendra de nous pour obtenir qu'il soit placé un autel dédié à Notre Dame de Pontmain, notre Vierge nationale, dans la chapelle de l'Armée dans la Basilique nationale de Montmartre.

» 2° Afin d'obtenir que la France catholique soit en peu de temps victorieuse de tous ses ennemis, de l'intérieur et de l'extérieur, nous prenons l'engagement de faire tout ce qui dépendra de nous pour que l'on construise, dans un lieu à déterminer, un temple national dédié au Cœur Immaculé de Marie, Reine de France[1]. »

Ce vœu devait être l'une des causes principales du salut, malgré l'acharnement des Allemands. Amiens et Bailleul — les deux centres de prières à Notre Dame de Pontmain — furent les barrières infranchissables et, comme l'avait demandé son vaillant évêque,

---

1. — *Notre Reine, son Amour, sa Sagesse, sa Puissance à Pontmain*, par un groupe de Français, pp. 128 à 133, 1927.

la magnifique cathédrale, dont tout le quartier avait été détruit par le bombardement, ne fut pas atteinte gravement. Sur le front, les petits drapeaux du Sacré-Cœur couvrirent bientôt la poitrine de nos soldats ; les ennemis et les traîtres de l'intérieur, furent rapidement maîtrisés et l'envahisseur fut mis en déroute.

La paix fut signée à Versailles, le 28 juin 1919, le jour même de la fête du Cœur Immaculé de Marie.

Marie avait exaucé toutes les demandes du vœu ; restait à exécuter ce vœu ; les signataires ont fait tout ce qui dépendait d'eux, mais il appartient à la France, qui en a été la bénéficiaire, de construire cette basilique en témoignage de reconnaissance et d'amour au Cœur Immaculé de Marie ; sans doute les circonstances actuelles ne le permettent pas encore, mais il importe que ce vœu ne tombe pas dans l'oubli et soit réalisé dès que la chose sera possible.

Depuis lors, l'importance de la dévotion au Cœur Immaculé de Marie ne cesse pas de croître.

En 1920, une nouvelle supplique recueille très rapidement l'adhésion de trente Évêques et plus de trois cent mille signatures.

En 1927, au congrès marial national à Chartres, le même vœu est émis. Il est repris au congrès marial national de Lourdes en 1930. Le Père Auriault en rédige le texte qui est transmis au Souverain Pontife par le Légat. L'année suivante, le nouveau monde s'ébranle : au Congrès marial du Canada le même vœu est adopté. En 1934, le Cardinal Binet, Légat pontifical, au Congrès Marial de Notre Dame de Liesse, presse les cent mille assistants de prier pour obtenir du Saint-Père la consécration du genre humain au Cœur Immaculé de Marie.

Vers la même époque, le Supérieur Général des Eudistes recueille 736 signatures d'Évêques sollicitant l'établissement officiel, dans toute l'Église, de la Fête du Cœur Immaculé de Marie.

Enfin, à la clôture des fêtes du Centenaire de l'Archiconfrérie de Notre Dame des Victoires, le 13 décembre 1936, le Cardinal Verdier, Archevêque de Paris, dans la basilique métropolitaine, consacre solennellement son archidiocèse — et donc la capitale de la France — au Cœur Immaculé de Marie, devant une statue de Notre Dame des Victoires [1].

En travaillant à obtenir la consécration du genre humain au Cœur Immaculé de Marie, les fidèles Français n'innovent en rien ; ils restent au contraire dans la ligne la plus pure, non seulement de la tradition catholique, mais également de la tradition française, d'une tradition essentiellement française. C'est sur notre sol que cette dévotion et ce culte ont pris corps et de là se sont répandus magnifiquement dans le monde entier ; ce sont des saints français qui les ont pleinement mis en lumière et fait rayonner.

Saint Jean Eudes écrit très justement :

> « Le Cœur très aimable de Marie est la source de toutes les pieuses pensées qu'Elle a eues, de toutes les bonnes paroles qu'Elle a dites, de toutes les vertus qu'Elle a pratiquées, et de toute la sainteté de sa vie... Quel honneur doit-on rendre à Son très Saint Cœur, vu qu'il est le siège de l'amour, lequel est le principe, la mesure et la règle de toute sainteté ! »

Si donc Marie a aimé la France d'une particulière dilection, si Elle a accepté notre Pays comme son Royaume par excellence à tel point que le Souverain Pontife Pie XI — après consultation des cardinaux membres de la Congrégation des Rites — a proclamé solennellement Notre Dame Patronne principale de la France [2]. C'est à son Cœur que nous le devons. Il appartient donc à notre Patrie de répondre aux élans du Cœur de Marie par une consécration en qualité d'esclave d'amour [3], de chacun de ses membres aux deux Cœurs unis dans le Saint-Esprit, et de travailler de toutes ses forces à obtenir la consécration du genre humain.

---

1. — *Annales de l'Archiconfrérie du T.S. et Immaculé Cœur de Marie* : Janvier 1937, p. 22.
2. — *Actes de Pie XI*, t. I. pp. 20 à 25, Édition Bonne Presse. Voir ce texte à l'Appendice V.
3. — *Sur le Saint Esclavage à Marie*, d'après les œuvres de Saint Grignion de Montfort, voir, *Revue des Prêtres de Marie Reine des Cœurs* à Saint-Laurent-sur-Sèvre (Vendée.) C.C.P. Nantes 7422, 10 francs, ainsi que les *publications des Pères Montfortains*, au Secrétariat de Marie Médiatrice, 121, Boulevard de Diest à Louvain (Belgique) et l'*Écho de la Garde d'Honneur du Cœur Immaculée de Marie*, 10, rue de la Vieille Monnaie à Besançon (Doubs.)

Nous ne craignons pas d'affirmer que le salut de la France et du monde est à ce prix, car le jour où la France obtiendrait ce grand acte qui soustrairait le monde à l'emprise de Satan, Marie répondrait en Reine toute-puissante et miséricordieuse.

Au Congrès Eucharistique de Lourdes, en 1914, Mgr Rumeau, Évêque d'Angers, disait :

> « Non seulement Elle a reçu de Son Divin Fils le privilège de régner à côté de Lui sur toute créature, mais Il lui a donné cet étonnant pouvoir de régner sur Lui et d'exercer sur Son Cœur une vraie souveraineté. Marie étant la Mère de Dieu, l'étant toujours, c'est-à-dire là-haut comme ici … Marie a sur Jésus, son Fils, et sur Dieu par là même, une sorte d'autorité et une mesure d'empire … Les Pères sont unanimes à dire qu'il plaît au Dieu Jésus d'obtempérer, même dans la gloire, aux désirs et aux vouloirs — d'ailleurs toujours sages et saints — de Sa Mère et que, pour parler avec Saint Pierre Damien, Elle aborde le trône de Dieu comme Mère et non comme servante, en Reine qui commande et non en inférieure qui prie [1] … »

Il n'est peut-être pas sans intérêt de dire que, dans de nombreuses manifestations surnaturelles [2], le Père Éternel, le Sacré-Cœur et la

---

1. — *Compte rendu du 25ᵉ Congrès Eucharistique International* tenu à Lourdes en 1914, pp. 127 et 178.

2. — Sans vouloir préjuger des décisions de l'Église, nous citons quelques-uns des passages caractéristiques des communications célestes reçues par une âme privilégiée, Eugénie Manset :

> « Dans l'entendement divin, la Consécration du genre humain au Cœur Immaculé de Marie occupe, après l'Incarnation, le premier rang pour le salut du monde. Elle a été choisie comme étant l'unique moyen pour le règne du Sacré Cœur, lorsque serait venue l'heure fixée par la justice divine. Elle a été décrétée pour renverser tous les obstacles qui s'opposeraient au règne du Divin Cœur …

> « Tant que le genre humain ne sera pas consacré au Cœur Immaculé de Marie, le monde deviendra de plus en plus corrompu, les ennemis du Christ, plus forts et plus puissants, la Foi ira de décadence en décadence jusqu'au jour où je purifierai la terre avec une verge de fer.

> « Autant vous trouverez en Moi un Père tendre et compatissant, si vous répondez à mon appel, autant vous trouverez en moi un juge inflexible et inexorable si vous restez sourds à mon appel. La consécration au Cœur Immaculé de Marie,

Vierge ont prescrit cette consécration du genre humain au Cœur Immaculé, ajoutant que cet acte solennel devait être demandé par la France au Souverain Pontife et était nécessaire pour obtenir le salut du monde.

Au Vainqueur de Verdun, au Maréchal Pétain devenu le Chef de l'État pour que sa gloire protégeât la France au lendemain de la plus grande défaite de son Histoire, la Providence inspira de répondre au désir exprimé par le Ciel :

Le 22 novembre 1940, le Maréchal reçut le marquis de la Franquerie venu lui exposer la question. Après avoir fait toutes les objections utiles et obtenu les éclaircissements nécessaires,

---

> ne cherchez pas d'autre voie : c'est au Cœur Immaculé de Marie que j'ai donné toute puissance pour fléchir ma justice. Couronnez Marie Reine de tous les Cœurs et vous serez en présence des merveilles du Très Haut ...

- » Marie a été l'aurore du Soleil de justice dans l'œuvre de l'Incarnation en donnant Jésus au monde, Elle sera encore une fois l'aurore du soleil de justice par la Consécration, pour le faire régner sur l'univers entier.
- » Enfants de la Sainte Église, rappelez-vous que toutes vos forces seront impuissantes si le Ciel n'intervient pas en votre faveur. Et comment obtiendrez-vous ce secours divin, si vous ne prenez pas le seul et unique moyen que Dieu vous donne ? La Consécration au Cœur Immaculé de Marie fermera le règne de l'impiété et ouvrira le règne de l'Amour dans lequel se manifesteront ma gloire et ma puissance et ma miséricorde par des prodiges sans précédents dans l'Histoire de l'Église ...
- » C'est le dernier moyen que je donne ... Heureux et heureuses ceux qui travaillent à donner cette nouvelle gloire à Marie ! Cette glorieuse Reine ne se laissera vaincre ni en générosité, ni en reconnaissance ... »

Le Sacré-Cœur donne lui-même la raison pour laquelle — bien que le monde entier lui ait été consacré — les promesses de Paray-le-Monial ne s'accomplissent pas encore et sont suspendues :

- » Je ne monterai pas sur mon trône, je ne régnerai pas SANS MA MÈRE : La gloire de Marie doit être ma gloire. Ce ne sera qu'après la consécration du genre humain au Cœur Immaculé de Marie que la France pourra accomplir sa mission de toute éternité et faire le grand geste de Dieu.
- » La consécration du genre humain au Cœur Immaculé de Marie lui donnera une nouvelle puissance pour écraser la tête de l'orgueilleux impie et le refouler dans les abîmes. Elle est indispensable pour la réalisation des promesses du Sacré-Cœur ... »

le Maréchal Chef de l'État consacra sur-le-champ la France au Cœur Immaculé de Marie et chargea son interlocuteur, Camérier Secret de Sa Sainteté, d'informer le Souverain Pontife de l'Acte, encore non officiel, qui venait d'être accompli. Spontanément, le Maréchal, ajouta, ce qui ne lui avait pas été demandé, de dire à Sa Sainteté Pie XII que dès que les circonstances le lui permettraient le Chef de l'État Français viendrait officiellement renouveler cet Acte entre les mains du Successeur de Pierre et lui exprimer le souhait que le monde entier soit consacré au Cœur Immaculé de Marie.

Par suite de la situation intérieure en Italie, les Allemands empêchèrent le marquis de la Franquerie de traverser ce pays et donc de pouvoir aller au Vatican. Ce dernier demanda alors à deux vénérés amis, le T. R. Père Garrigou-Lagrange — ami personnel de Pie XII — et le T. R. Père Labouré, Supérieur Général des Oblats de Marie Immaculée, d'informer le Souverain Pontife. Ils purent remplir leur mission et reçurent du Saint-Père la confidence que le Maréchal était considéré par le Pape comme l'homme providentiel destiné dans les vues de Dieu à permettre ultérieurement le salut de la France.

Le 8 Décembre 1942, Pie XII consacra solennellement le Genre Humain au Cœur Immaculé de Marie. Quelques évêques de France seulement s'unirent publiquement à l'Acte Pontifical.

Peu après, le Cardinal Suhard, Archevêque de Paris fut reçu par le Souverain Pontife qui exprima sa surprise d'avoir constaté que la plupart des évêques de France n'avaient pas compris l'importance exceptionnelle que le Chef de l'Église attachait à cette consécration. Rentré à Paris, le cardinal informa ses collègues du désir pontifical et il fut décidé que la Consécration de la France serait faite dans toutes les églises et chapelles le 28 mars suivant. Le Maréchal décida de s'associer publiquement à cette Consécration. La cérémonie fut organisée en accord avec le curé de la paroisse par Monsieur Jacques Chevalier, ancien Ministre de l'Instruction Publique, et par le marquis de la Franquerie. En l'église Saint Louis de Vichy, le Maréchal Chef de l'État, à la tête de ses Maisons Civile et Militaire, prononça l'Acte de Consécration de la France à haute voix avec tous les assistants et, le soir même, Il écrivit au Cardinal Suhard pour l'informer qu'en tant que Chef de l'État, il s'était associé publiquement à ce grand Acte National.

Ce faisant, une fois de plus, le Maréchal Pétain avait assuré la pérennité de la France et répondu à la Mission Divine assignée à notre pays[1].

Rappelons qu'une dernière Consécration a été demandée par Notre-Seigneur et par la Très Sainte Vierge, comme les résumant toutes : celle aux deux Cœurs unis dans le Saint-Esprit. Preuve nouvelle ajoutée à tant d'autres que les dons de Dieu sont sans repentance et que la Mission Divine de la France demeure toujours dans le Vouloir Divin.

Nul doute qu'alors du haut de son Trône de Gloire le Cœur de Marie n'obtienne du Sacré-Cœur de son Divin Fils et du Saint-Esprit, son Divin Époux, le salut de notre France, « son royaume » rentré dans la voie tracée et voulue par Dieu : Sous la conduite de l'Élu de Dieu, commencera pour notre Patrie une ère de magnifique rénovation chrétienne qui assurera dans le monde les Règnes des Saints Cœurs et du Saint-Esprit.

Nul doute, dans ces conditions, que du haut de ce trône de gloire, le Cœur de Marie n'obtienne du Sacré-Cœur de Son Divin Fils le salut de notre France, de « Son Royaume » rentré dans la voie tracée par Dieu. Alors, sous la conduite de l'Élu de Dieu, commencera pour notre Patrie une ère magnifique de rénovation chrétienne. Ce sera véritablement le Règne du Cœur de Marie qui fera s'épanouir celui du Sacré-Cœur. *Ad Jesum per Mariam*

---

1. — Par avance le Chef de l'État Français avait racheté l'apostasie officielle qui allait être proclamée le 29 septembre 1946 dans la Constitution de la IVe république imposée au Pays par le Pouvoir Occulte sous la présidence de Charles de Gaulle qui a peut-être été — consciemment ou inconsciemment — l'homme le plus néfaste de l'Histoire de France.

APPENDICE I

Marie arrête les épidémies, les intempéries et les fléaux de toutes sortes

On pourrait écrire des volumes sur les protections miraculeuses accordées par Marie. Parlant de Notre Dame de Liesse, le R. P. Gazée écrit :

> « Pas une peste, pas un fléau, pas une maladie n'ose soutenir le regard de la Vierge de Liesse. »

On peut dire, sans crainte d'erreur, qu'il en est de même pour la plupart des innombrables pèlerinages à Notre Dame qui couvrent notre France. Quelques exemples, pris entre beaucoup d'autres, le prouveront éloquemment :

Au Xe siècle, le Mal des Ardents ravage la région parisienne. Seuls sont sauvés, parmi les malades qui sont atteints, ceux qui viennent se réfugier dans la basilique métropolitaine de Notre Dame[1].

Au XIIe et au XVe siècles, c'est Notre Dame de Lagny qui remplit ce rôle protecteur[2]. Dans le nord, la Vierge apparaît à Arras et donne le remède pour guérir la terrible maladie, d'où le vocable de Notre Dame des Ardents.

En 1008, la peste ravageant la ville et la région de Valenciennes, Marie apparaît, entourée d'anges, et déroule un long cordon autour de la ville. Elle promet que la peste cessera dès que le peuple suivra processionnellement la trace du cordon.

---

1. — Voir chapitre VI, p. 37.
   Recueil des Historiens des Gaules, t. VIII, p. 199 – D – Flodoard : année 945.
2. — Hamon, *op. cit.*, t. I, p. 273.

Telle est l'origine du sanctuaire de Notre Dame du Saint Cordon. Chaque année, depuis lors, a lieu la procession commémorative.

À partir du tremblement de terre de 1248, en Savoie, les habitants de la région de Chambéry ont recours, dans toutes leurs tribulations, à Notre Dame de Myans ; maladies, sécheresses, périls de toutes sortes sont écartés grâce à la céleste protectrice de la contrée [1].

En 1491, Marie apparaît en Alsace, tenant d'une main un glaçon, signe des châtiments qui vont fondre sur le Pays si les habitants ne reviennent pas à Dieu, de l'autre, trois épis, signe d'abondance et de fertilité. La population, reconnaissante à Marie de l'avoir prévenue maternellement, se jette à ses pieds et obtient miséricorde. Aussi, le pèlerinage n'est-il connu que sous le vocable à Notre Dame des Trois Épis [2].

En 1580, la peste fait 30.000 victimes à Paris. Les 60 villages environnants, pour éviter la contagion, se consacrent alors à Notre Dame de Pontoise et le fléau disparaît. En 1638, l'épidémie se réveille à Pontoise ;

Le Conseil de Ville fait « *vœu solennel de faire brûler tous les ans, en l'honneur de votre virginale et royale maternité, aux jours de la fête de votre Nativité et de votre Immaculée Conception, trois flambeaux de cire qui seront portés processionnellement... Nous vous promettons encore de nous interdire l'usage de la viande la veille de votre Immaculée Conception... Nous vous promettons encore une image d'argent du prix de 600 livres qui servira à publier vos bienfaits et notre reconnaissance. Et pour faire savoir à tout le monde que cette ville vous est pleinement consacrée et se place sous votre protection, nous mettrons sur chacune de ses portes votre image...* »

Le 16 septembre 1640, la municipalité accomplit solennellement son vœu [3].

La peste, qui ravage bien des contrées au début du XVIIe siècle, est arrêtée dans le centre du Royaume par les pèlerinages

---

1. — *Alm. Cath.,* année 1925, pp. 290-291.
2. — *Alm. Cath.,* année 1920, p. 385.
3. — Duval, *Histoire de Notre Dame de Pontoise,* p. 43.

que font à Notre Dame d'Orcival les villes de Thiers, Clermont, Montferrand, Montluçon, Vic-le-Comte, Royat, Chatelguyon, etc. Saint-Etienne est délivrée à la suite du vœu fait par la Ville à la Vierge. La cérémonie de reconnaissance y avait lieu chaque année le 12 novembre.

> « En 1629, la ville de Moulins fut ravagée par la peste. Les échevins firent alors le vœu, pour arrêter la contagion, de faire brûler jour et nuit, devant la Vierge Noire, une ceinture de cire égale en longueur au pourtour de la ville et de ses faubourgs. Ce fut *le cierge de la roue*, ainsi appelé parce qu'il fut enroulé autour d'une bobine suspendue à la voûte de la collégiale. Au fur et à mesure de la combustion, la « *roue* » était dévidée au moyen d'une corde et deux poulies[1].
>
> « En 1635, la peste sévit à Riom. Imitant les magistrats de Moulins, les échevins de la ville firent vœu de donner à l'église Notre Dame de Marsat une quantité de cire suffisante pour faire un cierge aussi long que la distance qui sépare Riom de Marsat (2 kilomètres). La peste cessa. Un fil trempé dans de la cire fondue et enroulé sur une bobine fut transporté en procession jusqu'à la Vierge de Marsat, et, depuis lors, tous les ans, une nouvelle roue de cire remplace, devant la Vierge miraculeuse, celle de l'année précédente[2]... »

En 1629, ce terrible fléau ravage Bordeaux. La Cour et les Corps de la Ville font vœu de faire célébrer chaque année, le Jour de l'Assomption, en présence de tous les Corps constitués, le Saint sacrifice, de donner et d'entretenir une lampe d'argent destinée à brûler continuellement devant l'image de Marie et d'offrir un ornement complet pour la dite cérémonie.

Depuis lors, tous les samedis, l'office de la Sainte Vierge est chanté dans l'église Saint Seurin qui, grâce à la statue miraculeuse

---

1. — *Cf.* F. Asclépiades, *Assises du Bourbonnais*, 1866. Recherches sur le culte de Marie, p. 703.
2. — *Bulletin de la Société d'Émulation du Bourbonnais*, juillet-août 1935, note de la page 251, *À propos des Vierges en majesté de Lisseuil et de Chateauneuf*, par F. Mitton.

de Notre Dame de Bonne Nouvelle, est le centre du culte marial à Bordeaux[1].

La même année Agen est atteint. Immédiatement, la Ville a recours au célèbre pèlerinage voisin de Notre Dame de Bon-Encontre et fait vœu d'offrir une lampe d'argent. Le 16 avril suivant, l'Évêque, accompagné des magistrats, vient à Bon Encontre apporter la lampe sur laquelle est gravé :

> « Les six consuls d'Agen, afin d'acquitter le vœu fait pour éloigner la peste de la ville, le 7e du mois de Juin 1629, ont présenté cette offrande au Dieu très bon et très grand et à la bienheureuse Vierge Marie de Bon-Encontre[2]. »

La confiance des populations demeure si vive qu'en 1793, quand les révolutionnaires voulurent profaner la statue, tout le village se souleva et les mit en fuite ; aussi quand le choléra sévit en 1849, Marie, à son tour, se souvint du dévouement de ses enfants et les délivra du fléau.

En 1631, la ville de Blois, atteinte à son tour, a recours à Notre Dame de Vienne, où est le siège de la Confrérie de la Sainte Conception de Notre Dame. La Municipalité fait vœu, pendant trente ans, d'une messe, d'une procession, et prescrit que « porteront les échevins à l'offerte un cierge de cire blanche du poids d'une livre ... » Aussitôt le vœu prononcé, la peste cessa et le surlendemain, 8 septembre, la procession eut lieu. La ville reconnaissante fit placer une statue de la Vierge sur toutes les portes de la ville « pour rendre grâces à Dieu de ce qu'il Lui a plu apaiser son ire aussitôt que le vœu a été fait[3]. »

En 1696, 1784 et 1803, quand la crue de la Loire menaçait de submerger la ville basse, on eut recours encore à Notre Dame de Vienne. « Au moment même de l'Élévation, » la crue s'arrêta et se retira peu à peu[4].

---

1. — Hamon, t. IV, p. 5.
2. — Hamon, t. IV, p. 69.
3. — Archives de la Préfecture du Loir-et-Cher – paroisse de Vienne – *Registres des délibérations communales* n°19, folios 77 et 110 – *Histoire de Blois*, par Bernier, p. 27.
4. — Hamon, t. I, p. 140.

La peste avait déjà fait 1.500 victimes à Eu, en 1636, quand le Conseil de Ville réuni devant le Saint-Sacrement fit vœu d'offrir une statue de la Vierge en argent et de faire chaque année une procession solennelle le jour de l'octave de la Nativité. Immédiatement le fléau disparut.

En 1596 et en 1636, la peste qui décimait Saint-Omer ne fut arrêtée que par le recours de la ville à sa céleste protectrice, Notre Dame des Miracles [1].

De 1624 à 1632, la peste ravagea la ville de Rennes. Pour faire cesser le fléau, l'Évêque, le Corps de la Ville, la Cour et le Chapitre se réunirent le 12 Octobre 1632 et firent un vœu à Notre Dame.

> « Il fut arrêté que la matière serait d'argent et qu'il représenterait la ville de Rennes et ses principaux temples et bâtiments au pied d'une image de Notre Dame, tenant son Enfant-Jésus entre ses bras [2]. »

Marie répondit à la confiance de ses enfants ainsi que le reconnaît la délibération du Conseil Municipal, en date du 7 septembre 1635 :

> « Incontinent la résolution du vœu solennel prise, la maladie cessa et disparut tout d'un coup, comme par enchantement [3]... »

Lors du terrible incendie de 1720 qui détruisit plusieurs quartiers de la ville :

> « Les habitants des portes Saint Michel, des Lices, de la Rue Saint Michel, implorèrent dans cette extrémité le secours de Notre Dame de Bonne Nouvelle et, grâce à son intervention, le feu s'arrêta devant leur quartier. Ceux qui avaient été épargnés offrirent à la chapelle du Vœu un tableau qui représentait cet événement [4]. »

---

1. — Justin de Pas, *Notre Dame des Miracles, patronne de la ville de Saint Omer*, Letouzey et Ané, 1925.
2. — P. Philouze, *Notice sur le sanctuaire de Bonne Nouvelle à Rennes*, p. 64.
3. — P. Philouze, *op. cit.*
4. — P. Philouze, *op. Cit.*, p. 140. Pour les guérisons et grâces obtenues par des particuliers à Notre Dame de Bonne Nouvelle, consulter l'Inventaire de 1770 (Archives Départementales, I H 5.)

En 1834, le choléra ne fut arrêté que par le recours de la ville à sa céleste Protectrice.

En 1637, la peste décimant la population de Rouen, la ville fit vœu d'offrir une lampe d'argent, aussi travaillée et ciselée que possible et une procession eut lieu le 20 septembre. Trois semaines après, le mal avait disparu. En 1849, Notre Dame de Bon Secours arrête l'épidémie de choléra.

En 1643, c'est Lyon qui est atteinte par la même épidémie. Le 12 Mars, les Consuls et échevins vouent la ville à Notre Dame de Fourvières et elle est délivrée [1].

Quelques années plus tard, en 1654, quand Castelnaudary est ravagée, la ville fait vœu de célébrer chaque année la fête de l'Immaculée Conception par une procession à Notre Dame de Belpech. Le mal disparaît immédiatement. Etc.

En Gascogne, les multiples pèlerinages à la Vierge ont, de tous temps protégé la région contre les intempéries (grêle, sécheresse, etc.) et épidémies [2].

Il en est de même dans quantité de provinces, sinon dans toutes. Les traits les plus ravissants de la protection mariale abondent sur ce sujet.

En 1720 et 1832, Marseille doit sa délivrance de la peste et du choléra à la protection de Notre Dame de la Garde. En 1747, c'est Auxerre que Marie délivre d'une épidémie. En 1832, la Délivrande est sauvée du choléra par la Vierge miraculeuse qui y est vénérée.

Paris, Bourges, Soissons, Saint Quentin, Vervins, Guise, Noyon, Reims, Laon, Amiens, Bayeux, Gisors, Chartres, Le Havre, Melun, Saint Florentin, etc. pour ne citer que des villes, ont été ainsi miraculeusement protégées par Marie. Les preuves de ces interventions de la Vierge toute miséricordieuse se trouvent

---

1. — Berjat, *Réflexions doctrinales… aperçus historiques sur Notre Dame à Lyon et à Fourvières*, p. 88.

2. — J. L., *Vierges Gasconnes – les sanctuaires en renom du Diocèse d'Auch*, Imprimerie centrale, Auch, 1909.

consignées, soit dans les Archives Municipales, soit dans celles des principaux centres de pèlerinages à Marie.

Jamais, quand une population éprouvée s'est adressée avec foi et confiance à la Reine du Ciel, Notre Dame n'est restée sourde à l'appel de ses enfants.

SCEAU DE LA CONGRÉGATION DE PÉNITENCE
DE SAINTE-MARGUERITE DE CORTONE

Le Christ crucifié apparut un jour à sainte Marguerite de Cortone et lui dit :
« *Mets tes mains dans les ouvertures que les clous ont faites à mes mains.* » Et comme Marguerite répondait, à cause de son respect : « *Mon Seigneur, je n'oserai jamais !* » elle aperçut soudain toute béante la plaie du Dieu d'amour, et dans cette ouverture elle contempla le Cœur même de son Sauveur.

L'abbé J. Thomas, *La Théorie de la dévotion au Sacré Cœur*, p. 89.

APPENDICE II

Marie protège les Villes de France contre l'envahisseur et les délivre

Marie non seulement arrêtait les épidémies qui ravageaient nos villes et nos campagnes, Elle les délivrait encore du joug de l'étranger :

La délivrance miraculeuse de Paris, en 885, lors du siège des Normands a été relatée au chapitre v, p. 57.

Quelques années plus tard, Alain Barbe Torte, duc de Bretagne, à la tête d'une petite troupe, attaque une formidable armée de Normands venus assiéger Nantes. Il est repoussé. Ses troupes, étant assoiffées et sans eau, il fait appel à Marie. La Vierge l'exauce et fait jaillir une source surnommée depuis lors « La Fontaine de Marie. » La vertu de cette eau rend ses soldats si intrépides qu'ils mettent en déroute les barbares et délivrent la ville [1].

Vers la même époque, Orléans est assiégée par les Normands. On transporte la statue de Notre Dame des Miracles sur la porte de la ville la plus menacée. Un des défenseurs de la cité, s'étant caché derrière la statue de la Vierge qui lui sert ainsi de bouclier, tue beaucoup d'assaillants. L'un d'eux l'apercevant, le somme d'ouvrir la porte et, sur son refus, lui crie : « Tu ne saurais maintenant éviter la mort, ni cette image te défendre ! » Il lance son dard, mais la Vierge étend le genou pour protéger son serviteur en péril ; ce que

---

1. — *Recueil des Historiens des Gaules et de la France*, t. VIII, Index, pp. 127 et 276 (*id., d. Chronico Namnetensi.*)

voyant, les assiégeants jettent leurs armes et demandent la paix[1]. La statue est alors solennellement reportée à l'église au milieu des transports de reconnaissance de la population. C'est dans l'église de Notre Dame des Miracles que Jeanne d'Arc, en 1429, après avoir miraculeusement délivré la ville, vient en procession remercier Marie de la victoire[2].

En 1004, lors du siège de Cambrai par Raoul le Frison, l'Évêque Saint Lietbert, vient au camp de l'assiégeant et lui ordonne de s'éloigner des terres qui dépendent de Marie. « *De terra Dominæ suæ sanctæ Mariæ discedere auctoritate pontificali commonuit* » et il est obéi[3].

En 1130, profitant de l'absence du comte Renaud, ses ennemis tentent de prendre la ville de Bar-le-Duc. Déjà, ils sont aux remparts, quand, tout à coup, la statue de la Vierge qui garde la porte de la ville crie : « *Au guet, la ville est prise !* » Furieux, un assiégeant prend une pierre et la lance sur la statue : il tombe raide mort. Frappés de terreur, les assaillants s'enfuient en disant « *Dieu vous garde !* » Les assiégés avertis par le bruit se précipitent sur eux et les mettent en pleine déroute[4].

Deux ans plus tard, la cathédrale de Verdun fut le théâtre de prodiges tels, que le 20 octobre de chaque année, la liturgie verdunoise en célèbre le souvenir sous le vocable de « Fête des prodiges de la Sainte Vierge » et la ville fut délivrée des assiégeants. 430 ans après, les Calvinistes tentèrent de nuit l'assaut de la ville, mais ils furent repoussés grâce à la protection de Marie. Les Corps constitués vinrent solennellement remettre les clés de la ville aux mains de la statue miraculeuse et instituèrent une procession annuelle de reconnaissance dite la « procession des Huguenots. » Sans doute aussi, Notre Dame de Verdun, qui de tous temps avait empêché la ville de tomber aux mains de l'ennemi, dut-elle la protéger encore pendant la dernière guerre.

---

1. — Voir Vincent de Beauvais, *Speculum historiale*, publié en 1244.
2. — Couturier de Chef du bois, *Mille pèlerinages de Notre Dame*, t. I, p. 157.
3. — Duhaut, *Marie Protectrice de la France*, p. 68.
4. — Hamon : *op. cit.*, t. VI, p. 97.

Verdun fut en effet le bastion imprenable qui assura le salut de la France et contre lequel vinrent se briser les hordes germaniques[1].

En 1187, Déols (près de Châteauroux) fut miraculeusement protégée dans les circonstances suivantes : Le Roi d'Angleterre, Richard Cœur de Lion, occupait la ville et, menacé par l'armée française, il résolut que la cité serait incendiée s'il était obligé de battre en retraite. La population, désespérée, s'assembla devant le porche de l'Abbatiale consacrée à la Mère de Dieu. Un soudard anglais, passant en se moquant, lança une pierre sur, la statue de la Vierge ; le bras de l'Enfant-Jésus tomba à terre et un flot de sang jaillit. Au moment même le soldat fut foudroyé. Le Roi d'Angleterre vint constater le miracle et, impressionné, signa une trêve de deux ans. La ville était sauvée[2].

En 1202, les Anglais veulent s'emparer de Poitiers et soudoient le secrétaire de mairie ; celui-ci doit leur livrer les clés de la ville, à minuit, le jour de Pâques. À l'heure dite, le traître vient chez le maire pour lui dérober les clés ; il ne les trouve pas. Il revient à quatre heures et réveille le magistrat pour lui demander les clés, sous un prétexte plausible : impossible de les trouver. Le maire, ayant alors le pressentiment que quelque chose d'anormal se passe et qu'un danger plane sur la ville, donne l'ordre de garder la ville. Les soldats constatent alors, avec stupéfaction, que les Anglais sont aux pieds des remparts et s'entretiennent ; ce qu'apprenant le maire, il court immédiatement, en l'église de Notre Dame la Grande, recommander la ville de Marie ; quelle n'est pas alors sa stupéfaction de voir dans les mains de la Vierge les clés de la ville, qu'il n'avait point retrouvées. Il comprend alors que Marie les a prises elle-même pour empêcher un traître de les livrer et il en rend grâces à la Protectrice de la Cité, puis ordonne à la troupe de faire une sortie. Les assaillants sont mis en pleine déroute, laissant 1.500 morts sur le terrain ; les prisonniers racontent alors la trahison

---

1. — Roussel, *Histoire de Verdun*. – Hamon, t. VI, p. 77. – Ch. Aimond, *Notre Dame de Verdun, patronne de la Cathédrale et de la cité*, p. 9.
2. — Abbé Chaussé, *Déols, son passé, son abbaye, sa Vierge des Miracles*. – Jean Hubert, *l'Abbatiale de Notre Dame de Déols*.

dont Poitiers venait d'être protégée et ajoutent qu'à quatre heures du matin, ils avaient vu, sur les portes, une Reine vêtue très richement, entourée d'une Religieuse et d'un Évêque, accompagnés par une multitude de gens armés qui s'étaient mis à frapper les Anglais. C'étaient la Vierge Marie, Saint Hilaire et Sainte Radegonde, ainsi que les milices célestes. Depuis lors, une procession de reconnaissance eut lieu chaque année le lundi de Pâques [1].

En 1284, la Ville de Toul faillit être prise d'assaut par surprise. Deux fidèles priaient aux pieds de la Vierge d'argent quand la statue les avertit de prévenir de la présence de l'ennemi la patrouille de soldats qui passait juste à ce moment, ajoutant que, pour preuve de ce qu'elle annonçait, Elle avancerait le pied droit, en présence des soldats. Le prodige s'étant réalisé, l'alerte est donnée et les ennemis surpris, taillés en pièces [2].

En 1357, « depuis plusieurs mois, la ville (de Rennes) est assiégée en vain par les Anglais ... À bout de patience ou d'espoir, ils ont en secret creusé un souterrain qui doit les introduire au Cœur même de la cité. Les habitants ... ont pris conscience du danger, mais ils s'alarment de ne pouvoir connaître le point exact où ils auront à se défendre, quand, soudain, au milieu de la nuit (du 8 février croit-on), les cloches de Saint-Sauveur se mettent en branle d'elles-mêmes et, devant le peuple accouru aussitôt au pied des autels, la statue de la Sainte Vierge s'anime et indique du doigt l'endroit précis où devait aboutir la mine des Anglais. La ville était sauvée [3]. »

Pendant la guerre de Cent Ans, la Ferté Bernard, dès que les Anglais l'assiégèrent, se mit sous la protection de Marie à laquelle les habitants venaient de construire une église. La Vierge sauva la cité, en criant, dit la tradition : « *Arrêtez, adversaires !* » En reconnaissance, la ville fit graver les deux mots sauveurs sur la porte d'Orléans et jusqu'à la Révolution, une procession eut lieu pour commémorer cette miraculeuse délivrance [4].

---

1. — Abbé Brossard, *Le Miracle des clés*, p. 16. 1930
2. — Hamon, t. VI, p. 53.
3. — *Le livre d'or de Notre Dame des Miracles*, p. 8.
4. — Hamon, t. IV, p. 373.

Le « Processionnal de Blois » relate que chaque année, avant la Révolution, une procession d'action de grâces se rendait dans l'Église des Cordeliers, aux pieds de la statue de Notre Dame de Pitié, pour rappeler que Marie avait préservé la ville de l'invasion anglaise [1].

Notre Dame des Dunes a toujours été considérée par Dunkerque comme « la sentinelle avancée qui garde et protège la ville. » De fait, en 1405, la flotte anglaise tente de surprendre le port, mais en vain. En 1590, les Hollandais attaquent nuitamment la ville et essuient un échec retentissant. En 1694, nouvelle attaque anglo-hollandaise aussi infructueuse que les précédentes ; l'année suivante, 2.000 boulets et 1.200 bombes sont lancées contre la ville sans qu'elle en reçut un seul. En 1793, le duc d'York avec 30.000 hommes met le siège devant la ville ; pendant 18 jours, il fait preuve d'une inaction incompréhensible — car la ville ne comptait que 1.000 défenseurs et la capitulation était certaine. Pendant ce temps, le 7 septembre — le jour même de l'ouverture d'une neuvaine à Notre Dame des Dunes — le général Houchard gagne la bataille d'Hondschoote qui oblige l'envahisseur à lever le siège. Le 24 janvier 1871, la ville est menacée par l'invasion prussienne, une neuvaine à Notre Dame des Dunes est commencée, pendant laquelle l'armistice est signé et la ville est sauvée. Pendant la guerre 1914-1918, la protection de Notre Dame des Dunes, ne sera pas moins efficace : « Les Allemands reçoivent l'ordre de prendre, coûte que coûte, Dunkerque et Calais et, à cet effet, reçoivent en renfort le 23e corps ; les fusiliers marins ne sont que 6.000. Le 17 octobre, « si les troupes allemandes avaient tenu un quart d'heure de plus, peut-être passaient-elles ... En ce moment, certaines de nos batteries tiraient sur elles leurs derniers obus [2]. » « Miracle que, dans ces conditions de combat, l'armée allemande n'ait pas forcé nos lignes [3]. » Or, ce même 17 octobre, un triduum de prières commençait à Dunkerque et c'est à partir de ce moment que les

---
1. — *Processionnal de Blois*, p. 14.
2. — N. Nothomb, *l'Yser*, p. 154.
3. — *Revue des Deux Mondes*, 15 juillet 1917, p. 266.

Allemands ne purent plus avancer et furent cloués sur place [1].

En 1513, Dijon est assiégée par 40.000 Suisses à la solde des ennemis de la France. La ville cherche à capituler honorablement, mais les ennemis sont intraitables. Des prières publiques sont immédiatement prescrites ; une procession en l'honneur de Notre Dame parcourt la ville et la foule entoure sa statue avec une vénération pleine de confiance ; le lendemain, les assiégeants deviennent accommodants et présentent des propositions acceptables. L'accord est conclu et ils se retirent [2].

Pendant les Guerres de Religion, le Prince d'Orange, qui commandait les troupes hérétiques « avait juré la ruine de Notre Dame de Sion et était même déjà arrivé à la sainte « montagne avec ses troupes, qui n'attendaient que le signal du pillage. Marie se montre à lui, rayonnante de gloire, éclatante de beauté ; saisi et comme terrassé par ce spectacle, il défend à ses soldats de porter aucun dommage ni au temple, ni .à la statue, et leur ordonne de se retirer promptement [3]. »

Le Havre, qui doit son origine à Notre Dame de Grâce, est sauvée en 1539 de l'irruption protestante par les cloches de Notre Dame mises en branle par une cause surnaturelle. Cette sonnerie réveille la garnison qui met en fuite les assaillants.

En 1694, lors du bombardement par les Anglais, le curé de Notre Dame réunit tous les habitants aux pieds de Marie et, après avoir imploré la Vierge, leur fait ratifier le vœu de faire chaque année une procession pour honorer la Reine du Ciel, comme reine de la cité. La ville est protégée et la procession se déroula régulièrement jusqu'en 1793 [4].

Au temps de l'invasion des Normands, puis lors de la guerre de Cent Ans, Notre Dame avait protégé miraculeusement Chartres [5].

---

1. — Eug. von Eecke, *Notre Dame des Dunes*, Collection des grands pèlerinages, chez Letouzey et Ané, à Paris, 1924.
2. — Hamon, t. VI, p. 359.
3. — *Histoire de Notre Dame de Sion* par le p. Touillot. – Hamon, t. VI, p. 46.
4. — Hamon, t. V, p. 45.
5. — Chapitres V, p. 50 et IX, p. 109.

Pendant les Guerres de Religion, les Huguenots vinrent assiéger la ville. Or, sans qu'on pût s'expliquer potirquoi, alors qu'ils avaient fait une brèche très importante dans l'enceinte et n'avaient qu'à y pénétrer, le 15 mars 1568, ils levèrent le siège.

> « C'était un miracle et il ne pouvait être attribué qu'à l'intercession de Celle que la foule assemblée ne cessait d'invoquer sous Terre, pour la délivrance de la cité (1). »

Le 4 août 1581, alors que la ville d'Aurillac était attaquée par les Protestants, la Vierge apparut et délivra la cité. En reconnaissance la Chapelle de Notre Dame d'Aurenques fut bâtie (2).

Pendant les troubles de la minorité de Louis XIII, les Espagnols résolurent d'assiéger Compiègne. Le Supérieur des Capucins, le Père Boniface, fit vœu au pied de la statue de Marie, de lui élever une chapelle, si la ville était préservée des horreurs d'un siège. Il fut exaucé. Telle est l'origine de Notre Dame de Bon Secours.

Dans les derniers jours de 1746, les Anglais avaient juré de détruire Lorient à cause de la puissance de la Compagnie des Indes. L'amiral Lestock vint avec une flotte importante, débarqua 7.000 hommes sous les ordres du général Synclair. Les défenseurs de la ville font une sortie, mais sont repoussés. Alors, considérant la situation comme humainement perdue, les échevins se tournent vers Marie. Il se rendent en corps à la chapelle de Notre Dame des Victoires, placent la cité sous sa protection, et lui promettent, si elle les délivre, de célébrer, tous les ans, le souvenir de ce bienfait par une procession commémorative. Malgré ce vœu, la municipalité, supposant que l'ennemi se préparait à une nouvelle attaque, désespère du succès de la résistance, et députe des parlementaires vers le général anglais. Heureuse surprise ! Ils ne trouvent plus personne ; le général, découragé, avait levé le siège pendant la nuit du 7 au 8 octobre et regagné la mer après avoir incendié 14 villages.

Depuis cette époque, la procession annuelle se fait le premier dimanche d'octobre, au milieu d'un grand concours de peuple.

---

1.   —   Mgr Harscouet, *Chartres*, p. 102.
2.   —   Henri Delmont, *Guide du Cantal* et Hamon, *op. cit.*, t. II, p. 329.

On y porte la statue de la Vierge ayant pour piédestal un dessin des fortifications de la ville qu'elle prend sous sa protection [1].

Granville qui doit son existence au pèlerinage de la Vierge qui domine la ville, subit, pendant la Guerre de l'Indépendance Américaine, un bombardement des Anglais. La ville eut recours à sa Protectrice et tous les boulets s'ensablèrent dans la grève sans qu'aucune maison fût atteinte. En reconnaissance, les habitants érigèrent, dans le pignon de l'église, une statue de Marie tenant en main un boulet et incrustèrent d'autres boulets dans les plis de ses vêtements [2].

De nombreuses autres villes, telles Avallon, Guebwiller, Laval, Lyon, Mézières, etc. attribuent également à Marie la protection dont elles furent l'objet. Mais, il semble que cette étude serait incomplète si on ne rappelait pas certains faits relatifs à l'Alsace-Lorraine :

Après la guerre de 1870 qui arrachait deux de ses plus chères provinces à la Patrie, la Lorraine se jeta aux pieds de sa Protectrice : Notre Dame de Sion-Vaudémont. Lors du Couronnement de la Vierge, le 10 Septembre 1873, sur la sainte colline, une délégation d'Alsaciens-Lorrains apporta une plaque de marbre noir décorée d'une couronne d'immortelles encadrant une croix de Lorraine brisée, de marbre blanc, et ces mots gravés en lettres d'or : « Espoir ! Confiance ! *Ce name po tojo !* (Ce n'est pas pour toujours) Alsace-Lorraine, 10 Septembre 1873. » Plusieurs villes avaient envoyé des bannières magnifiquement brodées, toutes voilées de crêpe ; chacune portant en latin des inscriptions de circonstance : Metz, « Change notre deuil en joie ! » ; Strasbourg, « Salut, notre espérance ! » ; Château-Salins, « Espérance ! » ; Lixheim, « Nous crions vers toi, exilés ! » ; etc. 41 ans plus tard, les chapelains descellaient la plaque et y ajoutaient : « *Ca po binto !* » (C'est pour bientôt !) Un grand autel de marbre blanc avait été édifié, dès 1915, avec cette inscription : « Ce n'était pas pour toujours » et un splendide ornement complet, destiné au *Te Deum* de la victoire, avait été brodé et décoré des armoiries de toutes les villes et chefs-lieux

---

1. — Hamon, t. IV, pp. 569 et 570.
2. — Hamon, t. V, p. 90.

de canton des deux Lorraines. Le 8 septembre 1919, Monseigneur Ruch, Évêque de Nancy, Évêque nommé de Strasbourg, arracha les crêpes de toutes les bannières ; enfin, le 24 juin 1920, les quatre Évêques de Lorraine fixèrent solennellement la palmette d'or destinée à cacher la brisure de la Croix de Lorraine de 1873. Monseigneur Ruch, Évêque de Strasbourg, fit faire une copie de la bannière de Strasbourg.

> « L'ancienne bannière historique de la cité de Strasbourg (avait été) brûlée en 1870, pendant le bombardement de la place ; une copie en fut brodée, en 1873 ; sur une des banderoles, des mains françaises avaient tracé à l'aiguille cette prière : « *Libera civitatem tuam* » (Délivre ta cité), et l'avaient cachée sous une inscription moins compromettante, qui fut arrachée au jour de l'armistice… C'était le même cri de confiance en Marie que notre :
> « *Ce name po tojo* [1] *!* »

Oui, vraiment, les villes de France ne s'étaient pas trompées en mettant leur confiance en la Vierge Immaculée.

Le Sceau de l'Amour divin

Tiré des *Œuvres* du B. François de Sales. Paris, Sébastien Huré, 1652.

---

1. — Chanoine Martin, *Notre Dame de Sion*, chez Letouzey et Ané. 1923.

APPENDICE III

Le Culte de l'Armée pour Marie

C'est avec raison qu'on juge la valeur d'une armée sur ses chefs, car qui a l'âme haute sait inspirer les plus nobles actions. Or, de tous temps, nos Chefs Militaires ont eu pour la Reine du Ciel une dévotion profonde et, bien souvent, ont voulu se placer, ainsi que les troupes qu'ils commandaient, sous la spéciale protection de Marie.

Sans parler de la dévotion des Rois de France — chefs suprêmes de l'Armée — que de fois n'a-t-on pas vu nos généraux, chevauchant à la tête de leurs soldats, ou, le soir, au bivouac, réciter — sans ostentation, comme sans respect humain — le chapelet ou l'Office de la Sainte Vierge ?

Citons, entre beaucoup d'autres, quelques exemples :

Le Paladin Roland vient à pied, en pèlerinage, à Rocamadour et, ne pouvant se séparer de sa Durandal, en laisse du moins le poids en or et en argent, en attendant qu'il l'y fasse déposer après sa mort.

Duguesclin adopte comme cri de guerre « *Notre Dame Guesclin !* » et, avant de se rendre à Châteauneuf-de-Randon, va au Puy mettre son entreprise sous la protection de Notre Dame, aux pieds de laquelle ses entrailles sont conservées. Dans ses *Mémoires* Hay du Châtelet rapporte qu'une fois, « sitôt que les Anglais entendirent son cri de guerre *Notre Dame Guesclin*, ce cri qui était redoutable les effraya tellement que tout plia, qu'il en fut tué un grand nombre et presque tout le reste fait prisonnier. »

Olivier de Clisson offre une statue d'argent et fonde l'office quotidien en l'honneur de Notre Dame de Pitié à la collégiale de Clisson.

Le duc de Bourbon, vainqueur des Anglais, vient lui-même suspendre son étendard en action de grâce devant la statue miraculeuse de Notre Dame d'Orcival ; c'est au pied de la même Vierge, que quatre ans plus tard, Robert de Béthune rassemble ses hommes d'armes en vue du siège de la Roche Vandais et il enlève la place.

Le connétable Louis de Sancerre, commandant l'armée de Charles VI en Languedoc et Guyenne, fait vœu, s'il est victorieux, d'élever une chapelle à Marie : telle est l'origine de Notre Dame d'Alem, dont le sanctuaire fut détruit pendant la Révolution.

Jeanne d'Arc avait inspiré à Dunois un culte profond pour la Vierge, si bien qu'il devint le bienfaiteur et l'un des principaux restaurateurs de Notre Dame de Cléry et affirma hautement — lors du siège de Dieppe — que la déroute des Anglais était l'œuvre de Notre Dame de Cléry [1].

Après sa miraculeuse victoire de Bayonne, le comte de Foix, en hommage à Notre Dame, fait un don royal à l'église qui est dédiée à Marie [2].

Bayard, le chevalier sans peur et sans reproche, voulant mettre sa carrière militaire sous la protection de Marie, va à Chartres se faire « enchemiser » dans le voile de la Sainte Vierge et fait bénir son épée « qui devait toujours frapper en justice et droiture, » à Notre Dame des Neiges, non loin d'Embrun [3].

Quant au Maréchal d'Humières et aux Guise, c'est leur confiance en Marie qui leur inspire la fondation de la Ligue aux pieds de Notre Dame de Liesse ; ils confient à Notre Dame de Brebières le traité de Péronne qui organise ce grand mouvement qui sauvera la France de l'hérésie protestante [4].

La piété du Maréchal duc de Joyeuse est telle qu'après avoir puissamment contribué à sauver le Royaume, il veut finir ses jours comme simple religieux chez les Capucins et devient le Père Ange [5].

---

1. — Voir Chapitre X, p. 135.
2. — Voir Chapitre X, p. 136.
3. — Hamon, *op. cit.*, t. I, p. 208.
4. — Voir chapitre XII, pp. 162 et 163.
5. — *Vie du T. R. P. Ange de Joyeuse*, par un Capucin, Poussielgue à Paris.

Le Père Ange n'est pas le seul duc et Maréchal de France qui soit entré chez les Capucins, le duc de Montmorency, Premier Pair, Maréchal et Connétable de France devient le Père Henri[1].

Le grand Condé, sur le champ de bataille de Rocroy, fait vœu d'offrir une statue à la Vierge si Elle lui accorde la victoire[2]. Il aime venir prier à Notre Dame d'Étang, près de Dijon, et y déposer des drapeaux arrachés à l'ennemi[3]. Après sa victoire de Cambrai, il veut que la paix soit signée aux pieds de Notre Dame de Grâce.

Celui que ses troupes considéraient comme un père, le Maréchal de Turenne, ne se convertit qu'après une étude très sérieuse des vérités catholiques qui fait le plus grand honneur à la droiture de sa conscience. Cette conversion est si profonde que, sans l'interdiction de Louis XIV qui avait besoin de ses services pour la défense du Royaume, il aurait terminé ses jours chez les Oratoriens[4].

Les drapeaux et étendards arrachés à l'ennemi, grâce aux victoires du Maréchal de Luxembourg, sont déposés dans la basilique métropolitaine et valent au vainqueur le glorieux titre de « *Tapissier de Notre Dame.* »

Jean Bart, l'adversaire intrépide des Anglais et l'un de nos plus grands marins, accomplit ses magnifiques prouesses sous le regard de Marie en qui sa confiance est inébranlable. Il se fait gloire d'appartenir à l'Archiconfrérie de Notre Dame des Dunes de Dunkerque.

C'était l'époque où les galères du Roi avaient pour « *étendard de combat,* » le pavillon de la Vierge. Dans un manuscrit de l'époque on lit :

> « Sur les galères, un autre Estendart qu'on nomme Estendart de combat, mais ce n'est point une Enseigne ni une marque d'honneur, c'est uniquement un signal pour combattre ; il ne porte point les armes du Prince mais une Vierge en Assomption, sous la protection de laquelle la France combat[5]. »

---

1. — *id.* p. 398.
2. — Voir Chapitre XV, page 203.
3. — Hamon, *id.*, t. VI, p. 366 et R.P. Déjoux, *Histoire de Notre Dame d'Étang.*
4. — Général Weygand, *Turenne, Soldat Chrétien*, chez Flammarion, à Paris.
5. — *La science des Galères*, par M. de Barras de Lapenne, capitaine de l'une

Le chapitre consacré aux Vendéens et aux Chouans a suffisamment montré la profondeur du culte que tous, depuis les grands chefs jusqu'aux plus humbles martyrs, rendaient à la Vierge. (1)

Les grands chefs militaires au XIXe siècle ne le cèdent pas à leurs devanciers quant au culte qu'ils rendent à la Reine du Ciel :

Le Maréchal Bugeaud montre avec fierté la « Médaille Miraculeuse » qui ne le quitte jamais et ajoute : « Voilà le bouclier qui m'a protégé. » Il attribue hautement à la Vierge le mérite de la victoire de l'Isly :

> « Ce n'est pas moi, dit-il, qui l'ai remportée, c'est la Vierge Marie ; nous fléchissions, je L'ai priée, et Elle nous a donné la victoire (2). »

Le Maréchal Canrobert, — alors général — à la bataille de l'Alma, reçoit en pleine poitrine un éclat d'obus qu'arrête une médaille miraculeuse que lui avait donnée l'Impératrice Eugénie. Miraculeusement protégé, il tient à écrire à la Souveraine la grâce dont il vient d'être l'objet.

Le Maréchal Saint-Arnaud, Ministre de la Guerre, envoie une riche offrande à Notre Dame de Verdelais, à laquelle sa mère l'avait consacré dès son enfance. Nommé Commandant de l'Expédition d'Orient, sa première pensée est pour l'âme de ses soldats et, quand il meurt au cours de la campagne, « les personnes qui ensevelirent le Maréchal trouvèrent sur sa poitrine la médaille de l'Immaculée Conception et le scapulaire (3). »

Le Maréchal Pélissier, voulant manifester sa confiance en Marie, veut que l'attaque de Sébastopol ait lieu un jour de fête de la Sainte Vierge, le 8 Septembre, et il obtient la victoire (4).

---

des galères du Roi, à Marseille, 1697.

1. — Voir chapitre XVII, p. 259.
2. — Duhaut, *Marie protectrice de la France*, p. 69 – et p. Féron-Vrau, *Dieu et la France*.
3. — R. P. Huguet, *Trésor Historique des Enfants de Marie*, t. II. p. 116, lettre du R. P. Parabère écrite devant Sébastopol, le 2 novembre.
4. — *id.*, t. II, p. 157 ; et Féron-Vrau, *op. cit.*, p. 72.

Ajoutons que par une pieuse pensée, que lui avait sans doute inspirée l'Impératrice Eugénie, l'Empereur Napoléon III avait envoyé, à chacun des Amiraux commandants d'Escadre, une toile représentant la Vierge, afin que l'Étoile de la Mer protégeât nos marins. L'envoi de ce tableau fut officiellement annoncé par le Ministre de la Marine aux Amiraux. Ceux-ci, par une cérémonie grandiose, consacrèrent le vaisseau Amiral, en présence des délégations de tous les navires des escadres et adressèrent un rapport au ministre sur les cérémonies. L'un d'eux écrit :

> « Après l'allocution, M. l'aumônier supérieur procéda à la bénédiction solennelle du tableau. La garde présentait les armes. Aussitôt après, les tambours battirent au champs, le clergé entonna l'*Ave maris Stella*, et le canon mêla son tonnerre à nos voix, par une salve de vingt-et-un coups. Ce moment fut magnifique. C'était vraiment la proclamation de la Vierge Marie comme Reine et patronne de notre escadre [1]... »

Le Général de La Moricière, le vainqueur d'Abd-el-Kader, n'hésite pas à se consacrer — contre toute espérance — à la défense de Pie IX et des États Pontificaux et fait cette magnifique réponse à ceux qui tentent de l'en dissuader en lui disant :

> « Vous n'avez jamais été vaincu, vous le serez. » — « Qu'importe ! la cause en vaut la peine. » Il met en Marie toute sa confiance : avant Castelfidardo, à la tête de ses troupes, il communie à la basilique de Notre Dame de Lorette, puis il dit : « L'ennemi est très nombreux. Nous sommes peu de monde. Mais nous espérons en la Sainte Vierge [2]. »

Le Général de Sonis est un admirable exemple du soldat chevalier sans peur et sans reproche :

> « En campagne, et jusque pendant les engagements les plus épuisants, la rigueur de ses jeûnes frappe l'armée d'admiration, et ses compagnons voient une tactique ascétique défensive dans les terribles chevauchées où il brise ses forces : La nature à des droits, *écrit-il* ; mais il faut la réduire à ce qu'elle doit être chez

---

1. — *id.*, t. II, p. 110.
2. — Eug. Flornoy, *La Moricière*, p. 136.

nous autres chrétiens. » « Pénitence ! » avait dit la Vierge de Lourdes qu'il aimait tant. Les âmes et les patries ne se sauvent que par elle (1) ! »

Pendant les désastres de 1871, « Sonis signale à ses amis les voix annonciatrices qui à Pontmain et ailleurs, rappelant le peuple au devoir, lui enseignent l'espérance :

> « La Sainte Vierge apparaît continuellement à des enfants, *écrit-il*. Tout ce monde tend les bras vers le Ciel et crie : Miséricorde ! »

Il voit, dans les grands pèlerinages qui s'organisent aux grands sanctuaires de la Vierge : Chartres, Notre Dame de Pitié en Vendée, Lourdes, Pontmain, La Salette ainsi que dans le développement du culte du Sacré-Cœur, la certitude du salut de la France (2).

Quant au Général de Charette, l'un des plus grands entraîneurs d'hommes du XIXe siècle, dont le nom seul suffisait à jeter l'épouvante dans les bandes d'assassins et de voleurs de Garibaldi et des Loges, sa piété envers Marie lui sauva la vie : un jour, étant tombé au milieu d'une bande de brigands en Italie, ceux-ci ne lui firent aucun mal parce que l'un d'eux l'avait vu se découvrir pieusement devant les statues de la Madone (3). Après Castelfidardo, où il s'était couvert de gloire avec ses Zouaves, blessé, et évacué sur Lorette, il considéra comme une délicatesse de Marie d'être soigné dans la basilique de la Santa Casa.

La piété, envers la Vierge, de nos généraux pendant la guerre de 1914-1918, notamment du Maréchal Foch (4), venant chaque jour

---

1. — Jean des Marets, *Le Général de Sonis*, , p. 100, chez Sorlot à Paris.
2. — *Id.* pp. 158-159.
3. — P. Devigne, Charette, p. 29.
4. — Dans son livre sur « *Sainte Bernadette*, » le chanoine Belleney rapporte l'entretien qu'il eut le 30 septembre 1919 avec le Maréchal Foch :

  « L'Abbé, on peut avoir confiance dans son étoile, mais, dans la guerre, il y a des *impondérables*. Pour moi, le plus grand a été LA PROTECTION DE NOTRE DAME DE LOURDES QUI, si souvent priée par nous, n'a pas voulu que nous devenions Allemands. Maintes fois, je me suis vu pris. Alors je m'accrochais à Elle comme un enfant de deux ans s'accroche à sa mère. Je lui demandais l'inspiration. Je jouais pile ou face. Elle nous a toujours sauvés … J'AI DIT MON CHAPELET EN ENTIER TOUS LES JOURS DE MA VIE.

longuement prier aux pieds de Notre Dame de la Victoire à Senlis, du Général de Castelnau, le fondateur de la Fédération Nationale Catholique, est encore présente aux esprits [1].

L'Armée et la Marine ne le cèdent point à leurs grands chefs. Quand les Francs culbutent les barbares et brisent l'hérésie arienne ; arrêtent l'invasion musulmane, avec Charles Martel, à Poitiers ; fondent le Pouvoir Temporel de l'Église avec Pépin et Charlemagne ; conquièrent les Saxons et les Hispaniques à la Foi avec Charlemagne et Roland ; délivrent le tombeau du Christ de la domination des Infidèles avec Godefroy de Bouillon et ses successeurs ; imposent la justice de Dieu dans les relations internationales avec Saint Louis et rétablissent l'Ordre Chrétien dans le monde avec Jeanne d'Arc ; s'enrôlent sous les bannières de la Ligue pour délivrer la France de l'hérésie Calviniste qui fait rage et menace l'Église de ses flots sanglants et impies ; quand ils prennent La Rochelle et brisent la domination protestante

---

» — Même aux jours de grande bataille ?

» — J'en avais plus besoin ces jours-là que les autres ... Maman connaissait Bernadette. Elle l'accompagnait à la Grotte. Elle était à genoux à côté de la Voyante, entre elle et le docteur Dozous, au miracle du cierge. Elle nous l'a raconté en rentrant. J'ai tenu d'elle ma croyance à Notre Dame. »

1. — Sous le titre *Curieuse Coïncidence*, *L'Écho du Saint Sang* (n° de Juillet 1938), bulletin de la Paroisse Saint François de Sales à Boulogne-sur-Mer, fait une remarque intéressante :

« Le nom de la Sainte Vierge est assez peu donné comme prénom à des hommes ... Pourtant, faites, pour la guerre de 1914-1918, le recensement de nos principaux chefs militaires (Commandants d'une Armée ou au-dessus) et vous verrez chez beaucoup, peut-être chez la majorité, le prénom de Marie parmi les prénoms respectifs.

» Ci-après cette liste sans doute incomplète :

» Maréchaux : MARIE Emile Fayolle ; Louis Félix MARIE François Franchet d'Espérey. »

» Généraux : Noël MARIE Joseph Edouard de Curière de Castelnau ; MARIE Eugène Debeney ; Jean MARIE Degoutte ; MARIE Louis Adolphe Guillaumat ; Fernand Louis Armand MARIE de Langle de Cary ; Charles Louis MARIE Lanrézac ; Paul André MARIE Maistre ; Charles MARIE Emmanuel Mangin ; MARIE Antoine Henry de Mitry. »

sur le Royaume avec Louis XIII et que les victoires au temps de Louis XIV permettent de « tapisser » les basiliques dédiées à Marie, avec les drapeaux pris sur les ennemis ; quand les héros et les martyrs Vendéens et Chouans sauvent l'honneur et la Foi de la France en récitant leur Rosaire, le chapelet au cou ou au bras ; que leurs successeurs défendent le Siège de Pierre et le Pouvoir Temporel que le sang de leurs ancêtres avait constitué pour assurer l'indépendance du Pontificat nécessaire à l'accomplissement de sa mission, et demeurent — en dépit des apparences — les vainqueurs, parce que, au dire de La Moricière : « L'avantage de ceux qui combattent pour un principe, c'est qu'alors même qu'ils succombent, leur défaite devient une éclatante protestation en faveur du droit [1] » ; quand nos soldats — et combien portent avec une édifiante piété la « Médaille Miraculeuse » — arrachent aux Schismatiques les canons dont sera fondue la colossale statue de Notre Dame de France, au Puy, ouvrent la voie à l'Évangile en Afrique, en Asie, etc. ; ou refoulent la barbarie tudesque et sauvent la civilisation chrétienne, à la Marne, à Verdun, sur la Somme et de nouveau sur la Marne en 1918 et en 1944 reprennent Rome et libèrent le Saint-Siège de la menace germanique, il n'est pas exagéré de dire que nos soldats et nos marins accomplissent les Gestes de Dieu par Marie [2]. C'est logique puisque la France est

---

1. — E. Flornoy, *op. cit.*, p. 156.
2. — Parmi les innombrables hommages publics rendus par notre Armée et notre Marine à la Reine du Ciel, il en est un qui mérite d'être cité parce que, plus que beaucoup d'autres, il a dû toucher le Cœur Immaculé de Marie. C'est celui que les blessés de notre Armée d'Orient Lui offrirent, en la Fête de l'Immaculée Conception, le 8 Décembre 1855, célébrée solennellement à l'ambulance française de Péra à Constantinople, car cet hommage, d'une simplicité touchante, était d'une héroïque et sublime grandeur :

« Au-dessus de l'autel de Marie, magnifiquement paré, on voyait appendu un Cœur de grande dimension, fait avec les projectiles extraits des membres mutilés de ces glorieux blessés » (*Trésor Historique* ... t. II, p. 153.)

Que de sanctuaires marials ont à leur origine un vœu fait par un chevalier ou même par un simple homme d'armes, au milieu d'une bataille ou encore avant de quitter sa famille pour une expédition guerrière. Beaucoup offraient (et cela se fait encore) les décorations reçues, à telle ou telle Madone, reconnaissant ainsi le Royaume de Marie, l'épée de l'Église quand celle-ci veut vaincre, le bouclier derrière lequel Elle se réfugie quand Elle est attaquée, et que rien ne se fait dans l'Église sans la Mère du Christ.

Les victoires de nos armes sont dues le plus souvent à la grâce de Marie, ainsi que nos grands chefs militaires le reconnaissent : pour nos ennemis, « Marie est terrible comme une armée rangée en bataille, » pour la France, la Vierge est vraiment Notre Dame des Victoires.

Statue érigée sur le Mont-Corneille le 12 septembre 1860. Hauteur du Rocher au-dessus de la Ville : 139 m. et 767 m. au-dessus du niveau de la Mer.

Hauteur de la statue : 16 m. et du piédestal : 7 m., 107 marches d'escalier pour arriver à la couronne. Poids de la Statue ; 110.000 kilos..

LE PUY LA STATUE COLOSSALE DE NOTRE-DAME DE FRANCE

que la valeur militaire, autant que la protection dans les dangers, ils la devaient à la Très Sainte Vierge, Médiatrice de toutes grâces.

La « langue héraldique » elle-même témoigne en faveur de la piété mariale de la noblesse française : le champ d'azur, les fleurs de lys, les roses et les étoiles sont regardés comme étant souvent choisis par dévotion envers Notre Dame. Dans quel Armorial ces quatre signes sont-ils aussi fréquents que dans celui de France ? Quelques familles ont même, comme supports de l'écu, non un hercule, un lion, une licorne, etc. mais deux sortes de guirlandes de feuilles de chêne appelées, par un de ces jeux de mots chers de tous temps à l'esprit français, « chaînes de la Sainte Vierge » symbolisant ainsi, plus ou moins, le Saint esclavage prêché par Saint Grignion de Montfort et pratiqué plus anciennement par beaucoup d'âmes d'élite.

APPENDICE IV

La naissance de dix Rois ou Princes de France obtenue par la Protection Miraculeuse de Marie

La tradition assurait que le Voile de la Vierge, conservé à Chartres, avait été porté par Marie pendant les neuf mois d'attente de Notre-Seigneur ; aussi :

> « Chaque fois que la Reine ou la Dauphine attendaient un héritier pour le Trône, le Roi en avisait officiellement le chapitre de Chartres. Celui-ci faisait confectionner une chemise de taffetas blanc, brodé d'un galon d'or, la laissant reposer neuf jours sur la sainte châsse, célébrait chaque jour de la neuvaine une messe à la chapelle de Sous-Terre pour l'heureuse délivrance de la princesse, et déléguait ensuite quatre de ses membres pour aller lui offrir cette chemise bénite [1]. »

La Reine ne s'en séparait plus jusqu'à la naissance afin que Notre Dame la protégeât ainsi que l'enfant qu'elle portait dans son sein, et la confiance royale n'était jamais trompée.

Au cours de cette étude, le lecteur aura remarqué qu'à plusieurs reprises la Reine du Ciel a voulu manifester sa toute spéciale bienveillance aux Princes des Lys ; il n'est cependant pas inutile, semble-t-il, de grouper, en cet appendice, ce qui a trait à la naissance miraculeuse de nos Rois ou de leurs Enfants.

C'est tout d'abord Louis VII et Adèle de Champagne qui, sans héritier pour la Couronne, s'adressent à Marie pour obtenir un fils. Leur prière est exaucée et, en reconnaissance, ils fondent l'abbaye Royale de Notre Dame de Barbeaux, dans le diocèse de Meaux.

---

1. — Hamon t. I, p. 209.

Leur fils, Philippe-Auguste, sans héritier mâle, a recours, ainsi que la Reine Isabelle, à la Protectrice Céleste du Trône, et viennent à cet effet à Chartres. Ils ne sont point trompés dans leur attente [1].

Louis VIII, à son tour, se sachant redevable de la vie à Marie, unit ses prières à celles de Blanche de Castille et tous deux, par la dévotion au Rosaire, arrachent au Ciel la naissance de celui qui sera Saint Louis. la Reine vient en pèlerinage de reconnaissance à Notre Dame de Livron, près de Montauban et y fait des fondations encore acquittées en 1789.

Saint Louis et Marguerite de Provence, désolés de n'avoir pas d'enfants, font faire des prières dans tout le Royaume à cette intention ; le Roi ayant entendu parler des grandes vertus du Recteur de la Paroisse du Péray, près de Versailles, Saint Thibault de Marly, Abbé des Vaux, vient le visiter en son abbaye avec la Reine Marguerite et avec sa mère, Blanche de Castille. Les voyant en grande désolation, le saint, après avoir prié Notre Dame, leur dit de ne point désespérer, que Dieu viendrait au secours du Royaume de France et contenterait leur désir. Il les bénit alors et leur conseilla d'aller boire de l'eau à la fontaine du monastère. Les prières à Notre Dame furent exaucées. Et la Reine fut si reconnaissante à Saint Thibault de son intervention auprès de la Reine du Ciel qu'après la mort du Saint Abbé, elle vint prier à son tombeau et se prosterna le visage contre terre, pour lui rendre hommage comme à son insigne bienfaiteur.

Louis XI, dont la dévotion à Marie est bien connue, ne pouvait manquer de demander à Celle en laquelle il mettait toute sa confiance de lui donner un fils. Il vint à cet effet en pèlerinage à Cléry, et ayant été exaucé, il y revint pour témoigner sa reconnaissance à Notre Dame.

Les chapitres XIV et XV, ont donné tous les détails relatifs à la naissance miraculeuse de Louis XIV et à celles du Grand Dauphin et du Dauphin, il n'est donc pas nécessaire de revenir sur ce point. Ajoutons cependant que Louis XIV voulut qu'une preuve émanant de lui-même témoignât à ses peuples de la réalité de sa miraculeuse

---

1. — *Philippidos*, lib. XII, *conclusio operis*, d'après Guillaume le Breton ; voir Hamon, t. I, p. 221.

venue au monde ; il fit apposer à Notre Dame de Cotignac la plaque suivante :

> Louis XIV, roi de France et de Navarre,
> Donné à son peuple par les vœux
> Qu'Anne d'Autriche, Reine de France, sa Mère
> A faits dans cette église,
> A voulu que cette pierre fût ici posée
> Pour servir de monument à la postérité
> Et de sa reconnaissance
> Et des messes que sa libéralité y a fondées
> Pour l'âme de sa dite Mère.
> Le XXIII avril MDCLXVII.

Louis XV et Marie Leczinska obtinrent un fils après une communion fervente et de nombreuses prières faites à Notre Dame de Liesse.

Les premières années du mariage de Louis XVI et de Marie-Antoinette ayant été stériles, la Reine s'adressa à Notre Dame du Chêne, non loin de Neauphle-le-Château ; elle se chargea de l'achèvement de la reconstruction de Notre Dame de Bon Secours à Nantes et d'avance, confiante en Marie, elle offrit une statue d'argent représentant la Vierge tenant l'Enfant-Jésus[1].

La leçon qui se dégage de tels faits doit être pleinement mise en lumière : Puisque la théologie enseigne qu'aucun acte, aucune faveur de la Reine du Ciel ne peut aller à l'encontre de la volonté et les désirs divins, il s'ensuit donc, logiquement, que si la Vierge assure ainsi à la Race Royale de France la pérennité, c'est que la volonté divine est que cette Race demeure sur le Trône de France pour y accomplir la mission qui lui est assignée. Confirmation éclatante de la mission divine de nos Rois et de la France.

Ajoutons que l'Église reconnaissait tellement le bienfait de la Royauté pour la France que, dans de nombreuses circonstances, les Souverains Pontifes ont accordé des privilèges exceptionnels à nos Rois et des indulgences aux peuples qui priaient pour le Roi de France. Citons entre beaucoup d'autres faits ;

---

1. — Hamon, pp. 418.

Au temps de Saint Louis, Innocent IV accorda 10 jours d'indulgences à quiconque prierait pour le Roi de France. C'est ce qu'on peut voir sur chacun des deux piliers qui font face à la porte d'entrée de l'Église Saint Louis des Français, à Rome.

Le 20 Mai 1514, Léon X accordait un an d'indulgence à ceux qui assistaient aux prières publiques pour le Roi ; le 26 janvier 1515, il accordait une indulgence plénière à tous ceux qui réciteraient dans les principales églises du Royaume, trois Pater et trois Ave pour le Roi et la France, le jour du Sacre.

Les Souverains Pontifes allèrent plus loin ; on trouve de nombreux cas où ils accordèrent aux fidèles des indulgences, allant jusqu'à un an et quarante jours, à tous ceux qui assisteraient à certains offices célébrés en présence du Roi, de la Reine et du Dauphin, ou même qui visiteraient seulement une église le jour de sa dédicace, si cette dédicace a eu lieu en présence de l'un ou l'autre d'entre eux.

Non seulement l'Église ne se contentait pas de faire prier pour le Roi de France, mais aussi pour le Dauphin. Elle reconnaissait donc l'importance du principe héréditaire et du droit de primogéniture [1].

Aucun régime politique, autre que la Royauté Salique Française, n'a joui de pareilles faveurs, parce que les autres ne « sont permis par Dieu que pour le châtiment des péchés du peuple, » suivant la lumineuse distinction du Concile de Paris [2], alors que la Royauté Salique, seule, en France, est le régime voulu par Dieu.

---

1. — Pour tous ces privilèges, consulter : *Collection de documents inédits sur l'Histoire de France*, publiés par les soins du Ministre de l'Instruction Publique et des Cultes ; le série *Histoire Politique*, Imprimerie Impériale, 1855 : *Privilèges accordés à la Couronne de France par le Saint-Siège*. Notamment pp. 277 à 279 et la table pp. 401 à 405.
2. — Lib. II, C 5 ap. Coletti, IX, p. 753.

APPENDICE V

Lettre Apostolique proclamant Notre Dame de l'Assomption Patronne principale de la France et Sainte Jeanne d'Arc, Patronne secondaire

Pie XI, Pape
Pour perpétuelle mémoire.

Les Pontifes romains Nos prédécesseurs ont toujours, au cours des siècles, comblé des marques particulières de leur paternelle affection la France, justement appelée la Fille Aînée de l'Église. Notre prédécesseur de sainte mémoire, le Pape Benoît XV, qui eut profondément à Cœur le bien spirituel de la France, a pensé à donner à cette nation, noble entre toutes, un gage spécial de sa bienveillance.

En effet, lorsque, récemment, Nos Vénérables Frères les cardinaux, archevêques et évêques de France, d'un consentement unanime, lui eurent transmis par Notre Vénérable Frère Stanislas Touchet, évêque d'Orléans, des supplications ardentes et ferventes pour qu'il daignât proclamer patronne principale de la nation française la bienheureuse Vierge Marie reçue au ciel, et seconde patronne céleste sainte Jeanne, pucelle d'Orléans, Notre prédécesseur fut d'avis de répondre avec bienveillance à ces pieuses requêtes. Empêché par la mort, il ne put réaliser le dessein qu'il avait conçu. Mais à Nous, qui venons d'être élevé par la grâce divine sur la Chaire sublime du Prince des Apôtres, il Nous est doux et agréable de remplir le vœu de notre très regretté prédécesseur et, par Notre autorité suprême, de décréter ce qui pourra devenir pour la France une cause de bien, de prospérité et de bonheur.

La vierge Marie dans l'histoire de France

Il est certain, selon un ancien adage, que « le royaume de France » a été appelé le « royaume de Marie, » et cela à juste titre.

Car, depuis les premiers siècles de l'Église jusqu'à notre temps, Irénée et Eucher de Lyon, Hilaire de Poitiers, Anselme, qui, de France passa en Angleterre comme archevêque, Bernard de Clairvaux, François de Sales, et nombre d'autres saints docteurs, ont célébré Marie et ont contribué à promouvoir et amplifier à travers la France le culte de la Vierge Mère de Dieu. À Paris, dans la très célèbre Université de Sorbonne, il est historiquement prouvé que dès le XIIIe siècle, la Vierge a été proclamée conçue sans péché.

Même les monuments sacrés attestent d'éclatante manière l'antique dévotion du peuple à l'égard de la Vierge : trente-quatre églises cathédrales jouissent du titre de la Vierge Mère de Dieu, parmi lesquelles on aime à rappeler, comme les plus célèbres, celles qui s'élèvent à Reims, à Paris, à Amiens, à Chartres, à Coutances et à Rouen. L'immense affluence des fidèles accourant de loin chaque année, même de notre temps, aux sanctuaires de Marie, montre clairement ce que peut dans le peuple la piété envers la Mère de Dieu,. et plusieurs fois par an la basilique de Lourdes, si vaste qu'elle soit, paraît incapable de contenir les foules innombrables de pèlerins.

La Vierge-Mère en personne, trésorière de toutes les grâces de Dieu, a semblé, par des apparitions répétées, approuver et confirmer la dévotion du peuple français.

Bien plus, les principaux et les chefs de la nation se sont fait gloire longtemps d'affirmer et de défendre cette dévotion envers la Vierge. Converti à la vraie foi du Christ, Clovis s'empresse, sur les ruines d'un temple druidique, de poser les fondements de l'Église Notre Dame, qu'acheva son fils Childebert. Plusieurs temples sont dédiés à Marie par Charlemagne. Les ducs de Normandie proclament Marie Reine de la nation. Le roi Saint Louis récite dévotement chaque jour l'office de la Vierge. Louis XI, pour l'accomplissement d'un vœu, édifie à Cléry un temple à Notre Dame. Enfin, Louis XIII consacre le royaume de France à Marie et ordonne que chaque année, en la fête de l'Assomption de la Vierge, on célèbre dans tous les diocèses de France de solennelles fonctions : et ces pompes solennelles, Nous n'ignorons pas qu'elles continuent de se dérouler chaque année.

En ce qui concerne la Pucelle d'Orléans que Notre prédécesseur a élevée aux suprêmes honneurs des saints, personne ne peut mettre en doute que ce soit sous les auspices de la Vierge qu'elle ait reçu et rempli la mission de sauver la France. Car d'abord, c'est sous le patronage de Notre Dame de Bermont, puis sous celui de la Vierge d'Orléans, enfin de la Vierge de Reims, qu'elle entreprît d'un Cœur viril une si grande œuvre, qu'elle demeura sans peur en face des épées dégainées et sans tache au milieu de la licence des camps, qu'elle délivra sa patrie du suprême péril et rétablit le sort de la France. C'est après avoir reçu le conseil de ses voix célestes qu'elle ajouta sur son glorieux étendard le nom de Marie à celui de Jésus, vrai Roi de France. Montée sur le bûcher, c'est en murmurant au milieu des flammes en un cri suprême, les noms de Jésus et de Marie, qu'elle s'envola au ciel. Ayant donc éprouvé le secours évident de la Pucelle d'Orléans, que la France reçoive la faveur de cette seconde patronne céleste : c'est ce que réclament le clergé et le peuple, ce qui fut déjà agréable à Notre prédécesseur et qui Nous plaît à Nous-même.

C'est pourquoi, après avoir pris les conseils de Nos Vénérables Frères les cardinaux de la Sainte Église Romaine préposés aux Rites, *motu proprio*, de science certaine et après mûre délibération, dans la plénitude de Notre pouvoir apostolique, par la force des présentes et à perpétuité, Nous déclarons et confirmons que la Vierge Marie Mère de Dieu, sous le titre de son Assomption dans le ciel, a été régulièrement choisie comme principale patronne de toute la France auprès de Dieu, avec tous les privilèges et les honneurs que comportent ce noble titre et cette dignité.

De plus, écoutant les vœux pressants des évêques, du clergé et des fidèles des diocèses et des missions de la France, Nous déclarons avec la plus grande joie et établissons l'illustre Pucelle d'Orléans, admirée et vénérée spécialement par tous les catholiques de France comme l'héroïne de la religion et de la patrie, sainte Jeanne d'Arc, vierge, patronne secondaire de la France, choisie par le plein suffrage du peuple, et cela encore d'après Notre suprême autorité apostolique, concédant également tous les honneurs et privilèges que comporte selon le droit ce titre de seconde patronne.

En conséquence, Nous prions Dieu, auteur de tous biens, que, par l'intercession de ces deux célestes patronnes, la Mère de Dieu élevée au ciel et sainte Jeanne d'Arc, vierge, ainsi que des autres saints patrons des lieux et titulaires des églises, tant des diocèses que des missions, la France catholique, ses espérances tendues vers la vraie liberté et son antique dignité, soit vraiment la fille première-née de l'Église Romaine ; qu'elle échauffe, garde, développe par la pensée, l'action, l'amour, ses antiques et glorieuses traditions pour le bien de la religion et de la patrie.

Nous concédons ces privilèges, décidant que les présentes Lettres soient et demeurent toujours fermes, valides et efficaces, qu'elles obtiennent et gardent leurs effets pleins et entiers, qu'elles soient, maintenant et dans l'avenir, pour toute la nation française, le gage le plus large des secours célestes ; qu'ainsi il en faut juger définitivement, et que soit tenu pour vain dès maintenant et de nul effet pour l'avenir tout ce qui porterait atteinte à ces décisions,' du fait de quelque autorité que ce soit, sciemment ou inconsciemment. Nonobstant toutes choses contraires.

Donné à Rome, près Saint Pierre, sous l'anneau du Pécheur, le 2 du mois de mars de l'année 1922, de Notre Pontificat la première année.

P. card. GASPARRI, Secrétaire d'État [1].

Ajoutons que Pie XI avait voulu que le Grand Jubilé de la Rédemption se clôturât en terre française à Lourdes ; Il envoya, pour le représenter, son éminent Secrétaire d'État, dont l'amour pour la France est bien connu. Les grands discours que le Cardinal Pacelli prononça à Lisieux et à Notre Dame de Paris, où Il exalta en termes magnifiques la mission divine de la France, sont encore présents à toutes les mémoires. Aussi, semble-t-il que ce soit le Cœur Immaculé de Marie qui ait inspiré au Conclave l'élection de Celui qui était le plus digne de gouverner l'Église par la sûreté de sa doctrine, par ses qualités remarquables de Cœur et d'intelligence, par la profondeur de sa piété, et le plus apte à resserrer les liens du Pontificat Suprême et de la France. Nous savions depuis 1930 que

---

1. — *Actes de* S.S. Pie XI, t. I, pp. 20 à 25 (traduction de la Bonne Presse.)

le Cardinal Pacelli avait la réputation d'un saint. Le Cardinal Billot nous l'avait dit personnellement et avait ajouté :

« Je prie chaque jour pour qu'Il soit le successeur de Pie XI. »

Aussi est-ce avec une émotion profonde que nous avons souvent déposé aux pieds de Sa Sainteté Pie XII l'hommage de notre très filiale vénération et de notre très respectueux dévouement.

INDEX

Des sanctuaires français dédiés à la Sainte Vierge

A

Abbaye de Notre Dame du Pont-aux-Dames 74
Abbaye de Saint Corneille 57
Abbaye de Sainte-Marie de Sorèze 52
Abbaye de Sainte-Marie-du-Pré 76
Abbaye Royale de Notre Dame-du-Lys 96
Abbaye Royale de Royaumont 72
Notre Dame d'Aix-la-Chapelle (*Basilique*) 54, 56
Notre Dame d'Alem, près Castelsarrasin 116, 390
Notre Dame d'Almenesche à Argentan 245
Notre Dame d'Amiens 74
Notre Dame d'Aubervilliers 107
Notre Dame d'Aubune, près d'Avignon 61
Notre Dame d'Auch 76, 170, 378
Notre Dame d'Aurenques à Aurillac 386
Notre Dame d'Avenières, à Laval 309
Notre Dame des Aides (*ou Aydes*), à Blois 150
Notre Dame des Aides (*ou Aydes*), à Orléans 130
Notre Dame des Alyscamps, à Arles 52
Notre Dame des Anges, à Pignons, près Fréjus 46
Notre Dame des Apôtres (*Ordre de*), à Lyon 283
Notre Dame des Ardents, à Arras 143, 204, 373
Notre Dame des Ardilliers, en Anjou 200
Notre Dame des Aydes 159
Notre Dame de l'Annonciation (*Cathédrale de Nancy*) 247
Notre Dame de l'Assomption 15, 402

Notre Dame de l'Assomption, à Ligny-en-Barrois 247
Notre Dame de l'Assomption, Patronne de la France 175 et suivantes, 402 et suivantes.
Notre Dame de l'Aumône, près Seyssel 156
Notre Dame de l'*Ave Maria* (*Couvent de*), à Paris 144

B

Notre Dame de Banelle, près Gannat 205
Notre Dame de Barbeaux, près Meaux 68, 398
Notre Dame de Bayeux 59
Notre Dame de Bayonne 136, 137, 157, 390
Notre Dame de Beauray, près Bar-sur-Aube 104
Notre Dame de Béhuard, près d'Angers 141
Notre Dame de Belmont, en Anjou 152
Notre Dame de Belpech, près Castelnaudary 378
Notre Dame de Benoîte Vaux, Vaux en Lorraine 248, 304
Notre Dame de Bermont, près Domrémy 125, 404
Notre Dame de Bétharram 199, 281
Notre Dame de Bethléem, à Ferrières-en-Gâtinais 36, 56, 199
Notre Dame de Blanc-Mesnil 84
Notre Dame de Boiscommun, près de Pithiviers 144
Notre Dame de Bon Secours 179, 249, 250, 305, 378, 386, 400
Notre Dame de Bonne Espérance, à Toulouse 117
Notre Dame de Bonne Nouvelle 64, 112, 153 à 155, 249, 308, 376, 377
Notre Dame de Bon-Secours 248, 250
Notre Dame de Bon-Secours et de Saint-Louis 205
Notre Dame de Boulogne 68, 74, 76, 100, 104, 106, 109, 123, 148, 156, 158, 208, 244, 245
Notre Dame de Bourbourg (*Nord*) 115
Notre Dame de Bouvines, à Senlis (*Voir Notre Dame de la Victoire à Senlis*) 70
Notre Dame de Bouxières, en Lorraine 248
Notre Dame de Brebières, près de Péronne 162, 173, 390
Notre Dame de Buglose, près de Dax 199
Notre Dame de Buzay, près de Nantes 154
Notre Dame des Bonnes Nouvelles, à Château-l'Évêque, près Périgueux 132
Notre Dame des Bonnes Nouvelles, à la Cathédrale Saint-Nazaire de Carcassonne 132

Notre Dame des Bourguignons, en Lorraine 249
Notre Dame du Bon Conseil, à Fourvières, à Lyon 68
Notre Dame du Bout du Pont, à Pau 167
Notre Dame la Blanche, à Selles-sur-Cher 46
Notre Dame la Bonne 116
Notre Dame la Bonne Délivrance, à Saint-Etienne-des-Grès, à Paris 201

C

Notre Dame de Caillouville, près Yvetot 108, 144
Cathédrale de Reims 57
Cathédrale Sainte Marie de Paris 46
Chapelle de Notre Dame 53, 65, 108, 117, 130, 144, 154, 201, 386
Cœur Immaculé de Marie 138, 212, 251 à 256, 259, 270, 329, 336, 361, 363 à 371, 396, 405
Collégiale Notre Dame de Melun 112
Notre Dame de Cambrai (Notre Dame de Grâce) 56, 245, 381, 391
Notre Dame de Camon près de Mirepoix 52
Notre Dame de Celles entre Niort et Melle 144
Notre Dame de Chaalis (*Oise*) 65
Notre Dame de Charité du Bon Pasteur 282
Notre Dame de Chartres 56, 64, 78, 79, 99, 104, 156, 163, 199, 206, 245, 252
Notre Dame de Clairlieu, près Nancy 247
Notre Dame de Clermont, en Auvergne 76
Notre Dame de Cléry, près d'Orléans 131, 135 à 137, 141, 142, 145, 152, 155, 156, 159, 169, 390
Notre Dame de Compiègne 57
Notre Dame de Conception, à Orléans 144
Notre Dame de Conception, à Passais, près d'Alençon : 304.
Notre Dame de Condat, à Libourne 52
Notre Dame de Cotignac, voir Notre Dame de Grâce de Cotignac 400
Notre Dame de Coutances 59, 362
Notre Dame de Cunault, près de Saumur 47
Notre Dame des Champs, à Lutèce, puis à Paris 30
Notre Dame de la Chapelle, à Abbeville 188
Notre Dame de la Chaussée, à Valenciennes 52
Notre Dame de la Crèche (*Abbaye du Val de Grâce de*) 201
Notre Dame de la Conception, Orléans 304
Notre Dame du Calvaire, à Gramat 16

Notre Dame du Calvaire (*Bénédictines de*) 184, 282
Notre Dame du Carmel de Ploërmel 155
Notre Dame du Chêne, à Maizières (*Doubs*) 204, 250, 300, 400
Notre Dame du Chêne, aux Mesnuls, près de Montfort l'Amaury : 250

D

Notre Dame de Dammarie, en Lorraine 247
Notre Dame de Déols, à Châteauroux 77, 78, 382
Notre Dame de Dijon 410
Notre Dame des Doms, à Avignon 51, 52
Notre Dame des Dunes, à Dunkerque 206, 384, 385, 391
Notre Dame de la Daurade, à Toulouse 56
Notre Dame de la Délivrande, près de Caen 144, 247
Notre Dame de la Diège, à Jouy-en-Josas 117
Notre Dame de la Dieppe 142
Notre Dame la Désirée, à Saint-Martin-la-Garenne (*Yvelines*) 113, 114

E

Notre Dame d'Ecurey, près Verdun 247
Notre Dame d'Embrun (*Hautes-Alpes*) 124, 144, 145, 152, 155, 169
Notre Dame d'Espérance (*Ordre de*) 117
Notre Dame d'Espérance, à Saint-Brieuc 309
Notre Dame d'Espérance de Pontmain 366
Notre Dame d'Espérance, en Languedoc 117
Notre Dame d'Étampes 64
Notre Dame de l'Étanche, en Lorraine 247
Notre Dame d'Etréaupont (*Aisne*) 143
Notre Dame d'Eu (*Seine Maritime*) 377
Notre Dame d'Evreux 59
Notre Dame de l'Étoile (*Crypte de la Sainte-Chapelle de Paris*) 96
Notre Dame de l'Étoile (*Ordre de Chevalerie*) 64
Notre Dame des Ermites, à Einsiedeln (*en Suisse*) 56
Notre Dame d'Étang 391
Notre Dame sur l'Eau, près Domfront 152, 159

F

Notre Dame de Ferrières (voir Notre Dame de Floirac (*chapelle du Monastère, près de Floirac*) (*Lot*) 47
Notre Dame de Foi, à Canchy (*Somme*) 143
Notre Dame de Fontainebleau 68
La Fontaine de Marie, près de Nantes (*source miraculeuse*) 380
Notre Dame de Fontevrault 411
Notre Dame de Fourvières, à Lyon 147, 287, 378
Notre Dame de France 23, 36, 129, 302, 396
Notre Dame de France (*voir Notre-Dame du Puy*)
Notre Dame de Fresnay 64
Notre Dame de la Fontaine, à Saint-Brieuc 305
Notre Dame du Folgoët 155, 159, 200
Notre Dame du Fort Royal, près Rivesaltes, en Roussillon 206
Notre Dame la Fleurie, près Figeac (*Lot*) 52, 143
Notre Dame la Fleury, à Saint-Benoît-sur-Loire 65, 68

G

Notre Dame de Garaison, (*Hautes-Pyrénées*) 199
Notre Dame de Grâce 183, 185, 206, 245, 385, 391
Notre Dame de Grâce de Rochefort près d'Uzès 51
Notre Dame de Grâce, à Paris 204
Notre Dame de Grâce, au Havre 385
Notre Dame de Grâce, de Cotignac (*Var*) : 204, 148, 165, 168, 330.
Notre Dame de Grâce, près de Nîmes 53
Notre Dame de Granville (*Manche*) 387
Notre Dame de Guebwiller (*Alsace*) 387
Notre Dame de la Garde, à Marseille 199, 200, 287, 325, 378
Notre Dame du Guet, à Bar-le-Duc 381

H

Notre Dame de Hambye (*Manche*) 76
Notre Dame de Honfleur 76, 412
Notre Dame de l'Hermine (*Ordre de Chevalerie*) 154
Notre Dame de l'Heure, près d'Abbeville 143
Notre Dame de la Halle, à Valenciennes 143
Notre Dame des Hiverneaux 92

I

Immaculée Conception : 249, 282, 284, 286, 287, 300 à 307, 324, 365, 394.
Notre Dame d'Issoudun (*Voir aussi Notre Dame du Sacré-Cœur*) 77
Notre Dame de l'Île Callot, à Saint-Pol-de-Léon 154
Notre Dame de L'île, en Arvert 204
Notre Dame de l'Île, à Lyon 201
Notre Dame de l'Île, à Paris 111
Notre Dame de l'Isle, à Troyes 104
Notre Dame de l'Isle 96, 104, 412
Notre Dame des Lys 139

J

Joie de Notre Dame 155
Notre Dame de la Joie de Notre-Dame, (*monastère de*) près de Vannes : 155.

K

Notre Dame de Karlopole, à Lannion 57
Notre Dame de Kozgeodek, près de Compiègne 31

L

Notre Dame de Lagny 133, 373
Notre Dame de Laitre-sous-Amance (*Prieuré en Lorraine*) 247
Notre Dame de Landevennec (*Finistère*) 154
Notre Dame de Lavedan, près Argelès : 53.
Notre Dame de Lépinay, près Saint-Benoît-sur-Loire 65
Notre Dame de l'Épine, près Châlons-sur-Marne 116, 132, 144, 244
Notre Dame de l'Étang, près de Dijon 204
Notre Dame de Liesse, près Laon 82, 83, 123, 125, 143, 156, 162, 200, 204, 250, 257, 367, 373, 390, 400
Notre Dame de Ligueux, entre Périgueux et Brantôme 52
Notre Dame de l'Île 201, 204
Notre Dame de Limon 71
Notre Dame de Livron, près de Caylus (*Tarn-et-Garonne*) 95, 200, 399
Notre Dame de Loches 143
Notre Dame de Longpont (*Yvelines*) 64, 92, 105, 155
Notre Dame de Lorette, en Aquitaine 76, 206, 393

Notre Dame de Lorette, en Italie : 207
Notre Dame de Lourdes 54, 79, 300, 308, 312, 315, 336, 340, 365, 394, 403.
Notre Dame du Laus (*Hautes-Alpes*) 210
Notre Dame du Lys (Abbaye à Dammarie, *Seine-et-Marne*) 103, 104, 201
Le Puy Notre Dame, en Anjou 143, 152, 200, 396
Les Saintes-Maries, de la Mer 28, 31

ℳ

Notre Dame de Mantes (*Yvelines*) 71, 95
Notre Dame de Marchais, en Anjou 76
Notre Dame de Marie-Immaculée 413
Notre Dame de Marie-Immaculée (*Basilique, près de Saint-Evroult*) 46, 303
Notre Dame de Marsat, près de Riom 375
Notre Dame de Melun 64, 96, 103, 144, 200
Notre Dame de Mercaville, en Lorraine 247
Notre Dame de Mézières (*Notre-Dame d'Espérance*) 387
Notre Dame de Montétis, près Brie-Comte-Robert 68
Notre Dame de Montfort 137, 143, 152
Notre Dame de Montgauzy, près de Foix 53
Notre Dame de Montmélian 95
Mont Notre Dame (*Monastère de*) près de Soissons 62
Notre Dame de Montuzet, près de Blaye (Gironde) 52
Notre Dame de Moutiers 52
Notre Dame de Muret, (*à Saint-Jacques*) 71
Notre Dame de Myans, en Savoie 374
Notre Dame des Marais, à la Ferté-Bernard 383
Notre Dame des Mèches, entre Sainte-Maur et Créteil (*Val-de-Marne*) 108
Notre Dame des Miracles 56, 131, 136, 208, 209
Notre Dame des Miracles, à Mauriac (*Cantal*) 32, 46
Notre Dame des Miracles, à Orléans : 69, 78, 380, 383
Notre Dame des Miracles, à Rennes : 46, 310, 377
Notre Dame des Miracles, à Saint-Maur-des-Fossés (*Val-de-Marne*) : 39
Notre Dame des Miracles, à Saint-Orner : 169, 170, 310.
Notre Dame de la Marlière, à Tourcoing 245
Notre Dame de la Marne (1914) 304
Notre Dame de la Marne, près Machecoul 303
Notre Dame de la Miséricorde 204, 207, 223

Notre Dame de la Mothe en Bassigny (*Lorraine*) 247
Notre Dame du Mathuret, à Riom 124
Notre Dame du Mur, à Morlaix 155, 159
Monastère des Bénédictines d'Andlau-au-Val 57
Notre Dame du Marillais, près d'Angers 56, 143
Notre Dame du Mont Carmel (*Ordre militaire de*) 169
Mont Notre Dame 62
Mont Saint-Michel (*Manche*) 29

N

Notre Dame de la Nativité, à Montferrand 144
Notre Dame de la Nef, à Bordeaux : 200.
Notre Dame de la Nef, à Bourges : 47.
Notre Dame de la Noble Maison (*Ordre de Chevalerie*) 108
Notre Dame de Nancy 247
Notre Dame de Nantel, en Lorraine 247
Notre Dame de Nantes (*Collégiale*) 154
Notre Dame de Nanteuil 68
Notre Dame de Nantilly 143
Notre Dame de Nesles, à Nogent-sur-Seine 45
Notre Dame de Nogent-sous-Coucy 25
Notre Dame des Neiges, près d'Embrun 390

O

Notre Dame l'Ordre des Annonciades 151
Ordre Royal de Saint-Michel 145
Notre Dame des Oliviers, à Murat (*Drôme*) 99
Notre Dame d'Orcival 106, 115, 116, 375, 390
Notre Dame d'Orléans 408

P

Notre Dame de Paris 14, 46, 62, 63, 68, 104, 178, 183, 185, 195, 206, 208, 363, 405
Notre Dame de Pellevoisin (*Indre*) 25, 299
Notre Dame de Piétat, à Saint-Savin 53
Notre Dame de Pitié, à Blois 16, 384
Notre Dame de Pitié (*Collégiale*) à Clisson 389
Notre Dame de Pitié, à Orléans 127

Notre Dame de Pitié, près Gannat (*Allier*)205
Notre Dame de Plaisance, près Montmorillon (*Vienne*) 72, 104, 112, 144, 416
Notre Dame de Poissy (*Yvelines*) 93
Notre Dame de Poitiers (*Voir Notre Dame la Grande, à Poitiers, Miracle des clés*) 382
Notre Dame de Pontmain (*Mayenne*) 366
Notre Dame de Pontoise 98, 103, 112, 137, 143, 152, 205, 304, 374
Notre Dame de Preuilly, près de Provins : 68.
Notre Dame de Prouille, en Languedoc 71
Notre Dame de Provins : 74.
Notre Dame de la Pierre, à Senlis 116, 135, 311
Notre Dame des Pleurs 319, 328, 329, 331
Notre Dame du Pont, à Gisors (*Eure*) 74
Notre Dame du Pont, à Saint Junien sur Vienne (*Haute-Vienne*) 144
Notre Dame du Pont-aux-Dames, près de Châtillon-sur-Marne 74
Notre Dame du Port, à Clermont 65
Notre Dame du Puits (*Cathédrale de Coutances*) 303
Notre Dame du Puy (*Notre Dame de France*) 53, 54, 61, 65, 81, 99, 104, 116, 123, 126, 129, 131, 137, 142, 145, 152, 157
Paray-le-Monial (*Saône-et-Loire*) 25, 41, 209, 212, 213, 217, 325, 370
Puy Notre Dame 143, 152, 200

Q

Notre Dame de Quintin, près de Saint-Brieuc 202

R

Notre Dame Reine des Victoires, à Milan, en Italie 156
Notre Dame de Reims (*Basilique du Sacre*) 61, 65
Notre Dame de Riéval, en Lorraine 247
Notre Dame de Rocamadour (*Lot*) 29, 72, 82, 106, 143
Notre Dame de Rochefort, près Arles 51
Notre Dame de Romay, à Paray-le-Monial, (*Saône-et-Loire*) 25
Notre Dame de Rouen 59
Notre Dame de Royaumont (*Yvelines*) 93
Notre Dame du Rocher, à Angers 46
Notre Dame du Ronceray, en Anjou 143
Notre Dame du Rosaire 179

Notre Dame de la Royale de Maubuisson, près Pontoise 96, 104, 204
Notre Dame de la Rue du Bac (*Médaille Miraculeuse*), à Paris 363

S

Notre Dame de Sabart, près de Foix 53
Notre Dame de Sablé 286
Notre Dame de Sahurt, près Rouen 201
Notre Dame de Saint-André, à Bordeaux 200
Notre Dame de Saintes 143
Notre Dame de Saint-Jacques, à Saint Dominique 71
Notre Dame de Sales, à Bourges 46
Notre Dame de Salvation, près Beauvais 144
Notre Dame de Sarrance, en Béarn 142, 281
Notre Dame de Savone (*de la Miséricorde, voir Notre Dame des Victoires à Paris*), en Italie 207
Notre Dame de Ségrie 64
Notre Dame de Senlis 70
Notre Dame de Sion, en Lorraine 247, 284, 385, 387, 388
Notre Dame de Sion, à Paris : 249.
Notre Dame de Sorèze 208
Notre Dame de Soulac, (*Gironde*) 205
Notre Dame de Strasbourg 47
Notre Dame du Sacré-Cœur 285, 412
Notre Dame du Sacré-Cœur d'Issoudun (*Indre*) 285
Notre Dame du Saint Cordon, à Valenciennes 374
Notre Dame du Secours, à Marmoutier 35
Notre Dame de La Salette (*Isère*) 282
Saint Cœur de Marie à Aurillac 361
Saint Cœur de Marie, à Caen 362
Saint Cœur de Marie, à Coutances 362
Saint Cœur de Marie, Apt 361
Saint-Denis (*Oriflamme de*) 70, 115
Saint-Denis de la Châtre (*Notre Dame des Voûtes*) 96
Sainte Baume (*Var*) 29
Sainte Chapelle, à Paris 96
Saint-Denis (*Basilique, près de Paris*) 96, 155
Sainte Madeleine de Vézelay (*Yonne*) 84

Sainte-Croix, à Paris (*Siège de la Confrérie des Cinq Plaies de Notre Dame*) 96
Sainte-Marie aux Fleurs 16
Sainte-Marie de Bonne Nouvelle, en Normandie 76
Sainte-Marie de Jumièges, en Normandie 76
Sainte-Marie de Montmartre, à Paris 65
Sainte-Marie de Tombelaine, en Normandie 76
Sainte-Marie des Fontenelles 16
Sainte-Marie des Vallées 16
Sainte-Marie du Pré 418
Sainte-Marie du Pré, à Rouen 76
Sainte-Marie Majeure, à Rome 169
Sainte-Marie-au-Bois, en Lorraine 247
Sainte-Marie-de-Bonne-Nouvelle 76
Sainte-Marie-du Mont, en Lorraine 160
Sainte-Marie-sur-Dives, en Normandie 76
Saint-Michel (*Chapelle dans l'église Saint-André delle Fratte, à Rome*) 283
Saint-Michel (*L'Archange*) 83, 165, 272, 320, 332
Saint-Michel (*Ordre Royal de Chevalerie*) 145
Saint-Servais de Maestricht 150
Saint-Séverin à Paris(*Chapelle de Notre Dame de l'Immaculée Conception*) 304
Saint-Suaire, à Chambéry (*depuis à Turin*) 156
Sanctuaire de Bonne Nouvelle 153

𝒯

Notre Dame de Talence (*Gironde*) 76
Notre Dame de Talloires (*Haute-Savoie*) 64
Notre Dame de Taur, à Réalmont (*Tarn*) 103
Notre Dame de Tolérance, à Saint-Gervais de Paris 157
Notre Dame de Toul (*la Vierge au pied d'argent*) 383
Notre Dame de Toutes Aydes, à Blois 160
Notre Dame de Trémolat (*Monastère de*) en Dordogne 53
Notre Dame de Troyes 155
Notre Dame des Tourailles, en Normandie 170
Notre Dame des Trois Épis, en Alsace 374
Notre Dame de la Trappe (*dans le Perche*) 76
Notre Dame de la Treille, à Lille 99

V

Notre Dame de Vaucouleurs (*Meuse*) 247
Notre Dame de Vauvert, près de Nîmes 101, 106
Notre Dame de Verdelais, près de Bordeaux 76, 392
Notre Dame de Verdun 381, 382
Notre Dame de Versailles 205
Notre Dame de Vienne, à Blois 204, 376
Notre Dame de Villeneuve, en Bretagne 154
Notre Dame de Villeneuve-le-Comte près Châtillon-sur-Marne 74
Notre Dame des Vaux en Ornois (*Lorraine*) 247
Notre Dame des Vernettes-à-Peisey (*Torentaise*) 52
Notre Dame des Vertus, à Aubervilliers 108, 177
Notre Dame des Victoires 11, 104, 156, 178, 179, 180, 181, 183, 207, 212, 254, 285, 296, 301, 309, 340, 360, 364, 367, 368, 397
Notre Dame des Victoires, à Lorient 386
Nostre Dame des Victoires 182
Notre Dame des Voûtes 96
Notre Dame du Val de Grâce 419
Notre Dame du Val de Grâce, à Paris 162, 165, 177
Notre Dame du Vivier (*Seine et Marne*) 109
Notre Dame de la Victoire 70, 104, 203, 249, 312, 395
Notre Dame de la Voûte, à Vaucouleurs 119, 126
Vierge du Magnificat 195
Vierge du Pilier, à Saint-Georges de Nancy 248

TABLE DES MATIÈRES

Préface 11
    Quelques lettres d'Évêques 17
Avant-Propos 21
Chap. I — Le culte de «la Vierge qui doit enfanter» prépare les âmes de nos pères à la vérité religieuse 23
Chap. II — Marie envoie les Amis de dilection de son Fils évangéliser la Gaule 27
Chap. III — L'Action de Marie dans la Conversion de Clovis et l'établissement de la Royauté Chrétienne 33
Chap. IV — Le culte des Mérovingiens pour Marie 45
Chap. V — La Vierge Marie et les Carolingiens 49
Chap. VI — Marie et les premiers Capétiens 61
Chap. VII — L'Amour de Marie inspire et illumine tout le Moyen Age 73
Chap. VIII — Saint Louis Sourire de Marie à la France et au Monde 91
Chap. IX — De Saint Louis à Jeanne d'Arc ou des châtiments engendrés par les fautes de Philippe le Bel et de la protection miraculeuse de Marie en faveur de son Royaume de prédilection 103
Chap. X — Marie envoie Jeanne d'Arc sauver l'Église du Protestantisme — la France de l'invasion anglaise —maintenir et déclarer inviolable le principe de la Royauté salique et proclamer la Royauté Universelle du Christ 123
Chap. XI — La dévotion de Louis XI à Marie assure le rapide relèvement de la France après la guerre de Cent Ans 141

Chap. XII — La Dévotion Mariale des derniers Valois. — Marie suscite la Ligue pour briser l'hérésie protestante et sauver l'Église et la France 151

Chap. XIII — Le Règne réparateur d'Henri IV 167

Chap. XIV — Louis XIII, le Juste, modèle du Roi très chrétien, consacre la France à Marie. Sa foi et sa sainteté obtiennent la naissance miraculeuse de Louis XIV et le salut de la France 175

Chap. XV — Le siècle de Louis XIV, siècle de Marie 203

Chap. XVI — La réplique de Satan à la Consécration de la France et de la Royauté à la Vierge : Le déchaînement infernal au XVIIIe siècle aboutit à la Révolution 235

Chap. XXII — Vendéens et Chouans sauvent la Foi et l'Honneur de la France 259

Chap. XVIII — Marie parcourt son Royaume et y prépare le rétablissement de «son Lieutenant», les futurs triomphes de l'Église et le Règne de son Coeur Immaculé et du Sacré Coeur de son Divin Fils 279

Chap. XIX — Les dernières apparitions mariales en France de 1896 à nos jours 319

Conclusion — Pour répondre à l'amour indicible de Marie, la France doit tout faire pour obtenir la Consécration du Genre Humain au Coeur Immaculé 359

Appendice I — Marie arrête les épidémies, les intempéries et les fléaux de toutes sortes 373

Appendice II — Marie protège les villes de France contre l'envahisseur et les délivre 380

Appendice III — Le Culte de l'Armée pour Marie 389

Appendice IV — La naissance de dix Rois ou Princes de France obtenue par la Protection miraculeuse de Marie 398

Appendice V — Lettre apostolique proclamant Notre-Dame de l'Assomption, Patronne Principale de la France et Sainte Jeanne d'Arc Patronne secondaire 402

Index — Des sanctuaires français dédiés à la Sainte Vierge 407

EGALEMENT DISPONIBLE

- *La VIERGE MARIE dans l'histoire de France*
  ISBN : 9798885671804

- *La mission divine de la France*
  ISBN : 9781637906026

- *Le caractère sacré & divin de la royauté en France*
  ISBN : 9798885671811

- *Jeanne d'ARC la pucelle*
  ISBN : 9798885671798

- *Marie-Julie Jahenny :* la stigmatisée bretonne
  ISBN : 9781648582240

- Lucifer et le pouvoir occulte
  ISBN : 9781637906002

- Ascendances davidiques des Rois de France
  ISBN : 9798885671828

21 décembre 2021

Printed in Poland
by Amazon Fulfillment
Poland Sp. z o.o., Wrocław
01 June 2024

40151303-a641-4cfa-9ff4-6bbb2081ab4cR01